Dr. Cynthia La Brie Norall
Beth Wagner Brust

Kinder mit Asperger
einfühlsam erziehen

Aus dem Amerikanischen übersetzt
von Jeanette Stark-Städele

TRIAS

Diagnose Asperger

Die Diagnose trifft Eltern meist wie ein Schlag, weil man zu wenig über das Asperger-Syndrom weiß. In diesem Kapitel lernen Sie, die Anzeichen zu erkennen, und finden Antworten auf die häufigsten Fragen rund um Asperger.

85 Lösungen

Erkennen Sie die Ursachen für das Verhalten ihres Asperger-Kindes und finden Sie wichtige Hinweise, nützliche Hintergrundinformationen und erprobte Hilfestellungen für die Hürden in seinem Alltag.

Mit dem Flugzeug verreisen...

Mein Name ist Jason und ich bin ziemlich klug. In den Ferien werde ich in die Dominikanische Republik reisen. Das wird sehr spannend werden, weil ich mit dem Flugzeug fliegen werde. Im Flugzeug muss ich die anderen Fluggäste respektieren, das heißt, ich muss höflich sein und darf nicht zu laut sprechen. Ich habe meinen eigenen Platz im Flugzeug. Dieser Platz wird mir zugewiesen und ich darf mich nicht auf einen anderen Platz setzen. Ich darf mich nur auf den Platz setzen, den die Leute von der Fluglinie für mich reserviert haben.
Im Flughafen gibt es verschiedene Fluglinien. Das ist richtig so. Ich muss bei Mama und Papa bleiben, weil der Flughafen groß ist und es dort viele Menschen gibt; schließlich will ich nicht verloren gehen. Es gibt vor den Flugschaltern und der Abfertigung Menschenschlangen. Da muss ich mich anstellen und warten... Ich muss etwas finden, das ich in der Zeit machen kann, zum Beispiel ein paar Spielsachen mitnehmen, mit denen ich spielen kann, oder ich kann ein Buch lesen ...

Soziale Lerngeschichten wie die von Jason funktionieren für Aspie-Kinder wie Drehbücher – mit Szenen, Regieanweisungen und Ortsbeschreibungen. Sie helfen den Kindern, sich auf eine neue oder ungewohnte Situation vorzubereiten.

Wie es mit Jason weitergeht, erfahren Sie auf S. 180. Weitere soziale Lerngeschichten finden Sie hier:

Hinweis für die Leser

Dieses Buch bietet eine handliche, praktische Hilfestellung für alle, die sich intensiver mit bestimmten Problemen beschäftigen wollen, die in Zusammenhang mit dem Asperger-Syndrom häufig auftreten. 85 Situationen, die für Kinder mit Asperger-Syndrom oft problematisch sind, werden alphabetisch von A bis Z behandelt. So finden Sie und Ihr Kind möglichst rasch die nötige Hilfe. Je nach Ihren individuellen Bedürfnissen können Sie dieses Buch vom Anfang bis zum Ende lesen oder aktuell wichtige Kapitel in beliebiger Reihenfolge auswählen.

»Kinder mit Asperger-Syndrom einfühlsam erziehen« ist ein sehr leserfreundlich und unterhaltsam gestalteter Ratgeber. Keine medizinische Fachsprache. Keine unbekannten Fremdwörter. Die wenigen medizinischen Ausdrücke, die verwendet werden, werden genau erklärt. In einem Glossar am Ende des Buches finden Sie Definitionen wichtiger Begriffe.

Auch wenn dieses Buch aus der Praxis entstanden ist – ich habe eine akademische Fachausbildung und dieses Buch basiert auf den Erfahrungen aus realen Situationen mit Klienten und Kindern aus unserem »Friends' Club« –, empfehle ich Ihnen unbedingt, sich zur Diagnosestellung und zur Behandlung Ihres Kindes an einen Facharzt zu wenden.

Einführung

»Freundschaft verstärkt das Glück und lindert das Elend, sie verdoppelt unsere Freude und halbiert unsere Schmerzen.« Joseph Addison, Dichter (1672–1719)

Wie der Friends' Club entstanden ist

Im Februar 2000 wurde der Friends' Club geboren. Er sollte ein Ort ausschließlich für Kinder mit Asperger-Syndrom sein; hier sollten sie Verhaltensweisen erlernen können, die ihnen in sozialen Situationen hilfreich sind. Hier sollten sie in einem geschützten, stressfreien Umfeld lernen können, sich situationsgerecht zu verhalten. Und das Wichtigste: Sie sollten hierher kommen können, um sich weniger allein zu fühlen.

Vergessen Sie nicht: Wir sprechen von den Kindern, die selten – falls überhaupt – zu einer Geburtstagsparty eingeladen werden. Es sind die Kinder, die beim Mittagessen in der Schule allein sitzen.

Es sind die Kinder, die gehänselt und geärgert werden, weil sie so leichte Opfer sind. Sie erkennen den Spott oder den stichelnden Unterton in der Stimme der anderen nicht. Sie sehen nicht das Feixen und Vordrängeln der anderen Kinder, die mit ihnen spielen. Und sie wünschen sich so sehr, mit anderen in Kontakt zu kommen, dass Sie die geborenen Mobbing-Opfer sind.

Unser Ziel war von Anfang an, diesen Kindern einen Ort zu schaffen, an dem sie sich wohlfühlen. Hier konnten sie Fehler machen, wenn wir ihnen zeigten, wie sie die feinen sozialen Signale entschlüsseln können, die andere Menschen intuitiv wahrnehmen und verstehen. Wir wollten ihnen zeigen, wie sie besser auf andere Menschen zugehen und mit ihnen kommunizieren können. Vor allem wollten wir ihnen helfen, neue Freunde zu finden und diese Freundschaften aufrechtzuerhalten.

Wir wollten mit diesen Kindern an ihrem sozialen Bewusstsein arbeiten, denn die so bedeutsame Wahrnehmung von zwischenmenschlichen Vorgängen erwerben Menschen mit Asperger-Syndrom nicht automatisch von Natur aus. Wir wollten ihnen einfache und doch so wichtige Fähigkeiten beibringen – andere grüßen, Fragen stellen, zuhören, ohne zu unterbrechen, Blickkontakt herstellen und lächeln, sich im Gespräch oder Spiel abwechseln, Komplimente machen usw.

Glücklicherweise können diese Kinder ihr Bewusstsein für sozialen Austausch tatsächlich entwickeln. Man kann ihnen solche Fähigkeiten beibringen. Durch Übung kann Ihr Kind lernen, besser zu kommunizieren; dann wird es von Gleichaltrigen besser akzeptiert. Mit spezieller Anleitung und Sozialtraining können Kinder mit Asperger-Syndrom soziale Kompetenzen erlernen.

Situationsgerechte Übungsräume

Der Friends' Club startete mit nur drei Gruppen und insgesamt 15 Asperger-Kids. Wir hatten zwei Gruppen mit Jungen von sechs bis zehn Jahren und eine Mädchengruppe mit Zehn- und Elfjährigen. Unterstützt wurde ich von einem pädagogischen Assistenten, mit dem ich bereits an einer Schule gearbeitet hatte. Wir leiteten die Gruppen gemeinsam; jede der Gruppen traf sich wöchentlich für eine Stunde.

Nach den ersten Sitzungen war ich ernüchtert. Die Sache lief nicht wie geplant. Doch bei Asperger-Kids geht selten etwas wie geplant, weil diese Kinder so eigenwillig denken. Ein wesentliches Prinzip des Friends' Club war es von Anfang an, flexibel zu sein, das Unerwartete zu erwarten und situationsgerechtes Verhalten vorzuleben. Dazu unterteilten wir jede soziale Fertigkeit in sehr kleine Schritte. Dann übten wir wieder und wieder, wir übten mit Spielen, im Rollenspiel, bei Aktivitäten und Gesprächen.

Asperger-Kinder und -Jugendliche werden oft ausgelacht, hereingelegt oder gedemütigt, weil sie so unberechenbar sind. Sie deuten die Mimik falsch, wenn sie überhaupt jemandem ins Gesicht schauen. Sie können kaum vorhersehen, was als Nächstes geschehen wird. Und sie erkennen die wahren Absichten oder Wünsche anderer Menschen nicht.

Mein Ziel von Anfang an – sozusagen der Ausgangspunkt für den Friends' Club – war es, einen sicheren Ort zu schaffen, an dem Asperger-Kids von erwachsenen Gruppenleitern verstanden werden, die ihnen beibringen können, wie man Freunde findet und sich erhält. »Sicher« bedeutet ohne den Stress üblicher sozialer Situationen. In Forschungen wurde nachgewiesen, dass Stress das Gedächtnis eines Aspies blockiert; daher sind Aspies nicht in der Lage, wirklich zuzuhören oder zu lernen, wenn sie unter Anspannung stehen.

Das Besondere am Friends' Club ist, dass er ausschließlich für Asperger-Kids bestimmt ist. Es sind keine neuroptypischen Kinder dabei. Das steht im Gegensatz zur üblichen »Schulmeinung« – der Inklusion –, aber es funktioniert.

Ohne neurotypische Kinder können Asperger-Kids sich entspannen und sie selbst sein. Wir haben festgestellt, dass unsere Clubmitglieder aufblühen, wenn sie mit ihresgleichen zusammen sind und nicht unter neurotypischen Kindern, die im sozialen Austausch geübter sind; denn dann fühlen sich die Aspies wieder als Versager. Das erleben sie in der »wirklichen« Welt oft genug – in der Schule, zu Hause und in der Öffentlichkeit.

Für diese Kinder wird der Friends' Club einmal in der Woche zu einem sicheren Hafen – einem Rückzugsort, wo sie die Verwandtschaft zu anderen Kindern spüren, die ebenfalls anders denken und die dieselben Kränkungen und Niederlagen erlitten haben.

Ich treffe mich zunächst mit allen Kindern und Jugendlichen, die das Asperger-Syndrom oder eine andere Autismus-Spektrum-Störung (ASS) haben, um sie der richtigen Gruppe zuzuordnen. Mein Programm in der kognitiven Verhaltenstherapie ist auf Kinder mit durchschnittlicher oder überdurchschnittlicher Intelligenz ausgerichtet, die gute sprachliche Fähigkeiten haben und den Wunsch, etwas über Freundschaften und Freunde zu lernen. Es ist nicht konzipiert für Kinder mit klassischem Autismus, sondern für »hochfunktionale« Asperger-Kinder und -Jugendliche.

Unser Rezept

Unser Rezept, wenn Sie es so nennen wollen, besteht darin, ein Gleichgewicht zu schaffen zwischen Einfühlung, Unterstützung, Vermittlung, Erziehung, Grenzsetzung, Übung und der Gelegenheit, mit Menschen der »gleichen Spezies« zusammen zu sein.

Bei jeder Sitzung der Gruppe reagieren die Gruppenleiter auf die jeweils neu entstehenden Situationen, wobei sie gleichzeitig im Rahmen einer grundlegenden, strukturierten Lerneinheit bleiben, um verschiedene Themen einzuführen und an bestimmten Sozialkompetenzen zu arbeiten. Wir verwenden Bücher, Spiele und Medien, um diese Lernthemen zu vermitteln, und nutzen dabei auch ungeplante Lernsituationen, die aus der Gruppe entstehen.

Ein Großteil unseres Erfolgs rührt daher, dass unsere Gruppenleiter gelernt haben – und weiterhin lernen –, das zu sehen, was Asperger-Kids sehen; auf dieser Basis versuchen sie, so zu denken wie die Asperger-Kids, um ihnen optimal helfen zu können.

Man muss wirklich in ihre Welt hineingehen, weil diese Welt so anders ist als die Art und Weise, wie wir durchschnittlichen Menschen Dinge wahrnehmen. Oft fühle ich mich wie ein Simultandolmetscher, der zwei Sprachen übersetzt: Ich deute die neurotypische Welt für die Aspies und entschlüssele umgekehrt die einzigartige Sichtweise und das Verhalten der Asperger-Kids für Eltern, Lehrern, Schulpädagogen und andere Menschen, die mit den Aspies zu tun haben. Damit sich beide Seiten verstehen, müssen die jeweils sehr unterschiedlichen Perspektiven verdeutlicht werden und sie müssen beide ihre Berechtigung haben.

Viele Asperger-Kinder geraten unbeabsichtigt in Schwierigkeiten, weil ihre Mitmenschen ihr Handeln oder ihre Worte missverstehen. Meistens verhalten oder äußern sie sich so seltsam, weil ihre Sinne überreizt oder sie einfach überfordert sind. Gerüche, Geräusche und visuelle Eindrücke können sie aus dem Gleichgewicht bringen. Sie toben. Sie verweigern die Zusammenarbeit. Sie laufen weg. Für die meisten Erwachsenen sieht das aus wie Verweigerung und destruktives oder respektloses Verhalten oder reine Provokation.

Im Friends' Club berücksichtigen wir, dass sich Asperger-Kids gleichsam bombardiert fühlen von einer Welt, die so oft zu laut, zu hell und zu verwirrend für sie ist. Sie können unter diesen Umständen nicht aufmerksam auf das achten, was wir Neurotypischen als wichtig betrachten. Sie haben keinesfalls die Absicht, sich schlecht zu benehmen oder trotzig zu sein. Die Grundverfassung ihres Nervensystems ist einfach so, dass ihre sozialen Fähigkeiten eingeschränkt sind. Sie sind auch nicht fähig, ihre Absichten selbst zu erklären.

Wir wissen, dass klassische Erziehungsmaßnahmen bei ihnen nicht wirken. Es geht nicht um Machtkämpfe und psychologische Probleme. Wir konzentrieren uns nur darauf, ihnen zu helfen, in dieser Welt zurechtzukommen und damit besser zu »funktionieren«.

Immer wieder sagen mir Eltern: »Wenn mein Sohn es nur versuchen würde, dann könnte er es.« Wir gehen die Sache gerade andersherum an. Wir sagen: »Wenn er es könnte, würde er es tun.« Wir wissen, dass diese Kinder mit uns zusammenarbeiten wollen, aber sie können ihre Überempfindlichkeit gegenüber Sinnesreizen oder ihre Unfähigkeit, eine Sache aus dem Blickwinkel eines anderen zu betrachten, nicht überwinden. Sie sind in ihrer eigenen Sichtweise gefangen.

Im Friends' Club haben wir gelernt, das Sinnessystem der Kinder zu »lesen« und zu erkennen, wann sie eine kurze Pause benötigen. Wir haben gelernt, flexibel zu sein und jede Gruppenerfahrung individuell zu gestalten, um diese eine Stunde pro Woche, in der sie bei uns sind, optimal zu nutzen. So entsteht eine Sitzung, in der sie etwas lernen können.

Darüber hinaus müssen wir ebenso in Betracht ziehen, wie Asperger-Kids Informationen verarbeiten. Sie denken konkret, zielgerichtet und eigenwillig. Sie suchen nach Mustern und Ähnlichkeiten; sie müssen bewusst nachdenken über das, was sie sehen, damit es für sie einen Sinn ergibt.

Friends' Club: Aspies unter sich

Als neurotypische Menschen nehmen wir unsere Umwelt ständig unbewusst wahr. Ohne dass es uns richtig klar ist, tun wir das, was man soziales Denken (social thinking) nennt. Dieser Begriff wurde von der Sprachtherapeutin und Spezialistin für soziale Wahrnehmung Michelle Garcia Winner geprägt. Auf der Straße nehmen wir andere Menschen wahr und wir stellen Vermutungen über sie an. Wir kommunizieren auf vielfältige, subtile Weise mit anderen und sagen manchmal etwas, was wir nicht so meinen, aber auch manches, das wir genau so meinen, wie wir es sagen.

Asperger-Menschen verstehen rein begriffliches Denken nicht. Um abstrakte Aussagen mit nicht konkretem Inhalt zu verstehen, müssen sie sie mit einem Muster, einer Struktur in Verbindung bringen. Oder man muss ihnen eine Veranschaulichung bieten, damit sie sehen können, was gemeint ist. Das macht es ihnen natürlich sehr schwer, die vagen, oft nicht richtig greifbaren Nuancen im sozialen Austausch zu verarbeiten. Und wenn Emotionen ausgedrückt werden, kann das die Asperger-Kids enorm verwirren.

Daher haben wir im Friends' Club gelernt, unsere Sitzungen auf einer logischen, rationalen Ebene durchzuführen. Wir veranschaulichen die Verhaltensweisen durch Bilder oder Videoaufzeichnungen oder stellen sie selbst dar, damit unsere Freunde begreifen können, was genau gemeint ist. Wir splitten jede soziale Verhaltensweise – Grüßen, Komplimente machen, Antworten, Kompromisse schließen – in kleine Teile auf und üben dann jeden einzelnen Schritt, bis daraus wieder eine flüssige, komplette Fertigkeit wird.

Bis heute sind 21 Gruppen des Friends' Club entstanden; jede trifft sich wöchentlich für eine Stunde. An diesem Gruppen nehmen insgesamt zu jedem Zeitpunkt mehr als 125 Asperger-Kids und -Jugendliche in jedem Alter teil. Entstanden in Carlsbad, Kalifornien, haben wir heute Zweigstellen in Napa, Kalifornien, Vancouver, Kanada, und Oahu, Hawaii.

Auf Nachfrage von Eltern und Kindern haben wir auch Samstagscamps, Tagesfreizeiten im Sommer, eine Spielplatzinitiative (der Friends' Club kommt dabei sozusagen auf den Spielplatz), Sozialtraining und andere spezielle Aktivitäten ins Leben gerufen.

Das Experiment, ausschließlich Asperger-Kinder zusammenzubringen, hat sich bewährt und ist erfolgreich. Viele unserer Clubmitglieder haben zum ersten Mal neue Freunde gefunden, nicht nur in ihrer Gruppe, sondern auch in ihrer Gemeinde und in der Schule.

Viele Eltern berichten, dass ihre Kinder in der Schule entspannter und glücklicher geworden sind; das freut uns, denn genau das wollen wir erreichen. Unser Bestreben ist es – und wird es immer sein –, die Fähigkeit unserer Freunde zu verbessern, als Kinder und als Jugendliche Freundschaften zu schließen und aufrechtzuerhalten.

Das Asperger-Syndrom und Ihr Kind

Die Diagnose trifft Eltern meist wie ein Schlag. Sie kann Angst machen, weil man zu wenig über das Asperger-Syndrom weiß, aber die Gewissheit bringt auch den Trost mit sich, dass die Verhaltensauffälligkeiten der Kinder einen Grund haben, und es Möglichkeiten gibt, unseren Aspies dabei zu helfen, ihr Leben zu meistern.

Welche Anzeichen des Asperger-Syndroms gibt es?

Die Bandbreite und die Ausprägung der mit dem Asperger-Syndrom einhergehenden Merkmale variieren stark. Besonders typisch sind folgende Anzeichen:

Allgemeine soziale Beeinträchtigung: Mangelndes Bewusstsein für Menschen, soziale Ereignisse, für Zeit und Ort. Aspies leben im Hier und Jetzt, im unmittelbaren Augenblick – oder viele Lichtjahre entfernt. Sie haben aber kein Gespür für das, was im nächsten Moment geschieht. Sie sind auf ihre eigene Sichtweise fixiert und benötigen Hilfe, um sich der Gedanken und Gefühle anderer Menschen bewusst zu werden. Im Umgang mit Menschen sind sie häufig ungeschickt und es fehlt ihnen an sozialen Kompetenzen.

Keine Flexibilität: Aspies suchen Routine; sie kleben am buchstabengetreuen Wortsinn und sind so wahrheitsbesessen, dass sie schonungslos die Wahrheit sagen und ihre Mitmenschen damit unwillentlich beleidigen können. Glücklicherweise kann man ihnen beibringen, weniger direkt zu sein.

Schwierigkeiten, Blickkontakt herzustellen: Manche Aspies sagen, es irritiere sie völlig und sei sogar schmerzhaft, jemandem in die Augen zu schauen; andere meinen, es lenke sie ab und sie wüssten dann nicht mehr, was sie sagen wollten.

Spezielle Interessen, die manchmal zur Besessenheit werden: Sie wollen ununterbrochen über ihr Spezialthema sprechen, egal ob es andere interessiert oder nicht.

Unangemessenes Handeln, ohne sich dessen bewusst zu sein. Aspies haben Schwierigkeiten, Körpersprache zu deuten.

Durch ihr Querdenken sehen sie die Welt völlig anders als wir. Das führt zu manchen seltsamen Schlussfolgerungen und einem Verhalten, das gemessen an konventionellen Maßstäben sonderbar erscheint. Am besten fragen Sie den Aspie, warum er etwas auf diese bestimmte Art tut, bevor Sie sich ärgern. Sie verstehen sein Handeln besser, wenn Sie wissen, wie er denkt.

Höchste Empfindsamkeit gegenüber Berührung, Geräuschen, Licht, Geschmack und anderen Reizen – bis zu dem Maße, dass ein Etikett im Hemd als störend empfunden wird, Sonnenlicht zu grell ist und der Aspie lieber drinnen bleiben will, als hinauszugehen, wo seine Sinne von Reizen bombardiert werden.

Sie brauchen Hilfe, um auf dem richtigen Weg zu bleiben und ihr Leben zu organisieren. Aspies fühlen sich schnell überfordert von zu vielen Richtungen, zu vielen Details, zu engen Zeitvorgaben.

Mangelnde Fähigkeit der Selbstwahrnehmung: Aspies bekommen oft Wutanfälle und erleben Frustrationssituationen, in denen sie keine Selbstkontrolle mehr haben. Durch Maßnahmen wie beispielsweise Wiederholung und Verstärkung können sie lernen, diese zu beherrschen.

Häufige Fragen zum Asperger-Syndrom

Seit der Gründung des Friends' Club im Jahre 2000 und im Rahmen der genaueren Gruppenzuordnung von Tausenden Kindern aller Altersstufen habe ich von den Eltern, die gerade erfahren hatten, dass bei ihrem Kind oder Jugendlichen das Asperger-Syndrom diagnostiziert wurde, immer wieder dieselben Fragen gehört. Wenn die Eltern überlegen, was diese Diagnose für ihr Kind und gesamte Familie bedeutet, stellen sie vor allem folgende Fragen:

Gibt es eine Heilung?

Nein, es gibt keine Heilung und die Kinder wachsen aus dem Krankheitsbild nicht heraus. Doch mit Hilfe und Anleitung können Asperger-Kids lernen, sich in der wirklichen Welt zurechtzufinden. Positiv ist, dass sich die meisten Asperger-Kinder nicht wirklich darum scheren, ob sie so sind wie die anderen oder nicht. Sie mögen ihre Einzigartigkeit und ihre Kreativität. Weil es sich um eine Krankheit des Nervensystems handelt und keine Sache der Psychologie ist, helfen konventionelle psychoanalytische Therapien oder Spieltherapien nicht. Es geht nicht darum, Träume zu interpretieren oder eine Verbindung zu den eigenen Gefühlen zu finden, weil Asperger-Kids von Natur aus keine Verbindung zu ihren Gefühlen haben. Sie leben in ihrem Geist und in ihren Vorstellungen.

Damit sie mit dem Alltag und den Menschen zurechtkommen, ist eine kognitive Verhaltenstherapie zur Steigerung der bewussten Wahrnehmung äußerst hilfreich. Die Kinder üben dabei soziale Fertigkeiten und lernen, erfolgreicher Kontakte zu knüpfen. Eine Psychotherapie kann wirksam sein, wenn der Aspie und der Therapeut einen verbindlichen, ausgewogenen Zugang zueinander finden. Sie funktioniert nicht, wenn dem Aspie erlaubt wird, in einem fort von seinem Spezialinteresse zu sprechen. Verläuft die Sitzung auf der Basis eines wechselseitigen, aufeinander bezogenen Austausches, im Spiel oder im Gespräch, kann eine solche Therapie Fähigkeiten zum Lösen sozialer Probleme vermitteln und Fortschritte bringen.

Warum muss ich dieses Kind anders erziehen?

Zuallererst funktioniert der emotionale Anreiz bei einem Kind mit Asperger-Syndrom nicht. Bei ihnen nützt es nichts, wenn man ihnen sagt, wie sehr man sich sorgt, wenn man ihnen das Gefühl der Scham vermittelt oder sie motivieren will, den Eltern eine Freude zu machen. Solche Taktiken bedeuten für Asperger-Kinder jeden Alters gar nichts. Sie kümmern sich nicht darum, ob sie den Erwartungen der Eltern oder anderer Menschen entsprechen, sie orientieren sich nur an ihren eigenen Ansprüchen.

Die beste Methode ist ein absolut rationales Vorgehen. Verzichten Sie in Ihren Äußerungen möglichst auf jegliche Emotion. Konzentrieren Sie sich auf die Tatsachen und nennen Sie die logischen Gründe, warum Ihr Asperger-Kind etwas tun oder nicht tun sollte; legen Sie die Sache so ruhig und klar wie möglich dar. Wenn Sie sie als Regel formulieren, umso besser; diese Kinder sind von Natur aus Regelbefolger. Und indem sie Regeln befolgen, können sie Ihnen Freude bereiten.

Zweitens: Es hilft nichts, einem Asperger-Kind einfach zu sagen, was es falsch macht. Aspies sind keine abstrakten Denker und können daher den nächsten Schritt nicht intuitiv vorwegnehmen. Sie müssen Ihrem Kind genau sagen, was es tun soll, und es ihm wenn möglich sogar zeigen. Es ist für Aspies äußerst hilfreich, wenn man ihnen das erwünschte Verhalten vormacht. Und da sie von Natur aus Regeln befolgen, fügen sie sich gewöhnlich, sobald sie die Sache verstanden haben – sofern ihnen ihre Empfindsamkeit gegenüber Geräuschen, Gerüchen oder Licht nicht im Wege steht.

Ein weiterer Stolperstein ist oft, dass das Asperger-Kind alles auf seine eigene Art machen muss. Das wirkt dann so, als sei es bockig oder benähme sich schlecht; doch in Wirklichkeit hängt es einfach an seiner eigenen Vorstellung, wie etwas getan werden muss, fest. In diesem Fall ist es weniger wichtig, dass das Kind »folgt«, als dass die Eltern flexibel sind. Sie »verziehen« Ihr Aspie-Kind nicht, wenn Sie es nach seinen Vorstellungen handeln lassen; das kann nur bei Ihren anderen Kindern der Fall sein. Einem Asperger-Kind nachzugeben führt gewöhnlich nicht dazu, dass das Kind die Eltern zukünftig zu manipulieren versucht.

Die beste Strategie besteht darin, sich nicht auf jeden Kampf einzulassen. Geben Sie bei kleineren Abweichungen vom erwarteten Verhalten nach und konzentrieren Sie sich darauf, dass Ihr Kind bei den wirklich wichtigen Anforderungen mitzieht. Da Aspies nicht automatisch das wechselseitige Geben und Nehmen erlernen, müssen Sie dieses Prinzip erklären und Ihr Kind immer wieder daran erinnern, dass Sie beim letzten Mal nachgegeben haben und dass die Reihe nun an ihm ist, nachzugeben und sich nach Ihren Anweisungen zu verhalten.

Der Widerstand des Aspies kann seine Art sein, Dinge berechenbar zu halten – Aspies wollen wissen, was als Nächstes geschieht. Wenn Sie also sein Bedürfnis, etwas auf eine bestimmte Weise zu tun, nutzen, um Ihr Kind sanft dazu zu bringen, auch einmal zurückzustecken, profitieren Sie beide davon.

Was kann mein Kind kontrollieren, was nicht?

Hier gilt wieder, dass Asperger-Kinder nicht so sind wie Ihre neurotypischen Kinder, die die Eltern auch mal bewusst provozieren, um ihren Kopf durchzusetzen. Der Wutanfall eines Aspies wird meist durch Reizüberflutung ausgelöst oder durch die Unfähigkeit, sich von den eigenen Ideen zu lösen. Er hat nichts zu tun mit dem Wutanfall eines ungehorsamen Kindes, das die Eltern dadurch manipulieren will; im letzteren Fall sollte der Ausbruch ignoriert werden, damit dieses Verhalten keinen Erfolg hat.

Der Wutanfall eines Asperger-Kindes erfordert Verständnis und Geduld, eine Verringerung der Sinnesüberreizung und ein Wiederherstellen von Ruhe. Während wir selbst meist gern unter Menschen sind, ist eine solche Geselligkeit für Kinder mit Asperger-Syndrom eine höchst anstrengende und übermäßig stimulierende Situation.

Den Eltern sollte vor allem bewusst sein, welche Mühe diese Kinder damit haben, ihre Umwelt zu verstehen. Wenn sie etwas tun könnten, würden sie es tun, aber sie können es oft nicht – zumindest nicht unmittelbar. Handlungen, über die wir nicht einmal nachdenken, stellen für Aspies eine echte Herausforderung dar – grüßen, plaudern, die nächste Tätigkeit planen, pünktlich sein, sich organisieren, irgendwohin kommen. All das ist für sie sehr anstrengend und erschöpft sie.

Daher sind Verständnis und Kommunikation die besten Hilfen, um mit dem störenden oder gar destruktiven Verhalten umzugehen. Fragen Sie Ihr Kind, warum es so außer sich ist. Weiß es keine Antwort, nennen Sie mögliche Gründe, damit es die Ursache herausfinden kann. Und verschaffen Sie ihm die Zeit und die ruhige Umgebung, die es zur Beruhigung braucht.

Bei zwanghaften Verhaltensweisen hat es sich bei uns im Friends' Club bewährt, dem Kind eine Schachtel zu zeigen und ihm zu sagen, dass Sie dieses Thema jetzt in die Schachtel packen. Dann schließen Sie den Deckel und stellen fest: »Die Kiste ist zu. Du kannst nicht mehr darüber sprechen.« Diese konkrete Handlung hilft, den Zwang zu durchbrechen.

Warum tun sie so seltsame Sachen?

Asperger-Kinder sehen die Welt nicht so wie wir und fühlen sich damit auch nicht an Konventionen gebunden. Sie tun unkonventionelle Dinge, weil sie unkonventionelle Menschen sind. Es ist ihnen nicht einmal bewusst, wie abweichend ihr Verhalten sein kann. Das Gute daran ist, dass es ihnen egal ist, wenn sie anders sind.

Einige bekannte Geistesgrößen hatten vermutlich das Asperger-Syndrom – Albert Einstein, Sir Isaac Newton, Thomas Jefferson, Hans Christian Andersen, Mozart, Vincent van Gogh. Diese »Querdenker« ließen sich nicht von konventionellen Denkwegen einschränken und schufen bahnbrechende Theorien und kreative Werke, die bis heute bewundert werden.

Wenn Asperger-Kids Tics haben und wiederholte unwillkürliche Bewegungen ausführen – Wedeln mit den Händen, Verdrehen oder Zucken des Körpers –, wirken sie wirklich sonderbar. Bei manchen Kindern mit Autismus-Spektrum-Störungen treten solche Bewegungen immer wieder auf; sie helfen ihnen, sich ihres Körpers bewusster zu werden oder Stress abzubauen. Wir haben festgestellt, dass es manche Kinder beruhigt, wenn man ein mit getrockneten Bohnen oder Reis gefülltes Säckchen oder Kuscheltier auf die Schultern oder den Nacken legt und damit diese ungesteuerten Körperbewegungen reduziert. Das Gewicht drückt auf die Gelenke; dadurch werden Signale ans Gehirn gesandt, die das Wohlbefinden verbessern.

Warum versteht mein Kind nicht, was ich von ihm will?

Fragen Sie sich zunächst, ob Sie gefühlsbetont mit Ihrem Kind umgehen, denn Emotionalität blockiert jeden Menschen mit Asperger-Syndrom. Er hört Ihre Botschaft nicht mehr. Jüngste neurologische Forschungen zeigen, dass bei Menschen mit Asperger-Syndrom durch spezielle Nervenprozesse das Gedächtnis automatisch abschaltet, wenn sie sozial oder emotional überfordert sind. Sie können weder hören noch verstehen, was man ihnen sagen will, noch können sie ihre eigenen Gedanken oder Gefühle ausdrücken. Am besten ist es, wenn man mit ihnen rational und emotionslos umgeht.

Auch wenn Sie etwas Abstraktes verlangen, begreift Ihr Kind oft nicht, was es tun soll. Als konkrete Denker reagieren Aspies besser auf bildhafte Vorstellungen. Beschreiben Sie, was Sie von ihm wollen, oder – besser noch – machen Sie es ihm vor.

Warum geht mein Kind nicht aus dem Haus?

Es stimmt, dass sich Asperger-Kids zu Hause am wohlsten fühlen. Hier sind die Sinnesreize begrenzt, sie erleben weniger Überraschungen und weniger soziales Unbehagen. Es kostet sie so viel Mühe, sich zu orientieren und zu kommunizieren, wenn sie außer Haus sind, dass sie einen Rückzugsort brauchen, wo es ihnen gut geht und wo sie sich entspannen können. Als Eltern tun Sie Ihrem Kind sehr viel Gutes, wenn Sie ihm jeden Tag eine gewisse Zeit lang diesen Rückzug allein an einen ruhigen Ort zu Hause erlauben. Bitte akzeptieren Sie, dass es diesen Zufluchtsort der »wirklichen« Welt vorzieht – und ihn braucht. Wenn Ihr Kind allein ist, bedeutet das nicht, dass es sich einsam fühlt. Und wenn es allein ist, gelingt es ihm besser, Probleme zu lösen und sich zu beruhigen.

Hinzu kommt: Da Asperger-Kids gewöhnlich nicht über die besten grobmotorischen Fähigkeiten verfügen, haben sie meist wenig Neigung zu Aktivitäten draußen. Sie brauchen einen kleinen Anstoß, damit sie Sport treiben, spazieren gehen oder mit dem Rad fahren. Doch wenn Sie als Eltern Ihr Kind dazu bewegen können, tun ihm frische Luft und Bewegung nur gut.

Wird mein Kind je einen Partner finden?

Asperger-Kids sind ausgesprochene Spätentwickler. Emotional und sozial sind sie oft mehrere Jahre hinter den Gleichaltrigen zurück, während sie ihnen intellektuell oft ebenbürtig oder sogar voraus sind. Weil soziale Situationen für sie schwierig sind und ihnen die grundlegenden Eigenschaften zum Aufbau von Freundschaften fehlen, entstehen bei Aspies gewöhnlich erst später solche Verbindungen, aus denen Verabredungen und langfristige Beziehungen werden. Dennoch können sie Kontakte zum anderen Geschlecht haben, aus denen feste Beziehungen werden, und ja, sie können auch heiraten.

Sobald sie Freundschaften eingehen, sind Asperger-Kids und Jugendliche loyal, aufrichtig und verlässlich. Als Erwachsene arbeiten sie hart und sind oft zuverlässige, treue Partner mit gutem Einkommen. Vermutlich wird die andere Person den ersten Schritt zu einer Freundschaft oder Liebesbeziehung machen, weil Menschen mit Asperger-Syndrom von Natur aus nicht die Initiative ergreifen. Sie reagieren, aber sie werden kaum als Erste aktiv und machen selbst nicht den ersten Schritt.

Eltern von Teenager-Mädchen mit Asperger-Syndrom sollten wissen, dass ihre Töchter in Gefahr sind, von skrupellosen Männern ausgenutzt zu werden; diese Mädchen können nicht zwischen den Zeilen lesen. Die Sprache der sexuellen Annäherung ist voller Zweideutigkeiten, undurchsichtiger Formulierungen und Süßholzraspelei. Behalten Sie Ihre Tochter im Auge und helfen Sie ihr, alles im richtigen Licht zu sehen und mögliche irreführenden Situationen abzuwenden.

Wird mein Kind je selbstständig leben?

Die kurze Antwort lautet: »Ja, vielleicht.« Viele junge Menschen mit Asperger-Syndrom können genügend Lebenskompetenz erwerben, um auszuziehen und ihr eigenes Leben zu führen … im Laufe der Zeit. Beim Studieren und Arbeiten gibt es so viele Unbekannte, dass man unmöglich genau vorhersagen kann, wann der Einzelne so weit sein wird. Das ist individuell völlig unterschiedlich.

Oft müssen Aspies länger bei den Eltern leben als andere Kinder, weil sie in ihrer Reife verzögert sind und Zeit brauchen, um organisatorische und andere Fertigkeiten zu erwerben, damit sie ihre Tage planen, sich selbst ernähren, ihre Wäsche machen und rechtzeitig an der Uni oder bei der Arbeit sein können. Für viele Jugendliche und junge Erwachsene ist es am besten, wenn sie z. B. zunächst auf ein Berufskolleg gehen und noch zu Hause wohnen. Das erleichtert den Übergang zu einer Hochschulausbildung und gibt ihnen Zeit, weitere Eigenverantwortung zu erwerben.

Eine feste Routine hilft immer. Asperger-Kids profitieren von klaren, berechenbaren Strukturen in ihrem Leben; solche festen Muster geben ihnen etwas, auf das sie zählen können, etwas Regelmäßiges und Unveränderbares. Positiv daran ist, dass sie sich an Routine »festhalten«, was Arbeitgeber schätzen. Im Vordergrund steht jedoch immer ihre persönliche Sicherheit. Man sollte erst in Erwägung ziehen, dass ein junger Mensch mit Asperger-Syndrom allein lebt, wenn dies mit Sicherheit ohne Gefährdung möglich ist.

Werden sie jemals lernen, auf andere zuzugehen?

Nein, vermutlich nicht. Diese Unfähigkeit, die Initiative zu ergreifen, ist Teil des Asperger-Syndroms. Der Grund dafür ist, dass Aspies einen anderen Blick auf die Welt haben als wir. Sie brauchen die Hilfe der Eltern, die ihnen gut zureden, mögliche Freunde anzurufen oder gar vorhandene Freunde einzuladen. Oder Sie müssen die Eltern des anderen Kindes selbst anrufen und ein Treffen für Ihr Asperger-Kind vereinbaren.

Telefonieren ist für Asperger-Kids ebenfalls sehr schwierig, weil sie die andere Person nicht sehen können und es kleine Verzögerungen in der Übertragung der Stimmen gibt. Zudem können sie ohne Übung kaum einfach plaudern. Bedenken Sie zusätzlich, wie viele verwirrende Details zum Planen dazugehören, wenn man sich mit jemandem treffen will; wie schwer ist es da, den ersten Schritt zu tun. Lassen Sie Ihr Kind zumindest üben, die Nummer zu wählen und das Gespräch zu beginnen (wobei Sie dabeistehen, um Ihrem Kind wenn nötig mit ein paar Worten weiterzuhelfen). Dann bitten Sie darum, mit dem anderen Elternteil sprechen zu dürfen, um die Details zu klären.

Warum geben sie sich nicht mehr Mühe?

Asperger-Kids neigen zum Perfektionismus. Sie haben Angst, etwas falsch zu machen; wenn sie daher meinen, dass sie bei einer Sache möglicherweise einen Fehler machen, werden sie diese Aufgabe nicht ausführen. Im Friends' Club versuchen wir ihnen nahezubringen, dass Ausprobieren genau das bedeutet – etwas auszuprobieren, ohne vorher zu wissen, ob es erfolgreich oder richtig sein wird. Asperger-Kids wollen nichts ausprobieren, wenn sie nicht sicher sind, dass sie die richtige Lösung kennen.

Dieser Perfektionismus hält sie davon ab, sich in Geschichten den weiteren Handlungsgang auszudenken. Wenn ihre Mühe, theoretische Gedanken und inhaltliche Bezüge zu verstehen, zu diesem Perfektionismus hinzukommt, werden Voraussagen noch schwieriger. Ironischerweise besteht ihr Problem nicht darin, dass sie keine Details wahrnehmen. Ganz im Gegenteil – sie nehmen zu viele Details wahr. Das ist verwirrend und macht es so schwer, sich Dinge im Gesamtzusammenhang vorzustellen; daher versuchen sie es erst gar nicht.

Wie Sie Ihr Asperger-Kind oder Ihren Asperger-Jugendlichen erreichen

So schwer es sein kann, einen Menschen mit Asperger-Syndrom zu verstehen, so ist es oft noch schwerer, von einem Aspie verstanden zu werden. Konventionelle Methoden funktionieren selten, weil diese Menschen so unkonventionelle Denker sind.

Asperger-Menschen sind gefangen in ihrer sozialen Blindheit und ihrer Unfähigkeit, die Sichtweise eines anderen Menschen einzunehmen. Asperger-Kids fällt es sehr schwer zu verstehen, was Sie so aufregt, warum Sie von ihnen eine bestimmte Handlungs- oder Verhaltensweise erwarten. In diesem Abschnitt finden Sie einige Tipps, die ich Ihnen aus meiner langjährigen Arbeit mit Asperger-Kids und Jugendlichen sowohl im Friends' Club als auch an anderen Stellen gerne weitergeben möchte. Damit Sie Ihrem Kind helfen können, seine Umwelt zu verstehen, müssen Sie es zuerst einmal erreichen. Und dazu sollten Sie Folgendes wissen:

Fragen Sie nach dem »Warum«

Je jünger das Kind ist, umso schwerer ist es herauszufinden, was es tut und warum. Denn diese Kinder wissen es selbst nicht immer und besitzen oft nur unzureichende sprachliche Fähigkeiten. Aber Sie sollten wissen, dass das, was sie tun, einer eigenen Logik folgt. Was uns anderen seltsam oder merkwürdig oder sinnlos vorkommt, hat für sie einen klaren und logischen Sinn, der ihrer einzigartigen Perspektive entspricht. Statt also gleich das Schlimmste zu vermuten ist es am besten, erst einmal ruhig nachzufragen – »Warum?« oder »Wie kommt es, dass du das tust?« – statt zu kritisieren oder zu bestrafen. Wenn Ihr Kind erst einmal erklärt hat, was seine Absicht war, können Sie seine Logik verstehen und ihm dann verständlich machen, warum seine Handlungsweise nicht angebracht oder unhöflich ist oder besser unauffällig vorgenommen wird.

Behandeln Sie Asperger-Kinder anders

Disziplinieren Sie Ihr Kind nicht wie andere Kinder. Auch wenn manche Aspies sehr sensibel auf Strafe reagieren, ist eine Auszeit eher eine Belohnung! Aspies sind am liebsten allein in ihrem Zimmer; werden sie also auf ihr Zimmer geschickt, so ist dies keineswegs eine Strafe und es hinterlässt auch keinen tiefen Eindruck bei dem Kind. Es »lernt« daraus nichts hinsichtlich seines Fehlverhaltens.

Schimpft man mit ihnen wegen einer Unhöflichkeit und sagt ihnen, sie dürften dies oder jenes nicht tun, so bleiben sie nur ratlos zurück. »Was bedeutet, nicht unhöflich zu sein?« Sie wissen es wirklich nicht. Asperger-Kids muss man in ruhigem Ton genau sagen, was sie tun sollen, nicht das, was sie nicht tun sollten. Aspies brauchen klare Anweisungen, Schritt für Schritt, um das erwünschte Verhalten zu erreichen. Sobald Sie die erwünschte Verhaltensweise klar dargelegt haben und das Kind weiß, was von ihm erwartet wird, zeigt es sich gewöhnlich kooperativ, weil Sie aus der Anweisung ein Regelverhalten gemacht haben und diese Kinder »Regelbefolger« sind.

Behalten Sie Ihre Emotionen unter Kontrolle

Informationen vermittelt man einem Menschen mit Asperger-Syndrom am besten ruhig, logisch und sehr direkt. Bei Ärger oder Heftigkeit blockiert das Asperger-Gehirn und schaltet ab. Aspies sind sehr sensibel; sie können die emotionale Überreizung und den Stress nicht verarbeiten und in der Folge nichts mehr aufnehmen oder erinnern, bis wieder Ruhe eingekehrt ist.

Positiv ist, dass Sie einen Menschen mit Asperger-Syndrom erreichen können, solange Sie so emotionslos wie möglich reden. Formulieren Sie Ihre Botschaft sehr klar, sehr logisch und sehr ruhig. Empfehlenswert ist auch, sie aufzuschreiben. Die geschriebenen Wörter machen die Botschaft sichtbar.

Reduzieren Sie den sozialen Stress so weit wie möglich

Forschungen, die Eric Courchesne 2001 an der Universität von Kalifornien, San Diego, durchführte, zeigten, dass sozialer Stress im Gedächtnis ein System von Nerven aktiviert, das das Asperger-Gehirn »abschaltet«. Dies führt zu einem Verlust von Erinnerungen, weil der Betroffene unfähig ist, Informationen zu behalten, wenn er unter hohem Stress steht. Wenn Ihr Kind also in einer neuen sozialen Situation gerade sehr belastet ist, kann man nicht erwarten, dass es in dieser Zeit lernt, diese Situation optimal zu meistern. Asperger-Kinder brauchen Verständnis und Führung; vielleicht muss sich Ihr Kind in ein ruhiges Zimmer zurückziehen können, bis es wieder zu sich selbst gefunden hat.

Unterteilen Sie alles in kleine Schritte

Asperger-Kids haben Schwierigkeiten, Informationen zu verarbeiten. Dinge, die uns einfach erscheinen, wie einen Schuh zuzubinden oder eine Unterhaltung zu führen, sind für sie rätselhaft. Man muss alle Handlungen für sie in sehr kleine, klare Teile splitten, denen sie folgen können.

Dies gilt insbesondere für alle sozialen Belange. Der soziale Umgang mit anderen Menschen muss Schritt für Schritt erklärt werden, damit das Kind verstehen kann, was es tun muss, und dieses Verhalten üben kann. Dabei geht es sowohl um so einfache Verhaltensweisen wie Grüßen oder Handgeben als auch um schwierigere Vorhaben wie die Teilnahme an einer Ferienveranstaltung. Asperger-Kids brauchen Coaching. Sie müssen immer und immer wieder daran erinnert werden, wie das erwünschte Verhalten aussieht. Sie sind nicht bewusst unkooperativ oder unhöflich. Ihnen fehlen einfach die sozialen Anhaltspunkte und sie brauchen Hilfe, um herauszufinden, was von ihnen in einer bestimmten Situation erwartet wird.

Helfen Sie Ihrem Kind, sich höflich auszudrücken

Manche Asperger-Kids sind Wahrheitsfanatiker; sie können unbewusst sehr offen und sogar richtig unhöflich und verletzend sein. Ein Teil ihrer Behinderung besteht in dem Mangel an Verständnis für die Gefühle anderer Menschen. Man muss ihnen so etwas wie Empathie beibringen, da sie sie nicht von selbst entwickeln. Man muss ihnen auch erklären, warum die Wahrheit verletzend sein kann. Sie verstehen nicht, warum sie nicht sagen sollen, was ihnen so offensichtlich erscheint. Sie sind sich sozialer Normen nicht bewusst, die besagen, dass man manchmal die Wahrheit besser nicht äußert, um die Gefühle des anderen zu schonen. Aspies müssen eine solche Selbstbeschränkung immer wieder üben. Als Eltern müssen Sie ihr dauernder »Praxistest« sein.

Übersetzen Sie Zwänge in konkrete Begriffe

Als Schwarz-Weiß-Denker denken Asperger-Kids vor allem in Schablonen und Mustern; diese lassen in ihrem Kopf Bilder entstehen, die ihnen helfen, die Eindrücke aus der Umgebung zu verarbeiten. So haben sie etwas Konkretes, auf das sie sich stützen können; doch leider bietet das Leben nicht immer eine schöne, klare Ordnung. In der Folge entwickeln viele Asperger-Kids bei Überforderung ein zwanghaftes Verhalten, das ihnen ein Gefühl der Ordnung verschafft, etwa die Beschäftigung mit Zügen, Fahrplänen, Landkarten, Dinosauriern, Weltall, ein bestimmtes Video- oder Computerspiel usw.

Wenn sich dieses zwanghafte Verhalten mit der aktuell geforderten Tätigkeit überlagert, können Sie eine kleine Schachtel hochhalten und sagen: »Ich lege dieses Thema jetzt in diese Schachtel und schließe sie ab. Es wird nicht mehr darüber gesprochen.« Dabei muss Ihr Kind sehen, wie Sie die Schachtel aufmachen und so tun, als würden Sie etwas hineinlegen, und sie dann schließen.

Wenn es wieder mit seinem Thema anfangen will, sagen Sie: »Nein, das ist weggeschlossen. Ende der Diskussion.« Aspies können mit der Schachtel nicht diskutieren, weil sie eine Sache ist. Ihr Kind sieht, dass der Deckel zu ist, also ist nichts zu machen.

Fördern Sie die Stärken und bauen Sie Defizite ab

Bei all den Anstrengungen, denen Asperger-Kids täglich ausgesetzt sind, um die raue See der sozialen Welt zu befahren, haben sie meist auch Bereiche, in denen sie glänzen. Diese Pluspunkte sollten gefördert werden, um ihr Selbstwertgefühl zu stärken. Thomas Edisons Mutter ließ ihn im Keller ihres Hauses chemische Experimente machen, nachdem sie seine Liebe zur Naturwissenschaft erkannt hatte; finden auch Sie die Leidenschaften und Stärken Ihres Kindes heraus und stärken Sie diese. Das erhält die Begeisterung und die Fantasie Ihres Kindes aufrecht, während Sie weiterhin daran arbeiten, es in anderen Bereichen, in denen es sich schwer tut, zu trainieren.

Diagnose

Siehe auch: Depression · Peinlichkeiten · Die Opferbereitschaft der Eltern und ihr Bedürfnis nach Unterstützung · Stärken und wie man sie fördert · Dem Kind sagen, dass es das Asperger-Syndrom hat

Bei einigen unserer Freunde wurde schon vor der Einschulung die Diagnose Asperger-Syndrom gestellt; bei vielen anderen wurde die Krankheit erst in der dritten, sechsten oder gar achten Klasse erkannt.

Interessanterweise wurde bei 60 Prozent der Kinder mit der Diagnose Asperger-Syndrom auch eine Aufmerksamkeitsdefizitstörung mit oder ohne Hyperaktivität (ADS/ADHS) diagnostiziert. Sowohl bei AD(H)S als auch beim Asperger-Syndrom bestehen Defizite im Stirnhirn (Frontallappen); dadurch sind unsere Freunde unfähig, Zeit einzuschätzen oder sich zu organisieren.

Da das Asperger-Syndrom im Grunde eine soziale Behinderung ist, tritt es deutlicher zutage, sobald von dem Kind mehr soziale Kontakte erwartet werden – in der Grundschule und wenn es häufiger mit Menschen außerhalb seines häuslichen Umfeldes zu tun hat.

Wie das gesamte Autismus-Spektrum ist Asperger sozusagen eine versteckte Behinderung. Häufig auch als tiefgreifende Entwicklungsstörung (pervasive developmental disorder – PDD) bezeichnet, sind die Grenzen der Autismus-Spektrum-Störungen fließend; es ist oft schwer, genau zu bestimmen, um welche Art von Störung es sich handelt. Gewöhnlich sind die Kinder jedoch »komisch«; sie zeigen sonderbare Verhaltensweisen und haben Probleme in normalen Lernsituationen oder im sozialen Umfeld. Bitten Sie den Kinderarzt um eine gründliche körperliche Untersuchung, insbesondere einen Hörtest, um andere Ursachen auszuschließen.

Sobald bei Ihrem Kind die Diagnose Asperger-Syndrom gestellt worden ist, empfehle ich Ihnen folgende erste Schritte, um die richtigen Weichen zu stellen. Ist Ihr Kind noch im Vorschulalter, fördern Sie weiterhin das beste

WISSEN

Diagnosekriterien nach Ch. Gillberg

Sechs zentrale Diagnosekriterien des Asperger-Syndroms wurden von Christopher Gillberg, einem schwedischen Arzt, der sich eingehend mit dem Störungsbild beschäftigte, beschrieben. Sie wurden 1994 in das Diagnostic and Statistical Manual of Mental Disorders (DSM-IV-TR) (deutsche Fassung: Diagnostisches und statistisches Manual psychischer Störungen) aufgenommen. Bei der Diagnose von Asperger liegen alle oder die Mehrzahl der folgenden Auffälligkeiten vor:

- soziale Beeinträchtigung
- eingeengte Interessen
- Wiederholungsroutinen
- Rede- und Sprachprobleme
- Probleme mit der nonverbalen Kommunikation
- motorische Unbeholfenheit

soziale Verhalten und leben es ihm vor. Wenn Ihr Kind z. B. nicht auf den Gutenachtkuss reagiert, legen Sie seine Arme um Ihren Hals und zeigen Sie ihm die Umarmung. Wenn Ihre Tochter beim Vorlesen von Ihrem Schoß herunterrutscht, lesen Sie ihr weiter vor, auch wenn sie neben Ihnen spielt; versuchen Sie beim nächsten Mal wieder, sie auf Ihren Schoß zu setzen. Beteiligen Sie sich auch an ihrem Spiel, damit sie nicht immer allein ist.

Fachleute sind sich einig, dass eine frühe Förderung sehr wichtig ist, damit das Kind entscheidende Fortschritte macht. Je früher Ihr Kind entwicklungsfördernde Hilfe erhält, umso besser. Erkundigen Sie sich, ob es vor Ort Kindergärten mit speziellen Fördergruppen gibt – Sprache, Bewegungserziehung und Beschäftigungs- oder Ergotherapie sind für die Frühförderung geeignet. Erkundigen Sie sich bei Ihrer Krankenkasse, welche Förderangebote bestehen und ob die Kosten übernommen werden.

Ist Ihr Kind im Vorschulalter und hat kürzlich die Diagnose erhalten, informieren Sie sich, welche Schulen für Ihr Kind in Frage kommen. Es gibt in Deutschland – mit wenigen Ausnahmen – keine Spezialschulen für autistische Kinder. Deshalb ist es für Eltern eine sehr schwierige Entscheidung, in welche Schule ihr Kind gehen soll. Für viele autistische Kinder sind Sonder- oder Förderschulen wegen der kleinen Klassen und des besonderen pädagogischen Wissens der Lehrkräfte die richtige Wahl. Besonders geeignet kann eine Sprachheilschule, eine Schule für Körperbehinderte oder Sehbehinderte sein. Da Autismus eine Störung der Wahrnehmungsverarbeitung und eine Mehrfachbehinderung ist, können die Kinder vom besonderen Angebot dieser Schulen profitieren.

Kinder mit Asperger-Syndrom (wie auch mit dem sog. Hochfunktionalen Autismus) können auch auf einer Regelschule gute Chancen haben, wenn die Schule bereit ist, sich auf die speziellen Bedürfnisse des Schülers einzulassen. Eine integrative Förderung durch eine professionelle Schulbegleitung ist in jedem Falle wünschenswert.

In jedem Fall ist es notwendig, sich schon lange vor dem Einschulungstermin mit der entsprechenden Schule in Verbindung zu setzen, die Lehrkräfte kennenzulernen und sie über das Asperger-Syndrom im Allgemeinen und die besonderen Eigenheiten des Kindes im Speziellen zu informieren. Zeigen Sie dabei auch Ihre Bereitschaft zur Mitarbeit und zur Unterstützung der Schule im Umgang mit Ihrem Kind. Damit ein Asperger-Kind die Schule erfolgreich absolviert, müssen alle Seiten zur Mitarbeit bereit sein.

wichtig

Es ist auf jeden Fall hilfreich, wenn das Kind offiziell die Diagnose Asperger-Syndrom hat und nicht nur der Verdacht auf eine allgemeine Entwicklungsstörung besteht. Denn dann besteht Anspruch auf bestimmte Hilfen und Fördermöglichkeiten wie eine Schulbegleitung.

Möglich wäre dabei zum Beispiel eine heil- oder sonderpädagogische Einzelbetreuung für die Zeit in der Schule, wenn dies zum Erwerb einer angemessenen Schulbildung vonnöten ist. Die Schulbegleitung wird durch pädagogische Fachkräfte ausgeführt, zum Beispiel durch Heilpädagogen, Erzieher, Sonderpädagogen, Sozialpädagogen usw. Finanziert werden solche Maßnahmen über die »Eingliederungshilfe für Behinderte oder von Behinderung Bedrohte«. Die für Kinder zuständige Stelle ist das Jugendamt.

Benennen oder nicht?

Viele Eltern hadern mit dieser Frage. Manche Eltern finden es problematisch, dass ihr Kind durch eine bestimmte Bezeichnung für die Störung stigmatisiert wird. Andere sind froh über die klare Diagnose ihres Kindes, weil das Rätselraten, was es wohl haben könnte, endlich ein Ende hat. Auf der Basis einer eindeutigen Diagnose können Fachärzte und Therapeuten eine optimale Behandlung in die Wege leiten.

Viele Eltern ahnen spätestens dann, wenn ihr Kind in die Schule kommt, dass irgendwelche Probleme bestehen. Dennoch sind sie – wie die Eltern einiger unserer Freunde sagten – auf die tatsächliche Diagnose in keiner Weise vorbereitet.

Typische Gefühle der Eltern

Sobald sie die Diagnose einer Autismus-Spektrum-Störung gehört haben, beginnt für viele Eltern ein Trauerprozess. Sie müssen den Verlust ihrer Erwartungen und Träume in Bezug auf ihr Kind verarbeiten. Typische Gefühle begleiten diese Trauerarbeit: Schock, Ungläubigkeit, Verleugnung, Wut, Unsicherheit, Schuldgefühle, Ängste, körperliche Krankheit, Schlaflosigkeit, Rückzug und Verzweiflung. Getrauert wird um den »Tod« des idealisierten Kindes. Diese Trauer kann chronisch werden und lebenslang andauern, wenn die Diskrepanz zwischen dem tatsächlichen Kind und dem erträumten Kind mit zunehmendem Alter immer größer wird.

Ein Kind mit einer chronischen Behinderung zu haben bringt für die Eltern viel Stress mit sich. Sie müssen daher unbedingt lernen, mit dieser Situation zurechtzukommen. Anfänglich löst die Diagnose oft Abwehrmechanismen wie Gefühllosigkeit aus; so kann der Kopf abgeschaltet werden, bis die neue Realität akzeptiert werden kann. Der Vater eines unserer Freunde berichtete, dass er, als er vom Autismus seines Sohnes erfuhr, einen intensiven Herzschmerz erlebte, der in Muskeln und Kopf ausstrahlte. Es war ihm unmöglich, das Auto anzulassen und von der Praxis des Facharztes wegzufahren.

Das Annehmen der Diagnose ist ein schrittweiser Prozess. Anders als bei der Endgültigkeit des Todes eines Kindes kann der Trauerprozess in diesem Fall in jeder Übergangsphase wieder aufbrechen, z.B. bei einem Schulwechsel oder einem wichtigen Entwicklungsschritt.

Für viele Eltern kann die Trauerarbeit erst beginnen, wenn eine zweite Meinung eingeholt worden ist. Und darauf folgt die Angst, dass das Kind immer gleich bleiben und sich niemals weiterentwickeln wird. Mit der Zeit lernen die Eltern, dass ihr autistisches Kind mit Hilfe einer angemessenen Behandlung (je früher, umso besser) und Betreuung in der Lage sein wird, sein Potenzial optimal zu nutzen. Es besteht Hoffnung auf Fortschritte in allen Bereichen, solange Hilfe gesucht und umgesetzt wird.

Es gibt keinen »Schuldigen«

Eltern sollten wissen, dass oft Schuldgefühle entstehen, wenn die Familie nach Gründen für den Autismus sucht. Ein Elternteil macht dann manchmal auch den anderen verantwortlich. Oder die Mutter fragt sich vielleicht, ob sie während der Schwangerschaft etwas getan hat, was diese Störung verursacht hat.

Es besteht oft ein innerliches Bedürfnis, jemandem die Schuld zu geben oder festzustellen, dass jemand schuld war; doch wir haben keine Kontrolle über die Entstehung solcher Störungen.

Nicht zuletzt bedeutet es einen Schlag für das eigene Selbstvertrauen und Selbstbewusstsein, zu erfahren, dass das eigene Kind eine lebenslange Behinderung hat. Manchmal wird die Schuld nach außen verlagert – auf den Arzt, der die Diagnose stellt, oder die Lehrer, die den Eltern nichts von ihrem Verdacht mitgeteilt haben. Es kommt häufig vor, dass die Eltern Wut empfinden, die sich je nach ihrer individuellen Persönlichkeit auf verschiedene Weise äußert. Sie kann nach außen gerichtet sein und zeigen, wie verletzt der Elternteil ist; sie kann aber auch mit unnatürlicher Ruhe und Groll im eigenen Inneren eingeschlossen sein. Ein autistisches Kind zu haben kann auch die Beziehung zu Freunden, die neurotypische Kinder haben, beeinträchtigen, weil man ihnen wegen ihres »Glückes« grollt. Oder ein Elternteil wirft dem anderen vor, dass vor allem er den Kinderwunsch hatte.

Nicht selten sind die Eltern auch ihrem Kind gegenüber verbittert, weil die Krankheit sich so stark auf das gesamte Familienleben auswirkt. Zudem fühlen sich manche Eltern in ihrem Umgang mit dem Kind auch von anderen beobachtet und beurteilt.

Diese Art von fehlgeleiteter Wut gehört zur Trauerarbeit. Der beste Schritt besteht darin, alle Schuldgefühle und Schuldzuweisungen beiseitezuschieben oder völlig zu verbannen; denn dann sind Sie in der Lage, als Familie ein Team zu werden, das zum Wohle Ihres Kindes zusammenarbeitet, statt feindselig miteinander zu hadern. Können Sie sich auch bei bestem Willen nicht von Ihren Schuldzuweisungen lösen, suchen Sie bitte Hilfe in einer Therapie oder Selbsthilfegruppe.

Die Opferbereitschaft der Eltern

Hat man Ihnen auch schon einmal gesagt, Sie würden Ihr Asperger-Kind überbehüten? Oder im Gegenteil, nicht genug auf es achtgeben?

Es tut weh, wenn andere Menschen meinen, sie wüssten besser als man selbst, wie das eigene Kind ist und wie man mit ihm umgehen sollte. Es tut weh, wenn man offen kritisiert wird oder wenn subtil angedeutet wird, dass man seiner Aufsichtspflicht als Eltern nicht gerecht wird oder es damit übertreibt und dadurch die Selbstständigkeit des Kindes behindert. Fast jeden Tag erlebt man diese Zwickmühle, nicht wahr? Und ich wette, es nervt Sie mehr, als Sie zugeben würden. Wie frustrierend ist es, wenn man meint, man sei endlich aus seinem Asperger-Kind schlau geworden – und dann zeigt es eine neue seltsame Verhaltensweise oder bekommt wegen irgendeiner Kleinigkeit, von der Sie nie gedacht hätten, dass sie Ihr Kind überhaupt kümmert, einen Wutanfall. Im Friends' Club sagen wir inzwischen: »Mach dich immer auf das Unerwartete gefasst.« Doch niemand behauptet, das sei einfach.

Was ich Ihnen sagen will: Niemand hat vor, ein aufopferungswilliger »Heiliger« zu werden, und doch wird er es im Laufe der Zeit ganz automatisch.

Niemand plant, Eltern von einem Kind mit besonderen Bedürfnissen zu werden: Doch jetzt sind Sie mit dieser Herausforderung konfrontiert, und alle Eltern, die ich kenne, schlagen dabei ihre eigenen Wege ein, um ihrem Kind zu helfen.

Die Bedürfnisse der Eltern

Nachdem ich viele Jahre lang für den Friends' Club Eltern-Kind-Interviews durchgeführt und Tausende externe Gutachten für Familien und Schulen erstellt habe, kann ich Ihnen versichern, dass Sie meiner Meinung nach alle Helden sind. Ihr täglicher Kampf darum, Ihr Asperger-Kind so sicher, glücklich und erfolgreich wie möglich durchs Leben und die Schule zu führen, kann gewaltig sein.

Die Ungerechtigkeit besteht darin, dass Sie trotz all Ihrer bewundernswerten Bemühungen wenig Lob oder sichtbaren Lohn erhalten. Nicht einmal von Ihrem eigenen Kind, weil Asperger-Kids den Eltern nicht einfach einen Kuss geben oder auf ihren Schoß krabbeln, was normalerweise all die Mühen des Elternseins wettmacht.

Bitte keine Märtyrer

Ich habe höchste Achtung vor diesen Familien, die für ihr Asperger-Kind so viele Opfer gebracht haben, sowohl finanziell als auch im Hinblick auf Zeit und Mühe – der Verzicht auf Ausflüge und manchmal sogar auf die Berufstätigkeit eines Elternteils, vielfältige Therapien und Förderungen, zahlreiche Arztbesuche, Untersuchungen usw. Ich habe auch großen Respekt vor den Eltern, die sich intensiv zum Asperger-Syndrom weiterbilden, um ihrem Sohn oder ihrer Tochter auf deren Lebensweg helfen zu können, und die im Wissen, dass es keine Heilung gibt, danach streben, das Potenzial ihres Kindes optimal zu fördern und das Kind nach und nach in seiner Selbstständigkeit zu bestärken.

Für manche Eltern bedeutet es eine Erleichterung, die Diagnose Asperger-Syndrom zu erfahren; nun wissen sie endlich, warum ihr Kind sich so eigenartig verhält. Ihr Kind hat damit auch Anspruch auf besondere Förderungsmaßnahmen wie die mobile therapeutische Betreuung. Für andere Eltern stürzt bei der Diagnose eine Welt zusammen und sie widersetzen sich der Wahrheit oder verleugnen sie. Doch egal wie die Eltern reagieren – am Kind ändert das nichts; es wird weiterhin mit dem Asperger-Syndrom leben müssen.

Nach meiner Erfahrung kommen die Eltern, die die Diagnose akzeptieren und sogleich Hilfe für ihr Kind in Anspruch nehmen, besser zurecht als Eltern, die die Situation nicht wahrhaben wollen. Sie hoffen weiterhin, das Ganze werde sich schon noch geben oder ihr Kind werde aus dem Störungsbild herauswachsen, doch das ist nicht der Fall.

Noch einmal: Das Asperger-Syndrom ist keine vorübergehende Erkrankung und es gibt bislang keine Heilung. Es ist eine Störung des Nervensystems. Die Folgen der Störung können jedoch durch Hilfen wie Verhaltenstraining und das Üben sozialer Fertigkeiten – je früher, desto besser – beeinflusst werden.

Lassen Sie mich eine Sache klarstellen – wenn ich von elterlichem Einsatz oder Aufopferung spreche, meine ich damit keine Märtyrerhaltung. Die Eltern sollten wegen der besonderen Bedürfnisse ihres Kindes nicht zu Märtyrern werden. Das hilft weder ihnen noch ihrem Kind.

Holen Sie sich Unterstützung

Unterstützung gibt es in vielfältiger Form: Emotionale Unterstützung von Familie, Freunden, anderen Eltern und Fachleuten. Schulische Unterstützung von Lehrern, Schulpsychologen und pädagogischen Mitarbeitern. Finanzielle Unterstützung durch Leistungen des Staates, Beihilfen und eventuell von Stiftungen.

wichtig

Geraten Sie in eine Krise, weil Sie zu viele schwierige Nächte mit Ihrem Aspie-Kind erlebt haben oder aus der Schule nur Hiobsbotschaften erhalten und mit Ihrer Weisheit am Ende sind, nehmen Sie Hilfe in Anspruch. Sie müssen das alles nicht allein schaffen. Sie sind niemals allein.

Entscheidend ist, dass Sie die Unterstützung bekommen, die Sie zum jeweiligen Zeitpunkt benötigen, um kontinuierlich das Beste für sich und Ihr Asperger-Kind tun zu können. Es gibt Selbsthilfegruppen, Fachleute und Organisationen, die Ihnen helfen. (Siehe Teil drei: Adressen im Anhang.)

Denken Sie an die Notfallregel im Flugzeug: Wenn es im Flugzeug in einer kritischen Situation zu einem plötzlichen Luftdruckabfall in der Kabine kommt, fallen die Atemmasken herunter. Wer setzt sie zuerst auf? Sie, die Eltern. Sie sollen die Atemmaske zuerst auf Ihren Mund setzen und anfangen zu atmen, bevor Sie Ihrem Kind die Maske aufsetzen. Warum? Wenn Sie ersticken und nicht mehr handeln können, gerät auch ein Kind in Lebensgefahr. Es kann sich selbst nicht helfen.

Als Sorgeberechtigte für Ihr Asperger-Kind, als die Gestalter und Verwalter seines täglichen Lebens und seiner Zukunft, können Sie nicht mehr richtig »funktionieren«, wenn Sie überfordert, erschöpft oder völlig entmutigt sind. Sie erweisen Ihrem Kind einen Bärendienst, wenn Sie zu viel für das Kind tun und nicht genügend für sich selbst. Sie müssen selbst über Wasser bleiben.

Sie sind nicht allein!

Also denken Sie bitte daran, dass Sie nicht allein sind – egal wie isoliert, hilflos oder hoffnungslos Sie sich manchmal fühlen. Sie sind nicht allein! Glauben Sie mir das.

So viele Familien durchleben genau das, was Sie erleben – vielleicht nicht exakt das Gleiche, aber schließlich reden wir von Asperger-Kids. Keine zwei sind gleich. Aber die Bemühungen und Mühen – oder positiv formuliert »Herausforderungen« –, mit denen alle betroffenen Familien leben, sind weitgehend identisch.

Und ich kann Ihnen nur sagen, Sie sind nicht die einzigen Eltern eines Asperger-Kindes, die sich frustriert, unsicher, hilflos oder geschlagen fühlen. Doch glücklicherweise gibt es auch gute Tage, wenn Sie von Ihrem Kind überrascht und begeistert sind, ermutigt durch eine positive Entwicklung.

Antworten Sie den Menschen, die Sie kritisieren oder meinen, Sie machten alles falsch, ohne ein Blatt vor den Mund zu nehmen.
Ob Sie sagen: »Mein Kind hat das Asperger-Syndrom und braucht zusätzliche Hilfe« oder »Mein Kind braucht diese Vorsichtsmaßnahme, auch wenn Ihr Kind das nicht nötig hat«, Sie sprechen damit das Problem an und können vielleicht sogar bei Ihrem Gegenüber ein wenig Einsicht bewirken. Und Sie fühlen sich

besser, wenn Sie etwas gesagt haben. Also tun Sie es.

Noch mal: Moralische Unterstützung finden Sie bei Freunden und bei anderen Eltern von Asperger-Kindern. Informieren Sie sich in Büchern, Selbsthilfegruppen und bei Autismus-Organisationen. Sprechen Sie mit Schulpsychologen und Schulberatungsstellen, welche schulische Unterstützung Sie beanspruchen können. Dokumentieren Sie ein Telefongespräch immer durch einen nachfolgenden Brief oder eine E-Mail.

wichtig

Was auch immer Sie tun, legen Sie fest, welche Art der Unterstützung Sie benötigen, und suchen Sie diese Hilfe. Ihr Kind wird davon profitieren. Ihre Familie wird davon profitieren ... und Sie ebenfalls.

85 Lösungen, um Asperger-Kinder besser zu verstehen

In diesem Teil finden Sie praktische Hilfestellungen für ganz konkrete Situationen. Sie erkennen, warum sich Ihr Kind in einer bestimmten Situation verhält, wie es sich verhält und erfahren, wie Sie mit unseren Erfahrungen aus den Friends' Clubs Ihrem Kind helfen können.

Absichten erkennen

Siehe auch: Gruppendruck und Mutproben · Jugendsprache und Redewendungen · Mobbing und Schikanieren · Necken und Hänseln · Sarkasmus und Ironie · Verabredungen und Kontakte zum anderen Geschlecht

Zwischen dem, was Menschen sagen, und dem, was sie meinen, kann ein großer Unterschied bestehen. Dies gilt insbesondere, wenn der Sprecher versucht, den Gesprächspartner in die Irre zu führen oder auszutricksen. Asperger-Kids haben große Schwierigkeiten, die Absicht eines anderen Menschen zu erkennen.

Im Friends' Club arbeiten wir ständig daran, zu lernen, zwischen den Zeilen zu lesen, um die wahren Absichten zu entschlüsseln. Unsere Kids lassen sich durch Unaufrichtigkeit und Neckereien so leicht täuschen, dass wir ihnen die Augen für die wirklichen Hintergründe öffnen wollen.

wichtig

Forschungen haben gezeigt, dass in jeder gesprochenen Botschaft 55 Prozent der Bedeutung über die Körpersprache vermittelt werden, 38 Prozent über Stimme, Sprechgeschwindigkeit und die Art, wie es gesagt wird, und nur sieben Prozent der Bedeutung werden über die Worte selbst vermittelt. Aspies schauen den Sprecher nicht an, so entgeht ihnen die Körpersprache. Sie achten nicht auf den Tonfall oder die Art, wie etwas gesagt wird. Sie hören nur die Worte und nehmen diese wörtlich.

Dazu bringen wir den Kids bei, dass in diesem Fall der Vorschlag oder die Andeutung oft durch nette Worte verschleiert wird. Und wenn unsere Freunde tun, was diese Person vorschlägt, geraten sie in Schwierigkeiten. Wir informieren sie, dass bereits die wahren Absichten, die sich hinter freundlichen Worten verbergen, alles andere als nett sein können. Mit anderen Worten: Wer schlechte Absichten hat, muss diese nicht immer auch in gemeinen Worten ausdrücken. In diesem Fall würden unsere Freunde verstehen, was wirklich los ist.

Aspies entgehen all die Signale für die wahren Absichten des Sprechers und sie sind leicht zu täuschen. Unsere Freunde werden oft das Opfer eines Streichs oder kommen in Schwierigkeiten, weil sie etwas getan haben, das »scheinbar« in Ordnung war.

Glücklicherweise sind unsere Kids visuelle Lerntypen. Wir zeigen ihnen Ausschnitte aus Filmen, um ihnen konkrete Beispiele für verschleierte hinterhältige Botschaften zu liefern. Der Film »Ungeküsst« ist eine wertvolle Lernhilfe. Hier lassen sich wunderbar die Absichten der Charaktere sehen und bestimmen. Wir unterbrechen den Film und weisen auf den Unterschied zwischen dem wirklichen Unterstützen der Interessen einer Person und böswilligen Beweggründen hin. Wir zeigen Szenen auch wiederholt, um den Lerneffekt zu vertiefen, damit unseren Kids die Problematik bewusster wird.

Mädchen sind leichte Opfer

Besonders besorgt sind wir um unsere Mädchen, wenn sie in das sozial nicht immer einfache Umfeld weiterführender Schulen kommen. In unseren älteren Mädchengruppen beschäftigen wir uns noch eingehender mit dem Unterschied zwischen dem, was gesagt wird, und dem, was wirklich gemeint ist. Die Feinheiten der alltäglichen Konversation, geschweige denn der oberflächlichen Flirts und des aufdringlichen »Komm schon« überfordern viele unserer Freundinnen, so dass sie leichte Opfer werden. Im Zweifelsfall ist es immer besser, vorsichtig zu sein, da unseren Asperger-Kids so oft die wahre Bedeutung einer Botschaft entgeht.

Eines der besten Dinge, die Eltern tun können, ist, mit den Kids wirklich jeden Tag über ihren Schultag zu sprechen. Stellen Sie spezielle Fragen: Wurde irgendetwas gesagt oder getan, was Ihr Kind nicht verstanden hat oder was ihm seltsam vorkam? Fragen Sie, ob sich der Vorfall in der Klasse oder – bedeutender noch – außerhalb der Klasse ereignet hat. Wenn Sie darauf warten, dass Ihr Kind Ihnen von sich aus etwas erzählt, kann es zu spät sein, um noch einzugreifen oder zu verhindern, dass eine Situation sich verfestigt und eskaliert.

Wichtig ist ein Ansprechpartner in der Schule

Stellen Sie bitte auch sicher, dass Ihr Kind in der Schule einen festen Ansprechpartner hat, zu dem es gehen kann, wenn es aufgeregt oder überfordert ist. Sei es ein Lehrer, ein Schulpsychologe oder ein Schulsozialarbeiter – Ihr Kind braucht einen vertrauenswürdigen Erwachsenen, der verständnisvoll ist und ihm hilft, bis die Angelegenheit geklärt ist oder Sie verständigt worden sind. Unsere Freunde fühlen sich unter Gleichaltrigen isoliert und unsicher. Daher können sie sich bei Problemen nicht an einen Mitschüler wenden. Wenn Ihr Kind meint, von einem anderen Schüler ausgenutzt oder hereingelegt zu werden, muss es sich an einen Erwachsenen wenden können.

Aus der Praxis

Die »Goldene Regel«

Wir haben im Friends' Club eine goldene Regel, an der sich unserer Freunde orientieren sollen, wann immer sie Zweifel an der Aufrichtigkeit einer Äußerung haben.

- Wenn es nach einer schlechten Idee klingt, ist es das auch.
- Wenn es irgendwie nicht richtig klingt, ist es das wahrscheinlich auch nicht.
- Wenn du glaubst, du solltest das nicht tun, dann tu es nicht!

Aggression und Frustration

Siehe auch: Akzeptanz · Ängstlichkeit, Anspannung und Unsicherheit · Dinge aufschreiben · Kompromisse · Loslassen und sich neu ausrichten · Perspektiven und Sichtweisen · Ruhig bleiben · Sportsgeist/Fairness · Um Hilfe bitten · Verlieren können · Wutanfälle · Warten · Zur Ruhe kommen und sich sammeln

Wegen ihrer mangelnden Flexibilität und ihres Bedürfnisses nach Kontrolle und Struktur erleben Asperger-Kids und Jugendliche fortwährend Enttäuschungen. Das Leben und soziale Kontakte sind mehrdeutig und unberechenbar. Menschen brechen oft Regeln oder umgehen Vorschriften.

Humor und Spaß sind etwas, das bei einem Spiel aus Überraschungseffekten heraus entsteht. Nur wenn alle locker sind, kann jeder Spaß dabei haben. Doch wenn ein Spiel, eine Tätigkeit oder Situation eine überraschende Wendung nimmt, führt das bei Aspie-Kindern und -Jugendlichen zu höchster Anspannung, Frustration und sogar Aggression.

Lernen, Gefühle auszudrücken

Bei unseren Freunden haben wir gemerkt, wie wichtig es ist, über dieses Gefühl, »nichts mehr unter Kontrolle zu haben«, zu diskutieren und Beruhigungsmethoden einzuüben. Da Aspie-Kids gerne und sehr lautstark sprechen, müssen sie lernen, wie sie ihre Gefühle ausdrücken können. Das ist für sie keineswegs einfach. Andernfalls können ihre unterdrückten Emotionen in plötzlichen Wutanfällen ausbrechen, die sie selbst und andere wie aus heiterem Himmel treffen.

Wir haben festgestellt, dass bei Spielen wie »Splat!« schnell Frustrationsgefühle aufkommen und ausdiskutiert werden müssen. Bei diesem Spiel stellt zunächst jeder seine Spielfiguren, die Käfer, mit dem Käferformer her. Ziel ist es, zwei Käfer unbeschadet ins Ziel zu bringen. Denn unterwegs werden Käfer mit der »Splathand« plattgedrückt. Die zerdrückten Käfer bleiben auf dem Spielfeld liegen. Die Felder, wo schon platte Käfer liegen, werden übersprungen, so dass der Weg ins Ziel immer kürzer wird. Wird ein Käfer plattgedrückt, darf der betroffene Spieler einen neuen Käfer formen und neu anfangen.

Selbst ältere Kinder werden durch dieses Spiel dazu gebracht, ihre Emotionen auszudrücken, weil alles so schnell geschieht und so unfair erscheinen kann. Das ist das Entscheidende daran: Unser Ziel besteht nicht in einem reibungslosen Spielverlauf, sondern das Spiel soll unsere Kids frustrieren! Unsere Freunde lernen mehr, wenn jemand zufällig ihren Käfer plattdrückt oder nicht genau so spielt, wie man vermutet; dadurch entstehen unterschiedliche Meinungen und Konflikte.

Wenn man Wege findet, wie diese Kinder ihre Frustrationsgefühle ausdrücken können, lernen sie, die Wut oder Anspannung bei einem Konflikt zu überwinden.

Aus der Praxis

Ich muss mogeln nicht mögen

Während einer Sitzung spielte einmal ein neues Gruppenmitglied mit uns »Splat!«. Der

Junge hatte Spaß, war aber auch frustriert, weil Mitspieler die Regeln umgingen. Wir konnten ihn darauf hinweisen, dass es für ihn wichtig war, seinen Ärger auszudrücken, dass er aber auch lernen sollte, dass ein wenig Mogeln okay war, wenn trotzdem alle Spaß am Spiel hatten. Entscheidend ist, die Gefühle der Frustration laut auszusprechen, sie nicht im Inneren zu verschließen, wo sie sich aufstauen und zu Wut und Zorn werden können.

Flexibel werden und mit Emotionen umgehen lernen

Wegen ihrer geistigen Starrheit fällt es Asperger-Kids so schwer, sich zu entspannen und Freude an einem Spiel zu haben. Dieses Fixiertsein auf die Regeln verhindert, dass sie Spaß haben und lustig sind, was mögliche Freunde abschreckt.

Entscheidend ist, dass sie lernen, flexibel zu sein; nur so kommen sie gut mit Menschen und im Leben zurecht. Flexibilität senkt auch die Frustrationsschwelle und schützt sie vor ihren eigenen Aggressionen.

Immer wieder haben wir festgestellt, dass Kinder mit Asperger-Syndrom gleichsam in einer Emotion »festhängen« können. Und auch wenn wir ihre Gefühle billigen, wollen wir ihnen doch helfen, diese Gefühle zeitlich zu begrenzen.

Psychologen haben herausgefunden, dass wir diesen Kindern helfen müssen, eine Verbindung zwischen ihrem emotionalen Zustand und ihrem Intellekt herzustellen; erst dann können sie verstehen, was sie fühlen. Durch die geistige Verbindung sind die Kinder in der Lage, »fühlen« zu lernen und ihre Gefühle besser auszudrücken.

Visuelle Hilfen

Ein Weg, Asperger-Kindern zu helfen, sich emotional zu befreien, besteht darin, visuelle Hilfen zu schaffen; so zeigt ihnen zum Beispiel ein Wecker genau an, wie lange sie dieses Gefühl haben dürfen und dass sie es dann überwinden müssen.

Das jeweilige Gefühl lässt sich auch durch einen konkreten Gegenstand bzw. ein Symbol veranschaulichen wie bei einer Computerdatei. Ich habe das bei vielen unserer Freunde erfolgreich getan. Ich sage ihnen: »Okay, jetzt ist es Zeit, diese Datei zu schließen und sie vom Bildschirm zu löschen.« Das Kind stellt sich vor, was das in der Computersprache bedeutet, und akzeptiert das Löschen.

Es funktioniert auch, wenn wir einfach sagen: »Okay, leg dieses Gefühl in eine Schublade.« Indem das Gefühl vergegenständlicht wird, sieht das Aspie-Kind es als etwas Konkretes an, das es wegpacken kann.

Methoden, Aggressionen zu entschärfen und zu überwinden

Werden Gefühle nicht ausgedrückt, stauen sie sich auf und äußern sich als plötzlicher Zornausbruch, der auch für das Kind selbst überraschend kommen kann. Mit verschiedenen Techniken lassen sich solche Aggressionen entschärfen und überwinden.

Weggehen. Die erste und für das Kind vermutlich wirksamste Maßnahme ist es, sich von dem Auslöser der Frustration räumlich zu entfernen. Dadurch bekommt das emotionale Gehirn des Kindes, die Amygdala, die Chance »abzukühlen«, und das rationale Gehirn, der Neokortex, kann aktiv werden und die Situation deuten. Das Verlassen des Frustrationsauslösers ist gut und wichtig. Mit einem verständnisvollen Erwachsenen darüber zu sprechen ist noch besser.

Bis 10 zählen. Die altbewährte Methode, bis zehn zu zählen, funktioniert aus dem gleichen Grunde auch – Wut bricht aus dem emotionalen Gehirn heraus; bis zehn zu zählen gibt dem rationalen Gehirn die Möglichkeit, sich in das Geschehen einzuklinken. Es kann beruhigende Gedanken aussenden, die der Aggression bei dem wütenden Kind entgegenwirken. Unsere Gruppenleiter schreiben oft einen Countdown an die Tafel: 5 – 4 – 3 – 2 – 1 und wischen jeweils eine Zahl ab. Erst die 5, dann die 4 und so weiter. Das verlagert die Aufmerksamkeit auf den Zeitablauf; die Kinder sehen, wie die Zeit vergeht. Das Aufschreiben von Vorgängen funktioniert sehr gut bei unseren Freunden, die stark von sichtbaren Eindrücken bestimmt werden.

Atmen: Wenn Sie mit Ihrem Kind bewusst atmen, langsam und beständig, mit tiefem Ein- und Ausatmen, zeigt ihm dies, wie man Wut überwinden kann. Sie machen es ihm vor, statt es ihm nur zu beschreiben.

Ablenken: Und natürlich ist auch die einfache Methode der Ablenkung von dem Wutauslöser recht effektiv und leicht umzusetzen. Das bedeutet nicht, Ihr Kind sozusagen mit etwas Neuem oder Besonderen zu »belohnen« oder zu »bestechen«. Sie weisen es vielmehr nur auf etwas hin, das es vielleicht nicht wahrgenommen hat oder das es interessieren könnte. Auf diese Weise wendet sich sein Geist (und seine Emotionen) vom Auslöser seiner Frustration oder seiner Aggression ab.

Wenn Sie wissen, dass eine anstehende Situation oder Tätigkeit möglicherweise bei Ihrem Kind Frustration oder Wut auslöst, können Sie es mit Hilfe von Bildern auf das Kommende vorbereiten. Oder Sie schreiben eine Liste der Dinge, die es dort antreffen wird.

Aus der Praxis

Passend vorbereitet

Eine unsere Therapeutinnen wusste, dass ein von ihr betreuter Junge sehr angespannt war, weil er in eine Nachmittagsbetreuung gehen sollte. Also schrieb sie ihm auf:

- Man kann dort Fußball spielen.
- Man kann dort Basketball spielen.
- Es gibt dort Brettspiele.

Sie faltete den Zettel zusammen und gab ihn dem Jungen. Er steckte ihn in seine Tasche und nutzte ihn später wie einen Handschmeichler. Er holte ihn heraus und schaute ihn von Zeit zu Zeit an. Dadurch, dass er wusste, was auf ihn zukam, war die »Gefahr« von Überraschungen relativ klein. Das war sehr beruhigend für den Jungen und verringerte seinen Stress beträchtlich.

Akzeptanz

Siehe auch: Ängstlichkeit, Anspannung und Unsicherheit · Interesse an Mitmenschen · Perfektionismus und unrealistische Erwartungen · Perspektiven und Sichtweisen · Veränderungen und »Richtungswechsel«

Gewöhnlich treffe ich jedes unserer neuen Mitglieder im Friends' Club vor der ersten Gruppensitzung. Aber einmal gab es ein Teenager-Mädchen, das ich am Abend ihrer ersten Gruppensitzung zum ersten Mal traf. Als ich sie an der Tür mit meinem üblichen »Hi! Ich bin Dr. Norall, aber meine Freunde nennen mich Cynthia« begrüßte, antwortete sie: »Gut, Cynthia, es ist höchste Zeit, dass du so was für Leute meiner Art machst.«

Oft fühlen sich Asperger-Kids genau so – wie eine andere Art von Menschen. Aus diesem Grunde sind Eltern so dankbar für den Friends' Club; sie sagen immer wieder, dass ihre Kinder hier zum ersten Mal in einer Gruppe von Kindern sind, die so sind wie sie.

Wenn normtypische Kinder zusammenkommen, lächeln sie sich an, sie scherzen, stellen Fragen und lernen sich kennen, ohne überhaupt darüber nachzudenken.

Asperger-Kids lächeln eher nicht und wirken dadurch ziemlich ernst. Sie denken ihre eigenen Gedanken und sind überhaupt nicht neugierig auf andere Menschen – auf Ideen und Dinge ja, aber nicht auf Menschen. Das macht es für sie schwierig, mit Gleichaltrigen in Kontakt zu kommen und von ihnen akzeptiert zu werden.

Allein durch die Beschaffenheit ihres Gehirns haben Asperger-Kinder große Mühe, andere Kids zu akzeptieren, denn Akzeptanz ist etwas Wechselseitiges. Und diese Wechselseitigkeit an sich ist für Asperger-Kids schwer verständlich, weil sie ihrem natürlichen Denken in keiner Weise entspricht.

Asperger-Kids muss man beibringen, dass sie andere Menschen akzeptieren müssen mit all ihren Mängeln, wenn sie mit anderen in Kontakt kommen und Freunde gewinnen wollen; und sie müssen erkennen, dass sie selbst auch nicht perfekt sind. Damit sie akzeptiert werden, müssen andere über ihre Schwächen hinwegsehen. Diese Vorstellung ist für sie oft erschreckend.

Wir führen im Friends' Club eine Art Flexibilitätstraining durch. Unsere Asperger-Freunde halten sich an bestimmten Abfolgen oder Anordnungen von Dingen fest; so schützen sie sich vor ihrer Angst vor dem Unbekannten. Sie meiden Veränderungen. Wir wollen den Kindern helfen, zunächst bei kleinen Dingen lockerer zu werden und dann zu größeren Vorhaben voranzuschreiten.

Ein guter Ausgangspunkt ist zum Beispiel, mit Spielsachen einmal anders zu spielen als gewohnt. Wir nehmen ein Spielflugzeug und legen es auf einen Güterzug.

Würden Sie das hinnehmen? Natürlich. Doch für unsere Freunde ist das zunächst höchst problematisch. Sie widersetzen sich dieser Konstellation, weil sie in ihrer Weltsicht »falsch« ist. Flugzeuge gehören nicht auf Züge.

Wir bringen ihnen bei, dass es akzeptabel ist, Dinge auch einmal anders zu machen; ihre Welt gerät nicht aus den Fugen, wenn ein Flugzeug auf einem Güterzug liegt. Die gewohnte Struktur kann sich verändern; wenn die Kids flexibler sind, bleibt dennoch alles in Ordnung.

Sobald sie lernen, solche kleinen Abweichungen zu akzeptieren, können wir sie auf weitere Veränderungen vorbereiten. Zunächst beschäftigen wir uns mit »Richtungswechseln« – Situationen, in denen Unerwartetes geschieht. Wir erklären, dass wir alle lernen müssen, uns anzupassen, uns auf Menschen und Situationen einzustellen und Dinge zu akzeptieren, die nicht geplant waren oder plötzlich geschehen.

Wohl der größte unberechenbare Faktor im Leben jedes Asperger-Kindes sind Menschen. Die Kommunikation mit Menschen erfordert eine Menge Flexibilität und Akzeptanz.

Damit sie üben können, von Menschen besser akzeptiert zu werden, lassen wir unsere Kids Protokolle von Gesprächen oder sozialen Abläufen vorlesen und nehmen sie dabei auf Video auf. Diese Übungshilfe hat sich sehr bewährt. Die Kids lesen diese »Drehbücher« gern und sie sehen sich gern in einem »Film«; der Lerneffekt beruht darauf, dass sie sich selbst in einer sozialen Interaktion sehen und hören. Sie schauen in die Kamera und lesen dabei die Wörter von einem Plakat an der Wand hinter der Kamera und außerhalb der Sichtweite des Betrachters ab. Dabei üben sie, die richtigen Sätze zu sagen, und diese werden ihnen nach und nach auch ohne Teleprompter geläufig.

Allein sein

Siehe auch: Körperliche Fähigkeiten und Sport · Reizempfindlichkeit und Essverhalten · Widerwillen, das Haus zu verlassen

Nach einem umtriebigen Tag in der Schule oder bei der Arbeit suchen viele Menschen Entspannung und Erholung. Sie verabreden sich, besuchen sich oder spielen etwas zusammen; dabei erzählen sie sich, was am Tag passiert ist, und diskutieren vielleicht über das, was sie geärgert hat. So weitet sich ihr Blick, indem sie ihre Erlebnisse auch aus der Perspektive eines anderen sehen.

Nicht so bei Asperger-Kindern und Jugendlichen. Was sie am meisten wollen, ist allein sein. In der Schule sind sie den ganzen Tag unter Leuten. Und Pausen sind kein Rückzugsort. Oft sind die Pausen stressiger als der Unterricht im Klassenzimmer. In den Pausen ist es laut. Es ist chaotisch. Jeder erwartet, dass die Schüler herumlaufen und miteinander spielen, aber ein Asperger-Kind will einfach nur allein sein.

Wenn sie dann ihre eigenen Wege gehen, sieht es so aus, als seien sie unsozial und unhöflich. Aber dieses Bedürfnis nach Alleinsein ist ein Selbstschutz, dem nachgegeben werden muss. Beim Alleinsein findet der Aspie wieder zu sich selbst, bringt Ordnung in seine Gedanken, bevor er sich wieder in die Gruppendynamik einfinden muss. Darüber hinaus bedeutet die Unruhe in den Pausen eine Sinnesüberreizung für diese Kids; sie kommen mit dem Lärm, dem Durcheinander und der Regellosigkeit einfach nicht klar.

Zu Hause hören die Reizimpulse nicht auf: Geschwister suchen Aufmerksamkeit; Termine müssen wahrgenommen und Hausaufgaben erledigt werden. Ein Asperger-Kind möchte sich nach der Schule zu Hause lieber in sein Zimmer zurückziehen und die Tür schließen, um ein wenig Frieden und Ruhe zu finden, als über seinen Tag zu sprechen. Bitte lassen Sie es eine Weile gewähren. Gestehen Sie ihm diese Auszeit zu.

Sie sollten wissen, dass diese Kinder nicht unhöflich sind. Sie wehren ihre Bezugspersonen nicht bewusst ab. Sie brauchen einfach Zeit, um sich zu entspannen und ihre innere Ruhe wiederherzustellen.

Das Beste, was Sie tun können, ist, dieses Alleinsein zuzulassen, auch wenn es nur fünf oder zehn Minuten sind. Dadurch können die Kids ihre Nerven stärken und sich vor Überreizung schützen. Je weniger angespannt Ihr Kind ist, umso besser wird es seine Hausaufgaben erledigen oder mit der Familie etwas unternehmen können.

Auch in der Schule sollte den Asperger-Kids erlaubt werden, sich in eine ruhige Ecke des Pausenhofs oder Klassenzimmers zurückzuziehen, um sich vor zu viel Anregung zu schützen. Auch dahinter steht keine Unhöflichkeit oder Ablehnung der Mitschüler. Das Kind versucht einfach, einen anstrengenden Tag voll Sinnesüberreizung durchzustehen.

Es ist allerdings sowohl zu Hause als auch in der Schule wichtig, einen Ausgleich zu schaffen zwischen der Zeit, in der das Kind allein ist, und der Zeit, die es mit anderen Menschen verbringt. Besonders in der Schule dürfen Asperger-Kids nicht zu viel allein sein, da sie sonst leicht eine Zielscheibe für Hänseleien und Mobbing werden.

Das andere Risiko besteht darin, dass sie sich immer wohler damit fühlen, wenn sie überhaupt keine sozialen Beziehungen eingehen, und ihre sozialen Fertigkeiten immer weniger üben (und sie brauchen Übung!). Es ist wichtig, dass sie mindestens einen Teil des Tages im Kontakt mit Menschen bleiben und dass ihnen nicht erlaubt wird, sich mehr und mehr zurückzuziehen.

Empfehlenswert sind Zeitbeschränkungen von maximal einer Stunde für das Computerspielen. Das Ende dieser Phase wird fassbarer, wenn Sie einen Wecker stellen, der nach Ablauf der Spielzeit klingelt. Dann ist es Zeit für eine andere Aktivität. Dieses klare Beenden einer Aktivität und der Wechsel zu einer anderen helfen unseren Aspies, mehr Balance in ihr Leben zu bringen.

Wir müssen unsere Aspie-Freunde ködern, um sie regelmäßig aus ihrer in unsere Welt zu locken; nur dann werden sie offener für soziale Situationen und Freundschaften.

Alles wörtlich nehmen

Siehe auch: Gespräche mit Gleichaltrigen · Humor · Jugendsprache und Redewendungen · Necken und Hänseln · Perspektiven und Sichtweisen · Zuhören

Asperger-Kinder nehmen alles wörtlich. Unsere Freunde verstehen die Sprache buchstabengetreu. Forschungen zeigen, dass dies wohl auf die Defizite im Spiegelneuronensystem in unserem Gehirn zurückgeht. Spiegelneuronen ermöglichen uns zu erraten, was andere denken oder fühlen, und einfühlsam zu sein.

Sprache ist nicht immer eindeutig

Doch zum Leidwesen unserer Freunde, die ganz konkret denken, ist die Sprache nicht immer eindeutig. Manche Redewendungen bedeuten etwas ganz anderes als jedes ihrer Wörter für sich genommen. Wie helfen wir den Asperger-Kids, Redewendungen, Metaphern und umgangssprachliche Ausdrücke zu verstehen, die oft so zweideutig und abstrakt sind?

Ich habe festgestellt, dass man die Sache am besten direkt angeht. In den Gruppen des Friends' Club lernen die Mitglieder genau, was die jeweilige Redewendung bedeutet. Dazu verwenden wir auch Beispiele aus Büchern. Es gibt Bücher mit Jugendsprache und Redewendungen, die dabei hilfreich sind. Besonders für unsere Jugendlichen ist es wichtig, die gängigen Phrasen und ihre Bedeutung zu kennen, damit sie nicht zur Zielscheibe skrupelloser Klassenkameraden werden.

Schlussfolgerungen ziehen

Auch mit Schlussfolgerungen aus dem Gesagten haben unsere Asperger-Kids Mühe. In der Grundschule gehört es zum Lehrplan, eine vorgegebene Geschichte weiterzuschreiben. Damit wird das Textverständnis überprüft.

Asperger-Kids erschließen nichts aus Texten und schlussfolgern nicht. Sie versuchen nicht, eine Geschichte weiterzuspinnen oder zu erraten, was als Nächstes geschehen wird. Sie sehen darin keinen Sinn. Für sie ist eine Geschichte aufgeschrieben – fertig. Warum sollte man sie also neu schreiben bzw. ein neues Ende erfinden, wenn sie bereits jemand fertiggeschrieben hat?

Aus der Praxis

Das ist unmöglich

Als ein Lehrer einen unserer Freunde bat, »uns einen anderen Schluss der Geschichte zu erzählen«, bekam der Junge eine Panikattacke. Er war überzeugt, dass niemand das ändern könne, was bereits feststand bzw. aufgeschrieben war. Sich solche Freiheiten zu nehmen ist unseren Kids völlig fremd; es ist verboten und setzt sie damit unter Stress.

Wie wir helfen können

Mit Hilfe geeigneter Bücher lässt sich dieser Widerstand durchbrechen; solche Bücher zeigen, dass eine Geschichte verschiedene Ausgänge haben kann. Ich finde dabei die Bücher »Mats und die Wundersteine« und »Mats und die Streifenmäuse« von Marcus Pfister besonders hilfreich. Jede Geschichte bietet zwei verschiedene Enden, ein glückliches und ein trauriges. Wenn der Leser in der Mitte des Buches angekommen ist, muss er sich für ein Ende entscheiden.

Unsere Freunde können dies akzeptieren, weil die verschiedenen Möglichkeiten bereits aufgeschrieben sind. Sie sind veröffentlicht. Es sind konkrete Beispiele dafür, dass eine Geschichte mehr als ein Ende haben kann. Da zwei Pfade in der Geschichte bereits angelegt sind, sehen Aspies, dass dies möglich ist; dann machen sie den nächsten Schritt, um es selbst umzusetzen. Das lässt sich auch auf die Schule übertragen, wo sie dann in der Lage sind, sich ein neues Ende für eine vorgegebene Geschichte auszudenken.

Jedes Buch mit einem klaren Handlungsablauf, wie »Kekse für die Maus im Haus« von Laura Numeroff (das auf Deutsch leider vergriffen ist), hilft unseren Freunden auch, zu lernen vorauszusagen, was als Nächstes passieren könnte. Wenn ich das Raten vorgemacht habe, versuchen es unsere Kids auch.

Wie zu erwarten, haben diese Kinder nicht nur in der Literatur Mühe, Schlussfolgerungen zu ziehen. Bei Menschen fällt es ihnen genauso schwer. Denn es erfordert die Fähigkeit, Dinge aus verschiedenen Blickwinkeln zu sehen und andere Möglichkeiten in Betracht zu ziehen.

Einen anderen Blickwinkel einnehmen

Unsere Freunde gehen davon aus, dass andere genauso denken wie sie selbst. Ihre Unbeirrbarkeit hält sie davon ab, eine andere Sichtweise anzunehmen. Sie sind in ihrer eigenen Perspektive gefangen und unfähig, die Signale im Gesicht eines Mitmenschen zu erkennen oder die Äußerungen eines anderen zu interpretieren, um zu wissen, was die Person denkt oder fühlt. Deshalb arbeiten wir so intensiv daran, unseren Freunden durch Übung beizubringen, wie man erkennt, was andere denken oder fühlen.

Ein letzter Gedanke zum wörtlichen Verständnis der Aspies: Sie können deswegen für neurotypische Elternteile oder Lehrer gelegentlich ungehorsam erscheinen, verwirrt und sogar »komisch«. Doch bei Asperger-Kids ist es am besten, ihnen nichts zu unterstellen. Regen Sie sich nicht auf, bevor Sie herausgefunden haben, was Ihr Kind wirklich denkt und warum es so handelt. Und dann haben Sie keinen Grund mehr, wütend zu sein.

Wir haben gelernt, im Zweifel für den »Angeklagten« zu handeln, wenn er unseren Aufforderungen nicht nachkommt. Wir forschen nach. Wir fragen: »Was stimmt nicht?« oder: »Warum tust du nicht, was ich dir gesagt habe?«, statt davon auszugehen, dass er sich absichtlich verweigert. Die Antworten überraschen uns oft.

Es gibt keine allgemeingültige Lösung, um dieses allzu wörtliche Verständnis zu verhindern; doch man kann Aspie-Kids im Einzelfall beibringen, nicht alles zu glauben, was sie lesen. Als absolute Regelbefolger sind sie schwer zu überzeugen, dass sie von manchen

Regeln auch mal ausgenommen sein können. Aber es ist möglich. Im Einzelfall ist eine Ausnahme immer möglich.

Aus der Praxis

Unbefugt

Einer unserer Freunde musste zum Beispiel in einen speziellen Schulraum gehen, um eine Arbeit von seinem Laptop auszudrucken. Als er zurückkam, sagte er seiner Lehrerin, er dürfe diesen Schulraum nicht mehr betreten. Als die Lehrerin den Fachlehrer dazu befragte, war sie verdutzt. Der Lehrer hatte dem Jungen keineswegs gesagt, er dürfe den Raum nicht betreten. Man bat mich herauszufinden, was los war. Als ich zu dem Fachraum kam, fiel mir sofort ein kleines Schild an der Tür auf. Es lautetet: »Unbefugte dürfen diesen Raum nicht betreten.« Das war so gemeint, dass keine Ehrenamtlichen und Schüler ohne Anweisung eines Lehrers diesen Raum als Durchgang zu anderen Räumen benutzen sollten. Für den Asperger-Jungen, der den Drucker in diesem Raum benutzen wollte, bedeutete das Schild, dass er den Raum nicht betreten durfte, weil er ein Unbefugter war. Als ich der Lehrerin erklärte, dass die Anweisung auf diesem Schild die Ursache dafür war, dass der Junge den Raum nicht betrat, und dass es nicht ihr Fehler war, war sie erleichtert. Aber sie war immer noch verwirrt. Sie brauchte etwas Zeit, um das Schwarz-Weiß-Denken des Asperger-Verstandes zu verstehen. Es gibt keine Abweichungen. Keine Ausnahmen. Menschen des Autismus-Spektrums machen das, was Schilder und die Menschen, von denen sie meinen, dass sie die Autorität dazu hätten, ihnen sagen – solange man es ihnen nicht anders erklärt.

Angst

Siehe auch: Aggression und Frustration · Ängste zulassen · Ängstlichkeit, Anspannung und Unsicherheit · Dinge aufschreiben · Reizempfindlichkeit und Essverhalten · Wutanfälle · Zeitblindheit · Zur Ruhe kommen und sich sammeln

Wir fürchten uns alle vor irgendetwas, ob wir uns dessen bewusst sind oder nicht. Manche Menschen sind ängstlicher als andere. Manche fürchten sich vor mehr Dingen als andere.

Wegen der Überempfindlichkeit unserer Freunde gegenüber Sinnesreizen kennen ihre Ängste keine Grenzen. Die Welt wirkt wie ein ständiges Bombardement auf ihre Sinne; sie werden leicht überrascht, erschreckt und von ihrer Umgebung aus der Bahn geworden. Warum, meinen Sie, lieben Aspies ihr Zuhause und ihr Zimmer so sehr? Ein ruhiger, vertrauter Platz im Haus ist der einzige Ort, an dem sie sich nicht durch ihre Umwelt unter Beschuss gesetzt fühlen.

Was macht ihnen am meisten Angst?

Alles, von lauten Geräuschen und hellem Licht bis zu Dunkelheit und fremden Gerüchen, kann Kinder mit Asperger-Syndrom irritieren. Es ist wichtig zu wissen, dass keiner von uns sich jemals vorstellen kann, wie tief und umfassend diese Kids mit Autismus-Spektrum-Störungen von Ängsten bedroht werden.

Kinder mit Asperger-Syndrom haben Angst vor Dingen, die wir neurotypischen Menschen niemals als beängstigend oder erschreckend betrachten würden. Ein elektrischer Haarschneider, die Toilettenspülung oder der Föhn kann jüngere Asperger-Kinder in Angst und Schrecken versetzen und zu lautem Geschrei und Tränen führen.

Was können Eltern, Lehrer oder Geschwister tun? Ist es Aspies möglich, ihre Ängste zu besiegen, und wenn ja, wie? Die kurze Antwort lautet: Ja, Asperger-Kinder können ihre Angst vor vielen Dingen überwinden, aber das wird nicht über Nacht geschehen. Es geschieht wahrscheinlich nicht einmal innerhalb von Wochen oder Monaten. Und jede Form der Angst muss anders angegangen werden, genauso wie jedes Kind ein wenig anders reagieren wird.

wichtig

Denken Sie daran, dass Asperger-Kinder oft in einer Emotion »stecken bleiben«. Angst ist eine dieser Emotionen. Wenn normtypische Menschen sich ihre Angst eingestehen, können sie gewöhnlich bald etwas dagegen tun und sie überwinden. Unsere Freunde jedoch bleiben in ihrer Angst verstrickt; sie empfinden sie unvermindert weiter, auch nachdem sie sie benannt haben. Sie sind nicht in der Lage, sie zu überwinden.

Eine universelle Angst bei unseren Freunden ist die Furcht vor der Dunkelheit. Das ist meist die erste Antwort auf meine Frage: »Wovor hast du Angst?« (Die zweite Antwort lautet: »Spinnen.«)

Das sind Ängste, die sehr präsent sind. Auf Nachfrage sagen Aspie-Kids gewöhnlich ziemlich ehrlich, was sie ängstigt. Doch es gibt noch viel, viel mehr Ängste, an die sie nicht denken, bis die erschreckende Situation oder Sache wieder auftaucht.

Wie wir helfen können

Wir haben die Erfahrung gemacht, dass es am besten ist, sich nicht auf eine Diskussion darüber einzulassen, was sie erschreckt. Das kann die Angst nur noch verstärken, weil sie mehr Gewicht erhält, als sie verdient. Am besten ist daher, die Angst einfach festzustellen: »So, du hast Angst vor Bienen.« Und dann einen Weg anzubieten, um sie zu relativieren, wie: »Wenn du eine Biene siehst, heißt das nicht, dass da ein ganzer Bienenschwarm ist. Außerdem kannst du zum Spielen auf die andere Seite des Spielplatzes gehen.«

Im Friends' Club praktizieren wir oft bewusstes, gesteuertes Atmen als Form der Selbstberuhigung bei Angst. Ältere Kids leiten wir dazu an, dieses beruhigende Atmen ganz dezent und ruhig durchzuführen, so dass es niemand mitbekommt.

Wenn die Angstsituation vorbei ist, und sich Ihr Kind wieder beruhigt hat, sprechen Sie darüber, was ihm so viel Angst gemacht hat. Ist das Kind gerade angstfrei, ist die beste Zeit, um mit ihm Wege zu besprechen, wie es sich das nächste Mal beruhigen kann, wenn es vor etwas Angst hat. Es ist auch gut, eine Strategie einzuüben, die es in der nächsten Angstsituation umsetzen kann. (Und, ja, ein Nachtlicht oder eine offene Zimmertür ist durchaus vertretbar, um der Angst vor der Dunkelheit zu begegnen.)

Eine sorgsam geplante Konfrontation mit dem angstauslösenden Faktor kann dazu beitragen, die Ängstlichkeit des Kindes gegenüber diesem Objekt, dem Geräusch oder der Situation zu verringern.

Denken Sie bitte auch immer daran, dass unsere Asperger-Freunde wegen ihrer Zeitblindheit und ihrer Unfähigkeit, Kommendes gedanklich vorauszunehmen, nicht wissen, was als Nächstes geschieht. Sie sehen nicht bis zur nächsten Handlung; daher haben sie oft das Gefühl, »in der Luft zu hängen«, und sind verunsichert. Es baut ihre Angst ab, wenn man ihnen im Voraus sagt, was sie zu erwarten haben, und dies am besten auch aufschreibt.

Aus der Praxis

Die Angst vor Hunden überwinden

Die große Mehrheit unserer Freunde mag Tiere; einmal hatten wir jedoch einen Jungen, der sehr große Angst vor Hunden hatte. Wir begannen unsere Therapie, indem wir ihn sein Lieblingsspiel neben einem Hund, der in einem Lattenverschlag im selben Raum war, spielen ließen. Nach ein paar Wochen ließen wir den Hund aus dem Lattenverschlag heraus, und der Junge spielte in seiner Anwesenheit drei Minuten lang sein Lieblingsspiel.

Als wir diese Zeitdauer auf zehn Minuten Zusammensein im selben Raum ausgedehnt hatten, ließen wir den Jungen mit dem Hund draußen spazieren gehen; eine Begleitperson hielt dabei die Leine.

Nach drei Monaten schließlich ging der Junge selbst mit dem Hund an der Leine spazieren. Die Familie hat inzwischen einen Therapiehund, der bei ihnen lebt; der Junge zeigt keine Angst mehr vor Hunden oder geht ihnen auch nicht mehr bewusst aus dem Weg.

Ängste zulassen

Siehe auch: Angst · Ängstlichkeit, Anspannung und Unsicherheit · Reizempfindlichkeit und Essverhalten · Zur Ruhe kommen und sich sammeln

Mit ihrer hohen Empfindsamkeit gegenüber Geräuschen, Licht, Geruch, Geschmack und Strukturen haben Asperger-Kids oft vor allen möglichen alltäglichen Dingen Angst. Was wir vielleicht nicht einmal wahrnehmen oder einfach ignorieren können, ängstigt sie.

Aus der Praxis

Reizüberflutung am Strand

Ein Ausflug an den Strand führte dazu, dass sich einer unserer jungen Freunde von Kopf bis Fuß in ein Strandtuch einwickelte. Seine Mutter dachte, er habe Angst vor den Wellen oder möge den grobkörnigen Sand nicht. In Wirklichkeit versuchte er sich vor all den Sinnesreizen, die auf ihn einstürmten, zu verstecken. Er fühlte sich wie bombardiert und hatte Angst vor der zu hellen Sonne, den zu lauten Wellen, dem heißen Sand und den Menschen, die zu viel Krach machten; doch er war zu jung, um diese Empfindungen ausdrücken zu können. Fast schon in dem Augenblick, in dem seine Familie angekommen war, wollte er wieder nach Hause zurück.

Es kann auch sein, dass ein Aspie-Kind – vor allem, wenn es älter wird – seine Angst versteckt. Doch sie verschwindet nicht. Das angstauslösende Erlebnis wird einfach bis zu einem späteren Zeitpunkt verschüttet, bis Ihr Kind Ihnen vielleicht einen oder mehrere Monate später erzählt, wie viel Angst es hatte – obgleich es damals kein Anzeichen gab, dass irgendetwas nicht stimmte.

Da es unseren Freunden schwer fällt, ihre eigenen Emotionen zu verstehen und auszudrücken, können sie kaum deutlich machen, was sie stört, und es in Worte fassen. Am besten fragen Sie Ihr Kind direkt, was es beunruhigt, und erkennen die Angst an. Aber verweilen Sie nicht bei dem Thema, weil das die Angst verstärken kann.

Hilfreich ist oft eine einfache Feststellung wie: »Manche Dinge machen uns Angst und das ist in Ordnung so.« Eine solche Bestätigung relativiert die Furcht. Machen Sie dann einen Vorschlag, wie man die Angst lindern könnte. Noch besser ist es, sowohl die Angst als auch die Lösungsmöglichkeit aufzuschreiben. Damit schaffen Sie ein sichtbares Bild, an dem Ihr Kind sich »festhalten« und auf das es sich beziehen kann.

Als unmittelbare Abhilfe können Beruhigungsmethoden wie gleichmäßiges Atmen genutzt werden. Sich auf die Atmung zu konzentrieren gibt dem Körper die Möglichkeit, seine Reaktionsweise zu unterbrechen und mehr Sauerstoff aufzunehmen, was eine beruhigende Wirkung hat.

Wir leiten unsere Kids auch an, in solchen Situationen an etwas anderes zu denken, damit sie sich besser fühlen. Ablenkung funktioniert. Mit unseren jüngeren Kindern gestalten wir ein »Glücksbuch«. Das ist ein Sammelalbum mit Fotos und Abbildungen von Dingen, die das Kind glücklich machen. Wir ermutigen sie, ihr Glücksbuch anzuschauen, wenn sie Angst haben. So wendet sich ihr Geist beruhigenden, angenehmen Dingen zu.

Ängste sind bei Asperger-Kindern oft übermäßig ausgeprägt und sie können vielfältig sein – Angst vor Veränderung, vor dem Neuen und Unbekannten, vor Reizüberflutung, davor, etwas verkehrt zu machen usw. Sich den Ängsten zu stellen ist der beste Weg, sie zu überwinden. Daran arbeiten wir in unseren Gruppen; doch wie bei all unseren Themen teilen wir das Problem in sehr, sehr kleine Schritte auf und schreiten im Tempo unserer Freunde voran.

Ängstlichkeit, Anspannung und Unsicherheit

Siehe auch: Angst · Ängste zulassen · Reizempfindlichkeit und Essverhalten · Veränderungen und »Richtungswechsel« · Wutanfälle · Zur Ruhe kommen und sich sammeln

Das Leben legt uns immer wieder Steine in den Weg. Es bringt Überraschungen und unerwartete Situationen; für Asperger-Kids bietet jedoch schon der Großteil des normalen Lebens ständige Überraschungen. Das führt leicht zu einem Gefühl ängstlicher Besorgtheit.

Nehmen wir als Beispiel eine Party. Wir neurotypischen Menschen können unser Unbehagen in einem ungewohnten sozialen Umfeld mit etwas nervösem Gelächter oder überlautem Grüßen überspielen, oder vielleicht wenden wir uns einfach stärker dem kalten Büffet zu.

Asperger-Kids reagieren unkonventioneller auf solchen sozialen Stress und auf ihre Unsicherheit. Manche ziehen sich in eine Zimmerecke zurück. Manche verstecken sich draußen. Manche beginnen, in Babysprache zu reden, oder wedeln mit den Armen.

Selbst Routinesituationen wie die Schule können unsere Freunde aus der Bahn werfen; zum Beispiel wenn der gewohnte Lehrer nicht da ist, sondern eine Vertretung kommt. Oder sie sind verunsichert, wenn es einen plötzlichen Stundenplanwechsel gibt.

Im Friends' Club arbeiten wir beinahe wöchentlich erfolgreich mit verschiedenen Stressbewältigungsmethoden. Die erste und einfachste ist die Tiefatmung. Wenn wir unseren Freunden beibringen können, nur einen Moment innezuhalten und mehrmals nacheinander tief durchzuatmen, beruhigen sie sich durch diese bewusste Handlung. Wenn sie beim Ein- und Ausatmen jeweils bis fünf zählen können, umso besser. Das lenkt sie vom Auslöser ihrer Verunsicherung ab und richtet ihre Aufmerksamkeit auf einen Ruhepunkt.

Wir ermutigen unsere Kids auch, für sich selbst einzutreten. Fühlen sie sich im Schulunterricht sehr angespannt, sollen sie zum Lehrer gehen und ihn bitten, eine Auszeit nehmen zu dürfen, entweder im Klassenzimmer, in einem anderen Raum oder in der Bücherei, bis ihre Anspannung nachlässt.

Herrscht bei Ihnen zu Hause viel Trubel, hilft es Ihrem Kind enorm, wenn es hinausgehen darf, wann immer ihm der Lärm, die vielen Menschen oder das Durcheinander zu viel werden. Es ist nicht unhöflich, wenn es sich in sein Zimmer zurückzieht oder nach draußen geht, wo es ruhiger ist. Für unsere Freunde bedeutet das Stressabbau und einen Weg, um in der wirklichen Welt zu »überleben«.

Natürlich sollten Sie einen Arzt konsultieren, wenn Ihr Kind unter starker Besorgtheit oder Ängsten leidet und keine Ihrer Maßnahmen ihm hilft. Dann können intensivere Maßnahmen notwendig sein, wie eine kognitive Verhaltenstherapie oder eine medikamentöse Behandlung.

Auf andere reagieren – und antworten

Siehe auch: Gespräche · Sich verabschieden · Unhöflichkeit · Zuhören

Häufig ergreift ein Junge oder ein Mädchen in einer Gruppe das Wort und berichtet von einer Idee oder einer Erfahrung. Keiner antwortet. Es herrscht einfach Stille. So nervig und unhöflich das auf uns wirkt – für Asperger-Kids ist es nichts Ungewöhnliches.

Aspies gehen davon aus, dass man weiß, dass sie zuhören und das Gesagte gehört haben. Sie sehen keinen Grund bzw. keine Notwendigkeit für eine Reaktion. (Natürlich können sie auch geistig abwesend gewesen sein und wirklich nichts mitbekommen haben. Aber dann gehen sie davon aus, dass der andere seine Äußerung schon wiederholen wird, wenn es etwas wirklich Wichtiges war.)

Wir wollen unseren Freunden verständlich machen, dass es Wertschätzung bedeutet, wenn man auf die Äußerungen eines anderen reagiert. Es ist wirklich wichtig, die andere Person wissen zu lassen, dass man zugehört hat. Solche Reaktionen tragen nicht nur zum Aufbau von Freundschaften bei, sondern sind in der Schule und am Arbeitsplatz unverzichtbar. Jeder, der sich äußert, erwartet irgendeine Reaktion. Schweigen genügt nicht.

Da unsere Kids solche Reaktionsweisen nicht automatisch erfassen, bringen wir ihnen jede Woche bei, was sie zu sagen haben, und üben es immer wieder. Meist genügt eine kurze Antwort. Manchmal reicht schon ein »Das ist cool« oder »Ich auch« völlig aus. Selbst ein »Gut« und »Ja« oder »Nein« sind ausreichend und besser als gar keine Antwort.

Wir üben dies, indem wir Gespräche beginnen und unsere Freunde bitten, ihre Gedanken, Gefühle oder Erfahrungen einzubringen. Wir warten ab, wie die Zuhörer reagieren. Wenn die Kids gar nichts sagen, geben wir eine passende Antwort vor und sagen zum Beispiel: »Wirklich?« oder: »Okay.« Dann stellen wir weitere Fragen und die Kids haben die Chance zu antworten.

wichtig

Entscheidend ist, dass jegliche Antwort auf die Äußerungen eines anderen besser ist als Schweigen. Eine ausbleibende Reaktion wird als Unhöflichkeit oder Gleichgültigkeit interpretiert. Das Antworten gehört zu den grundlegenden Verhaltensregeln. Sie können nicht ignoriert werden, wenn unsere Freunde von anderen besser akzeptiert und angenommen werden sollen.

Glücklicherweise ist das Antworten meist sehr einfach – eine Silbe (»Gut«) oder zwei (»Super«) reichen als Feedback oft aus. Je öfter ein Asperger-Kind oder -Jugendlicher das Antworten übt, umso besser wird es bzw. er zuhören können. Tun Sie Ihrem Kind einen Gefallen: Stellen Sie sicher, dass es antwortet, wenn Sie sich miteinander unterhalten. Das Üben muss keine Perfektion bringen, aber es macht das Antworten zur Gewohnheit.

Aufmerksam wirken

Siehe auch: Blickkontakt · Gespräche · Manieren · Reizempfindlichkeit und Essverhalten · Zuhören

Wenn wir sprechen, erwarten wir, dass der Gesprächspartner uns anschaut. Wir entnehmen seinen Augen Signale. Interessiert ihn, was wir sagen? Haben wir einen heiklen Punkt getroffen? Oder langweilen wir ihn?

Für Asperger-Kids ist es zu ablenkend oder stressig, anderen Menschen in die Augen zu schauen. Also schauen sie weg. Sie wirken, als hörten sie nicht zu, aber das stimmt nicht. Sie hören sehr wohl zu. Man merkt es nur nicht. Wir erwarten, dass jemand, der uns zuhört, uns anschaut und Blickkontakt hält. Wenn er es nicht tut, stört uns das. Es nervt uns. Wir nehmen das Schlimmste an: Der andere hat kein Interesse, ist unhöflich und hat keinen Respekt. Aber da Asperger-Kids durchaus zuhören und es nur so aussieht, als täten sie es nicht, wie können wir diese Situation retten?

Wir haben mehrere Wege entwickelt, um unseren Kids beizubringen, wie sie aufmerksam wirken können, selbst wenn sie dem anderen nicht direkt in die Augen schauen können. Einige unserer Ideen stammen von Richard Lavoie, einem Fachmann für Lernstörungen. Er hat seinen Schülern beigebracht, dass man im Klassenzimmer aufmerksam wirkt, wenn man den Blick nach vorne richtet – selbst wenn einen das Thema nicht interessiert.

Blickkontakt herstellen

Verschiedene Techniken funktionieren. Eine davon ist es, flüchtigen Blickkontakt herzustellen; dabei schaut man der anderen Person nur kurz in die Augen und dann wieder zur Seite. Nach ein paar Augenblicken schaut man wieder kurz hin und wendet den Blick dann wieder auf etwas Angenehmeres. Durch diese Technik des flüchtigen Blickkontakts hat der Sprechende das angenehme Gefühl, angeschaut worden zu sein. Gleichzeitig befreit sie den Aspie von dem Stress und der Ablenkung, die es bedeuten würde, längeren Blickkontakt zu halten.

In die Richtung des Sprechers schauen

Eine andere Technik, die wir unseren Freunden beibringen, ist es, in die Richtung des Sprechers zu schauen, wenn man ihn schon nicht direkt anschaut. Dabei sieht man auf eine Stelle über dem Kopf oder der Schulter der Person. Auf diese Weise blicken die Augen in die richtige Richtung; die Kids wirken aufmerksam, ohne dem anderen wirklich in die Augen schauen zu müssen.

»Ich schaue dich an, also denke ich über dich nach.«

Eine dritte Methode entstammt den Strategien des sozialen Denkens von Michelle Garcia

Winner. Sie lehrt ihre Asperger-Studenten, sich selbst zu sagen: »Ich schaue dich an, also denke ich über dich nach.« Der Akt des Anschauens soll den Aspie daran erinnern, seine Aufmerksamkeit und Gedanken auf diese Person auszurichten.

Indem wir unseren Freunden beibringen, in die Richtung des Sprechers zu schauen, wollen wir sie nicht dazu anleiten, Menschen anzustarren. Wenn wir sagen: »Schau die Person an, die spricht«, kann es hier wieder sein, dass einige Kids aufgrund ihrer wörtlichen Deutung der Sprache genau das tun – die Person schonungslos anstarren. Das ist auch nicht gut. Anstarren macht den Menschen noch mehr Angst, als nicht angeschaut zu werden; daher wollen wir das Anstarren keinesfalls fördern. Auch hier leiten wir sie wieder an, knapp hinter die Person zu schauen oder ihr einen Blick zuzuwerfen und dann in Abständen wieder hinzuschauen. Beide Strategien sind akzeptabel. Anstarren jedoch nicht.

Aus der Praxis

Anstarren wirkt beleidigend

Einmal mussten wir einem Schulleiter erklären, dass einer unserer Freunde keineswegs ein Mädchen in seiner Klasse drangsalieren wollte, nur weil er es immer anstarrte. Wir arbeiteten mit dem Jungen, damit er erkennen konnte, dass er andere nicht längere Zeit fixieren darf. Das wirkt beleidigend. Natürlich hatte der Junge keine Ahnung, dass das ein Problem war. Und glücklicherweise gab er das Anstarren auf, nachdem wir mit ihm gesprochen hatten.

Bekannter oder Freund?

Siehe auch: Erste Freundschaften · Gespräche mit Gleichaltrigen · Namen merken

Es gibt verschiedene Stufen der Freundschaft. Wie eng eine Freundschaft ist, hängt davon ab, wie viel Gemeinsamkeiten man hat – gemeinsam verbrachte Zeit, ähnliche Einstellungen und Erfahrungen, einen ähnlichen Humor und gegenseitige Hilfsbereitschaft. Sieht man einander oft und kommt man über eine oberflächliche Ebene hinaus? Gibt es Gemeinsamkeiten, die über das Wohnen in der Nachbarschaft oder den Besuch derselben Schule hinausgehen?

Von einem Freund erwarte ich, dass er sich meinen Namen merkt, bei Gelegenheitsbekanntschaften ist das nicht unbedingt der Fall. Für Asperger-Kids ist es sehr schwierig, zwischen Freunden und Bekannten zu unterscheiden. Und natürlich ist es keineswegs hilfreich, dass es ihnen so schwerfällt, sich Namen zu merken.

Wenn neue Kinder in unsere Gruppen kommen, treffe ich mich möglichst mit jedem Kind erst einmal allein. Ich finde mehr über es heraus und entscheide dann, in welche Gruppe es am besten passt. Bei diesem Gespräch frage ich das Kind, was ein Freund ist. Die häufigsten Antworten lauten: »Jemand, der nett zu dir ist.« und: »Jemand, der mit dir spielt.« Die Kinder sagen praktisch nie, dass ein Freund ähnliche Interessen hat oder dass man mit ihm etwas gemeinsam hat.

Wenn ich die Jüngeren frage, wie viele Freunde sie haben, nennen sie eine Zahl wie 19 oder 24 – die Anzahl der Kinder in ihrer Klasse. Sie meinen, dass jeder ihr Freund sei; sie verstehen nicht, dass Mitschüler lediglich Bekannte sind, solange sich keine besondere Beziehung zwischen ihnen entwickelt.

Aus der Praxis

Ihr normalen Menschen seid kompliziert

Einmal erzählte ich einem Jugendlichen, dass ich für verschiedene Aktivitäten verschiedene Freunde habe. Sein Gesicht wurde rot und er polterte los: »Ihr normalen Menschen seid so kompliziert – ich sage dir doch, dass ich nur einen Freund möchte.«

Unterschiede zwischen einem Freund und einem Bekannten

Im Friends' Club vermitteln wir in unseren Gruppen, dass es sich eher um einen Bekannten handelt, wenn man einfach »Hallo« sagt und über Belanglosigkeiten spricht. Wenn man immer mal wieder miteinander telefoniert, ist dies schon eher eine Freundschaft. Doch damit beide gute Freunde werden, ist noch mehr sozialer Austausch notwendig. Man muss gelegentlich etwas miteinander unternehmen, zum Beispiel ins Kino oder essen gehen oder sich zum Spielen besuchen. Und wenn beide den Wunsch haben, sich wiederzusehen, dann werden sie wahrscheinlich Freunde.

Wir vertiefen dieses Thema, indem wir an die Tafel schreiben: »Was ist ein Freund?« und »Was ist ein Bekannter?«

Dann lassen wir die Gruppenmitglieder antworten und diskutieren Ähnlichkeiten und Unterschiede zwischen einem Freund und einem Bekannten. Ein Mädchen sagte, dass sie in der Schule einige Freundinnen habe, ihre Namen aber nicht kenne. Eine andere fragte, ob eine Freundschaft dadurch definiert sei, wie lange man sich schon kenne.

Unsere Antwort veranschaulichen wir am Beispiel eines Briefträgers: Nur weil wir ihn schon seit vielen Jahren kennen und vielleicht ein paar Worte mit ihm gewechselt haben, ist er noch kein Freund. Erst wenn wir ihn vielleicht mal zum Essen eingeladen oder etwas anderes zusammen unternommen haben, könnte sich eine Freundschaft zu ihm entwickeln.

Wir machen auch deutlich, dass man etwa bei einem Telefonanruf, mit dem man eine Freundschaft beginnen möchte, nie wirklich weiß, ob der andere unser Freund sein will. Erst wenn er auch uns anruft, zeigt er sein Interesse. Dieses Prinzip der Gegenseitigkeit ist für unsere Kids sehr schwer zu begreifen; aber die Frage, ob der Wunsch, miteinander etwas zu unternehmen, auf beiden Seiten besteht, ist ein wichtiges Signal für die Chance einer Freundschaft.

Bei unseren jüngeren Freunden betonen wir, dass ein echter Freund irgendeinen Bezug zu uns hat, etwa so, wie C. S. Lewis sagte: »Freundschaft entsteht in dem Moment, in dem ein Mensch zum anderen sagt: ›Was? Du auch? Ich dachte, ich sei der Einzige.‹«

Interesse bekunden

Unseren älteren Freunden müssen wir beibringen, wie man dem sozialen Umfeld Interesse signalisiert. Dale Carnegie sagte zu diesem Thema einmal: »Sie finden mehr Freunde in zwei Monaten, wenn Sie sich für andere Menschen interessieren, als in zwei Jahren, in denen Sie versuchen, andere Menschen für sich zu interessieren.«

Da unsere Asperger-Kids dazu neigen, jedes Gespräch damit zu beginnen, über ihre Spezialinteressen zu sprechen oder über das, was sie tun, versuchen wir ihnen beizubringen, dass sie durch Fragen ihr Interesse am anderen zeigen müssen.

Hilfreiche Spiele

Wir haben das Spiel »Was ist passiert?« eingeführt, um diese Fertigkeit des Fragenstellens zu üben. Zunächst erzählt ein Gruppenmitglied, was es kürzlich gemacht hat. Dann stellt ein anderer Teilnehmer eine Frage zu diesem Bericht. Wir geben kleine Kettenglieder aus, kleine Metall- oder Plastikhäkchen, die miteinander verbunden werden können. Jedes Mal, wenn jemand eine passende Frage stellt (die richtigen Fragen zu stellen ist für unsere Asperger-Freunde eine ziemliche Herausforderung), bekommt er ein Häkchen als konkrete, fassbare Erinnerung daran, dass sich das Zuhören lohnt. Unsere Aspies sollen verstehen, dass ein Gespräch umso konstruktiver verläuft, je mehr sie beim Thema bleiben.

Ein weiteres Gruppenspiel ist »Woran denke ich?«. Wir lassen unsere Freunde erraten, worüber ein anderes Gruppenmitglied nachdenkt; dabei müssen sie wahrnehmen, wohin die Person schaut. Einer der Jungs, der dieses Spiel mochte, sagte: »Meine Augen sind wie Pfeile. Schau einfach dahin, wohin meine Augen zeigen.« Die meisten Asperger-Kids schauen anderen Menschen nicht in die Augen; daher entgeht ihnen der Großteil der nonverbalen Signale. Dieses Spiel hilft ihnen, in den Augen anderer zu lesen und es auch einmal zu riskieren, falsch zu raten (falsch zu liegen ist ebenfalls etwas, das sie überhaupt nicht mögen).

Hilfe aus dem Internet

Unseren Jugendlichen zeigen wir, dass das Internet ein Weg der Kontaktaufnahme zu anderen Jugendlichen, gerade auch mit Asperger-Syndrom, sein kann. Die englischsprachige Website Wrong Planet (**www.wrongplanet.net**) ist speziell für diese Zielgruppe und zu diesem Zweck eingerichtet worden.

Aber wir warnen unsere Kids auch vor den Gefahren der Online-Kontakte. Die Leute dort können eine andere Identität vorgaukeln. Wir haben festgestellt, dass vor allem unsere Mädchen vorsichtig sein müssen. Sie erkennen manchmal nicht, wie persönlich und intim manche Fragen sind, und geben mehr Informationen über sich preis, als gut ist.

Aus der Praxis

Der »Freund« aus dem Internet

Ein Mädchen aus einer unserer Gruppen verkündete einmal, im Internet einen Freund gefunden zu haben. Sie habe ihm aber keinerlei persönliche Informationen gegeben. Als wir weiter nachforschten, fanden wir heraus, dass der Online-»Freund« in Wirklichkeit ein über dreißigjähriger Mann war, der sie nach ihrer Slipgröße gefragt hatte und ob sie Tangas trage! Schlimmer noch, sie hatte ihm ihre Adresse gegeben. Wir mussten unserem Mädchen erklären, dass dies wirklich sehr persönliche und völlig unangemessene Fragen waren, und wir benachrichtigten auch die Polizei.

Blickkontakt

Siehe auch: Aufmerksam wirken · Reizempfindlichkeit und Essverhalten

Dem Gegenüber in die Augen zu schauen ist vermutlich die wichtigste soziale Fertigkeit. Wir erwarten Blickkontakt, wenn wir eine Person treffen oder mit ihr sprechen. Wenn sie uns nicht in die Augen schaut, denken wir, dass etwas nicht stimmt. Der andere scheint etwas zu verbergen, wirkt desinteressiert oder einfach unhöflich.

Ohne Blickkontakt entsteht keine Beziehung. Ein besonders offensichtliches Merkmal von Menschen mit Asperger-Syndrom ist es, dass sie anderen nicht in die Augen schauen. Nicht dass sie etwas verbergen würden. Sie sind gewiss nicht hinterlistig. Und sie hören zu, auch wenn es wegen des fehlenden Blickkontakts nicht so aussieht. Doch für Aspies sind menschliche Gesichter höchst irritierend.

Muss ein Blickkontakt hergestellt werden, dann ist es für Aspies einfacher, aus dem Augenwinkel zu schauen, als direkt mit beiden Augen. Aufgrund dieses Unterschieds im Nervensystem haben mir viele meiner Klienten gesagt: »Ich kann dir besser zuhören, wenn ich dich nicht anschaue.«

Und wie bei so vielen anderen kommunikativen und sozialen Themen, die wir in diesem Buch behandeln, versteht das Asperger-Kind nicht, warum wir Neurotypischen dem Blickkontakt eine so hohe Bedeutung zuschreiben.

Schaut ein Asperger-Kind einem Sprecher ins Gesicht, dann blickt es auf den Mund, nicht in die Augen. »Natürlich schaue ich auf den Mund«, sagte mir einer unserer Freunde, »daraus kommen schließlich die Wörter.« Leider verpassen sie dadurch viele nonverbale Signale; denn der Mund verrät im Vergleich zu den ausdrucksstarken Augen kaum etwas von den Emotionen eines Menschen. Ein einziger Blick in die Augen eines Menschen kann so viel verraten, da unsere Augen wahrhaftig »ein Fenster zu unserer Seele« sind. Es ist sehr schwierig, unsere wahre Absicht zu verbergen, weil unsere Augen uns verraten.

WISSEN

Blickkontakt macht Stress

Gehirnforschungen haben gezeigt, dass ein direkter Blickkontakt Auswirkungen auf Vorgänge im Nervensystem hat. Bei Blickkontakt müssen beide Gehirnhälften über das Corpus callosum (Brücke), das im Aspie-Gehirn anders vernetzt ist, zusammenarbeiten. Es gibt auch Hinweise darauf, dass das emotionale Gehirn, die Amygdala, die unsere Gefühlsreaktion auf Ereignisse steuert, bei Aspies möglicherweise eine fehlerhafte Verbindung mit dem visuellen Hirnbereich aufweist. Die Folge ist Stress, der zu beschleunigtem Herzschlag führt; als Reaktion weicht der Aspie dem Blick des anderen aus, um diesen Stress zu reduzieren.

Aus der Praxis

Ich kann dir nicht in die Augen schauen

Einer unserer Freunde gab an, dass er kaum denken könne, wenn er jemanden in die Augen schauen müsse. Wenn ihm jemand eine Frage stelle, müsse er wegschauen, um sich die Antwort zu überlegen. Solange er die Person anschaut, wird er durch ihr Gesicht zu stark abgelenkt und vergisst sogar die Frage! Das ist völlig unabhängig davon, wie der Gesprächspartner aussieht – die körperliche Anstrengung, Blickkontakt herzustellen, ist für Aspies so schwierig. Ein anderer unserer Freunde sagte, dass es für ihn körperlich schmerzhaft sei, längeren Blickkontakt zu halten. Das ist Teil der Asperger-typischen Überempfindlichkeit für Sinnesreize.

Aspies verstehen die Sprache der Augen nicht

Wenn es irgendeinen Trost gibt, dann den, dass das Yale Child Study Center und das Laboratory for Social Neuroscience zu dem Schluss gekommen sind, dass es gar nichts nützt, wenn Asperger-Kids Blickkontakt herstellen. Warum? Weil sie die Sprache der Augen sowieso nicht verstehen. Selbst wenn sie dem Gesprächspartner in die Augen schauen würden, könnten sie das, was sich in den Augen ausdrückt, nicht erkennen und deuten. Sie könnten nicht sagen, ob der andere interessiert, gelangweilt, irritiert oder verblüfft ist.

Aber auf den Mund sollten sie schauen!

Allerdings – auch das haben diese Experten festgestellt – sind Aspies sozial erfolgreicher, wenn sie sich auf den Mund konzentrieren. Zum einen konzentrieren sie sich so auf den Gesprächsinhalt. Und zweitens schauen sie dem Gesprächspartner damit wenigstens ins Gesicht. Damit sieht es so aus, als beherrschten sie die Spielregeln der Kommunikation. Kinder, die bei Gesprächen dem Sprecher auf den Mund schauten, hatten mehr Erfolg als Kinder, die woandershin schauten und nur Gegenstände im Raum fixierten. Warum? Asperger-Kids, die den Sprecher überhaupt nicht anschauten, waren kommunikativ und sozial am stärksten beeinträchtigt. Weil sie das »Spiel« nicht einmal mitspielten. Aus diesem Grund leiten wir unsere Kids an, »so zu wirken, als ob sie zuhören«. Sie sollen dazu in die Richtung des Sprechers schauen – auch wenn sie durchaus zuhören, wenn sie nicht hinschauen.

Blickkontakt wird in der Schule und am Arbeitsplatz erwartet. Lehrer unterstellen, dass ihre Schüler nicht aufpassen, wenn ihre Augen nicht auf den Lehrer gerichtet sind. Chefs halten Angestellte für respektlos und unaufmerksam, wenn sie sie im Gespräch nicht anschauen. Solche Angestellten wirken sogar widerwillig. Aspie-Kids müssen lernen, Signale des Zuhörens zu zeigen – sie müssen Ansprechbarkeit signalisieren, die beweist, dass sie die Botschaft aufnehmen.

Wie wir helfen können

Unsere Übungen zum Blickkontakt finden immer innerhalb eines sozialen Zusammenhangs statt und niemals außerhalb dieses sozialen Settings. Ich habe erlebt, wie Menschen den Kopf eines autistischen Kindes festgehalten und gesagt haben: »Schau mich an.« Dann verharren sie fünf oder zehn Sekunden lang so.

Das ist für das Kind nicht nur schmerzlich und verletzend, sondern es lernt dabei auch nicht das Richtige. Denn dabei geht es nur um ein Anstarren, und das wollen wir ja eben gerade nicht. Ich sage lieber: »Schau in meine Richtung« oder: »Schau hierher« statt: »Schau mich an«. Das mag spitzfindig wirken, aber es besteht dabei ein großer Unterschied.

Ich leite die Kinder an, etwas zu betrachten, das sich hinter oder bei dem Sprecher befindet. Dann sieht es so aus, als würden sie den Gesprächspartner anschauen, auch wenn kein direkter Blickkontakt besteht.

Aus der Praxis

Ein spannendes Bild

Bei einem unserer Treffen wurde vorgeschlagen, im Klassenzimmer ein interessantes Bild hinter dem Lehrer aufzuhängen. Auf diese Weise würden die Kids das Bild betrachten, aber es hätte den Anschein, als schauten sie den Lehrer an. Eine tolle Idee!

Wichtige Situationen ganz gezielt üben

Zweifellos stellt die Unfähigkeit, jemandem in die Augen zu schauen, bei einem beruflichen Vorstellungsgespräch ein sehr großes Hindernis dar. Ein zukünftiger Arbeitgeber erwartet Bewerber, die offen, eindeutig und direkt sind. Er erwartet, dass der Bewerber ihm in die Augen schaut, wenn er Fragen beantwortet; es kann ihm ziemlich auf die Nerven gehen, wenn der Befragte ihn nie ansieht.

Das Üben von Bewerbungsgesprächen mit unseren Jugendlichen, bevor sie ihren ersten Vorstellungstermin für einen Job in einer Tierhandlung (sie können gut mit Tieren umgehen), einem Kino, einer Bücherei, einem Lebensmittelgeschäft oder Computerladen (Technik ist ihre Leidenschaft) haben, ist uns sehr wichtig. Je weniger soziale Anforderungen der Job stellt, umso besser ist er in der Regel geeignet.

Hilfreiche Spiele

In unseren Gruppensitzungen spielen wir ein Spiel, das wir »Stummes Bauen« nennen. Wir bitten unsere Freunde, so zu tun, als legten sie ihre Stimme in eine Kiste; wir schließen den Deckel der Kiste und nun können sie ihre Stimme nicht mehr einsetzen. Als Nächstes bitten wir sie, ihrem Partner ausschließlich mit Gestik, Körpersprache und Blicken zu helfen, aus Bausteinen etwas zu konstruieren. Einer unserer Freude bettelte: »Ich brauche meine Stimme!« Aber er gewöhnte sich daran, seine Augen einzusetzen, und schließlich gefiel ihm das Spiel, auch wenn es eine große Herausforderung darstellte.

Ein anderes Spiel, das wir machen, ist »Was denke ich?«. Es basiert auf dem Grundsatz »Wenn du mich anschaust, denkst du über mich nach« von Michelle Garcia Winner. Wir bitten die Kinder, bei einem der Mitspieler auf den Gesichtsausdruck und die Augen zu achten, um herauszufinden, was er denkt. Asperger-Kids glauben nicht, dass man in ihren Augen lesen kann, worüber sie nachdenken. Um sie anzuspornen, reagiere ich prompt mit: »Danke, dass du mich anschaust. Das sagt mir, dass du mir zuhörst.«

Zur Förderung des Blickkontakts (und der Gesprächskompetenz) spielen wir bei unseren Treffen »Zoom!« und »Kofferpacken«. (Die Spielanleitung zu »Zoom!« finden Sie im Kapitel »Gespräche«.)

Das Spiel »Kofferpacken« soll die Merkfähigkeit unserer Freunde für Redebeiträge verbessern. Es fördert auch den Blickkontakt. Unsere Freunde stellen fest, dass sie gedankliche Verbindungen zum Gesagten herstellen können, wenn sie die sprechende Person auch anschauen.

Durch solche Gedankenverbindungen können sie besser erinnern, welchen Gegenstand ihr Vorgänger in den Koffer gepackt hat. Jeder Teilnehmer fügt eine Sache dazu, die in den Koffer kommt; der nächste Spieler muss wiederholen, was bereits eingepackt ist, und dann eine weitere Sache hinzufügen.

Wir stellen gewöhnlich Blickkontakt her, ohne darüber nachzudenken; in den meisten Kulturen wird ein Blickkontakt erwartet. Wir stellen dadurch sicher, dass die andere Person versteht, was wir sagen. Wir beobachten ihre Reaktionen. Wir prüfen, was sie über das Gesagte denkt oder was sie empfindet. Stimmt sie uns zu? Ist sie nicht einverstanden? Wirkt sie gelangweilt oder verärgert? Anhand dieser Anhaltspunkte entscheiden wir, ob wir weiterreden oder das Thema wechseln sollten.

Im Friends' Club können wir unseren Freunden bewusst machen, dass sie auch danach fragen können, falls sie solche Signale nicht erkennen. Tony Attwood, der mit Asperger-Kindern und Erwachsenen arbeitet, empfiehlt, das Thema »Vermeiden von Blickkontakt« im Gespräch mit anderen offen und ehrlich anzusprechen. Er rät Aspies zum Beispiel zu sagen: »Ich muss wegschauen, damit ich mich auf die Beantwortung deiner Frage konzentrieren kann.« Auf diese Weise fragt sich die andere Person zumindest nicht, warum ihr Gesprächspartner den Blickkontakt meidet. Es ist nichts Geheimnisvolles mehr daran und in der Regel schafft dies ein gewisses Verständnis und mehr Toleranz beim Gesprächspartner.

Aus der Praxis

Langweile ich dich?

Einer unserer Fünftklässler hatte einen Klassenkameraden zum Mittagessen zu sich nach Hause eingeladen. Nachdem er einige Minuten über ein Computerspiel gesprochen hatte, fragte er den anderen Jungen: »Langweile ich dich? Willst du über das Thema reden?« Der andere Junge war durch eine solch direkte Frage überrascht und versicherte, nicht gelangweilt zu sein. Nicht überzeugt, fragte unser Freund nochmals. »Bist du sicher nicht gelangweilt?« Als der andere Junge »Nein« sagte, sprach unser Freund weiter über das Computerspiel.

Dieses Asperger-Kind hatte begriffen, dass man, wenn man Blickkontakte nicht entschlüsseln kann, auch nachfragen kann. Durch das Fragen gibt man der anderen Person eine Möglichkeit, das Thema zu wechseln, wenn sie dies möchte.

Depression

Siehe auch: Aggression und Frustration · Ängstlichkeit, Anspannung und Unsicherheit · Initiative ergreifen · Mit dem Kind darüber sprechen · Perfektionismus und unrealistische Erwartungen · Schonungslose Offenheit und unabsichtliche Verletzungen · Selbst- und Fremdwahrnehmung

Zwar ist es wohlbekannt, dass Teenager und Erwachsene mit Asperger-Syndrom anfällig sind für Depressionen, doch niemand weiß genau warum. Ob dies konstitutionell oder biologisch bedingt ist, erblich, eine Reaktion auf das Umfeld und die sozialen Schwierigkeiten, die sie erfahren, oder eine Kombination solcher Gründe – die genaue Ursache ist unbekannt.

Oft zeigen sich Anzeichen einer Depression im frühen Erwachsenenalter. Die große Diskrepanz zwischen ihren hohen geistigen, intellektuellen Fähigkeiten und ihren sehr schwachen sozialen und kommunikativen Kompetenzen tritt in dieser Zeit in der weiterführenden Schule stärker zutage. Ihnen ist bewusst, wie anders sie sind, doch sie haben keine Ahnung, was sie dagegen tun könnten.

Und leider sind Kids und Erwachsene mit Asperger-Syndrom nicht in der Lage zu erkennen, inwiefern ihr Verhalten selbst die Ursache für diese Ablehnung ist. Sie erleben nur ganz allgemein, dass etwas nicht stimmt, können aber nicht genau feststellen, was sie falsch machen. Dies verwirrt sie und erhöht die Wahrscheinlichkeit einer Depression.

Menschen mit Asperger-Syndrom haben auch ihre bisherigen schlechten Erfahrungen im Umgang mit Menschen verinnerlicht und tragen diese Belastung mit sich. Sobald ihnen bewusst geworden ist, dass sich andere über sie lustig machen, in der Schule oder am Wohnort, gehen sie später automatisch davon aus, dass andere über sie lachen, auch wenn das vielleicht gar nicht der Fall ist.

Der Versuch, einen Ausgleich zu schaffen

Wenn sich Asperger-Kids ihrer anderen »Art« bewusst werden und keine Therapie mit Diagnose und sozialem Training erfolgt, versuchen sie ihr Problem häufig auszugleichen. Dabei gibt es nach Tony Attwood, einem Asperger-Fachmann, im Wesentlichen vier Wege: Die positiven Möglichkeiten sind Nachahmung und Vorstellungskraft. Die »Nachahmer« verinnerlichen oder imitieren das Verhalten der Mitmenschen. Die Fantasievollen schaffen sich imaginäre Freunde oder andere Welten, sie wenden sich erfundenen Geschichten und Fantasy zu.

Problematischere Reaktionen sind Depression und Arroganz. Aspies, die depressiv werden, werden von Gedanken geplagt wie: »Ich bin unnütz«, »Ich bin ein Versager«. Diejenigen, die überreagieren und eine arrogante Haltung einnehmen, werden anderen gegenüber sehr kritisch und betrachten sich selbst als etwas Besseres. Sie leugnen, irgendwelche Probleme zu haben; doch sie haben massive Probleme im Umgang mit Aggression und Wut.

Eine depressive Person wirkt auf Menschen abstoßend, weil sie so negativ eingestellt ist und es keinen Spaß macht, mit ihr zusammen zu sein. Der arrogante Aspie ist besonders schwierig, weil er nicht nur allwissend tut, sondern davon ausgeht, dass jeder andere ein »Idiot« ist. Und dies äußert er auch. Er betrachtet andere als »dumm«, weil der andere nicht das weiß, was er weiß, und nicht so denkt wie er selbst. Keine dieser Personengruppen wirkt auf andere Menschen anziehend.

Mit einer solch tiefgreifenden Unfähigkeit zum Beziehungsaufbau fühlen sich die meisten Asperger-Kids sehr allein. Es macht sie traurig zu sehen, wie andere gut klarkommen und sozial so locker wirken. Diese Einsamkeit kann einen Aspie weiter herunterziehen als in eine bloße Niedergeschlagenheit. Tony Attwood sagt, dass manche Asperger-Kids anfällig sind für »depressive Schübe«, weil ihre Emotionen so heftig auf sie wirken.

Wie wir helfen können

Was machen wir, wenn wir bei unseren Freunden, egal welchen Alters, Anzeichen einer Depression erkennen? Wenn Sie als Eltern einen Verdacht haben, aber nicht sicher sind, was Sie tun sollten?

wichtig

Als Erstes und Wichtigstes muss festgestellt werden, ob ein Kind oder Teenager Suizidgedanken hat. Bei den geringsten Anzeichen sollte das Kind unverzüglich einem Kinderpsychiater vorgestellt werden. Besteht keine Gefährdung, sollte in Zusammenarbeit mit einem Fachmann ein geeigneter Therapieansatz ausgearbeitet werden.

Klagt Ihr Kind immer wieder darüber, dass es keine Freunde hat, denken Sie bitte daran, dass es nur einen einzigen Freund braucht, um sich weniger allein zu fühlen. Wenn es in Ihrer Nachbarschaft oder der Schule ein sanftmütiges, geduldiges Kind gibt, kann es ein guter erster Schritt sein, dieses Kind zum Spielen einzuladen. Ihr Asperger-Kind wird kaum auf die Idee kommen oder die Initiative ergreifen, um ein anderes Kind zum Spielen einzuladen. Daher liegt es an Ihnen als Eltern, anzurufen und die Sache in Gang zu bringen.

Immer wieder erleben wir, dass Kids, die neu zu uns in den Club kommen, niedergeschlagen sind und nach Aussagen ihrer Eltern sowie nach meinen Beobachtungen kurz vor einer Depression stehen. Nach einigen Monaten – manchmal dauert es auch länger – berichten die Eltern von einer langsamen, doch erkennbaren Veränderung. Der Friends' Club scheint eine therapeutische Wirkung zu haben, wenn auch nur insoweit, dass sich diese Kids nicht mehr so allein fühlen.

Wenn unsere Mitglieder einen so guten Kontakt zueinander finden, dass sie sich auch über unsere wöchentlichen Gruppensitzungen hinaus treffen möchten, macht dies ihre Eltern und uns sehr glücklich. Viele von ihnen fühlen sich von anderen, die genauso sind wie sie, das erste Mal verstanden. Sie fühlen sich sicher bei Menschen ihrer eigenen »Spezies«, wie es eines unserer Mädchen formulierte.

Aber wie alle Menschen haben unsere Kids ihren eigenen Geschmack und ihre besonderen Vorlieben und wir können eine Freundschaft nicht erzwingen. Sie können das ebenfalls nicht. Es ist jedoch gut, wenn Sie aktiv werden und den ersten Schritt für Ihr Kind tun, indem Sie jemanden einladen. Denn Asperger-Kids haben Schwierigkeiten, die Initiative zu ergreifen und Absprachen zu treffen. Wenn sie im Begriff sind, einen Freund zu finden, brauchen sie Hilfe dabei, die Sache zu planen und in Gang zu bringen.

Die Selbstwahrnehmung trainieren

Was ihre besserwisserische, barsch-kritische, autoritäre Haltung anbelangt – was können Sie tun, damit Ihr Kind hier nachsichtiger wird und sich seine Chancen erhöhen, einen oder zwei Freunde zu finden?

Oft erleben wir diese kritische Haltung erst, wenn sich unsere Gruppe zu Jahresbeginn das erste Mal trifft. Sie scheint aus einer gewissen Ängstlichkeit zu entstehen, denn sobald die Gruppe läuft und das Kind oder der Jugendliche erkennt, dass es bzw. er in einer sicheren Umgebung ist, verschwindet sie. Viele Eltern haben uns schon gesagt, dass ihr Kind in der Gruppe ganz anders wirkt als anderswo.

Ein Großteil des Problems besteht darin, dass Aspies ihre eigene Sprechweise und die damit verbundene Grobheit nicht wahrnehmen. Sie sind wirklich nicht in der Lage, ihren Tonfall und die schonungslose Ausdrucksweise zu hören, genauso wie sie Ironie in der Stimme anderer nicht wahrnehmen können. Aber das erklärt die Sache nur, es entschuldigt sie nicht.

Damit die Gruppe gut funktioniert, müssen wir ein sicheres, annehmendes Umfeld garantieren. Wird einer unserer Freunde übermäßig kritisch, reagieren wir direkt auf sein Verhalten und konfrontieren ihn freundlich damit.

Zuerst nehme ich den Jungen oder das Mädchen aus der Gruppe heraus und lasse das Kind wissen, dass sein Tonfall oder die Wortwahl äußerst grob war. Dann sage ich ihnen, dass sie Selbstkontrolle ausüben müssen und bereit sein, freundlicher zu sein, wenn sie in der Gruppe bleiben wollen. Diese vorsichtige Konfrontation ist der einzige Weg, um ihnen zu helfen, sich ihres unangemessenen Verhaltens bewusster zu werden; nur dann können sie versuchen, es in den Griff zu bekommen.

Wenn Ihr Kind oder Teenager Sie zu Hause oder anderswo durch eine hässliche Bemerkung verletzt, seien Sie nicht entsetzt, auch wenn das der erste natürliche Reflex ist. Ignorieren Sie die Bemerkung aber nicht in der Hoffnung, das werde sich schon geben. Am besten ist es, diese Situation als Lernanlass zu nutzen. Halten Sie inne und fragen Sie Ihr Kind: »Willst du gemein sein?« Wenn es »Ja« sagt, antworten Sie: »Du bist wütend«, und versuchen Sie die Ursache seiner Frustration herauszufinden. Meistens sind unsere Aspie-Freunde überhaupt nicht böswillig, sondern klingen nur so. Wenn es »Nein« sagt, können Sie antworten: »Doch, so hat es geklungen. Lass uns versuchen, dasselbe anders zu sagen.«

wichtig

Und wieder gilt: Achten Sie bitte auf jegliche Suizidgedanken und nehmen Sie solche Aussagen wirklich immer ernst. Wenden Sie sich an einen erfahrenen Psychologen oder Psychiater. Auch wenn die Selbstmordrate bei Asperger-Kindern und Jugendlichen nicht sehr hoch ist, ist es doch wichtig, wachsam zu sein und wenn nötig aktiv zu werden.

Es gibt keine sofortige Lösung. Doch Sie können Ihrem Kind helfen zu verstehen, wie grob es klingt, und dass es dringend auf bedachte Worte achten muss.

Aus der Praxis

Rechtzeitig eingreifen

Einer unserer älteren Jungen war sehr negativ eingestellt und machte die anderen Jungen nieder, als er das erste Mal in die Gruppe kam. Als ich nach ein oder zwei Sitzungen sah, dass er weiterhin Gruppenleiter und Kids bloßstellte, nahm ich ihn beiseite. Ich sagte ihm, wie sehr seine Äußerungen und sein Ton andere Menschen verletzten. Er wollte unbedingt in der Gruppe bleiben und wollte sich daher bemühen, sich selbst zu stoppen, bevor er mit etwas Abwertendem oder Gemeinem herausplatzte. Er lernte, seine Äußerungen abzumildern, und durfte bleiben. Doch eine solche grobe und abwertende Haltung muss angegangen werden, wenn diese Kids jemals Freunde haben sollen.

Dinge aufschreiben

Siehe auch: Loslassen und sich neu ausrichten · Selbst- und Fremdwahrnehmung · Soziale Lerngeschichten · Veränderungen und »Richtungswechsel« · Weitergehen zu Neuem

Eltern fragen mich oft, wie sie mit dem Widerstandsverhalten ihres Kindes umgehen sollten, also wenn das Kind ihnen nicht folgt oder wegen irgendetwas mit ihnen streitet. Gewöhnlich ist das der Fall, wenn die Eltern vom Kind eine Veränderung – eine andere Beschäftigung oder einen Ortswechsel – fordern.

Kinder mit Asperger haben sehr große Schwierigkeiten mit Veränderungen, egal wie geringfügig sie sein mögen. Und wenn sie gerade in eine Sache vertieft sind, die sie gerne tun, ist es noch schwieriger, sie davon abzubringen. Doch dieses Verhalten hat nichts mit Kontrollstreben zu tun und es ist auch keine Frage des »Nicht-folgen-Wollens«.

Ich sage Eltern immer, dass ihr Kind in der momentanen Aktivität oder im Nachdenken »festhängt«. Was bedeutet das? Es ist darin so verfangen, dass es buchstäblich taub sein kann gegenüber dem, was ihm jemand sagt.

wichtig

Das Kind ignoriert die Eltern nicht absichtlich. Es hört sie wirklich nicht! Sagen Sie Ihrem Kind, dass Sie da sind – diese Kids sind so in ihr Tun vertieft (insbesondere, wenn es sich um ihre Spezialinteressen handelt), dass sie buchstäblich nichts hören. Das stimmt wirklich.

Probleme treten auf, wenn Sie Ihre Aufforderung wiederholen und das Kind trotzdem nicht reagiert. Dann wird die Sache schnell emotional. Und wenn das Kind dann schließlich reagiert, diskutiert es und es gibt ein emotionales Tauziehen um die erfolgte Aufforderung. Dieses verbale Gerangel führt zu beidseitiger Frustration, die Eltern sind verärgert und das Kind verschanzt sich in seiner Position.

Visualisieren statt reden

Wir haben festgestellt, dass wir zu diesen Kids viel leichter durchdringen, wenn wir weniger reden und dafür in wenigen Worten aufschreiben, was sie tun sollen. Wenn wir das aufschreiben, was sie »hören« sollen, können wir sie am besten in ruhiger Form erreichen. Das Aufschreiben nimmt jegliche Emotion aus der Kommunikation heraus. Mit dem Whiteboard kann das Kind nicht diskutieren. Mit den geschriebenen Worten kann es nicht diskutieren. Die auf einem Whiteboard oder Stück Papier geschriebenen Worte sind wirklich und konkret. Und gewöhnlich kooperieren die Kids dann.

Aus der Praxis
Optische Hilfen wirken besser

Ein sechsjähriger Junge spielte intensiv mit einem Spielzeug in meinem Büro, als seine Mutter sagte: »Wir müssen jetzt gehen.« Er spielte weiter, schaute nicht einmal auf. Seine Mutter sagte zu mir: »Sehen Sie? Das ist es, was ich meine. Er hört mir nicht einmal zu.«

Ich holte ein Whiteboard heraus und schrieb mit einem Filzstift auf: »Es ist Zeit zu gehen. Am besten sagst du: ›Auf Wiedersehen‹, und gehst mit deiner Mutter zur Tür hinaus.« Er las es, stand auf, sagte: »Auf Wiedersehen« und ging anstandslos mit seiner Mutter hinaus.

Solche optischen Hilfen sind höchst wirksam. Ich kann nicht genug betonen, wie wichtig geschriebene Worte oder Bilder in der Kommunikation mit unseren Freunden, insbesondere den jüngeren, sind. Ihr Leben wird leichter sein und Ihr Kind wird Veränderungen leichter mitmachen, wenn Sie optische Hilfen nutzen, um mit ihm zu »sprechen«.

Was muss ich tun

Einer unserer jüngeren Freunde hatte am Ende einer Gruppensitzung Schwierigkeiten, den Raum zu verlassen. Wir lassen alle Kids die Schuhe ausziehen, bevor sie hereinkommen (sowohl um solche Umstellungen zu üben als auch um den Teppich zu schonen), und er wusste nicht, was er als Nächstes tun sollte. Die Gruppenleiterin zeigte ihm eine Abbildung von Schuhen aus unserem »Symbolbuch«, das wir speziell für diese Übergangsphasen in der Gruppe hergestellt haben.

wichtig

Wir haben in all unseren Gruppenräumen kleine Whiteboards. Ich empfehle Eltern, mehrere davon zu kaufen und sie überall griffbereit zu haben – in der Wohnung, im Auto usw. Die meisten unserer Freunde können früh lesen und Worte sind das wirksamste Hilfsmittel, um sie zu erreichen – insbesondere wenn sie in eine Sache vertieft sind.

Das Ergebnis kam prompt. Er stand auf, nahm seine Schuhe und lief zur Tür hinaus! In der nächsten Woche bat er darum, als es Zeit zum Gehen war, das Bild von den Schuhen wieder sehen zu dürfen.

Schau, wie oft das war

Eine Mutter erzählte uns von den großartigen Ergebnissen, die sie erreichte, als ihr Junge vier Jahre alt war. Er hatte tagsüber immer wieder Schreianfälle und sie war mit ihrer Weisheit am Ende. Also sagte sie ihm eines Morgens: »Jetzt wollen wir mal sehen, wie oft du heute tobst.« Sie legte ein weißes Blatt auf den Kühlschrank und notierte es jedes Mal, wenn er einen Schreianfall bekam.

Am Ende des Tages zeigte sie ihm die Übersicht und sagte: »Du hast heute elfmal gebrüllt. Wir wollen sehen, ob es morgen seltener vorkommt.«

Am nächsten Tag tobte er seltener – nur achtmal. Am nächsten Tag ließen die Schreianfälle weiter nach und am übernächsten ebenfalls. Innerhalb einer Woche hatte ihr Sohn mit seinen Brüllattacken ganz aufgehört.

Diese Tabelle machte ihm bewusst, was er tat, und dadurch, dass er sich dessen bewusst war, konnte er sein Verhalten ändern. Er brüllte nicht, um Aufmerksamkeit zu erhalten oder die Mutter zu ärgern oder zu manipulieren. Mit erst vier Jahren konnte er nicht erklären, warum er brüllte; gut möglich, dass es ein Problem der Sinne oder ein unbewusster Reflex war.

Visualisieren schafft Bewusstsein

Entscheidend ist, dass diese Kids durch das Aufschreiben sehen können, wovon Sie sprechen, und dann handeln können. Die Worte auf dem Whiteboard sind für unsere Freunde so etwas wie die weißen Begrenzungslinien auf einer schwarzen Straße. Wenn die Straße frisch geteert ist, gibt es keine Linien. Nichts, dem man folgen kann. Nur eine endlose Strecke schwarze Straße. Wie soll man da wissen, wo man fahren kann?

Das Aufschreiben führt unsere Asperger-Kids die verworrene Straße des Lebens entlang. Die Wörter geben ihnen vor, was sie als Nächstes tun sollen. Es mag den Eltern als ungewöhnlicher und unnötiger Extraschritt erscheinen, aber es funktioniert.

Disziplin und Erziehung

Siehe auch: Angst · Ängstlichkeit, Anspannung und Unsicherheit · Dinge aufschreiben · Loslassen und sich neu ausrichten · Nachgeben und gehorchen · Perspektiven und Sichtweisen · Reizempfindlichkeit und Essverhalten · Unhöflichkeit · Wutanfälle

Zwei der ersten Dinge, die mich die Eltern und Lehrer über Asperger-Kids fragen, sind: »Warum sagen und tun sie so komische Dinge?« und: »Warum funktioniert meine gewohnte Erziehung nicht?«

Die kurze Antwort lautet, dass unsere Freunde schrullig und anders sind. Weil sie anders denken und anders handeln, muss man anders mit ihnen umgehen. Doch die wichtigere Antwort lautet, dass Kinder und Jugendliche mit Asperger-Syndrom keine konventionellen Erziehungsmethoden benötigen, die ihnen Grenzen setzen und ihre Sicherheit gewährleisten sollen. Sie verstehen nicht einmal, aus welchem Grund sie als unerzogen, schwierig oder unkooperativ betrachtet werden.

Gewöhnlich gehen ihr »Fehlverhalten« und ihr »Eigensinn« auf ihren Mangel an sozialem Bewusstsein, ihre Empfindlichkeit für Sinnesreize oder die Unfähigkeit zu einem Perspektivwechsel zurück. Sie verschanzen sich und machen auf ihre gewohnte Weise weiter, befolgen also nicht die gegebenen Anweisungen. Das führt zu Ärger.

Bitte beachten Sie unbedingt, dass Sie Ihr Kind nicht dazu bringen werden, sich zu »benehmen«, wenn sie einfach lauter werden. Sie erreichen Ihr Kind nur über eine ruhige, emotionslose Stimme. Diese Kinder brauchen keine strengeren Regeln oder Strafen. Man muss ihnen die Regeln einfach genau und buchstabengetreu erklären, logisch und klar. Dann können sie sie befolgen. Noch effektiver ist es, wenn Sie die Regeln aufschreiben, denn dann haben sie einen visuellen Fixpunkt.

Und – am allerwichtigsten – fragen Sie Ihr Kind, aus welchem Grund es sich auf diese Weise verhält! Oft stört es etwas, an das Sie nie gedacht hätten – ein kratzendes T-Shirt, zu laute Musik, eine persönliche Vorstellung davon, wie ein Gruppenprojekt aussehen sollten, das andere Kids nun »kaputt machen«. Wenn Sie Ihr Kind fragen, wird es Ihnen die Sache erklären und die Situation kann entweder gelöst oder für das Kind geklärt werden. Und dann kann es normal weitergehen.

Aspies wissen nicht, was wir wissen

Die meisten Menschen machen sich nicht klar, dass man für Asperger-Kids jede Situation und insbesondere soziale Abläufe in kleine Schritte zerlegen muss. Nur dann kann der Aspie genau verstehen, welches Verhalten von ihm erwartet wird. Warum? Weil Aspies wirklich nicht wissen, was wir anderen wissen und als selbstverständlich betrachten. Sie wissen nicht, was der nächste Schritt ist. Sie brauchen Hilfe.

Unseren Freunden fehlt die Fähigkeit, intuitiv zu erkennen, was andere denken. Ihnen fehlt die Empathie zu spüren, was andere fühlen.

Sie können die subtile Körpersprache und verborgene Botschaften nicht entschlüsseln, die für uns andere offensichtlich sind; daher fehlen ihnen viele Hinweise darauf, was andere von ihnen erwarten.

Genau aus diesem Grund geraten sie bei sehr grundlegenden Angelegenheiten in Schwierigkeiten – wegen ihrer sozialen Blindheit und der Unfähigkeit, die feinen verbalen und nonverbalen Botschaften aufzugreifen. Sie bekommen sie einfach nicht mit.

Somit ist das Fehlverhalten der Asperger-Kids in Wirklichkeit eine Sache der andersartigen Nervenvernetzung. Sie haben eine völlig andere Perspektive als wir anderen; an dieser Sichtweise klammern sie sich fest, weil sie ihnen Sicherheit gibt, wenn sie in dieser unberechenbaren, konfusen, lächerlich emotionalen Welt der neurotypischen Menschen herumirren. Sie können ihre Perspektive nicht wechseln und widersetzen sich daher Anweisungen – so lange, bis ihnen der Grund dafür erklärt wird.

Disziplin schafft Ordnung

Bedeutet das, dass Sie Erziehungsmaßnahmen ganz aufgeben müssen? Natürlich nicht. Disziplin schafft Ordnung und ermöglicht ein Umfeld, in dem unterschiedliche Individuen miteinander zurechtkommen und sich entwickeln können.

Im Friends' Club setzen wir bestimmte Methoden um, die unser Verständnis für diese einzigartigen Individuen berücksichtigen, uns aber auch ermöglichen, unsere Gruppentreffen abzuhalten und unsere Ziele zu erreichen, ohne dass unkontrolliertes Verhalten überhand nimmt oder spontaner Widerstand den Ablauf behindert.

Erstens betrachten wir Erziehungsmaßnahmen als Führung, nicht als Bestrafung. Sinnvolle Erziehungsmaßnahmen sollen störendes Verhalten verändern, so dass es konstruktiver wird. Erziehung hat etwas mit Training und förderlichen Verhaltensweisen zu tun, nichts damit, dem Einzelnen Schmerz oder Demütigung zuzufügen.

Wir haben festgestellt, dass Asperger-Kids mehr als bereit dazu sind, sich konstruktiv zu verhalten, sofern es für sie Sinn ergibt. Und wenn einer unserer Freunde sich nicht in eine positive Gruppendynamik integrieren will, versuchen wir durch bestimmte Maßnahmen zu erreichen, dass er seine Einstellung ändert.

Manchmal bringen wir die Gruppe in einen anderen Raum und lassen das eine störende Kind mit dem Gruppenleiter zurück. Dabei hat das Kind die Möglichkeit zu erkennen, dass es eine Aktivität verpassen wird, wenn es nicht bei der Gruppe ist. Das zurückgelassene Kind wird dann gewöhnlich kooperativ und schließt sich seinen Freunden wieder an.

Oder wir bitten das störende Kind hinauszugehen, um sich zu beruhigen oder in einer 1-zu-1-Situation mit einem Gruppenleiter darüber zu sprechen, was es stört.

wichtig

Denken Sie immer daran, dass Konzepte und Wissen für diese Menschen wichtiger sind als Gefühle. Wenn Sie ihren Intellekt ansprechen können und sich nicht auf ihr Ehrgefühl oder ihren Wunsch, Freude zu machen, beziehen, dann können Sie gewöhnlich ihre Mitarbeit gewinnen und ihre Bereitschaft, die Regeln zu befolgen.

Das ist das besondere Ass, das alle Eltern und Lehrer von Asperger-Kindern besitzen: Aspies sind von Natur aus Regelbefolger.

Noch einmal: Wenn die Regeln, die sie befolgen sollen, logisch und klar sind, werden Sie ihr Vertrauen und ihre Mitarbeit gewinnen. Wenn Sie aufschreiben, was sie von Ihrem Kind erwarten, damit es anschaulich und konkret sieht, was Sie meinen, ist das noch besser.

Was konventionelle Erziehungsmethoden wie etwa ein Hinausschicken anbelangt, sollten Sie wissen, dass dies für Asperger-Kids gewöhnlich keine große Bestrafung darstellt. Es ist eine Belohnung! Sie mögen nichts lieber, als allein in ihrem Zimmer zu sein; es bedeutet also kein »Exil«, sie in ihr Zimmer zu schicken. Vielmehr gewinnen sie dadurch begehrte Spielzeit und willkommene Zeit allein.

Klare Regeln statt strenger Bestrafung

Nochmals: Wenn Ihr Kind sich unangemessen verhalten hat oder schwierig war, seien Sie bitte nicht streng mit ihm. Zählen Sie bis zehn oder tun Sie, was immer Ihnen hilft, um Ihre Wut in Zaum zu halten. Je emotionaler Sie sind, umso gestresster wird Ihr Kind und umso weniger wird es Sie hören.

Erklären Sie ihm in ruhigem Ton, dass sein Verhalten nicht annehmbar war, egal wie offensichtlich dieses Fehlverhalten für Sie sein mag. Geben Sie ihm ausführliche Anweisungen, wie es sich nach Ihrem Wunsch verhalten soll. Dann erklären Sie Schritt für Schritt genau, was Sie von ihm erwarten.

Jeder solche Vorfall bietet eine Lernerfahrung. Er kann sich auch wiederholen, je nachdem, wie lange es dauert, bis die Lektion gelernt ist.

Solch großes Verständnis und die Geduld Ihrerseits werden sich auszahlen; denn Asperger-Kids lernen nach und nach, dieses Verhalten abzulegen. Aber es wird neue Zwischenfälle geben, andere Stolpersteine und eine Menge soziale Fehltritte, die eher Klarstellungen und Aufklärung erfordern als disziplinarische Maßnahmen. Je weniger Sie Ihr Kind dafür tadeln, dass es dies nicht besser wusste, und je mehr Sie dazu beitragen können, ihm unsere verwirrende menschliche Welt zu erschließen, umso besser wird es gedeihen und sich in jedem sozialen Umfeld angemessener verhalten.

Egoismus

Siehe auch: Gespräche · Interesse an Mitmenschen · Empathie · Perspektiven und Sichtweisen · Zuhören

Machen wir uns nichts vor: Menschen mit Asperger-Syndrom wirken auf neurotypische Menschen häufig egoistisch. Erstens achten sie nicht auf andere Personen; sie scheinen sich in keiner Weise für sie zu interessieren und sind gewöhnlich lieber allein. Zweitens sprechen sie lieber über ihre eigenen Ideen, ohne andere Menschen nach ihrer Meinung zu fragen. Sie tauschen keine Höflichkeiten aus. Sie fragen andere nicht, wie ihr Tag war oder was sie gerne machen würden.

Drittens machen Aspies Dinge lieber auf ihre eigene Art und Weise; sie sind überzeugt davon, dass dies der »richtige« und einzige Weg ist. Sie weisen Kommentare und Vorschläge anderer geradewegs zurück. Und schließlich ist ein Aspie, der ständig von Sinnesreizen und unerwarteten Ereignissen überrumpelt wird, vollauf damit beschäftigt, seine Ängste und seine Anspannung abzuwehren und zu versuchen, ruhig durch den Tag zu kommen. Ist es da ein Wunder, dass Aspies ziemlich egoistisch wirken?

Warum gibt es hier Schwierigkeiten?

Leider wissen andere Menschen nicht, dass Menschen mit Asperger von Natur aus so »verdrahtet« sind, die Dinge nur aus ihrer einzigartigen Perspektive zu sehen; das bedeutet, dass sie die sozialen Anhaltspunkte oder Signale, die andere Menschen aussenden, nicht erkennen und deuten können. Forschungen weisen auf Defizite im Spiegelneuronensystem hin; dadurch wissen sie nicht intuitiv, was andere denken oder fühlen. So wirken sie noch stärker selbstbezogen; denn sie sind bei allem, dem sie begegnen, in ihrer eigenen Perspektive verfangen.

Wie wir helfen können

Unser Ziel im Friends' Club besteht darin, unseren Freunden zu helfen, Freunde zu finden, indem sie sozial bewusster werden. Wenn sie einige grundlegende Fertigkeiten erlernen können, um soziale Signale und Hinweise zu erkennen, dann werden sie in der Lage sein, Freunde zu finden.

Aktives Zuhören kann gelernt werden

Die grundlegendste Fertigkeit ist aktives Zuhören. Anderen zuhören zu lernen ist entscheidend für Freundschaften. Es geht dabei nicht nur darum, zu sprechen und die anderen zuhören zu lassen – das tun Aspies. Es geht auch darum, dass man selbst beim Sprechen Pausen macht, um dem anderen zuzuhören, und dann an der richtigen Stelle Fragen stellt. Das ist eine der größten Herausforderungen, die sich für unsere Kids stellen.

Wir arbeiten daran, ihnen die Wechselseitigkeit eines Gesprächs beizubringen: Jemand anders spricht und man hört zu; dann spricht man selbst und der andere hört zu. Es erfordert viel Übung und Verstärkung, bis unsere Freunde erkennen, dass ein Gespräch nicht bedeutet, seine eigenen Ansichten herauszuposaunen in der Erwartung, dass alle still zuhören und der gleichen Meinung sind. Ein Gespräch bedeutet einen Austausch von Ideen und Meinungen. Jeder sollte dabei zu Wort kommen.

Hilfreiche Spiele

Natürlich wäre es langweilig, dieses Thema einfach zu »unterrichten«; das gilt insbesondere für die jüngeren Kids. Deshalb greifen wir auf Spiele zurück, bei denen man lernt, den eigenen Standpunkt aufzugeben und die Sichtweise eines anderen zu übernehmen und gleichzeitig mit anderen im Gespräch zu bleiben. Diese Spiele sind »Äpfel zu Äpfeln« und »Cranium«. (Die Anleitung zu dem Spiel »Äpfel zu Äpfeln« finden Sie im Kapitel »Perspektiven und Sichtweisen«.)

Bei »Cranium« geht es um mehr als Lesen und Wörter. Man muss dabei auch zeichnen; das Spiel beinhaltet ein dramatisches Element und andere Aktivitäten. Aber es erfordert gemeinsame Anstrengungen in der Gruppe und bewusste Wahrnehmung. Man muss erkennen, wie ein anderer Spieler die eigenen Anspielungen und Hinweise oder die pantomimische Darstellung wahrnimmt, um die richtige Antwort zu finden. Man kann nicht nur vom eigenen Standpunkt aus denken. Man muss vom Mitspieler aus denken und sich überlegen, wie er die eigenen Gesten und Zeichen interpretieren wird.

Wechselseitigkeit üben

Fazit ist, dass jedes Spiel, jede Aktivität oder jeder Austausch, der unsere Freunde dazu veranlasst, über den Standpunkt eines anderen nachzudenken, zunächst erfordert, sich die Meinung des anderen anzuhören. Dadurch üben unsere Kids dieses Prinzip der »Wechselseitigkeit«, die ein richtiges Gespräch erst möglich macht.

Je weniger egoistisch und selbstbezogen unsere Asperger-Kids auf andere wirken, umso eher werden sie Freunde finden. Und wenn sie nur einen Freund finden, fühlen sie sich schon weniger allein und unserer Welt besser zugehörig.

Empathie

Siehe auch: Absichten erkennen · Alles wörtlich nehmen · Auf andere reagieren – und antworten · Egoismus · Emotionen · Perspektiven und Sichtweisen · Reizempfindlichkeit und Essverhalten · Zuhören

Das Einfühlungsvermögen ist bei neurotypischen Menschen ganz unterschiedlich ausgeprägt, aber die Unfähigkeit, Empathie zu zeigen, ist eines der offensichtlichsten Merkmale eines Menschen mit Asperger.

Empathie bedeutet, sich in einen anderen Menschen hineinversetzen zu können. Etwas durch seine Augen zu sehen. Und zu fühlen, was der andere fühlt oder durchmacht. Es ist eine Sache des Fühlens, des Nachdenkens darüber und des Erlebens, was anderen widerfährt, ohne es selbst durchzumachen.

> ## WISSEN
>
> ### Fehlfunktion der Spiegelneuronen
>
> Neue Forschungen schreiben diese Unfähigkeit zur Empathie einer Fehlfunktion des Systems der Spiegelneuronen zu. Diese Nervenzellen im Gehirn versetzen uns in die Lage, die Absichten anderer Menschen wahrzunehmen und Empathie zu verspüren.
>
> B. J. Freemann beschäftigte sich an der Universität von Kalifornien, Los Angeles, mit der Entwicklung von Empathie bei normtypischen Kindern. Sie fand heraus, dass sich das Verständnis für Empathie und einen Perspektivwechsel zwischen zweieinhalb und vier Jahren ausbildet. Bei Kindern des Autismusspektrums findet diese Entwicklung jedoch nicht statt, was Folge ihres gestörten Spiegelneuronensystems zu sein scheint. Bei diesen Menschen ist das Spiegelneuronensystem fehlerhaft.

Manche Menschen sind weit empathischer als andere – Krankenschwestern liegen am oberen Ende der Skala, während Botaniker am unteren zu finden sind. Einfühlung zu zeigen baut Beziehung auf und hilft anderen durch schwierige Zeiten hindurch. Empathie wird als Grundlage der Moral betrachtet. Empathie erfordert Selbstwahrnehmung und die Fähigkeit zum Perspektivwechsel – Eigenschaften, mit denen unsere Freunde ihre Probleme haben.

Aus der Praxis

Ach so ...

Die Mutter eines unserer Freunde erzählte mir zum Beispiel davon, wie die Familie zum Tierarzt fuhr, um ihren alten Hund einschläfern zu lassen. Jeder weinte, außer dem Sohn mit Asperger-Syndrom. Er lächelte. Seine Reaktion machte sie wütend, bis er erklärte, dass er nicht wusste, was es bedeutete, einen Hund »einzuschläfern« – mit seinem wörtlichen Verständnis der Sprache konnte er nicht wissen, dass es bedeutete, dass der Hund sterben würde. Und er wusste nicht, welches Gefühl man dabei zeigt, weil er eine solche Situation noch nie zuvor erlebt hatte.

Das Fazit lautet, dass Menschen mit Asperger-Syndrom sich durchaus um andere Gedanken machen, aber subtile emotionale Signale nicht erkennen oder die Absichten anderer Menschen nicht erahnen können.

Die gute Nachricht lautet, dass eine Form von Einfühlung anerzogen werden kann. Durch Training kann man Aspie-Kids mit der Zeit beibringen, über andere wirklich nachzudenken. Das ist zwar nicht das Gleiche wie selbst zu fühlen, was die andere Person fühlt – was echte Empathie bedeutet –, kommt dem jedoch einigermaßen nahe.

Im Friends' Club versuchen wir auch, das Verständnis unserer Kids dafür zu schaffen, dass die Gefühle der Menschen auch auf ihren Erfahrungen basieren. Solche Gefühle können ähnlich sein wie etwas, was unsere Freunde bereits gefühlt haben. In diesem Fall bringen wir ihnen bei, dies anzusprechen und Sätze zu sagen wie: »Es tut mir leid, dass du das erleben musst. Das Gleiche ist mir auch schon widerfahren.«

Unsere Freunde können sehr sensibel auf bestimmte Dinge reagieren. Interessant ist, dass normtypische Menschen diese Sensibilität oft als Empathie missverstehen. Das ist es nicht. Diese Haltung ist völlig anders und hat nichts mit Emotionen zu tun. Sie hängt vielmehr mit ihrer Empfindlichkeit für körperliche Reize und Sinnesreize zusammen. Asperger-Kids müssen von den Eltern genau erklärt bekommen, aus welchem Grund Menschen so fühlen, wie sie fühlen. Sobald unsere Freunde den Grund für solche Emotionen erfahren, können sie sie oft besser annehmen und verstehen.

Aus der Praxis

Was kümmert es dich?

Dies geschah bei einem meiner jugendlichen Freunde, als er höchst aufgebracht in mein Büro stürmte. Seine Mutter hatte sich intensiv an der Organisation eines Gedenkgottesdienstes für einen seiner Klassenkameraden beteiligt. Dieser Jugendliche konnte nicht verstehen, warum sich seine Mutter so um einen Jungen kümmerte, den sie nicht gekannt hatte, und warum sie so viel Zeit und Mühe aufbrachte, der anderen Mutter bei der Planung zu helfen. Sobald ich ihm erklärt hatte, dass seine Mutter, die ja selbst einen Sohn hatte, großes Mitgefühl empfand für die Mutter, die ihren Sohn verloren hatte, legte sich der Ärger des Jungen und es ging ihm besser. Aber er sagte immer noch: »Okay, ich gebe ihr drei Tage, um das zu machen, und dann soll sie zu Hause bleiben!«

Sie sehen, warum Menschen leicht meinen, diese Kids seien egoistisch, wo es doch in Wirklichkeit ihre Unfähigkeit ist, emotionale Situationen zu begreifen.

Wir wissen auch, dass wir bei aller Empathie, die wir für unsere Freunde empfinden, mit denen wir arbeiten, diese Gefühle nicht in derselben Weise zurückbekommen. Manche Kinder entwickeln eine besondere Bindung zu uns und können dies ausdrücken, aber andere nicht.

Erfreulich ist es, die Verbesserung im Perspektivwechsel bei unseren Freunden zu sehen. Wenn sie Sensibilität oder ein einfühlsames Verhalten zeigen, zum Beispiel jemanden, der verletzt ist, fragen: »Ist alles in Ordnung?«, dann werden sie sozial besser akzeptiert. Es genügt völlig, so auszusehen, als zeigten sie Empathie, um andere Menschen für sich einzunehmen.

Erscheinungsbild

Siehe auch: Körperpflege und Hygiene · Reizempfindlichkeit und Essverhalten

Asperger-Kids sind tendenziell nicht nur geschlechtsblind, sondern meist ebenso »modeblind«. Sie nehmen kaum wahr und kümmern sich nicht darum, was sie anhaben, solange die Kleidung nicht kneift, juckt oder auf irgendeine Weise stört.

Oft besteht eine heftige Überempfindlichkeit gegenüber Etiketten in der Kleidung, Einschnürungen an Taille oder Bündchen und raue Säume, die auf der Haut scheuern. Konsequenterweise ist Bequemlichkeit der entscheidende Faktor beim Anziehen – nicht, modisch oder im Trend zu sein.

Viele unserer Freunde haben ein bestimmtes Lieblingsoutfit, das sie am liebsten ständig tragen würden. Während seiner Arbeit im Schweizer Patentamt trug Albert Einstein grüne Slipper mit Blumenmuster. Während seiner Lehrtätigkeit an der Princeton Universität trug er Sweatshirts statt Anzug und Krawatte. Seine Haare waren lang und wild und entsprachen in keiner Weise dem sauberen Bürstenhaarschnitt der 1950er Jahre. Aber er scherte sich nicht darum. Typisch für Menschen mit Asperger-Syndrom, hätte sich Einstein kaum noch weniger um sein Aussehen oder um Konventionen kümmern können. Ihm ging es nur um Bequemlichkeit.

Saubere Kleidung? Passende Farben? Zeitgemäße Mode? Den meisten unserer Freunde ist überhaupt nicht bewusst, warum so etwas für uns andere Menschen wichtig ist oder warum sie über solche Dinge nachdenken sollten, um sich anzupassen. Ansehnlich oder gepflegt zu sein spielt für sie einfach keine Rolle. Natürlich ist es nicht entscheidend, dass unsere Freunde die neuesten Modetrends befolgen, doch sie werden von Gleichaltrigen besser akzeptiert, wenn sie Kleidung tragen, die zumindest zusammenpasst.

Noch wichtiger als moderne Kleidung ist es, saubere Haare zu haben, keinen Körpergeruch und keine Bartstoppeln. Doch es ist oft schwer, unseren Freunden dies verständlich zu machen. Wie in anderen Bereichen auch, sehen sie nicht ein, warum sie daran arbeiten sollen – obwohl sie sich durchaus Freunde wünschen. Wir versuchen ihnen im Friends' Club verständlich zu machen, warum das wichtig ist.

Zuerst thematisieren wir die Sauberkeit. Einer unserer Jugendlichen sagte einmal: »Ich hätte gern als Cowboy im Wilden Westen gelebt. Dann müsste ich nur einmal im Monat baden.« Es ist wohl tatsächlich so, dass der Strahl der Dusche, das Kratzen des Rasierers (oder das Brummen der Elektrorasierers) und die Gefahr, Shampoo ins Auge zu bekommen, die Körperpflege nicht besonders verlockend macht für unsere Freunde – junge wie alte. Sie sträuben sich nicht gegen die Sauberkeit, sondern wegen der Empfindlichkeit ihrer Sinne gegen den Reinigungsprozess.

Konsequenterweise liegt es an den Eltern, sie zum Baden und zur Körperpflege anzuhalten. Und es ist Ihre Sache als Eltern, ein Auge auf schmutzige Kleidung zu haben. Sie müssen mit Ihrem Kind üben, Hemden, Hosen oder

Röcke vor dem Anziehen in Augenschein zu nehmen.

Als Nächstes kommen, wie Sie sicher schon erlebt haben, höchst seltsame Farb- und Kleidungskombinationen zusammen, wenn sich Aspies selbst anziehen. Da Bequemlichkeit die Hauptsache ist, wird auf das Zusammenpassen gar nicht geachtet. Auch hier kann man ihnen mit etwas Training das Problem sich beißender Farben und typischer Modesünden (Streifen mit Karos oder Hochwasserhosen) bewusst machen. Asperger-Kinder können lernen, sich passender anzuziehen, aber das erfordert eine Anleitung durch die Eltern sowie die Kontrolle des gesamten Erscheinungsbildes vor dem Verlassen des Hauses. Kaufen Sie am besten Hemden, Shorts, lange Hosen und Strümpfe in Komplementärfarben, so dass jede Kombination von Farben oder Stilrichtungen irgendwie zusammenpasst.

Wenn nun unsere Freunde an bestimmten Kleidungsstücken hängen, weil diese sich angenehm anfühlen, wegen dieser Kleidung aber gehänselt werden oder sie einfach nicht angebracht ist, kann in einem langsamen, schrittweisen Vorgehen neue Kleidung eingeführt und die Lieblingskleidung ihnen langsam »abgewöhnt« werden.

Manchmal ist es sehr hilfreich, einen Verhaltenstherapeuten oder Sozialtherapeuten zu Hilfe zu nehmen, wenn es um schwierige Themen geht, bei denen kreative Lösungen gefordert sind. Bei den Aspergern, denen Konventionen nichts bedeuten, ist in der Regel auch ein unkonventioneller und kreativer Ansatz notwendig.

Aus der Praxis

Sanftes Gewöhnen an neue Kleidungsstücke

Einer unserer 14-jährigen Jungen zog zum Beispiel lieber weiche Leggings an als normale Hosen. Aber Leggings waren bei seinen Mitschülern absolut indiskutabel und gaben ihn der Lächerlichkeit preis. Gemeinsam mit einem Sozialtherapeuten sprach ich mit der Mutter des Jungen auf der Suche nach einer Lösung.

Wir fanden Jeans und weite Baggy-Hosen, die über seine Leggings passten; so konnte der Junge weiterhin seine Leggings tragen und sich gleichzeitig an neue Hosen gewöhnen. Nach und nach verzichtete er auf die Leggings. Im Winter trug er lange Unterwäsche; während der anderen Jahreszeiten kam er gut mit den weiten Hosen mit ihrer aufgerauten, weichen Innenseite zurecht.

Ein anderer Junge sollte bei einer bevorstehenden Hochzeit ein Kragenhemd tragen. Wir wussten, dass unser Freund beim Computerspielen am entspanntesten war; daher empfahl unser Sozialtherapeut, dass der junge Mann dabei ein solches Hemd tragen sollte. Die Entspannung, die er beim Spielen erlebte, übertrug sich nach und nach auf das Tragen des Hemdes; dadurch legte sich die übermäßige Reizempfindlichkeit.

Erste Freundschaften

Siehe auch: Auf andere reagieren · Bekannter oder Freund? · Gespräche · Initiative ergreifen · Manieren · »Notlügen« und die Gefühle anderer schonen · Zuhören

Im Friends' Club sollen unsere Mitglieder lernen, wie man neue Freunde findet – manche von ihnen haben noch niemals einen echten Freund gehabt! Viele stellen bei unseren Treffen das erste Mal in ihrem Leben einen so engen Kontakt zu jemandem her, dass eine Freundschaft entsteht.

Was ist ein Freund?

Gewöhnlich diskutieren wir zunächst darüber, was ein Freund ist. Die übliche Antwort lautet, dass ein Freund jemand ist, der zu uns steht und vertrauenswürdig ist; diese Werte sind für Asperger-Menschen am wichtigsten. Oder sie sagen, ein Freund ist »jemand, der nett ist« oder »jemand, der mit einem spielt«. Doch Freunde sind so viel mehr als das! Also bitten wir unsere Freunde, noch mehr Merkmale zu nennen. Eines unserer Mädchen nannte zum Beispiel: »ehrlich«, »gegenseitiger Austausch von Geben und Nehmen«, »kann sich entschuldigen«, »hilfsbereit«, »schließt andere ein« und »kreativ«.

Auch Kinder- und Jugendsachbücher zum Thema Freundschaften können hilfreich sein. Geeignet sind Bücher, die thematisieren, dass Freunde nicht der »Chef« sein wollen und dass es zwar in Ordnung ist, wenn man mal streitet, aber dass man nicht gemein sein darf. Asperger-Kids glauben allgemein, dass jeder, der lächelt, freundlich ist und dass Meinungsverschiedenheiten oder Konflikte sehr bedrohlich, stressig und »schlecht« sind. Mithilfe solcher Bücher zeigen wir ihnen, dass es unter Freunden auch Konflikte gibt – und auch Lösungen dafür. Wir diskutieren und machen Rollenspiele, so dass unsere Freunde sehen können, wie Freundschaften funktionieren und Konflikte gelöst werden.

Spielerisch arbeiten wir auch Freundschaftssituationen auf. Dabei stellen wir auch Fragen, die Problemlösungen erfordern. Das ist für unsere Kids nicht einfach. Sie können nur schwer zuhören und Schlüsse ziehen. Hat ein Kind Schwierigkeiten, eine Antwort zu geben, fordern wir es auf, andere Kinder um Hilfe zu bitten. Da unsere Freunde ungern um Hilfe bitten, lernen sie bei diesem Spiel, ihre Scheu zu überwinden und die Tür für Beziehungen zu öffnen, indem sie auf andere zugehen.

Aus der Praxis

Wer ist ein echter Freund?

Anhand von Büchern wie »Die Tütenprinzessin« von Robert Munsch sprechen wir an, wer ein echter Freund ist und wie man merken kann, ob er es ehrlich mit einem meint. Nach dem ersten Lesen sagte ein Junge: »Freunde ist man mit dem Herzen und dem Verstand.« Ein anderer meinte: »Aber dein Herz pumpt doch Blut.« Eine ganz typische buchstabengetreue Aspie-Beobachtung. Als wir die Diskussion fortsetzten, sagte ein Junge: »Es ist die Seele«, wo Freundschaft stattfindet. »Aber«, antwortete ein anderer Junge, »du kannst niemanden aufmachen und seine Seele sehen.«

Wie Freundschaft wächst

Leider verwirrt die »Unsichtbarkeit« der Freundschaft unsere schwarz-weiß denkenden Aspies. Sie wünschten, sie könnten einen Freundschaftsknopf drücken oder handfeste Anzeichen sehen, die ihnen sagen, wer ein echter Freund ist und wer nicht. Doch es gibt keine solchen Hilfen; daher erklären wir ihnen, welche Schritte zu einer Freundschaft führen und welche Ebenen der Freundschaft es gibt. Daran können sie sich orientieren.

Entwicklung von Freundschaftskompetenz. Tony Attwood weist auf die Übereinstimmungen in der Entwicklung von Freundschaftskompetenz und der typischen Kindesentwicklung hin; mehr dazu finden Sie auf seiner englischsprachigen Website unter www.tonyattwood.com.

Wir stimmen unsere »Kompetenzlektionen« jeweils auf das Alter und die sozioemotionale Ebene unserer Gruppen ab. Und sobald wir die Bedeutung von Freundschaft geklärt haben, so dass sie ein klareres Verständnis davon haben, erkunden wir, wie man Freundschaften schließt und pflegt.

Interesse wecken

Wir bringen unseren Kids bei, dass sie Interesse am anderen haben müssen und gleichzeitig selbst interessant sein müssen. Um ihr Interesse am anderen zu zeigen, sollen sie ihm Fragen stellen und sich zu ihm äußern, zum Beispiel loben, was er tut oder anhat (etwa eine Frage zu seinem hübschen T-Shirt stellen). Sie können ihn auch über seine Vorlieben und Abneigungen befragen – all dies stellt Kontakt her.

Wir machen auch deutlich, dass sich Menschen von interessanten Menschen angezogen fühlen. Denn dann hat man vielleicht gemeinsame Interessen. Wir ermahnen unsere Kids, darauf zu achten, dass sie genauso viel zuhören, wie sie selber reden.

Geben und Nehmen

Dieses wechselseitige »Geben und Nehmen« im Gesprächsverlauf ist selbst für neurotypische Menschen nicht immer einfach; für Leute mit Asperger-Syndrom stellt es eine besondere Herausforderung dar. Doch da Gespräche der erste Schritt zu einer ersten Freundschaft sind, kommt es wirklich darauf an. Wir schärfen unseren Freunden ein, sich dessen, was sie sagen, bewusst zu sein. Stellt Fragen. Hört auf die Antworten. Sagt etwas Nettes. Macht jemandem ein Kompliment. Das sind alles erfolgversprechende Gesprächsstrategien.

Natürlich erfordert es Übung, weil unsere Asperger-Kids sich lieber direkt in einen Bericht über ihre Wochenendaktivitäten stürzen würden oder einige neue Fakten herunterrattern, die sie gerade gelernt haben, als jemanden ein paar lockere Fragen zu stellen, die das Eis brechen, wie: »Wie war dein Wochenende?« oder: »Welches Buch hast du in letzter Zeit gelesen?« Daher üben wir das Fragenstellen und das wechselseitige Gespräch.

Zeit miteinander verbringen

Um Freunde zu werden, muss man auch Zeit miteinander verbringen. Freundschaften gedeihen, wenn man etwas gemeinsam unternimmt. Wir schulen unsere Kids darin, diesen ersten Schritt zu unternehmen. Das ist manchmal schon ein regelrechter Kampf, weil sie selten von sich aus die Initiative ergreifen. Wir prägen ihnen ein, jemanden aus der Gruppe anzurufen (gewöhnlich mit Hilfe der Eltern), um sich außerhalb des Friends' Club zu treffen und miteinander zu spielen. Mit Freude können wir feststellen, dass viele erste Freundschaften auf diese Weise entstanden sind.

Gelegentlich sind die Kids so aufgeregt darüber, endlich einen Freund zu haben, dass sie gar nicht mehr voneinander lassen wollen. So sehr sich die Kinder (und Eltern) freuen, dass eine Freundschaft entstanden ist, sollte man beiden Kids auch eine Atempause voneinander geben. Arbeiten Sie möglichst weiterhin daran, dass Ihr Kind noch weitere Freunde gewinnt, und lassen Sie die neue Freundschaft nicht so ausschließlich und intensiv werden, dass sie dadurch gleich wieder erstickt wird.

Nach unserer Erfahrung ist diese erste gewonnene Freundschaft ein bedeutsamer Durchbruch. Nicht immer, aber oft, fällt es den Aspies nun leichter, einen weiteren Freund zu finden ... und noch einen; und sie lernen von jeder Beziehung.

Loslassen lernen

Da es für unsere Asperger-Kids allgemein sehr schwierig ist, loszulassen, machen Sie sich bitte bewusst, dass sie es oft kaum verstehen können, wenn eine Freundschaft nicht funktioniert. Vielleicht müssen Sie Ihrem Kind dann sagen, dass es dieses andere Kind »loslassen« muss, vor allen auch dann, wenn die Freundschaft nicht auf Gegenseitigkeit beruht.

Jüngere und ältere Menschen sind gewöhnlich eher bereit als Gleichaltrige, bei den sozial ungeschickten Aspies nachsichtig zu sein. Oft sind andere »komische« Kinder gute Freunde für Ihr eigenes »sonderbares« Kind. Erklären Sie ihm, dass nicht jede Freundschaft für die Ewigkeit bestimmt ist. Wir lernen alle von jedem, der uns nahegestanden hat, und es ist daher auch in Ordnung, wenn eine Freundschaft vorüber ist und wir neue Freunde finden; denn durch jede Beziehung gibt es mehr zu lernen und man findet immer wieder Menschen, die man mag.

Familienfeiern und Festtage

Siehe auch: Ängstlichkeit, Anspannung und Unsicherheit · Dinge aufschreiben · Reizempfindlichkeit und Essverhalten · Selbstregulation (Stimming) · Soziale Lerngeschichten · Veränderungen und »Richtungswechsel« · Widerwillen, das Haus zu verlassen · Wutanfälle · Zur Ruhe kommen und sich sammeln

Feier- und Festtage bringen ein Übermaß an Eindrücken, Geräuschen, Gerüchen und besonderer Stimmung. Meist beginnen sie schon geschäftig, hektisch und voller Aufregung und Stress. Gerade aus diesen Gründen sind solche Zeiten für jedes Kind des Autismus-Spektrums eine schwer zu bewältigende Situation.

Als in ihren Sinnen hochsensible Individuen werden Asperger-Kids von zu viel Lärm, Gelächter und dem typischen fröhlichen Durcheinander bei Familientreffen schnell überfordert. Was für neurotypische Menschen anregend und lustig ist, ist für Aspies oft zu viel und extrem stressig. Und sie können nichts dafür. Ihr Gehirn hat sozusagen eingebaute Barrieren, die es ihnen schwermachen, sich auf ihre Umgebung einzustellen.

Während solcher Festtage gilt meist die übliche Routine nicht; doch genau von dieser Routine sind Asperger-Kids sehr abhängig, damit sie »richtig funktionieren«. Die »normale« Welt ist für sie so unergründlich, daher sind sie darauf angewiesen, Halt zu finden, indem sie Zuflucht zu immer denselben Abläufen, Dingen und Menschen nehmen können. Feier- und Festtage bringen – wie auch die Ferien – meist neue Aktivitäten und neue Gesichter in ihr gewohntes Umfeld; oder sie müssen Verwandte und Bekannte in deren fremden Wohnungen voller fremder Menschen besuchen. So viel Ungewohntes bringt das Boot eines Aspies zum Kentern. Zu viel Neues, Fremdes oder Unerwartetes erschreckt und verwirrt Aspies. Sie fühlen sich wohl in einer bekannten Umgebung mit vertrauten Menschen; denn sie haben gelernt, wie sie dort und mit diesem Menschen zurechtkommen. Aber wenn sich alles verändert, muss der Aspie von Neuem lernen. Er muss sich neu orientieren, was sehr, sehr schwierig für ihn ist. Festtage sind eine Art Minenfeld für Asperger-Kids und -Teenies.

Erleichtern Sie Ihrem Asperger-Kind die Situation, indem sie es nicht auch noch in steife, gestärkte Kleidung stecken, die an seiner Haut scheuert. Und zwingen Sie es nicht, bei Besuchen oder beim Essen lange Zeit dabeizusitzen.

Was können wir noch tun, um ihnen zu helfen, diese für sie anstrengenden, für alle anderen aber fröhlichen Festivitäten durchzustehen? Es gibt fünf Bereiche, die wir im Friends' Club als für diese Kids besonders schwierig ausgemacht haben:

Vor der Ankunft der Gäste: Aspies wirken gelegentlich sehr bestimmend und kontrollierend; auf diese Weise versuchen sie, die für sie so undurchsichtige Welt in den Griff zu bekommen, damit sie sich einfügen können. Wenn Gäste angekündigt sind oder eine neue Unternehmung ansteht, bereiten Sie Ihr Kind am besten darauf vor. Sprechen Sie darüber, wer kommt und was Sie machen werden. Erinnern Sie Ihr Kind auch immer wieder daran, dass diese Festlichkeiten nur kurze Zeit dauern. Das gilt auch für Ferien, in denen man anders lebt als normal. Sie dauern nur wenige Wochen. Danach wird alles wieder normal ablaufen.

Neue Unternehmungen. Wir bringen unseren Kids bei, »zu atmen und zu zählen«, wenn ihre Anspannung und ihre Aufregung angesichts all der neuen und anstrengenden Aktivitäten überhand nehmen. Es ist ein einfacher Trick: langsam einatmen und dabei still bis fünf oder acht zählen, dann langsam ausatmen und genauso zählen. Wir haben auch festgestellt, dass Summen helfen kann – entweder ein ihnen bekanntes Lied summen oder einfach brummen. Der kontinuierliche Ton hilft ihnen, sich zu beruhigen.

Zu viele Menschen und zu viel Krach. Wenn Ihr Kind durch zu viele Menschen und zu viel Lärm überfordert ist, finden Sie einen ruhigen Ort, wo es einige Zeit allein sein kann, weg von all dem Trubel. Geben Sie ihm dabei eines seiner Lieblingssachen oder ein Spielzeug. Das hilft beim Beruhigen.

Festessen: Beim Essen sind so viele Sinne beteiligt – Sehen, Riechen, Schmecken und Fühlen – ebenso Muskeltätigkeiten wie Kauen und Schlucken (was manchen Menschen mit Asperger-Syndrom Mühe bereitet). Da fällt es vielen Asperger-Kids schon schwer, bekannte Speisen zu essen, geschweige denn neue. Bieten Sie zunächst eine sehr kleine Menge eines unbekannten Gerichts an und lassen Sie Ihr Kind probieren. Danach geben Sie ihm seine Lieblingsspeise.

Veränderte Routine: Jeder visuelle Anhaltspunkt, der den Ablauf dieser Tage erklärt, hilft Ihrem Kind, die Abfolge der Aktivitäten zu erkennen. So kann es seine Ängstlichkeit und Unsicherheit angesichts des Unbekannten abbauen. Einen Plan zu schreiben hilft immer. Zählen Sie notfalls wenigstens mit Hilfe Ihrer Finger die verschiedenen Programmpunkte auf, damit Ihr Kind auf diese Weise eine Veranschaulichung des Tagesablaufs erhält.

Stressabbau durch körperliche Bewegungsreize

Was die Phasen anbelangt, in denen sich ihr Kind durch körperliche Bewegungsreize (»Stims« bzw. »Stimming«) beruhigt, ist es unserer Erfahrung nach am besten, die Kinder machen zu lassen, damit sie sich besser fühlen. Wiegen, summen, mit den Fingern schnellen oder mit den Armen wedeln – diese wiederholten Bewegungen sind für das Asperger-Kind wirklich beruhigend.

Sie können Ihr Kind dabei aus der Festgesellschaft in ein anderes Zimmer bringen, wo es sein selbstberuhigendes stereotypes Verhalten weiterführen kann. Die Bewegungen beruhigen das Kind mit der Zeit so weit, dass es in die undurchsichtige Welt der neurotypischen Menschen zurückkehren kann. Denken Sie daran, dass Ihr Kind nichts für diese Verhaltensweisen kann. Es ist seine Art, auf übermäßig stressige Situation zu reagieren, und sein einziger Weg, um seine Anspannung zu lösen.

Asperger-Kinder wollen damit nicht andere stören. Sie suchen keine Aufmerksamkeit. Sie würden ihr spontanes Singen oder Schnalzen oder Wedeln lassen, wenn sie könnten, aber sie können nicht. Es ist weder die Schuld der Eltern oder der Gäste noch des Asperger-Kindes, wenn dieses gesellige Ereignis für den Aspie zu viel wird. Niemand hat Schuld, also sollte man auch niemanden verantwortlich machen. Die beste Lösung besteht meist darin, das Kind an einen ruhigen Ort zu bringen, wo es wieder eine gewisse Ruhe finden kann.

Vielen unserer Freunde hilft bei solchen Anlässen eine soziale Lerngeschichte, in der steht, wohin sie gehen werden, was von ihnen erwartet wird und wie sie sich benehmen sollten. Schwarz auf weiß zu sehen, wie ein Familienfest abläuft, bereitet Ihr Kind auf die Situation vor. Ihm ist nicht mehr alles unbekannt und es kann besser voraussehen, was auf es zukommen wird. Das macht die ganze Sache weniger verstörend.

Asperger-Kids sehnen sich nach Berechenbarkeit. Da soziale Anlässe eine Vielzahl der so unberechenbaren Menschen zusammenführen, wirkt eine Lerngeschichte beruhigend, da sie wie ein »Drehbuch« verwendet werden kann.

Bitte haben Sie Verständnis dafür, dass – je nach Belastbarkeit des Kindes – Asperger-Kids bei Besuchen nicht allein gelassen werden sollten. Es sollte ein Erwachsener in der Nähe sein, um ein Auge auf den Stresspegel des Kindes zu haben; dieser kann bei Festivitäten ganz plötzlich und radikal schwanken. Je weniger vertraut ihm die Menschen sind, umso stressiger ist es für Ihr Kind. Nehmen Sie Bücher, Puzzles, kleine Spiele und andere Dinge von zu Hause mit, um es zu beschäftigen und abzulenken.

Geburtstagspartys

Siehe auch: Dinge aufschreiben · Erste Freundschaften · Reizempfindlichkeit und Essverhalten · Soziale Lerngeschichten · Wutanfälle

Schon früh, noch vor der Gründung des Friends' Clubs, habe ich bei meiner Arbeit mit Asperger-Kindern festgestellt, dass diese Kinder nicht auf Feste eingeladen werden. Sofern nicht die ganze Klasse eingeladen wird, bleiben unsere Freunde gewöhnlich ausgeschlossen. Und selbst wenn die ganze Klasse eingeladen wird, habe ich erlebt, dass Aspie-Kids trotzdem nicht dabei sind.

Schon mit drei Jahren nehmen Kinder wahr, dass Asperger-Kindern soziale Fertigkeiten fehlen, und sie grenzen sie aus. Manche unserer elfjährigen Freunde sind noch nie zu einer Geburtstagsparty eingeladen worden.

Dr. Ami Klin, Experte für Autismus/Asperger-Syndrom und Vorsitzender des Yale's Child Study Center, zitiert einen seiner Patienten, der sagte, dass er den ersten Schultag am liebsten habe, »weil es noch niemand weiß«. Niemand wusste vom Asperger-Syndrom des Jungen und er wurde einen Tag lang behandelt wie alle anderen.

Das klingt wahrlich traurig. Glücklicherweise sind unsere Freunde recht zufrieden, wenn sie allein spielen, und sie sind gerne mit ihren Gedanken allein. Sie mögen auch keinen Lärm und kein Chaos, wie es zu Kindergeburtstagen dazugehört. Daher nimmt Ihr Kind es vermutlich gar nicht wahr oder macht sich nichts daraus, wenn es nicht eingeladen wird. Das klingt erst einmal positiv. Zudem haben wir festgestellt, dass eine Einladung zu einer Geburtstagsparty für unsere Aspies wegen der hohen Reizüberflutung problematisch werden kann. All die ausgelassenen, herumrennenden Kinder, die verschiedenen Spiele, das gegenseitige Überschreien, die Aufforderung zum Auspacken der Geschenke und das Bitten um Kuchen und Getränke sind für jedes Asperger-Kind ein Erlebnis, das seine Sinne überfordert.

Deshalb raten wir dazu, dass immer ein Elternteil das Asperger-Kind zu einem Geburtstagsfest begleitet, vielleicht auch noch im Teenageralter. Das hängt vom Kind ab. Es muss jemand da sein, der ein Auge auf den Stresspegel des Kindes hat; der erkennt, wie es mit dem Durcheinander und Gerenne bei einer Geburtstagsfeier zurechtkommt. Wenn seine Sinne überlastet sind, kann es leicht zu einem Wutanfall kommen.

Wir im Friends' Club sagen dazu: »Erwarte das Unerwartete.« Das ist auch der Grund, warum die Eltern in der Nähe bleiben sollten und ihr Kind nicht einfach abliefern sollten in der Erwartung, dass alles glatt laufen wird. Sie müssen in der Nähe sein, um den Stresspegel zu überwachen.

Aus der Praxis

Unbekannte Anlässe schaffen Stress-Situationen

Einer unserer Freunde besuchte die Geburtstagsfeier eines Kindes aus seiner Kindergartengruppe. Als einen Programmpunkt hängten die Eltern eine Pinata (eine bunte, mit Süßigkeiten gefüllte Figur) an einen Baumast.

Die Kinder stellten sich auf, um der Reihe nach auf die Figur zu schlagen, damit sie zerbrach und die Süßigkeiten herausfielen. Diese Situation überforderte den Jungen völlig.

Während er die ganze Party über zufrieden und glücklich gewesen war, rannte er nun unvermittelt zu seiner Mutter, weinend und schreiend, dass er sofort nach Hause gehen wolle. Seine Mutter war völlig verdutzt über diese plötzliche Hysterie. Als Vorschulkind konnte der Junge noch nicht erklären, was für ihn so entsetzlich war. Wie seine Mutter schließlich herausfand, war es die Figur, die sich beim Draufschlagen drehte, die ihn so außer sich brachte.

Klugerweise bot ihm die Mutter eine Alternative an und sie machten einen kurzen Spaziergang, bis dieses Spiel vorüber war. Solche Situationen können plötzlich entstehen, wenn unsere Freunde bei bislang unbekannten sozialen Anlässen neue Erfahrungen machen.

Wie wir helfen können

Am meisten hilft es unseren Freunden, wenn man sie auf das vorbereitet, was sie auf der Geburtstagsparty erleben können. Sagen Sie nicht einfach nur, dass es ein Geburtstagsfest ist; das ist zu vage. Das Kind kann sich nichts darunter vorstellen, wenn es noch nie auf einer solchen Feier gewesen ist. Es braucht mehr Details. Wenn es genauer weiß, was zu erwarten ist und was geschehen kann, ist es weniger unsicher.

Steht die Party zum Beispiel unter einem Faschingsmotto, erklären Sie ihm, was Fasching bedeutet und welche Spiele und Aktivitäten dabei stattfinden. Am besten fragen Sie die gastgebenden Eltern, was sie geplant haben, und besprechen Sie dies im Einzelnen mit Ihrem Kind. Wenn ein Clown kommen soll, bereiten Sie Ihr Kind darauf vor. Selbst neurotypische Kinder haben manchmal Angst vor Clowns, und Asperger-Kids ganz besonders.

Noch besser: Suchen Sie Bilder in Zeitschriften, Büchern oder Katalogen, die Ihrem Kind ein konkretes Bild davon vermitteln, was es auf der Party erleben kann. Ich weiß, das klingt nach viel Arbeit. Aber ich habe festgestellt, dass unsere Freunde nach einem ersten erfolgreichen Partybesuch bereitwilliger und besser in der Lage sind, weitere Partys zu besuchen.

Sehr hilfreich sind auch Kinderbücher oder Kindergeschichten über Geburtstagspartys. Auch sie bieten ein konkretes Medium, in dem Informationen schwarz auf weiß stehen. Sie helfen unseren Asperger-Freunden zu verstehen, wie Geburtstagsfeiern ablaufen, und sie machen deutlich, dass man in der neuen, unbekannten Umgebung bei jemand anderem zu Hause flexibel sein muss. Je vielfältiger Sie Ihr Kind trainieren können, umso besser.

Es sollte Ihnen auch bewusst sein, dass es auf Geburtstagsfeiern Kleinigkeiten gibt, die bei unseren Freunden eine plötzliche Angst auslösen können. Manche haben Angst vor Kerzen, weil für sie jede Art von Feuer beängstigend ist.

Manche fühlen sich verloren, wenn man »Happy Birthday« singt, weil sie den Text, der ja recht selten gesungen wird, nicht mehr kennen. Vermutlich kennen sie auch den Namen des Geburtstagskindes nicht oder erinnern sich nicht daran. Schlagen Sie Ihrem

Kind vor, bei dem Lied einfach mitzusummen. Das fördert die Stimmung und ist gut zu schaffen.

Andere haben Angst vor Luftballons; sie betrachten sie als tickende Zeitbomben, die jederzeit mit einem lauten Knall platzen können, was ihren Ohren wehtut und sie erschreckt. Die Angst vor platzenden Ballons gehen Sie möglichst rational an. Zeigen Sie unserem Freund, dass ein aufgeblasener und verknoteter Ballon nicht weiter anschwillt, weil keine Luft mehr hineinkommt. Nur wenn ein Ballon ganz, ganz groß wird und immer mehr Luft hineingeblasen wird, platzt er.

Natürlich kann ein Ballon unerwartet platzen, wenn er an etwas Spitzes kommt, aber das kann niemand verhindern. Sie können Ihrem Kind sagen, dass zwar manchmal ein Ballon platzt, aber dass sich die Leute in der Regel während des Festes an den Ballons erfreuen wollen und sie daher kaum platzen lassen.

Aus der Praxis

Die »soziale Lerngeschichte«

Hilfreich war es in diesen Situationen auch, wenn ich eine soziale Lerngeschichte (auch soziale Geschichte genannt, nach dem Begriff »social story« von Carol Gray) geschrieben habe, die das Kind vor der Party lesen kann; manchmal benötigen auch erst kürzlich diagnostizierte Jugendliche diese Form der Hilfe. Sie stecken die Geschichte in ihre Tasche und können sie herausholen und lesen, sobald sie sich unter Druck fühlen. Die Geschichte könnte etwa so lauten:
Wenn viele Kinder da sind, geht es laut und wild zu. Das ist okay. Ich werde versuchen, mit den anderen Kindern auf der Party zusammen zu sein. Ich werde versuchen, auf die Anweisungen der Erwachsenen zu hören, so dass ich fair spielen kann und jeder Spaß hat. Wenn ich müde werde oder die Party zu hektisch wird, bitte ich um eine Auszeit an einem ruhigen Ort. Das ist okay, weil ich dann wieder zu den anderen zurückgehen kann, wenn ich so weit bin. Wenn alles vorbei ist, werden wir nach Hause gehen.

Den eigenen Geburtstag feiern

Schwierig kann auch die umgekehrte Situation sein: Wer kommt, wenn Sie eine Geburtstagsfeier für Ihr Kind veranstalten wollen?

In der Gruppe beliebte Kids möchte jeder bei seiner Party dabeihaben. Aber werden sie auch kommen, wenn Ihr Kind sie einlädt? Fragen Sie Ihr Kind zuerst, wen es einladen will und warum. Ruhigere Kinder oder »Außenseiter« freuen sich gewöhnlich am meisten darüber, auf eine Party eingeladen zu werden. Wenn Ihr Kind darauf besteht, die beliebtesten Kinder einzuladen, rufen Sie die Eltern an und fragen Sie, ob ihre Kinder kommen würden. So haben sie die Möglichkeit abzulehnen, ohne eine schriftliche Einladung zurückzuweisen oder Ihrem Kind direkt einen Korb zu geben.

So attraktiv wie möglich

Sie werden es kaum glauben: Wenn Sie das Fest so »cool« gestalten, dass es unwiderstehlich ist, werden die meisten Kids die Einladung annehmen. Also denken Sie sich etwas Lustiges und Originelles aus, das das Interesse der Kinder weckt.

Sei es eine Zugfahrt zu einem nahe gelegenen Ziel, an dem es etwas zu entdecken gibt, sei es ein Besuch in der Kletterhalle oder der neueste Film im Kino – es gibt viele Möglichkeiten. Je beschäftigter die Kinder sind, umso besser ist es.

Der Vorteil eines Films: Man darf nicht sprechen. Das erleichtert Ihrem Asperger-Kind die Situation, weil es kaum sozial handeln muss. Ein Nachteil ist, dass – je nach ihrer Reizschwelle – manche Kinder einen Film als zu laut empfinden. Aus diesem Grund nehmen manche Eltern Kopfhörer für ihr Kind mit.

Entscheidend ist, das Geburtstagsfest Ihres Kindes so attraktiv zu planen, dass andere Kinder nicht ablehnen können. Laden Sie nicht zu viele Gäste ein, sonst ist Ihr Kind überfordert. Etwa ein halbes Dutzend ist schon reichlich. Nachdem Sie sich vorab telefonisch bei den Eltern erkundigt haben, können Sie schriftliche Einladungen verschicken.

Aus der Praxis

Ein garantierter Erfolg

Die Mutter eines unserer Teenies hatte die großartige Idee, die neuen Schulfreunde ihres Sohnes aus der Mittelstufe zusammenzubringen. Etwa acht Jungs hatten sich während der Mittagspause gefunden, weil sie alle gerne über Computer und Computerspiele sprachen. Als der 13. Geburtstag ihres Sohnes im Juni nahte, bat ihn seine Mutter, die Namen und Telefonnummern der anderen Jungen zu besorgen. So konnte sie deren Eltern anrufen, um ein Datum für das Geburtstagsfest zu vereinbaren. (Erfahrungsgemäß dauerte es bis April, bis ihr Sohn die Vornamen der Jungen kannte, und er hatte keine Ahnung, wie ihre Nachnamen lauteten.)

Da Computer und Computerspiele das wichtigste Bindeglied dieser Gruppe waren, reservierte die Mutter einen Nachmittag im örtlichen Computerspielzentrum. Das Zentrum organisierte Geburtstagspartys für alle Altersgruppen. Sie bat die Eltern, ihre Kinder dorthin zu bringen, und beaufsichtigte sie dann während der zwei Stunden, in denen sie verschiedene Spiele miteinander und gegeneinander spielten.

Danach fuhren sie und eine andere Mutter mit der Gruppe in eine Pizzeria; hier hatten sich die Jungs eine Menge zu erzählen, weil es nach dem Spielen genug Gesprächsstoff gab. Und den restlichen Sommer über hatte ihr Sohn Freunde, die er anrufen konnte, wann immer er jemanden treffen wollte, weil sie sich bei diesem gemeinsamen Erlebnis näher gekommen waren.

Gedanken und Gesichtsausdrücke lesen

Siehe auch: Absichten erkennen · Alles wörtlich nehmen · Gefühle · Perspektiven und Sichtweisen · Selbst- und Fremdwahrnehmung

Wir haben bereits darüber gesprochen, wie schwierig es für Asperger-Kids und -Jugendliche ist, Mimik und Körpersprache ihrer Mitmenschen zu deuten. Die gesamte soziale Situation an sich ist für sie verwirrend. Sie sind sich solcher Signale einfach nicht bewusst. Diese Ratlosigkeit und Ahnungslosigkeit im Umgang mit Menschen ist durch das Nervensystem bedingt und keine Folge psychischer oder intellektueller Unfähigkeit.

Menschen ohne Asperger-Syndrom – die »Neurotypischen« – können den Klang der Stimme, die Körperhaltung und den zwischenmenschlichen Umgang insgesamt recht genau entschlüsseln. Wir erkennen diesen Kontext eines Gesprächs. Wir erkennen die hinter den Worten und Gesten versteckte Bedeutung. Es ist beinahe so, als könnten wir die Gedanken unserer Mitmenschen lesen, indem wir sie beobachten und ihnen zuhören – aber natürlich können wir das nicht wirklich. Und das wissen wir auch.

»Du musst doch wissen, was ich denke!«

Ironischerweise können Menschen mit Asperger-Syndrom die Mimik und Körpersprache anderer Menschen nicht deuten, erwarten aber, dass andere Menschen ihre Gedanken lesen können. Aspies können sich ziemlich aufregen, wenn man sie bittet, ihre Gefühle und Gedanken mitzuteilen. Sie gehen davon aus, dass man das wissen sollte. Sie gehen tatsächlich davon aus, dass ihre Gedanken und Gefühle nicht nur ihnen bekannt sind, sondern auch für andere ganz offensichtlich sind. Und daher sollte ihre Umgebung Bescheid wissen. Sie geben uns nur wenige Anhaltspunkte zu ihren Gedanken oder Gefühlen und sind doch frustriert oder werden sogar total wütend, wenn wir nicht wissen, was sie wollen ... ohne dass sie uns gesagt hätten, was sie wollen!

Ja, es ist ein Teufelskreis. Sie sagen es nicht, also wissen wir es nicht. Sie werden wütend, und wir wissen nicht warum. Und wenn wir versuchen herauszufinden, was sie aufregt, werden sie noch wütender, weil sie erklären sollen, was wir in ihren Augen schon wissen sollten. Es fällt ihnen schwer, ihre Gefühle auszudrücken, weil Gefühle so wenig greifbar sind; Gefühle sind nichts Konkretes, das man schwarz-weiß unterscheiden könnte.

Der Kreisel im Kopf

Im Kopf eines Kindes mit Asperger-Syndrom läuft zudem ein ständiger Monolog ab; dabei denken sie, dass sie etwas gesagt haben, weil sie es in ihrem eigenen Kopf so viele Male gehört haben. In Wirklichkeit haben sie es niemals laut geäußert. Diese nicht geäußerten Gefühle verfangen sich in einem Kreislauf, ebenso wie sich eine Mobbing-Situation in ihrem Kopf immer und immer wieder wiederholen kann, wobei der Vorfall immer noch schlimmer erscheint, als er war. Auf dieselbe Weise verstärken sich die nicht ausgesprochenen Gefühle immer weiter.

Hinzu kommt: Aspies wissen zwar, dass sie etwas nervt oder deprimiert, aber sie haben Schwierigkeiten, die genauen Umstände zu ergründen. Oft löst erst ein anderer Zwischenfall das Ganze auf und bringt das, was sie bedrückt, an die Oberfläche. Erst durch ein auslösendes Ereignis rücken sie mit der Sprache heraus. Natürlich ist es nicht gesund, wenn aufwühlende Gedanken oder Gefühle im Kopf gefangen bleiben und dort ständig kreisen. Aus diesem Grunde ist es wichtig, dass Sie Ihr Aspie-Kind oder Ihren Teenie dazu bewegen können, sich auszusprechen. Aber wie? Wie bringen wir Aspies dazu, uns zu sagen, was in ihrem Kopf vor sich geht?

Wie wir helfen können

Zu Hause kümmert man sich am besten zunächst um das Kind und lässt es nicht allein. Gehen Sie in sein Zimmer, schalten Sie Fernsehen oder Musik aus und stellen Sie gezielte Fragen. Fragen, die auf Ihren Beobachtungen basieren: »Dein Gesicht und dein Körper wirken aufgeregt. Stimmt etwas nicht?« Das ist besser als ein vages: »Wie war dein Tag?«

Bei manchen Kids funktioniert es besser, wenn man sie nicht fragt, sondern eine Zeichnung vorgibt. Nach der Schule können Sie zum Beispiel eine Tabelle mit Kästen zeichnen, die verschiedene Phasen oder Bereiche des Tages darstellen. Dann fragen Sie Ihr Kind, was in jeder Stunde passiert ist. Auf diese Weise lässt sich ein negativer Vorfall auf eine bestimmte Zeit eingrenzen.

Geraten Asperger-Kids in Schwierigkeiten, sollte man unbedingt die Schritte, die zu dem Ausbruch oder Fehlverhalten geführt haben, genauer betrachten. Untersuchen Sie, was dazu geführt hat; gewöhnlich gab es an irgendeinem Punkt ein Missverständnis oder jemand hat Ihr Kind ausgetrickst.

Aus der Praxis

Was war denn da passiert?

Zu einem unserer Jungen aus der Mittelstufe sagte zum Beispiel ein Klassenkamerad, er solle auf das Mädchen zeigen, mit welchem er Sex haben wollte. Unser Freund sagte: »Die Große da!« Der Mobber sagte: »Zeig auf das Mädchen.« Als der Asperger-Junge das tat, ging der Mobber zum Lehrer und sagte: »Jessie hat gesagt, dass er mit Rebecca schlafen will.« Und unser Freund bekam eine Strafarbeit. Wir brauchten lange, um genau herauszufinden, was geschehen war. Denn Jessie sah nicht das große Ganze und erinnerte sich nicht an die genaue Abfolge der Ereignisse. Man musste ihm alles »aus der Nase ziehen«.

Es ist immer am besten, solche Vorfälle in kleine Schritte aufzuteilen; dadurch lassen sich die Einzelheiten aufspüren und man kann herausfinden, was wirklich geschehen ist.

Hilfreiche Spiele

Im Friends' Club treffen wir uns ja nur eine einzige Stunde in der Woche. Wir beginnen dabei jeweils mit Spielen oder einem Rollenspiel. Wir wählen immer eine Aktivität aus, die Gespräche in Gang bringt und die Selbst- und Fremdwahrnehmung fördert.

Zum Beispiel erfand eine unserer Gruppenleiterinnen das Spiel »Wer oder was bin ich?« für unsere älteren Jungs. Abwechselnd imitiert jeder Junge einen Schauspieler in einer Film- oder Computerspielszene. Die anderen Jungs schreiben auf, was die Imitation ihrer Meinung nach darstellt.

Aus zwei Gründen ist dieses Spiel anspruchsvoller, als es klingt. Erstens gibt eine Nachahmung »nach Aspie-Art« dem Zuschauer sehr wenige nonverbale Hilfen. Zweitens geht der Aspie-Schauspieler davon aus, dass andere seine Gedanken lesen können; aus diesem Grund muss er sowieso nicht deutlicher werden. Als wichtigen Teil dieser Übung machen wir dem »Imitator« verständlich, dass die anderen Gruppenmitglieder mehr Anhaltspunkte benötigen, um richtig raten zu können.

Und natürlich hakt sich der Verstand unserer Asperger-Kids an den unwesentlichen Details und nicht am Wesentlichen fest. Es sind die wenig bekannten Merkmale, Fakten, Filme, Bücher usw., die das Interesse unserer Freunde wecken und fesseln, nicht die üblichen Dinge, die wir anderen wahrnehmen und erinnern würden. Daher mussten wir eine neue Regel aufstellen: Man darf nur einen Schauspieler oder eine Filmszene verkörpern, die »den meisten Leuten« bekannt ist. Denn die anderen können die Gedanken des Aspies nicht lesen und kennen seine speziellen Wahrnehmungen nicht.

Bei dieser Form der Darstellung haben unsere Kids Gelegenheit, Gefühle auszudrücken. Das ist ein erster Schritt dazu, später – in anderen Situationen – ihre Gefühle zeigen zu können. Wir sagen unseren Freunden oft, dass es okay ist, wenn sie Gefühle vortäuschen bzw. darstellen, die sie im Moment nicht wirklich haben, aber die ein anderer vielleicht erwartet. Und wenn sie ein solches Gefühl nun darstellen, wird ihnen später das Gefühl selbst schon vertrauter sein.

Den Gesichtsausdruck deuten und Gedanken lesen lernen

Um zu lernen, die Mimik zu deuten und Gedanken oder Gefühle zu erkennen, die durch Körpersprache ausgedrückt werden, nutzen wir Polaroidfotos von Gesichtern, die verschiedene Gesichtsausdrücke zeigen. Wir hängen die Bilder im Raum verteilt auf und bitten dann unsere jüngeren Jungen und Mädchen, das dargestellte Gefühl »einzufangen«. Das bedeutet, sie müssen das Gefühl erst erkennen und es dann darstellen. Die Kids lieben dieses Spiel!

Geeignet sind auch Spiele wie Uno und insbesondere Poker, bei denen man bluffen muss. Die Kinder sollen den Gesichtsausdruck der Mitspieler beobachten, wenn diese ihre Karten betrachten. Aus dem Gesichtsausdruck können sie dann »herauslesen«, wie gut ihre Karten wirklich sind. Der Kommentar eines unserer Freunde dazu: »Es wäre einfacher, wenn sie aufschreiben würden, was sie denken, dann wäre alles klar.«

Hilfreiche Filme

Sehr hilfreich ist es auch, wenn wir Filme mit komplexen, ausgefeilten Kommunikationsszenen zeigen und diese dann jeweils unterbrechen, um über das wirkliche Geschehen zu sprechen. Durch die anschaulichen Beispiele wird ihnen das Problem sehr viel offensichtlicher.

»Gegen jede Regel« ist dazu wunderbar geeignet wegen der vorkommenden Missverständnisse; hier kann man die wahre Bedeutung eines Blicks sehr gut verdeutlichen. In »Ungeküsst« finden sich viele bedeutsame Szenen sozialer Kommunikation, die unsere Mädchen wörtlich nehmen, weil sie nur auf die Worte hören. Sie achten nicht auf den Tonfall oder die Absicht hinter den Wörtern noch erkennen sie Mimik oder Körpersprache. Sie glauben einem lächelnden Gesicht und hören nur die freundlichen Worte, ohne die dahinter versteckte, grausame Absicht zu erkennen.

Indem wir den Film Szene für Szene durchgehen und jeweils unterbrechen, können wir auf die nonverbalen und verbalen Feinheiten aufmerksam machen. Die Mädchen lernen mit der Zeit und mit Übung, das zu erkennen, was sie bisher nicht wahrnehmen konnten. Ihre Selbst- und Fremdwahrnehmung verbessert sich Schritt für Schritt.

Weitere Hilfestellungen

Während unserer Gruppentreffen sprechen wir viel über all das, was »die meisten anderen Menschen« wissen, wahrnehmen und beachten – und das aus gutem Grund. Indem wir diesen Kids ein klareres Bild davon vermitteln, wie andere Menschen die Welt wahrnehmen, erhalten unsere Freunde einen Einblick in übliche Denkweisen.

Unsere Querdenker profitieren davon, sich dieses konventionelle Denken bewusst zu machen. Dadurch können sie leichter mit anderen in Beziehung treten. Aber keine Sorge: Das »verdirbt« ihre Fähigkeit, unkonventionell und originell zu sein, nicht.

Diese bessere Wahrnehmung hilft ihnen, sich weniger verloren und verwirrt zu fühlen, weniger verwirrt zu sein und eine stärkere Verbundenheit zu Gleichaltrigen zu empfinden. Und das ist entscheidend wichtig, um Freunde zu finden, egal ob sie fünf oder 25 Jahre alt sind.

Niemand will sich allein fühlen, auch keine Asperger-Kids, niemand. Je mehr Selbst- und Fremdwahrnehmung sie besitzen, umso besser sind ihre Chancen, Freundschaften einzugehen, was so wichtig ist … und wenn es nur eine einzige Freundschaft ist.

Aus der Praxis

Kannst du meine Gedanken lesen?

Einmal bat ich die Teenie-Mädchen, »meine Gedanken zu lesen«. Ein Mädchen schaute mich an und sagte: »Also, Cynthia, du weißt, wir können deine Gedanken nicht lesen.« Dieses buchstabengetreue Denken verhindert, dass Aspies Gefühle deuten können. Aber eines machte ihr diese Frage bewusster: Wenn sie meine Gedanken nicht lesen konnte, wie konnte sie dann erwarten, dass ich ihre Gedanken lesen kann?

Bewusstsein für sich selbst und andere. Hier liegt der entscheidende erste Schritt für unsere Freunde. Dieses Bewusstsein wird ihnen helfen, Freundschaften einzugehen. Und das ist es, was sie wollen.

Gefühle

Siehe auch: Alles wörtlich nehmen · Blickkontakt · Reizempfindlichkeit und Essverhalten

Ein Großteil der menschlichen Gefühle drückt sich im Gesicht aus. Die Augen übermitteln dabei die meisten Informationen. Raten Sie einmal, wer nur selten Blickkontakt herstellt! Und wer wohl die entscheidenden Botschaften nicht mitbekommt!

Studien an der Yale Universität und anderswo haben gezeigt, dass Asperger-Kids, wie alle anderen Menschen mit Autismus-Spektrum-Störungen, es nicht nur vermeiden, Menschen in die Augen zu schauen, sie vermeiden es oft ganz, jemandem ins Gesicht zu schauen. Aufgrund ihrer langsameren Verarbeitung von Nervenreizen fällt es ihnen schwer, solche rasanten Informationen wie einen sich bewegenden Mund, hochgezogene Augenbrauen und ungläubige Blicke aufzunehmen. Die Gesichter der Menschen verändern sich zu schnell und zu stark; das verwirrt unsere Freunde und daher vermeiden sie es, ihre Mitmenschen anzuschauen.

Wenn Asperger-Kinder ein Gesicht anschauen, konzentrieren sie sich meistens auf den Mund und einen Teil der Nase. Das bedeutet, dass ihnen viele Hinweise darauf, wie die Person fühlt, entgehen. In der Tat sind sie sich der Gefühle und Schwingungen – ihrer eigenen und der anderer – kaum bewusst. Für sie als konkrete Denker herrschen Tatsachen und Gedanken vor, während Gefühle »unfassbar« sind. Was ist also zu tun?

Mit unseren jüngeren Kids beginnen wir unsere Therapie mit Abbildungen von Gesichtern aus Zeitschriften – je ausdrucksstärker Augen und Mund sind, umso besser. Wir lassen die Kinder Augen und Mund ausschneiden. Dadurch konzentrieren sie sich auf den Ausdruck im restlichen Gesicht, nicht nur auf den Mund.

Dann lassen wir sie zwei Augen und einen Mund auf einem Pappteller modellieren; sie halten ihre Modelle hoch und zeigen sie einander. Ausgehend von diesen Bildern fragen wir sie: »Welchem Gesicht würdest du dich nähern und fragen, ob derjenige mit dir spielen will, und wen würdest du ganz sicher nicht fragen?« Wir wollen ihnen dadurch bewusst machen, wie viel die Augen über einen Menschen verraten – im Gegensatz zum Mund.

Als weitere Möglichkeit setzen wir sogenannte Gefühlskarten ein, die verschiedenste Gesichter und Ausdrücke der Mimik zeigen. Wir spielen dann: »Was denkt die Person?« Bei diesem Spiel üben unsere Freunde, in den Gesichtern der Menschen zu lesen.

Wir greifen auch auf Filme zurück. Wir spielen eine DVD oder ein Video ab und unterbrechen an beliebiger Stelle; dann bitten wir die Gruppe, im Gesicht der Person auf dem Bildschirm zu lesen. Dabei sollen sie nicht nur das Gefühl auf dem Gesicht des Schauspielers erkennen, sondern auch raten, was er denkt. Wie Sie wissen, stimmt beides nicht immer überein.

Wir erkunden mit unseren Kids auch, welche Gefühle wir anderen zeigen wollen und welche wir lieber für uns behalten. Dazu müssen sich unsere jungen Freunde erst ihrer eigenen Gefühle bewusster werden; daher sprechen wir über das weite Spektrum an Emotionen, die man empfinden kann.

Anhand der Reihe der Herr-Glücklich-Titel von Roger Hargreaves (im Original »Mr. Men and Little Miss«) – es handelt sich um schlichte Figuren, die jeweils eine menschliche Charaktereigenschaft verkörpern – bitten wir unsere jüngeren Gruppen, einen Charakter auszuwählen, wie Herrn Kuddelmuddel oder Susi Schüchtern, der ihre momentanen Gefühle reflektiert. Ein Junge sagte, er fühle sich am meisten wie Herr Vergesslich, weil er so oft etwas vergesse. Wir lassen die ganze Gruppe über eine breite Auswahl an Emotionen sprechen und darüber, wie sie sich anfühlen, um ihnen zu helfen, solche Gefühle bei sich selbst zu erkennen.

Mit unseren älteren Freunden und Jugendlichen gehen wir mehr in die Tiefe und besprechen, wie Menschen verschiedene »Masken aufsetzen«, je nach der Situation, in der sie sich befinden. Mit ihrem wörtlichen Verständnis der Sprache denken unsere Jungs natürlich an echte Masken und sprechen darüber. Aber wenn wir sie von der Vorstellung konkreter Masken abgebracht haben, sprechen wir über die vielen Gesichter oder »Masken«, die Menschen aufsetzen, um ihre wahren Gefühle zu verbergen. Dadurch können wir ihnen auch vermitteln, dass Menschen ihre Rollen je nach Situation verändern – gewöhnlich entsprechend den sozialen Umständen.

Da sie nur schwer verstehen können, warum Menschen sich manchmal verstellen, erklären wir, dass Menschen manchmal das Bedürfnis haben, sich selbst oder jemanden anderen zu schützen, indem sie ihre wahren Gefühle verstecken bzw. nach außen ein »falsches« Gefühl zeigen. Diese Vorstellung ist für unsere Kids schwer nachvollziehbar und es erfordert eine Menge verschiedener Übungen und Diskussionen, bis sie ein wenig Ahnung davon haben, in den Gesichtern ihrer Mitmenschen zu »lesen«.

Aus der Praxis

Warum habt ihr so viele Gesichter?

Ein Junge fragte: »Warum tragen Menschen so viele Gesichter, wo ich doch nur eines habe?« Menschen mit Asperger-Syndrom sind geborene Wahrheitsfanatiker und so arglos, dass sie wirklich nur ein Gesicht haben, das sie den Menschen zeigen können.

Rollen spielen lernen

Ein konkreter Weg zum Verständnis verschiedener Emotionen bietet das Pantomimespiel Scharade. Unsere Kinder können zwar Gefühle benennen, aber sie erkennen sie oft nicht und sind unfähig, sie in ihrem Gesicht auszudrücken. Bei einer Scharade können sie solche Emotionen ausleben und sie lernen dabei, sie bewusst auszudrücken. Durch Übung kann diese Fähigkeit dann automatisiert werden.

Wir empfehlen Ihnen sehr, Ihr Kind oder Ihren Jugendlichen mit Asperger in einem Theaterkurs anzumelden. Hier können die Kids kontinuierlich mit verschiedenen Emotionen arbeiten durch die Charaktere, die sie verkörpern. Zudem leiden Asperger-Kids selten unter Bühnenangst, weil sie sich nicht darum kümmern, was andere denken. Ihnen macht es nichts aus, ihren Text zu sprechen, und sie freuen sich über die Reaktion der Zuschauer.

Unsere »Geheimnisvolle Sinneskiste« hilft unseren Freunden, uns mitzuteilen, wie sich ihr Körper anfühlt, wenn sie eine Emotion erleben. Wir legen einen heißen, einen kalten oder einen kratzigen Gegenstand in unsere Sinneskiste – geeignet ist jede Schachtel, in die man zwei Hände stecken, aber von außen nicht hineinsehen kann.

Dann bitten wir jeden Freund, seine Hände hineinzustecken, den Gegenstand zu berühren und uns zu sagen, wie er sich anfühlt. Wir fragen sie nach ihrem Körper und wie sie sich fühlen, wenn sie wütend, traurig usw. sind. »Ist es wie der heiße Gegenstand? Oder der kalte oder der kratzige?« Dadurch helfen wir ihnen, eine Verbindung herzustellen zwischen einer körperlichen Empfindung und einem Gefühl. Es macht viel Spaß und die Kids lieben dieses Spiel!

Diese Aktivität zwingt diese Kinder, die so stark visuell ausgerichtet sind, auch, sich nur auf ihren Tastsinn zu verlassen. Sie fühlen den Gegenstand und finden dann ein Empfindungswort, das dazu passt. Sie lernen auch, dass es mehrere Bedeutungen für das Wort »heiß« gibt oder dass sowohl eine Sache als auch ein Mensch »kratzbürstig« sein kann. Dies hilft ihnen, ihre Sprachkompetenz zu erweitern.

Aus der Praxis
Ich kann es nicht beschreiben

Wenn ich meine Klienten bitte, mir zu sagen, wie sich ihr Körper anfühlt, ob sie wütend oder traurig sind, sagen sie mir oft: »Ich kann es nicht beschreiben.« So überraschend das für solch reizempfindliche Menschen klingt, unsere Freunde haben tatsächlich keine Verbindung zu ihrem eigenen Körper und ihren emotionalen Reaktionen. Man muss ihnen die Ausdrucksformen zur Beschreibung solcher Gefühle beibringen. »Mein Körper fühlte sich an, als würde er explodieren« drückt Wut aus. »Mein Gesicht brannte/fühlte sich siedend heiß an« beschreibt Verlegenheit. Wenn Sie Beispiele liefern, wie man körperliche Empfindungen beschreibt, die eine emotionale Reaktion anzeigen, müssen Sie jeweils auch die Bedeutung klären, da solche Ausdrucksweisen nicht im wörtlichen, sondern im übertragenen Sinne verwendet werden.

Erwarten Sie bitte keine emotionalen Momente

Beim Thema Gefühle wollen wir Sie schließlich noch daran erinnern, dass Sie als Eltern eines Asperger-Kindes keine so intensive emotionale Bindung Ihres Kindes an Sie erleben werden, wie es bei Ihren neurotypischen Kindern der Fall ist. Das bedeutet nicht, dass es Sie nicht liebt – das tun diese Kinder, auf ihre Weise. Aber es wird nicht die Art einer »Ich hab-dich-lieb-Beziehung« sein, die Ihre anderen Kinder zu Ihnen haben.

Sie werden Ihr Kind um einen Kuss bitten müssen. Sie werden ihm wohl beibringen müssen, wie und wann man »Ich hab dich lieb« sagt. Solche emotionalen Momente sind wahrscheinlich im besten Fall plump, im schlimmsten Fall gibt es sie gar nicht. Wir können Sie nur bitten, Ihr Kind weiterhin anzuleiten, seine Gefühle auszudrücken und zu zeigen. Vielleicht wird es niemals sagen: »Ich hab dich lieb«, weil es davon ausgeht, dass Sie das schon wissen. Warum sollte es das also sagen?

Seien Sie geduldig. Seien Sie beharrlich. Seien Sie freundlich. Es besteht Hoffnung.

Gespräche

Siehe auch: Alles wörtlich nehmen · Auf andere reagieren · Blickkontakt · Gefühle · Gespräche mit Gleichaltrigen · Grüßen · Interesse an Mitmenschen · Jugendsprache und Redewendungen · Komplimente · Manieren · Namen merken · Selbst- und Fremdwahrnehmung · Unhöflichkeit · Zuhören

Gespräche sind der Grundpfeiler aller Freundschaften. Wenn wir mit unseren Mitmenschen sprechen, erfahren wir mehr über sie, so dass wir eine Beziehung herstellen können. Es ist eine Kunst und eine Fertigkeit, sich mit Menschen zu unterhalten. Durch das wechselseitige Spiel von Fragen und Antworten erfahren wir etwas über die andere Person.

Leider ist diese Wechselseitigkeit für Kinder mit Asperger-Syndrom schwierig. Ein Gespräch ergibt sich für sie überhaupt nicht natürlich – aus mehreren Gründen. Doch man kann es ihnen beibringen. Sie lernen es nicht über Nacht, aber Fortschritte sind möglich.

Grundregeln der Gesprächsführung

Im Friends' Club haben wir die von Carol Gray entwickelte Gesprächsgleichung als praktische Erinnerungsstütze für die Kinder eingeführt: Gespräch = Kompliment + Kommentar + Fragen. Wir schreiben dies für alle sichtbar an die Tafel.

Wir machen dabei deutlich, dass es nicht nur wichtig ist, was man sagt, sondern auch wie man es sagt. Der Tonfall transportiert mehr Inhalt, als unsere Freunde wahrnehmen. Viele sind überrascht zu erfahren, dass sie eine monotone oder abgehackte Redeweise haben. Einer unserer Jungen sagte, dass er mit allen Menschen über jedes Thema im gleichen Tonfall spreche. Davon ausgehend diskutieren wir, inwiefern der Klang der Stimme Anhaltspunkte über andere Menschen und uns selber gibt. Wir bringen unseren Freunden auch bei, wie man seiner Stimme einen angenehmen Tonfall gibt.

Es ist für Aspies auch keineswegs von Vorteil, dass sie das Gesagte so wörtlich nehmen. Ihnen entgehen die Feinheiten der Zweideutigkeit, der Ironie und des Humors. Hans Asperger bezeichnete Kinder mit Asperger-Syndrom in seiner Schrift von 1944 selbst als »kleine Professoren«, weil sie so detailliert über ihre Lieblingsthemen sprechen können; doch sie brauchen Hilfe, damit sie anderen zuhören und in ihrem Konversationsstil lockerer werden können.

Die Gesprächsführung üben

In beinahe jeder unserer Sitzungen geht es in irgendeiner Weise um Gesprächsführung, denn es ist schwer, ohne diese Fähigkeit einen Freund zu finden und zu behalten. Um unseren Teens und jüngeren Kindern zu helfen, bessere Gesprächspartner zu werden, haben wir diese soziale Fertigkeit in kleinere Abschnitte unterteilt, damit ihnen jeder Schritt klar wird.

Aus der Praxis

Tipps, wie man ein besserer Gesprächspartner wird

- Eröffne das Gespräch mit einem Thema wie Filme oder Computerspiele.
- Bleibe beim gleichen Themenbereich.
- Stelle Fragen, um Informationen über deinen Gesprächspartner zu erhalten, zum Beispiel: »Wie hat dir der Film gefallen?«
- Gehe auf die Antwort des anderen ein.
- Höre darauf, was andere sagen.
- Unterbrich deinen Gesprächspartner nicht.
- Nutze die Informationen, die du erhalten hast, in künftigen Unterhaltungen.

Wir vergleichen das Führen von Gesprächen auch mit dem Briefeschreiben. Man braucht dabei einen Anfang oder eine Begrüßungsformel. Im Mittelteil teilt man dem anderen etwas mit, etwa Neuigkeiten oder Gedanken oder Gefühle, die man zum Ausdruck bringt. Dann muss man einen Schluss finden, einen »Abschied«. Da unsere Freunde so sehr am Sichtbaren orientiert sind, skizzieren oder zeigen wir ihnen einen Brief und machen die Ähnlichkeiten deutlich.

Asperger-Kids neigen dazu, im Gespräch einen Monolog zu halten, statt darauf zu achten, dass sich ein Dialog entwickelt. Sie setzen zu einer langen Abhandlung über ihr Lieblingsthema an, blind gegenüber allen Anzeichen von Interesse oder Desinteresse beim Zuhörer. Also vergleichen wir ein Gespräch mit dem Autofahren:

- Wenn man beim Sprechen zu schnell ist, kann der Gesprächspartner nicht Schritt halten. Man muss langsamer werden.
- Ist man zu langsam, verliert man den Partner, weil seine Aufmerksamkeit abdriftet. Man muss beschleunigen.
- Und manchmal muss man auf die Bremse treten und anhalten, um die Richtung des Gesprächs zu wechseln. Ein Themenwechsel kann auf einen neuen Weg, in ein unbekanntes Gebiet, oder eine interessante andere Gegend führen.

Das »Zoom!«-Spiel

Um diese drei Geschwindigkeiten zu üben – und den absolut wichtigen Blickkontakt, der die Grundlage für die Beziehungsgestaltung in einem Gespräch ist –, spielen wir »Zoom!«.

Wir bitten die Kinder, sich im Kreis hinzusetzen. Einer beginnt, schaut entweder nach links oder nach rechts und sagt: »Zoom«, wenn er einen Blickkontakt mit dem nächsten Kind herstellt. Dann gibt dieses den »Zoom« an die nächste Person weiter. Der Blickkontakt muss mindestens einmal durch den ganzen Kreis wandern, bevor jemand die »Bremse« ziehen kann (er macht ein Bremsgeräusch – »brrr«).

Wenn jemand die Bremse betätigt, wandert der Zoom-Blickkontakt in die andere Richtung, bis wieder jemand bremst. Wenn die Person auf der anderen Seite des »Zoom«-Kindes ebenfalls die Bremse zieht, muss der ursprüngliche »Zoomer« eine »Geländefahrt« zu einem anderen Kind im Kreis machen, wobei er die beiden, die den Zoom blockieren, umgeht.

Die beiden Hauptregeln lauten, dass jede Person nur dreimal bremsen darf und dass man Blickkontakt herstellen muss, bevor man den Zoom an die nächste Person weitergibt. Da unsere Freunde solche Schwierigkeiten haben, anderen Menschen in die Augen zu schauen (und abzuwarten, bis sie an der Reihe sind), bringt dieses Spiel mehrfachen Nutzen.

Das »Drehbuch«

Eine weitere bewährte Methode ist es, das »Drehbuch« eines Gesprächs einzuführen; die

Kinder lesen es laut und erfahren dabei, wie ein echtes Gespräch ablaufen würde. Es ist ganz einfach!

Weil wir erst das Gehirn der Asperger-Kids ansprechen müssen, weniger ihre Gefühle, funktioniert es, wenn sie das »Rezept« für ein Gespräch kennen. Zuerst müssen sie lernen, wie sie so wirken, als würden sie zuhören, und sie müssen den typischen Gesprächsablauf erlernen. Sie lernen, Fragen zu stellen und Anteilnahme auszudrücken.

Aus der Praxis

Drehbuch für ein Gespräch

- Erstes Kind: »Ich lese gerne Bücher und mag bestimmte Fernsehshows.«
- Zweites Kind: »Welche Art von Büchern liest du gern?«
- Erstes Kind: »Ich mag Sachbücher, historische Bücher und Comics.«
- Zweites Kind: »Magst du Computerspiele?«
- Erstes Kind: »Ja, klar. Und du?«
- Zweites Kind: »Sicher. Was ist dein Lieblingsspiel?«
- Erstes Kind: »Lego Racer und Star Wars. Sollen wir uns mal treffen und zusammen spielen?«
- Zweites Kind: »Okay.«

Im nächsten Schritt sollen sie lernen, sich um ihren Tonfall Gedanken zu machen und nicht einfach immer »weiterzuleiern«. Und sie müssen sich die Reaktionen des Gesprächspartners bewusst machen. Dies gilt für Gespräche und andere Situationen mit sozialem Austausch, die wir normaltypischen Menschen ohne Überlegung »richtig« machen.

Der »Gesprächsbaum«

Als weitere Übung, um unsere jüngeren Freunde am Thema zu halten, nutzen wir den »Gesprächsbaum«. Diese Strategie wurde von Michelle Garcia Winner entwickelt. Wir erklären den Kindern, dass ein Thema den Stamm des Gesprächs bildet. Und mit jeder Äußerung, die in Beziehung zum Hauptthema steht, wächst der Baumstamm.

Beim Thema zu bleiben ist für unsere Freunde eine der größten Herausforderungen bei einem Gespräch. Die Veranschaulichung durch den Baum lässt sie erkennen, wie sich Äußerungen aneinanderfügen und aufeinander aufbauen. Wir zeigen ihnen auch, wie Antworten, die ein wenig vom Hauptthema abweichen, zu Ästen und Verzweigungen des Baumes werden.

Oft lege ich einige Zettel mit Gesprächsthemen in einen Hut, aus dem die Kinder ein Thema ziehen können. So haben wir einen Ausgangspunkt. Dann zeichne ich Teile an den Baum und zeige, wie aufeinander bezogene Äußerungen zusammenpassen. Wenn eine Antwort gar keinen Zusammenhang mit dem Gesprächsbaum hat, zeichne ich einen roten Ast, der herausragt und damit absurd aussieht. So sehen die Kinder, dass ein nicht zum Thema gehöriger Beitrag nicht passt, nirgendwohin führt und das Wachstum des Baums behindert.

Die »Rede-« oder »Zauberstäbe«

Es gibt weitere optische Anhaltspunkte, mit denen wir unsere Asperger-Kinder daran erinnern, wer gerade reden und wer zuhören sollte. Zwei Methoden setzen wir mit großem Erfolg ein.

Allen unseren älteren Freunden in der Gruppe geben wir »Redestäbe« (Eisstiele). Wenn jemand einen Redebeitrag einbringt, legt er seinen Stab in die Mitte. Schauen sich unsere Jugendlichen um und sehen, dass andere immer noch einen Stab in der Hand halten, erinnert sie das daran, dass andere auch reden wollen und dass niemand das Gespräch allein dominieren sollte. Diese anschauliche Hilfe ermöglicht ihnen, anderen auch eine Chance zu lassen und das wechselseitige Gespräch zu üben.

Bei unseren jüngeren Freunden nehmen wir einen Zauberstab, einen Ball oder einen »sprechenden Hut« als visuelle Erinnerungsstütze dafür, wer sprechen darf. Nur der, der den Gegenstand hat, darf sprechen, alle anderen müssen zuhören. Der Anblick des Hutes hält die anderen davon ab, dem Redner ins Wort zu fallen. Und wenn sie um den Hut bitten wollen, dürfen unsere Freunde dazu nur nonverbale Signale (Blickkontakt, Gesten usw.) einsetzen.

Aus der Praxis

Wiederholungen sind langweilig

Eine bekannte Gesprächsregel im Friends' Club lautet: »Das erste Mal ist es lustig, das zweite Mal ist es nicht mehr so witzig und das dritte Mal ist es langweilig.« Unsere Kids wiederholen ihre Lieblingswitze oft wieder und wieder oder beschreiben eine Sache immer noch einmal, besonders wenn sie dafür beim ersten Mal Gelächter geerntet haben.

Wir machen deutlich, dass es in einem Gespräch wichtig ist, nicht immer dasselbe zu wiederholen, sondern neue Gedanken und Beobachtungen anzuführen. Wie einer unserer Teenies sagte: »Ich sollte dir diese Filmszene nur einmal erzählen, richtig? Ich muss mir das merken.«

Fragen stellen lernen

Da Fragen ein hervorragender Gesprächsbeginn sind, üben wir das anhand vieler Beispiele. Ein Magic-8-Ball liefert zum Beispiel Antworten in einem Fenster auf der Kugeloberfläche. Doch zuerst muss man der Kugel eine Frage stellen. Ein Junge fragte: »Werde ich neue Freunde finden?« und ein anderer: »Werde ich in der Schule weiterhin gemobbt?«

Der Magic-8-Ball hilft den Kids nicht nur, das Fragenstellen zu üben, sondern deckt auch ihre versteckten Sorgen auf. Das liefert der Gruppe neue und wichtige Gesprächsthemen.

»Spotlight« ist ein Spiel, das wir erfunden haben, um das Fragenstellen anzuregen. Das Licht wird ausgeschaltet und eine angeschaltete Taschenlampe in die Mitte unseres Kreises gelegt. Jeder unserer Freunde darf einmal die Taschenlampe drehen. Das Kind, auf das der Lichtstrahl zeigt, bekommt eine Frage zu seiner Person gestellt. Es antwortet und stellt dann dem Kind, das die Taschenlampe gedreht hat, eine Frage.

Die Kids lernen dabei auch, dass manche Fragen einfach sinnlos sein können: »Bist du schon mal von einer Zimmerdecke gesprungen?« Andere Fragen wie »Magst du Basketball?« helfen, Kontakte herzustellen. Manchmal lassen wir dabei auch jedes Kind etwas zum selben Thema sagen. Dabei lernen sie, interessiert auf das einzugehen, was andere sagen, und sie bekommen ein Gespür dafür, wann die Gesprächspartner bereit sind, zu einem anderen Thema zu wechseln.

wichtig

Wir haben unsere Kids erreicht, wenn sie – wie einer unserer Jungen – feststellen: »Es ist gut, Fragen zu stellen, weil wir dadurch etwas über den anderen erfahren.« Für uns ist das selbstverständlich, aber für ein Asperger-Kind ist es eine Offenbarung.

Die Bedeutung von Partnerspielen

Eine von Eltern häufig gestellte Frage ist: »Warum machen die Kinder Partnerspiele? Sollten sie nicht besser lernen, mehr miteinander zu reden, statt zu spielen?« Die Antwort ist einfach: Diese Kinder haben es schon schwer genug, zueinander zu finden, und es fällt ihnen noch viel schwerer, mit anderen Kindern zu sprechen. Für sie ist ein Brettspiel eine Erholung, eine Aktivität, bei der sie nicht sprechen müssen. Das Spiel hat einen klaren Zweck (denken Sie dran, Aspies sind konkrete Denker) und es geht einfach nur darum, zu spielen.

Wir zeigen ihnen aber auch, dass sie bei einem gemeinsamen Spiel etwas über die Vorlieben und Abneigungen des anderen lernen können und dessen Meinungen im Laufe des Spiels hören können. Wir fragen sie zum Beispiel: »William, du hast mit John »Schiffe versenken« gespielt. Was hast du über ihn erfahren?« Wir leiten sie dazu an, diese Information als Gesprächsthema in einer späteren Unterhaltung zu nutzen. Unseren Freunden muss man beibringen, aufmerksam darauf zu achten, was der andere während des Spiels sagt. Sie müssen erkennen, dass man interessante Dinge über andere Menschen erfahren kann, wenn man bei einer gemeinsamen Beschäftigung miteinander spricht.

In der Regel ist es ja so, dass wenn sich ein Kind mit einem Freund trifft, die beiden gewöhnlich ein Partnerspiel spielen. Wenn unsere Freunde sich also in den Gruppen zu zweit zusammentun und solche Spiele spielen, machen sie Erfahrungen, die in der »realen« Welt wichtig sind. Da die meisten von ihnen nur wenige Freunde haben – wenn überhaupt –, bereiten Brettspiele mit anderen Gruppenmitgliedern sie auf das gemeinsame Spielen in ihrem Alltag vor.

Übungen für zu Hause

Zu Hause können Sie die Fähigkeit des aktiven Zuhörens und Sprechens bei Ihrem Kind fördern, indem Sie es zwei Minuten lang davon berichten zu lassen, was es letzte Woche gemacht hat oder was es interessiert. Die Beschränkung auf zwei Minuten ist wichtig, da die meisten Gespräche in kurzen Einheiten stattfinden.

Anschließend sprechen Sie zwei Minuten lang, danach andere Familienmitglieder, und Ihr Kind hört zu. Lassen Sie Ihr Kind dann eine Frage stellen, die sich auf das bezieht, was Sie gesagt haben. Nach Ihrer Antwort soll es auch die anderen Gesprächspartner befragen. Leiten Sie es an, mit einem einfachen »Cool« oder »Echt?« zu reagieren. Schließlich stellen Sie ihm auch eine Frage zu dem, was es selbst gesagt hat.

Diese schrittweise Gesprächsübung ist ein hervorragender Weg, um Ihrem Asperger-Kind zu helfen, die drei Grundlagen einer guten Konversation – beim Thema bleiben, Fragen stellen und auf das Gesagte antworten – zu verstehen.

Gespräche mit Gleichaltrigen

Siehe auch: Absichten erkennen · Alles wörtlich nehmen · Gespräche · Gruppendruck und Mutproben · Jugendsprache und Redewendungen · Mobbing und Schikanieren · Necken und Hänseln · Telefonieren · Um Hilfe bitten · Verabredungen und Kontakte zum anderen Geschlecht

Interessant ist, dass sich Asperger-Kinder – im Gegensatz zu anderen Kids – nicht zu Gleichaltrigen hingezogen fühlen. Sie haben vielmehr höchste Schwierigkeiten, mit Gleichaltrigen klarzukommen.

Warum? Die kurze Antwort lautet, dass sie ihren Altersgenossen geistig oft voraus, sozial aber hinter ihnen zurück sind.

Asperger-Kinder kommen auch mit jüngeren Kindern gut zurecht, die es toll finden, wenn ein älteres Kind mit ihnen spielt. Zudem mögen unsere Freunde oft die gleichen Dinge wie jüngere Kids, wie Pokémon, Lego, Trickfilme, Cartoons usw.

Insbesondere unseren Kids aus der Mittel- und Oberstufe versuchen wir verständlich zu machen, welche Gesprächsthemen bei den Gleichaltrigen »angesagt« sind. Wir bringen ihnen bei, wie man Interesse an dem zeigt, was andere sagen, und nicht nur über die eigenen Spezialinteressen spricht.

Die Geheimnisse der Gesprächsführung erlernen

Die meisten unserer Freunde sind höchst fasziniert von allem, was mit Elektronik zu tun hat, insbesondere Playstation und Computerspiele. Das ist insofern von Vorteil, als sich andere Kinder ihres Alters ebenfalls dafür interessieren. Allerdings scheitern unsere Freunde oft, wenn sie über solche Spiele sprechen.

In unseren wöchentlichen Gruppensitzungen helfen wir ihnen zu erkennen, dass es in Ordnung ist, ein wenig über Computerspiele zu sprechen. Doch wenn andere das Thema wechseln wollen, ist es wichtig, darauf einzugehen. Der wechselseitige Charakter einer Unterhaltung ist für Asperger-Kids immer eine Herausforderung. Noch schwerer fällt es ihnen, ein Lieblingsthema aufzugeben. Doch sie müssen zuhören und die Themen wechseln können, um Freunde zu finden und zu behalten.

Eines unserer Mädchen sagte einmal sehr bestimmt, dass es okay sei, im Friends' Club

WISSEN

Die »kleinen Professoren«

Angetrieben vor allem von Fakten und Ideen, konzentrieren sich diese Kids auf ältere Kinder oder Erwachsene, die verstehen, was sie wollen und worüber sie sprechen. In seiner Schrift von 1944, in der er diese besonderen Kinder erstmalig beschrieb, nannte Hans Asperger sie »kleine Professoren«, weil sie über schwierigere Themen in einer klaren, beinahe akademischen Weise sprachen.

über Pokémon zu sprechen, weil sich hier auch andere dafür interessierten. Es sei aber kein Thema, das die Kids an ihrer Schule hören wollten. Wir stimmten ihr zu und lobten ihr Wahrnehmungsvermögen.

Wir wollen unsere Freunde keineswegs von den Themen abbringen, die sie interessieren. Unser Ziel besteht vielmehr darin, ihnen nahezubringen, dass andere vielleicht über etwas anderes reden wollen.

Eine unserer Gruppenleiterinnen erstellt dazu eine Liste von Diskussionsthemen für ihre Teenie-Gruppe. So werden die Kids damit vertraut, was im Kopf von anderen Jugendlichen vorgeht. Die Themen reichen von Partys, öffentlichen Festen, Tratsch im Umkleideraum und Jugendsprache bis zu Poesiealben und was man hineinschreibt. Wenn sie zum Beispiel diejenige, die ihnen ein Poesiealbum zum Hineinschreiben gibt, nicht mögen, raten wir ihnen, einfach ihren Namen hineinzuschreiben. Wenn sie sie jedoch mögen, sollten sie eine persönliche Botschaft eintragen – ja, solche Dinge muss man Asperger-Teenies und jüngeren Kids genau erklären.

Unterschwellige Signale erkennen lernen

Am schwierigsten sind natürlich all die unterschwelligen Signale, die im Umgang zwischen Jungen und Mädchen ablaufen. Hier sind Aspies hoffnungslos verloren. Unseren Teenagern erklären wir den Unterschied zwischen dem Anstarren und dem Anschauen von Jungs und Mädchen. Wir sprechen über andere, ausgesprochene und versteckte subtile Botschaften, die vom anderen Geschlecht ausgesandt werden.

Für Jugendliche mit einer sozialen Behinderung, die für solche Anzeichen blind macht, sind sie höchst verwirrend und nahezu unmöglich zu verstehen. Sie brauchen Sozialtraining in Gruppen und Coaching von Eltern und Geschwistern. Wir haben sogar eine spezielle Lerneinheit »Gespräche mit dem anderen Geschlecht« entwickelt. In dieser Übungseinheit lernen unsere Jugendlichen, körperliche und emotionale Veränderungen in der Pubertät sowie die vielen verbalen Anspielungen darauf zu verstehen. Und wir vermitteln ihnen, wie Beziehungen sich Schritt für Schritt entwickeln. All das unterteilen wir natürlich wieder in viele kleine Schritte.

Es ist erstaunlich, wie es unsere Freunde schaffen, sich Tag für Tag durch den Alltag zu bewegen, die gesamte Mittel- und Oberstufe hindurch. Und das, wo sie versteckte Bedeutungen und scheinheiliges oder hinterhältiges Verhalten nicht erkennen. Daher besprechen wir solche Situationen in unseren Gruppen.

Aus der Praxis

Unfähig, Hilfe zu suchen

Einer unserer Teenie-Jungen wurde zum Beispiel dazu überredet, in der Schule eine Wette einzugehen. Er verlor sie. Nun sollte er die 40 Dollar bezahlen oder er würde verhauen! Ja, natürlich ist das Mobbing und illegal, da Wetten auf dem Schulhof verboten sind. Was tat er? Er stahl das Geld seiner Mutter aus ihrer Geldbörse. Er war völlig darauf fixiert, zu verhindern, dass ihm jemand wehtat. Also tat er das Erste, was ihm in den Sinn kam. Er suchte nicht nach Hilfe, da Asperger-Kids dies von Natur aus nicht tun. Er konzentrierte sich nur darauf, eine Schuld zu bezahlen, die er eigentlich niemals hätte haben sollen.

Jugendsprache verstehen lernen

Beinahe wöchentlich behandeln wir das Thema Sprache, insbesondere die Jugendsprache, mit der unsere Freunde gar nicht klarkommen. Es ist wichtig, ihnen bewusst zu machen und ihnen die Augen dafür zu öffnen, was jemand wirklich sagt; sie müssen lernen, die wahren Absichten herauszuhören, um zu verhindern, dass andere sie hereinlegen.

Wie es in den Kapiteln »Alles wörtlich nehmen« und »Jugendsprache und Redewendungen« beschrieben wird, ist auch die Jugendsprache ein großes Problem für unsere Kids, weil die übertragene Bedeutung der Worte völlig anders sein kann.

Machen Sie Ihr Kind mit gängigen Ausdrücken der Jugendsprache vertraut. Achten Sie darauf im Radio, im Fernsehen und in Filmen. Es gibt auch spezielle Bücher dazu, und im Internet gibt es viele Seiten zu diesem Thema. Erklären Sie Ihrem Kind solche Redewendungen, damit ihm die wahre Bedeutung bewusst wird und es nicht so leicht wegen seiner Ahnungslosigkeit durch Gleichaltrige verletzt werden kann.

Hilfe von außen suchen

Und erinnern Sie Ihr Kind immer daran, dass es richtig und gut ist, mit einem vertrauenswürdigen Erwachsenen über mögliche auftauchende Probleme zu sprechen. Ermutigen Sie es, sich Ihnen oder den Großeltern, einem Lehrer, Therapeuten oder Berater anzuvertrauen, jemandem, der beurteilen kann, was wirklich vor sich geht und der das Geschehen für Ihr Kind in die richtige Perspektive rücken kann.

Aspies kann man auch sehr gut provozieren, indem man sie mit einem falschen Namen ruft. Das gilt auch für Spitznamen oder Abkürzungen. Infolge ihrer geistigen Starrheit und ihres strikten Sinns für das, was »richtig« ist, können sie keinen anderen als ihren korrekten Namen tolerieren. Alles andere ist falsch. Damit bieten sie natürlich viel Angriffsfläche für Hänseleien.

Flexibilität trainieren

Als Gegenmaßnahme integrieren wir ein »Flexibilitätstraining« in unsere Gruppen. Wir variieren dabei einfach eines unserer Standardspiele, »Was ist los?«. Wir nennen es jetzt »Was ist los, Alter?«. So gewöhnen sich die Kinder daran, auch einmal anders als mit ihrem wirklichen Namen genannt zu werden. Und sie gewöhnen sich dabei auch daran, »Alter« genannt zu werden, ein Ausdruck, den Jugendliche gern benutzen.

Aus der Praxis

Auf Anweisung gewartet – Chance verpasst

Ein Beispiel dafür, wie »anders« unsere Kids im Umgang mit Gleichaltrigen sind, erlebte ich erst kürzlich, als ich einen unserer Freunde in seiner Schule beobachtete. Er war in der Mittelstufe. Während der Mathestunde standen alle Schüler in der Nähe des Lehrerpults, um die an der Wand ausgehängten Ergebnisse der Klassenarbeit zu lesen. Unser Freund saß wie immer an seinem Tisch und wartete auf Anweisungen, was er tun sollte.

Ja, er befolgte die Anweisungen des Lehrers, aber er nahm nicht den »verborgenen Unterrichtsverlauf« wahr – das, was seine Klassenkameraden taten. Sie informierten sich über ihre Noten, schwatzten aber auch miteinander und taten damit das, was wir als »sozialen Kitt« des Lebens bezeichnen. Unser Freund schloss sich seinen Kameraden nicht an und verpasste damit wiederum eine Gelegenheit, mit ihnen in Beziehung zu treten und Freunde zu finden.

Gruppendruck und Mutproben

Siehe auch: Absichten erkennen · Gefühle · Gespräche mit Gleichaltrigen · Jugendsprache und Redewendungen · Körperpflege und Hygiene · Mobbing und Schikanieren · Necken und Hänseln · Peinlichkeiten · Selbst- und Fremdwahrnehmung · Verabredungen und Kontakte zum anderen Geschlecht

Asperger-Kids betrachten oft jeden, der mit ihnen spricht, als Freund, selbst wenn der »Freund« sie und ihr fehlendes soziales Bewusstsein vielleicht ausnutzt.

Einer unserer jüngeren Jungs wurde von einem »Freund« in der Schule dazu angestiftet, eine Dummheit zu begehen. Es war nichts wirklich Schlimmes, aber unser Freund wollte es nicht tun. Doch er wusste nicht, wie er aus der Sache herauskommen sollte, ohne als »Feigling« oder Ähnliches bezeichnet zu werden. Selbst Aspies wollen kein »Feigling« sein oder als schwach oder ängstlich verlacht werden.

Aus diesem Grunde sprechen wir mit unseren Kids oft darüber, was man tun kann, um sich einer Mutprobe zu entziehen, ohne ausgelacht zu werden. Die beste Reaktion ist wohl, dem Anstifter zu sagen: »Das ist langweilig«, und einfach wegzugehen. Am wichtigsten ist, dass unsere Freunde in der Lage sind, sich ungefährdet solchen Aufforderungen zu verweigern.

Natürlich umfasst Gruppendruck viel mehr als das Anstiften zu Mutproben. Gruppendruck bezieht sich auf die Kleidung, auf die Art, wie man spricht, und darauf, welche Musik man hört, welche Spielsachen man hat, welche Computerspiele man spielt und wie »hip« und »cool« man wirkt. Und hier tut sich die große Kluft zwischen Asperger-Kids und ihren neurotypischen Altersgenossen auf.

WISSEN

Ignorieren führt zu noch mehr Mobbing

Forschungen über Mobbing haben gezeigt, dass eine Reaktion notwendig ist, damit der Angreifer zufriedengestellt wird; andernfalls wird er das Opfer weiter drangsalieren und die Situation kann eskalieren. Früher hatten wir unseren Freunden eingeschärft, den Mobber einfach zu ignorieren, aber heute wissen wir, dass dies zu weiterem Mobbing führt.
Egal also, ob es um das Abwenden richtiger Mutproben oder »nur« um einen gewissen Gruppendruck geht – es ist immer besser, in irgendeiner Form zu antworten, als nichts zu sagen. Oft genügt schon: »Das interessiert mich nicht« oder: »Nein, danke«, um rasch aus der Sache herauszukommen und das Thema gleichzeitig anzusprechen.

Risikofaktor: Intellekt versus Erscheinungsbild

Für Asperger-Kids und -Jugendliche sind der Intellekt und das Wissen das Wichtigste. Ihnen kommt es nicht darauf an, was man anhat oder wie die Haare aussehen. Sie interessieren sich nur dafür, ob jemand auf derselben intellektuellen Ebene ist wie sie und ob die anderen etwas Interessantes zu sagen haben.

Im Gegensatz dazu ist für die meisten typischen Jugendlichen das äußere Erscheinungsbild höchst wichtig, insbesondere in der Mittelstufe. Die meisten beurteilen sich gegenseitig nach ihrem Aussehen und ihrem Verhalten, was nichts mit ihrer Intelligenz zu tun hat. Twens und insbesondere Teenies wollen so aussehen wie die Gleichaltrigen; sie wollen nicht auffallen, sondern so sein wie die anderen. Das ist Ausdruck des Wunsches nach Zugehörigkeit zu ihrer Altersgruppe und nach Integration. Sie wollen nicht hervorstechen; die Annahme durch die Gruppe und die Zugehörigkeit haben oberste Priorität.

Unsere Asperger-Freunde haben nicht dieses Bedürfnis nach Anpassung – Gott sei Dank! Als Querdenker geboren, sind sie revolutionäre Entdecker. Sie sind diejenigen, die Innovationen hervorbringen und neue Denkweisen und neue Arten des Handelns entwickeln, von denen die Gesellschaft insgesamt profitiert – genau deshalb, weil Aspies nicht denken wie alle anderen und sich nicht darum scheren, ob sie so sind wie alle anderen. Sie wurden dazu geboren, eben gerade nicht ins Schema zu passen, und das ist in Ordnung so.

Meistens scheren sie sich nicht darum, ob sie beliebt sind. Es ist nur von Vorteil, dass sie sich keine Gedanken darüber machen, was andere von ihnen denken oder welchen Status sie bei anderen haben. Es ist Sache der Eltern oder eines älteren Geschwisters, dem Kind zu helfen, so modisch auszusehen, dass es »dazu passt«, einfach damit es rein optisch kein Opfer für Hänseleien und Mobbing wird. Beliebt-Sein ist für unsere Kids aber kein großes Thema.

Wichtig ist eine gute Körperpflege. Leider sind Aspies hier häufig widerwillig – auch aus Überempfindlichkeit gegenüber Sinnesreizen. Als Eltern müssen Sie sicherstellen, dass Ihr Kind regelmäßig badet, saubere Kleidung trägt und sich jeden Morgen kämmt, damit es wenigstens ansprechend den Tag beginnt.

Risikofaktor: Dem Gruppendruck widerstehen müssen

Schwieriger anzugehen ist der Mangel an sozialem Bewusstsein. Das macht sie zu leichten Opfern für andere Kids, die jemanden suchen, den sie drangsalieren können. Leider gibt es selten Gleichaltrige, die bereit sind, für unsere Kids einzustehen, um solche Übergriffe zu beenden. Aus diesem Grunde sagte ein auf Kinder mit ADHS und Asperger-Syndrom spezialisierter Kinderarzt einmal einem unserer Eltern: »Wir müssen sie einfach durch die Kindheit bringen.«

Das bedeutet, wir müssen ihnen helfen, den Kurs zu halten und dem Gruppendruck in der Grundschule und der Mittelschule zu widerstehen. In dieser Altersphase ist die Toleranz gering und das Bedürfnis, sich überlegen zu fühlen und beliebt zu sein, groß.

Derselbe Arzt sagte, dass es tendenziell besser werde, sobald unsere Freunde die Oberstufe erreichen. Hier gibt es mehr Schüler mit intellektuellen Interessen und viele haben inzwischen zu ihrer Persönlichkeit und damit auch zu Toleranz gefunden. Die Wahrscheinlichkeit ist zudem höher, dass Aspies Mitschüler finden, die ihnen ähnlich sind, die auch am Rande der Gesellschaft stehen, ihren eigenen Interessen nachgehen und tiefgründige Gedanken haben. Und als Erwachsene ist die gesellschaftliche Vielfalt, in der man sich bewegt, noch größer; zudem sind Erwachsene im Allgemeinen weniger grob und verständnisvoller und taktvoller gegenüber Menschen, die ein wenig anders sind.

Risikofaktor: Der tiefe Wunsch nach Freundschaft

Der Unterschied zwischen echten autistischen Kindern und Asperger-Kids besteht darin, dass alle Asperger-Kids, die ich getroffen habe – im Friends' Club und außerhalb –, sich sehr wünschen, wenigstens einen Freund zu haben.

Das soll nicht heißen, dass Kinder, die stärker von Autismus betroffen sind, nicht mit Menschen in Kontakt treten wollen. Sie haben diesen Wunsch. Aber sie sind nicht in der Lage, das selber zu tun, und brauchen daher Betreuer, die diese Beziehungen für sie herstellen. Andere ebnen ihnen den Weg für ihre sozialen Kontakte.

Hier sind unsere Asperger-Kids anders und das bringt sie oft in Schwierigkeiten mit Gleichaltrigen. Viele versuchen so verzweifelt, zu Kindern in ihrem Alter Kontakt zu knüpfen, dass sie alles tun würden, um einen Freund zu finden. Sie lassen sich auf gefährliche Mutproben und dumme Risiken ein, die zu Verletzungen führen können, an die sie nie gedacht hätten. Ihr tiefer Wunsch nach einer Freundschaft macht Aspies übermäßig anfällig für Gruppendruck. Hier versuchen wir in unseren Gruppen gegenzusteuern.

Im Unterschied zu anderen Sozialtrainings richtet sich der Friends' Club nur an Asperger-Kids. Unsere Kids treffen also nur Leute wie sie selbst, mit denen sie in Beziehung treten und sich über ihre Interessen austauschen können. Unsere Freunde spüren einen Kontakt, den sie sonst noch nirgends erlebt haben. Und sobald sie sich nicht mehr so allein fühlen, sind sie auch nicht mehr so verzweifelt.

Viele fühlen sich, wie es eines unserer jugendlichen Mädchen am ersten Abend ausdrückte, wie eine andere »Gattung«, eine andere »Spezies« als ihre Gleichaltrigen. Manche Kinder sagen sogar, sie fühlten sich wie Außerirdische.

Natürlich sind wir alle Individuen und jeder ist anders als der andere; doch es gibt vieles, was uns Neurotypische verbindet: unsere Gefühle, sozialer Austausch, unser Humor und unsere Beziehungen. Asperger-Leute dagegen wissen, dass sie anders sind – ein »anderer Schlag«.

Um also ihre Schulzeit durchzustehen, müssen sich Asperger-Kinder so weit anpassen, dass sie andere Kids finden können, die an ähnlichen Dingen Interesse haben oder die Intelligenz höher bewerten als das Aussehen. So sehr sie das Alleinsein lieben und ruhige Auszeiten brauchen, wollen Asperger-Kids und Jugendliche nicht immer allein sein. Sie mögen Gesellschaft ebenso.

Bleiben Sie immer im Gespräch

Wichtig für Eltern oder Lehrer ist es, mit den Kids darüber im Gespräch zu bleiben, wie es ihnen in der Schule geht. Ihr Asperger-Kind oder -Jugendlicher muss wissen, dass Sie an seinem Schulleben interessiert sind. Stellen Sie sicher, dass es Ihnen alles erzählt, was passiert – nicht nur innerhalb der Klasse. Ärger entsteht häufiger außerhalb der beaufsichtigten Zeiten, zum Beispiel während der Mahlzeiten oder auf dem Schulweg. Und fragen Sie immer wieder nach, was los ist. Manchmal wird Ihnen etwas Unangenehmes nicht am selben Tag berichtet. Manchmal können eine Woche, ein Monat oder sogar Monate vergehen, bevor ein Zwischenfall endlich ans Licht kommt und Ihr Kind Ihnen davon berichtet.

Und wiederum ist es wichtig, weiter nachzufragen. Forschen Sie immer wieder nach, wie sich Ihr Kind fühlt. Achten Sie auf Anzeichen von Aufregung oder von unterdrückter Angst. Je früher ein aufwühlendes Ereignis ans Licht kommt, umso besser ist es.

Eine schlechte Erfahrung setzt sich leicht im Kopf des Asperger-Kindes fest und wird immer wieder abgespult; dadurch wird der Vorfall noch schlimmer, als er in Wirklichkeit war. Wenn die Kinder schließlich darüber sprechen, wird diese ständige Wiederholung unterbrochen; nun kann die Belastung, die dieser Vorfall darstellte, überwunden werden. Deshalb ist es gut, zu reden.

Grüßen

Siehe auch: Auf andere reagieren – und antworten · Blickkontakt · Gespräche · Initiative ergreifen · Interesse an Mitmenschen · Manieren · Reizempfindlichkeit und Essverhalten · Sich verabschieden · Soziale Lerngeschichten

Wir grüßen ganz automatisch, wenn wir ein Zimmer betreten, in dem sich bereits jemand befindet, oder einen Bekannten sehen. Wir müssen nicht einmal daran denken. Wir machen es einfach. »Hallo Jan. Wie geht es dir? Wie war der Test?« oder: »Hallo Mia. Freust du dich auf die Ferien?« Manchen Menschen reichen wir auch die Hand zur Begrüßung. Gute Bekannte oder Freunde umarmen wir oder küssen sie auf die Wange.

Begrüßungen sind sehr komplex

Doch selbst die einfachsten Begrüßungen sind viel komplexer, als es uns bewusst ist. Es geht dabei um so viele Nuancen: Wie ist der Tonfall? Was und wie viel sagt man? Für Asperger-Kids sind all diese Begrüßungen voller Fallstricke.

Erstens erwartet man Blickkontakt, wenn man gegrüßt wird. Doch Aspies schauen anderen Menschen selten in die Augen. Dadurch wirken unsere Freunde distanziert oder gleichgültig oder sogar ein wenig heimtückisch auf Ihr Umfeld.

Zweitens sehen Menschen mit Asperger keine Notwendigkeit zu einem »Hallo«, weil sie dies als Ankündigung ihres Erscheinens betrachten. Einer unserer 20-jährigen Freunde sagt zu seinem Arbeitskollegen: »Ich muss nicht hallo sagen, wenn ich durch die Tür komme, weil du ja schon gesehen hast, dass ich komme.« Für sie haben Begrüßungen keinen Zweck und sind daher völlig überflüssig.

Drittens haben Asperger-Kids größte Mühe, sich Namen zu merken. Eine Mutter hat mir einmal gesagt, dass ihr Sohn erst im März oder April des laufenden Schuljahres die Namen seiner Klassenkameraden zu lernen scheint. Sie bleiben vorher einfach nicht in seinem Gedächtnis haften; und selbst danach verwechselt er die Kinder noch. Hat ein Klassenkamerad für ihn nicht ein besonderes Merkmal – in seinem Äußeren oder ein gemeinsames Interesse –, dann bleibt der Mitschüler für ihn anonym.

Viertens merken sich Asperger-Kinder selten die Interessen ihrer Mitschüler oder Details aus ihrem Leben, über die sie sie befragen könnten (sofern es nicht etwas mit Videospielen oder Computern zu tun hat). Aspies passen selten auf, was andere sagen, und haben daher später keine Anknüpfungspunkte. Und sie besitzen auch keine natürliche Neugierde Menschen gegenüber, um solche Fragen zu stellen. Dadurch hat es den Anschein, als seien ihnen die Mitmenschen egal.

Schließlich, wenn sie jemanden treffen, wissen Asperger-Kids nicht, was sie sagen sollen oder wie sie handeln sollen. Es kommt ihnen nicht in den Sinn, das Wort zu ergreifen oder die Hand zu schütteln. Es ist ihnen fremd, die Initiative zu ergreifen. Und einen körperlichen Kontakt herzustellen erst recht.

Doch da Begrüßungen und ein positiver erster Eindruck so wichtig sind, beginnen wir aus diesem Grunde jedes Treffen im Friends' Club mit einer Begrüßung. So lernen unsere Freunde auf spielerische Art, worauf es ankommt, wenn man sein Gegenüber mustergültig begrüßen möchte.

Begrüßungssituationen üben

Der Gruppenleiter steht in der Tür, wenn die Kinder den Raum betreten, und wartet darauf, dass jedes Kind ihn grüßt. Wir erinnern die Kinder nicht daran, denn in der wirklichen Welt würden sie auch nicht daran erinnert. Aber unsere Anwesenheit reicht gewöhnlich aus, damit unsere Freunde daran denken, dass etwas von ihnen erwartet wird.

Dann arbeiten wir – je nach Alter der Gruppe – an bestimmten Kompetenzen. Für die jüngeren Kinder schreiben wir eine Regel auf, die ihnen das Grüßen anschaulich erklärt. So wissen sie, was sie tun sollen und warum sie es tun sollen. Solche Regeln können wir auch in eine soziale Lerngeschichte fassen.

Aus der Praxis

Wie man zu Hause Gäste begrüßt ...

Wir begrüßen unsere Besucher freundlich, indem wir ihnen ins Gesicht schauen und mit einigen freundlichen Worten »Hallo« sagen. Wenn Mamas Freundinnen zu Besuch kommen, ist es nett, wenn ich sie an der Tür mit »Hallo« und »Geht es Ihnen gut?« begrüße. Mama mag es, wenn ich ihren Freundinnen beim Sprechen ins Gesicht schaue. Wenn ich etwas Freundliches sage, dann werden sie Mama sagen, dass ich höflich bin.

Bei Jugendlichen üben wir zunächst die gesamte Begrüßungssituation und zerlegen dann den Ablauf in jedes Detail. Wir schütteln unseren Freunden zum Beispiel die Hand. Dann lehren wir sie die drei Elemente eines guten Händeschüttelns:

- Schau der Person in die Augen.
- Nimm die Hand mit einem festen Griff.
- Schüttle nicht zu lang – lass los, sobald die andere Person loslässt.

Im Grunde kommt es bei einem angenehmen Händeschütteln auf den richtigen Druck und eine angemessene Dauer an.

Plaudern üben

Parallel zu den Begrüßungen arbeiten wir an den Fähigkeiten unserer Kids, lässig und locker mit anderen zu plaudern; denn auf eine Begrüßung folgt in der Regel Smalltalk. Auch das machen wir spielerisch: Während Musik abgespielt wird, wandern unsere Kids im Raum umher; hört die Musik auf, bleiben sie stehen und stellen dem Kind, das am nächsten bei ihnen steht, Fragen zu seiner Person.

Wenn die Musik wieder einsetzt, bewegen sich die Kids wieder und sprechen bei der nächsten Unterbrechung mit einer anderen Person über sich. Am Ende des Spiels sagt jeder etwas über die anderen Gruppenmitglieder. Bei diesem Spiel geht es darum, sich zu begrüßen und ein Gespräch zu beginnen – einen oberflächlichen, aber doch so wichtigen Kontakt zwischen einzelnen Personen herzustellen. Dazu müssen unsere Kids gesprächsbereit und freundlich wirken.

Die älteren Jugendlichen interviewen sich gegenseitig ein paar Minuten lang. Dann stellen sie die interviewte Person der Gruppe vor. Durch die Wiederholung vertieft sich das, was der Befragte erzählt hat. Dadurch prägt es sich besser in ihrem Gedächtnis ein.

Blickkontakt üben

Der Blickkontakt ist für unsere Freunde der schwierigste Teil einer Begrüßung (bitte beachten Sie auch das Stichwort »Blickkontakt«).

Erstens ist es für manche Asperger-Kinder körperlich schmerzhaft, einem Menschen direkt in die Augen zu schauen. Es ist wirklich ein Problem der Sinne. Andere werden dadurch einfach abgelenkt und können nicht so klar denken und sich ausdrücken, wie wenn sie wegschauen würden. Andere können nicht aufmerksam zuhören, wenn sie Blickkontakt halten. Ein Klient sagte mir: »Ich kann Ihnen besser zuhören, wenn ich Sie nicht ansehe.« Natürlich ist es nicht absolut notwendig, dem Gesprächspartner in die Augen zu schauen. Es ist eine soziale Regel, wichtig für neurotypische Menschen, aber nicht für Asperger-Kids. Und doch bedeutet Blickkontakt den meisten Menschen viel. Er vermittelt den Eindruck, dass der andere zuhört, dass er aufnimmt, was wir sagen. Blickkontakt signalisiert auf nonverbaler Ebene Interesse. Können wir nicht erreichen, dass unsere Freunde direkten Blickkontakt herstellen, prägen wir ihnen ein, zumindest in die Richtung des Sprechers zu schauen. Dann scheint es so, als ob sie zuhörten – was sie auch tun. Wichtiger noch ist, dass es so aussieht, als interessierten sie sich für das, was der andere sagt.

Es lohnt sich, an solchen Umgangsformen wie freundliche Begrüßung, Lächeln und Blickkontakt zu arbeiten, denn nur dann können unsere Kinder leichter Freunde finden.

WISSEN

Blickkontakt und Stressreaktionen

Nach den Erkenntnissen der Gehirnforschung verursacht Blickkontakt eine Nervenaktivität. Visuelle Informationen gelangen in die Amygdala oder das emotionale Gehirn und bestimmen die Reaktion des Kindes. Laut einem Artikel vom Juli 2007 in der Zeitschrift »Scientfic American« über das System der Spiegelneuronen ist bei einem Menschen mit Asperger-Syndrom die Verbindung zwischen dem visuellem Kortex und der Amygdala verändert. Dadurch kommt es zu Stressreaktionen, weshalb der Aspie den Blick abwendet. Es fällt Aspies leichter, aus den Augenwinkeln zu schauen, als direkten Blickkontakt mit einer anderen Person herzustellen.

Hausaufgaben

Siehe auch: Allein sein · Nachgeben und gehorchen · Reizempfindlichkeit und Essverhalten · Um Hilfe bitten · Unordnung · Wutanfälle

Die meisten Eltern unserer Freunde bitten uns eindringlich um Hilfe dabei, wie sie ihr Kind oder ihren Jugendlichen motivieren können, die Hausaufgaben zu machen. Die Kämpfe um die Hausaufgaben scheinen endlos und der Widerstand ist manchmal heftig.

WISSEN

Die beste Bildungshilfe

Tony Attwood hat mehrfach festgestellt, dass es für diese Schüler mit besonderen Bedürfnissen die beste Bildungshilfe ist festzustellen, welche Hausaufgaben – wenn überhaupt – wirklich notwendig sind. »Während Hausaufgaben in begrenztem Umfang für diese Kinder vertretbar sind, verursachen sie Stress, wenn sie länger als eine Stunde erfordern. Dieser blockiert ihr Denken und macht jeden erzieherischen Nutzen, den Hausaufgaben haben könnten, zunichte.«

Da Asperger-Kids clever sind und sich für Fakten und Lernen interessieren, entstehen die Schwierigkeiten selten durch Intelligenzprobleme. Die Abneigung gegenüber Hausaufgaben ist vielmehr die Folge von ungeklärtem Schulstress und sozialen Verletzungen, entweder echten oder eingebildeten.

Zudem nehmen Aspies im Gegensatz zu neurotypischen Kids, die mehr Wiederholung benötigen, Informationen schon beim ersten Mal auf. Die meisten Asperger-Kinder können gut auswendig lernen und haben ein gutes Gedächtnis. Dadurch erscheinen ihnen Hausaufgaben als Zeitverschwendung; sie verstehen nicht, warum sie Dinge, die bereits in der Klasse behandelt worden sind, nochmals wiederholen sollen.

Unsere Freunde arbeiten auch viel im Kopf, so dass sie Rechenwege oder schriftliche Arbeitsschritte nicht brauchen. Die Lehrer gehen dann in der Regel davon aus, dass der Schüler mogelt und abschreibt, wenn er keine schriftlich notierten Lösungswege vorweisen kann.

Wenn ADHS mit ins Spiel kommt

Dass zu viele Hausaufgaben Stress verursachen und damit das Denken blockieren, gilt insbesondere dann, wenn wir in Betracht ziehen, welche anderen Probleme mit betroffen sind. Unsere Kids haben oft mit mehr als nur mit ihrem Asperger-Syndrom zu kämpfen. Bei 60 bis 70 Prozent der Asperger-Kids wurde auch eine Aufmerksamkeitsstörung diagnostiziert, entweder mit oder ohne Hyperaktivität.

Das Asperger-Syndrom und ADHS behindern massiv die Konzentrationsfähigkeit des Kindes in der Klasse, geschweige denn nach der Schule. Hausaufgaben zu machen ist noch schwerer, sobald die ADHS-Medikation nicht mehr wirkt – falls das Kind Medikamente bekommt. Schwierigkeiten mit dem schriftlichen Ausdruck sind bei Menschen mit Asperger-Syndrom ebenfalls häufig.

Kein Wunder, dass Hausaufgaben zeitraubend sind und ein echtes Problem für viele unserer Freunde! Aus diesem Grund ist eine Verringerung der Hausaufgabenmenge oft die beste Lösung – es ist besser, einen Teil zu machen als gar nichts.

Leider werden Hausaufgaben von manchen Schülern mit Asperger-Syndrom als Eingriff in ihr privates Heiligtum betrachtet – in ihr Zuhause. Die Schule ist ein stressiger, mit Sinnesreizen überladener, sozial anstrengender Ort für unsere Schüler. Das Zuhause ist der einzige Ort, wo sie dem sozialen Stress der Welt insgesamt und insbesondere der Schulwelt entkommen können.

Für einen Aspie ist sein Zimmer oft seine besondere Privatsphäre, der einzige Ort, wohin er sich zurückziehen und wo er entspannen kann. Hier bleiben die Belastungen der sozialen Welt draußen außen vor, hier kann er in Ruhe auf seine eigene Weise abschalten. Wenn in dieses »innere Heiligtum« nun Hausaufgaben eindringen, erinnert dies das Kind nur wieder an die stressigen Ereignisse des Schultages. Diese Ereignisse laufen im Kopf eines Asperger-Kindes oft wie ein Film immer wieder ab; sie wühlen den Schüler stets neu auf und setzen ihn unter Stress.

Wie wir helfen können

Wie können Sie Ihrem Kind helfen, seine Hausaufgaben zu bewältigen? Bei vielen Aspies funktioniert es, wenn sie die Hausaufgaben während der Nachmittagsbetreuung in der Schule erledigen. Damit bleiben die Hausaufgaben in der Schule, und zu Hause kann das Kind abschalten.

Bei vielen unserer Freunde funktioniert es auch gut, wenn sie die erste halbe Stunde nach der Rückkehr von der Schule allein in ihrem Zimmer spielen dürfen, bevor die Hausaufgaben angegangen werden. Sie brauchen die Pause. Sie brauchen die Ruhe. Jugendliche wollen vielleicht Musik hören, jüngere Kids mit Lego spielen. In dieser Pause können sie die Belastungen des Tages loslassen und wieder zur Ruhe finden.

Übrigens: Wenn die Leistungen des Asperger-Jugendlichen für ein Studium an der Universität ausreichen, bedeutet das nicht, dass er dabei keine Unterstützung mehr braucht. Auch als Studenten brauchen die meisten kontinuierlich Hilfe, Erleichterungen und Unterstützung in Fragen der akademischen Leistungen und der Lebenskompetenzen.

Leider gibt es keine einheitlich geregelten Hilfen für Menschen mit Asperger-Syndrom, wohl aber Möglichkeiten wie Nachteilsausgleich oder Vergünstigungen, die sie beantragen können. Diese Studenten müssen ihre Interessen selbst vertreten und Hilfen für sich selbst erwirken, um ihr Studium erfolgreich meistern zu können.

Strategien zur Bewältigung der Hausaufgaben

Im Folgenden finden Sie die wichtigsten Strategien, die ich unseren Freunden und ihren Eltern empfehle; denken Sie aber daran, dass jeder Schüler anders ist und jede Vorgehensweise auf Ihr besonderes Kind abgestimmt werden sollte.

- Versuchen Sie zu erwirken, dass Ihr Kind keine oder zumindest weniger Hausaufgaben bekommt.
- Wenn es an der Schule Ihres Kindes eine Hausaufgabenbetreuung gibt, melden Sie Ihr Kind dazu an. Vielen Aspies fällt es leichter, die Hausaufgaben in der Schule selbst zu erledigen.
- Schauen Sie sich jeweils die Hausaufgaben an, die Ihr Kind aufbekommen hat. Handelt es sich im Wesentlichen um eine Vertiefung von Fähigkeiten, von denen Ihr Kind bereits in der Schule gezeigt hat, dass es sie beherrscht, bitten Sie den Lehrer, ihm einige Aufgaben zu erlassen.
- Das Ziel ist sicherzustellen, dass der Nutzen der Hausaufgaben höher ist als der Stress und die Anspannung, die sie verursachen, indem sie in den sicheren Rückzugsort Ihres Kindes zu Hause eindringen. Auch hier sind wieder der Austausch mit dem Lehrer und eine Übereinkunft über das, was absolut notwendig ist, die beste Lösung. Die meisten Lehrer haben Verständnis, insbesondere wenn sie erleben, dass Asperger-Kinder am Lernen interessiert sind und den Stoff beherrschen – was in Befragungen und Tests unter Beweis gestellt wird (bei denen sie eventuell mehr Zeit bekommen sollten).
- Ein Studium liegt für Aspies, die gerne und leicht lernen und ein besonderes Interessengebiet oder einen speziellen Berufswunsch haben, im Bereich des Möglichen. Nutzen Sie die Aussicht auf ein Studium als Motivation dafür, die Hausaufgaben zu machen. Das Ziel eines Studiums ist für das Kind ein klarer, logischer Grund, warum es sich anstrengen muss. Hausaufgaben sind eine gute Vorbereitung auf die noch höheren Anforderungen und das selbstständige Arbeiten in einem Studium.
- Ihr Asperger-Kind ist von Natur aus unorganisiert und wird kaum um Hilfe bitten. Dieses doppelte Hindernis bedeutet, dass Sie entsprechende Rahmenbedingungen schaffen müssen. Bleiben Sie mit dem Lehrer in Verbindung, um sicherzustellen, dass die Hausaufgaben erledigt werden. Fragen Sie nach, wenn etwas unklar ist. Stellen Sie Routinen auf, die Ihrem Kind helfen, die Hausaufgaben gewohnheitsmäßig zu erledigen, sich Aufschriebe zu besorgen und in seinem Schulplaner Projekte und Abgabetermine zu notieren. Wiederholung und Übung fördern die zum Studieren notwendigen Kompetenzen; durch richtige Arbeitstechniken sind Hausaufgaben keine Last mehr, sondern werden automatisch erledigt.
- Bei Klassenarbeiten können Schüler mit Asperger-Syndrom eventuell eine verlängerte Bearbeitungszeit beantragen. Dazu benötigen Sie einen schulpsychologischen Test und eine Diagnose.

Höflichkeit

Siehe auch: Empathie · Grüßen · Komplimente · Manieren · Namen merken · »Notlügen« und die Gefühle anderer schonen · Schonungslose Offenheit und unabsichtliche Verletzungen · Sich entschuldigen · Telefonieren · Unhöflichkeit

In der Höflichkeit zeigt sich Rücksichtnahme auf unsere Mitmenschen und Respekt für ihre Gefühle und Erwartungen. Um höflich zu sein, müssen wir uns auf die ausgesprochenen und unausgesprochenen Wünsche des anderen einstellen. Wir befolgen gleichsam ein geheimes Protokoll – die sogenannten guten Manieren. Die grundlegenden Formen der Höflichkeit übernehmen Kinder in der Regel beim Heranwachsen von ihren Eltern oder anderen Erwachsenen.

Weil unsere Freunde kein Gefühl für andere Menschen besitzen, sind ihnen die Kriterien für angemessenes zwischenmenschliches Verhalten oft nicht bewusst. Sie kommen den Mitmenschen körperlich zu nahe, sie sprechen zu laut, kommen zu spät oder reagieren zu heftig. Das verwirrt ihre Mitmenschen oder stößt sie gar ab. Infolge ihres Mangels an Einfühlungsvermögen erkennen sie kaum, was andere fühlen oder denken, und wirken daher unhöflich.

Wie wir helfen können

Wir haben die wesentlichen Bereiche der Höflichkeit in drei Hauptelemente aufgeteilt, um unseren Freunden soziale Umgangsformen beizubringen:

Pünktlichkeit. Indem wir rechtzeitig zu einer Verabredung oder Veranstaltung kommen, zeigen wir unseren Mitmenschen, dass sie uns wichtig sind und dass wir ihre Zeit wertschätzen. Während ein gelegentliches Zuspätkommen unvermeidlich und zu entschuldigen ist, kommen Kinder mit Asperger-Syndrom, die ja tatsächlich kein Zeitgefühl besitzen, chronisch zu spät. Wir führen mit unseren Jugendlichen Rollenspiele durch, um ihnen zu zeigen, wie ihre Verspätung auf andere Menschen wirkt. Dadurch lernen sie, die Situation aus der Perspektive des anderen wahrzunehmen. Das macht ihnen bewusst, welch negativen Eindruck wir hinterlassen, wenn wir zu spät kommen und die Leute warten lassen.

Tischmanieren. Tischmanieren mögen manchem als Banalität erscheinen, aber sie sind für die Entstehung von Freundschaften weit wichtiger, als vielen bewusst ist. Mit offenem Mund zu kauen, mit vollem Mund zu sprechen und sich Speisen über den Tisch herzuziehen, ohne darum zu bitten, dass sie gereicht werden, sind schwer zu ignorierende Verhaltensweisen, die von Tischpartnern kaum entschuldigt werden. Damit unsere Freunde lernen, sich beim Essen gesitteter zu benehmen, besprechen wir solche »Vergehen« ebenso wie den Umgang mit Speisen und Geschirr und erklären, wie man dabei gleichzeitig ein angenehmes Tischgespräch führt.

Höfliche Gespräche. Kinder mit Autismus-Spektrum-Störungen stellen gewöhnlich bei einem Gespräch keinen Blickkontakt her. Und sie konzentrieren sich einzig und allein auf ihr Gesprächsthema, ohne daran zu denken, dass ein Gespräch das abwechselnde Reden erfordert. Dieses Verhalten wirkt auf normtypische Kinder, Jugendliche und Erwachsene unhöflich. Wir halten es für sehr, sehr wichtig, an den drei Schlüsselelementen eines Gesprächs zu arbeiten – Blickkontakt, beim Thema bleiben und dem Gesprächspartner passende Fragen stellen –, damit unsere Freunde sozial akzeptiert werden.

Das »Warum« verstehen lernen

Im Friends' Club beginnen wir methodisch damit, ihnen beizubringen, aus welchem Grund bestimmte Dinge geschehen bzw. warum sie notwendig sind. Diese Kids erfassen die Feinheiten des zwischenmenschlichen Umgangs nicht beiläufig wie neurotypische Kinder; sie müssen ihnen erklärt werden. Und Menschen mit Asperger-Syndrom erreicht man am besten durch logische Argumente, nicht durch emotionale Appelle oder Aufforderungen. Wenn es ihnen gelingt, den Grund für das erwünschte Handeln zu verstehen, sind sie gewöhnlich bereit, sich auch entsprechend zu verhalten. Lässt sich daraus eine Art Regel machen, können sie sie noch leichter befolgen.

Wir müssen unseren Kids auch wirklich ganz genau sagen, was sie tun sollen, und nicht einfach, was sie nicht tun sollen. Wenn Sie Ihrem Kind einfach nur sagen, was es unterlassen soll, dann hinterlässt das sozusagen eine »Leerstelle« in seinem Gehirn – es besitzt nicht die Intuition zu wissen, was Sie von ihm stattdessen erwarten. Und da Aspies sich kaum in ihrer Umgebung umschauen, können sie sich auch nicht am Verhalten anderer orientieren.

Als geborene Nonkonformisten sind unsere Freunde immun gegen soziale Konventionen und konventionelles Denken im Allgemeinen. Dadurch wirken sie unhöflich, wo sie doch in Wirklichkeit nur ein wenig Sozialtraining benötigten. Je höflicher und gesitteter diese jungen Menschen mit Asperger-Syndrom werden, umso besser wird es ihnen gelingen, neue Freunde zu finden und später im Beruf von ihren Kollegen akzeptiert zu werden.

Für kleinere Kinder haben wir hierfür zum Beispiel erfolgreich die Bücher mit den Franklin-Geschichten eingesetzt (»Alles klar Franklin. Geschichten aus dem Leben einer kleinen Schildkröte.«) Auch andere Kinder- und Jugendbücher, die sich mit dem Thema Höflichkeit und Manieren befassen, können hilfreich sein, um mehr Verständnis zu wecken.

Humor

Siehe auch: Alles wörtlich nehmen · Mobbing und Schikanieren · Necken und Hänseln · Perfektionismus und unrealistische Erwartungen · Sarkasmus und Ironie · Störende und stereotype Verhaltensweisen

Das mit dem Asperger-Syndrom zusammenhängende konkrete Denken behindert, ebenso wie die Tendenz, alles wörtlich zu nehmen, die Entwicklung eines Sinns für Humor – zumindest der Art von Humor, die wir neurotypischen Menschen schätzen. Wo wir Ironie, Sarkasmus, unterschwellige Bedeutungen und eben Humor in den Worten unserer Gesprächspartner erkennen, nehmen unsere Freunde diese Bedeutungsebenen nicht wahr. Sie haben Mühe, zwischen den Zeilen zu lesen. Klar, was für den einen lustig ist, ist es nicht immer auch für den anderen; aber zumindest die Absicht, witzig zu sein, erkennen wir normalerweise – nicht aber Asperger-Kids.

Humor lässt sich nur schwer erklären. Humor – und Ironie – basieren oft auf gemeinsamen Ansichten über das Leben. Das macht es für Aspies so schwer verständlich. Wir lachen, weil wir dasselbe gedacht oder wahrgenommen haben, es aber nicht zu sagen wagten. Solche gemeinsamen Einsichten schaffen Bestätigung. Wir fühlen uns angenommen und weniger allein; wir sind nicht die Einzigen, die an einer Sache Anstoß nehmen, oder die Einzigen, die solche Gedanken haben. Asperger-Kids haben ihre spezielle Perspektive. Als Querdenker sehen sie den Alltag anders als wir; daher sehen sie auch kaum dieselben Dinge mit Humor wie wir. Bei Aspies herrscht absolute Ernsthaftigkeit vor. Ihr Gehirn ist eben auf diese Weise organisiert. Sie nehmen das Leben für bare Münze. Sie reagieren darauf, so gut sie können, aber es macht ihnen Mühe, Kurs zu halten. Es erfordert bereits ernstliche Anstrengungen, einfach durch den Tag zu kommen. Das Leben ist für Aspies nicht lustig.

Lächeln und Lachen lernen

Im Friends' Club steht als eines der ersten Themen das Lächeln auf unserem Programm. Das ist einer der wichtigsten Lernbereiche. Es ist schon eine riesige Leistung, einige dieser Kids zum Lächeln zu bekommen. Aber es ist einfach wichtig. Auf einen lächelnden Menschen geht man eher zu. Er findet leichter Freunde als jemand, der finster dreinblickt; daher arbeiten wir am Lächeln.

Lachen ist auch einer der großen »Stressabbauer« im Leben. Wenn wir unsere Freunde dazu bringen können, bei einem Spiel oder einer Aktivität zu lachen, ist das für sie und für uns eine riesige Erleichterung. Humor macht uns alle lockerer. Das Lachen nimmt unseren Aspies ein wenig von ihrer Starrheit. Wenn sie schließlich den Code knacken und Witze verstehen, können Aspies ziemlich witzig und kreativ sein.

Das richtige Maß ist entscheidend

Allerdings entsteht mit dem Witzeerzählen oft das Problem der endlosen Wiederholung.

Unsere Freunde erzählen ihren Witz so gern, dass sie ihn immer noch einmal wiederholen. In unseren Gruppen gilt daher eine wichtige Regel: »Das erste Mal ist es lustig, das zweite Mal ist es nicht mehr so witzig und das dritte Mal ist es langweilig.«

Die nächste Ebene ist erreicht, wenn wir ihnen zeigen können, dass es okay ist, über sich selbst zu lachen. Das ist für Asperger-Menschen ein besonderes Problem, weil sie so oft meinen, sie hätten immer recht. Sie mögen es nicht, Fehler zu machen oder zu hören, dass sie nicht so perfekt sind, wie sie meinen. Wie sollen sie also über sich selbst lachen können?

Doch wenn sie in der Lage sind, menschliche Schwächen zuzugeben und über sich selbst zu lachen, dann nimmt das ihnen nicht nur ein wenig von der Last ihres Perfektionismus, sondern es macht sie auch zugänglicher und sympathischer. Das öffnet die Tür für neue Freundschaften.

Zur Auflockerung greifen wir dabei auf Michelle Garcia Winners Spiel »Hühnerquatsch« zurück. Diese Taktik ermuntert unsere Kids, über sich selbst und ihre Fehler zu lachen. Dabei kann wirklich ein Huhn aus Gummi verwendet werden oder ein anderer witziger Gegenstand, den unsere Kids während unserer Treffen zur Verfügung haben. Wenn sie merken, dass sie eine Ungeschicklichkeit begangen oder etwas Ungehöriges gesagt haben, nehmen sie das Gummihuhn, schlagen es sich selbst auf den Kopf und sagen dabei: »So ein Hühnerquatsch«, was jeden zum Lachen bringt. Wenn ein anderer etwas vermasselt hat, klopfen sie ihm leicht auf den Kopf. Indem aus einem Fehler ein witziger Vorfall wird, erkennen die Kids, dass die Welt nicht untergeht, wenn jemand etwas Verkehrtes getan hat. Das ist für sie wichtig zu lernen.

Streiche

Was Streiche anbelangt, machen wir unseren Freunden deutlich, dass es dabei immer darauf ankommt, wem man den Streich spielt. Der eine kann über den Streich lachen, während ein anderer vielleicht beleidigt ist und sehr sauer reagiert.

Viel häufiger sind Asperger-Kids jedoch das Ziel von Streichen als der Urheber. Sie sind sehr leichte Opfer, weil sie selten etwas kommen sehen. In unseren Mobbing-Stunden bringen wir ihnen den Unterschied zwischen Streichen und Schikanen bei. Wenn jemand lächelnd etwas Gemeines sagt oder sie zu etwas anstiftet, täuscht das unsere Freunde. Sie meinen, der andere sage etwas Freundliches und habe gute Absichten. Unsere Kids können nur schwer erkennen, wann Menschen ehrlich oder wann sie sarkastisch sind oder wann sie über sie und wann sie mit ihnen lachen.

Freundschaften basieren gewöhnlich auf einem gemeinsamen Sinn für Humor; daher ist es so wertvoll, gemeinsam lachen zu können und andere zum Lachen zu bringen. Das erhält Freundschaften am Leben, in guten und in schlechten Zeiten.

Situationen mit Humor zu sehen ist auch wichtig für Menschen, die Asperger-Kids großziehen oder mit ihnen arbeiten. So ernst und frustrierend die Lage manchmal sein kann – auch mal lachen zu können, befreit alle und schafft neue Hoffnung.

Wie bei allem gilt: Das gewünschte Verhalten vorzuleben ist der beste Weg, es zu lehren. Also bewahren Sie sich Ihren Humor!

In Bildern und Mustern denken

Siehe auch: Stärken und wie man sie fördert · Unordnung · Zwänge und zwanghaftes Verhalten

Die meisten Menschen mit dem Asperger-Syndrom denken in Bildern und nicht in Wörtern. Auch Albert Einstein besaß diese einzigartige Fähigkeit; er war wohl deshalb in der Lage, die Relativitätstheorie zu entwickeln. Sie basiert auf der visuellen Veranschaulichung der unterschiedlichen Wahrnehmung zweier Blitzeinschläge von einem fahrenden Zug und dem fest stehenden Bahndamm aus.

Außergewöhnliche Leistungen dank Asperger

Albert Einstein

Während Einstein nur langsam rechnete, lag seine Genialität in seiner Fähigkeit, bildhaftes und mathematisches Denken zu verbinden. Er war in der Lage, Bilder im Kopf in mathematische Gleichungen umzusetzen. Einstein erzählte einem Freund einmal, dass er nicht in verbalen Formulierungen dachte. Wenn ein Gedanke auftauchte, dauerte es eine Weile, bis er ihn in Worte fassen konnte. Michael Fitzgerald und Brendan O'Brian führen in ihrem Buch »Genius Genes: How Asperger Talents Changed the World« aus, dass Einsteins außergewöhnliche wissenschaftliche Leistungen nicht möglich gewesen wären, wenn er nicht am Asperger-Syndrom gelitten hätte. Seine Theorie war so radikal, dass sie anfangs heftig kritisiert und abgelehnt wurde. Aber – typisch für einen Aspie – kümmerte sich Einstein nicht darum, ob seine Ideen anderen Menschen gefielen, und es war ihm egal, was andere von ihm dachten.

Physik war Einsteins vorrangige Leidenschaft. Und er widmete sich hier ausdauernd und beharrlich bestimmten Problemen, egal ob seine Arbeit Akzeptanz erfahren würde oder nicht. Dank seiner »Asperger-Fähigkeit«, in Bildern zu denken, war er in der Lage, einige der bedeutendsten wissenschaftlichen Theorien überhaupt zu schaffen. Im genannten Buch »Genius Genes« führen die Autoren im Detail aus, wie dieser revolutionäre Denker viele Merkmale eines Menschen mit Spektrumsstörung aufwies.

Andy Warhol

In dem Buch »Elijah's Cup: A Familiy's Journey into the Community and Culture of High-Functioning Autism and Asperger's Syndrome« von Valerie Paradiz vermutet die Autorin, dass die Ikone der Popart, Andy Warhol, viele Anzeichen einer Autismus-Spektrum-Störung aufwies.

Warhols zwanghafte Reihung von Campbells Suppendosen war Ausdruck seiner Besessenheit von Gleichheit und Wiederholung, die Menschen mit Asperger-Syndrom so oft eigen ist. Paradiz schreibt: »Andy bewegte sich im Bereich des Wahrheitsgetreuen, ein typisches Autismus-Merkmal. Abstraktionen, Theorien und Konzepte sind weit weniger greifbar als Gegenstände und Bilder, die Andy in verschiedenen Farben veröffentlichte.« In diesem Darstellungsprinzip der Wiederholung gibt es Reihungen des Bildes von Mona Lisa, mit Coca-Cola-Flaschen, Dollarscheinen, aber auch von Porträts, zum Beispiel von Marilyn Monroe oder Liz Taylor (bei besonders farbkräftiger Hervorhebung von Lippen und Augen). Paradiz geht in Warhols Kindheit zurück, als er als »schüchtern, ernst und zurückgezogen« beschrieben wurde, und führt an, dass er malte, wenn er sich von den anderen zurückzog. Paradiz interpretiert seinen berühmten ausdruckslosen Blick und seine emotionslose Haltung nicht als Affektiertheit, sondern als echtes Symptom des Asperger-Syndroms. Warhol selbst sagte oft, dass er keine Ahnung habe, wie er mit Menschen in Beziehung treten solle, ein weiteres klassisches Merkmal.

Aus der Praxis
Ich denke in Mustern

Viele Asperger-Kinder, mit denen ich gearbeitet habe, haben mir selbst gesagt, dass sie ihre Welt in Bildern und Mustern sehen. Nehmen wir das Beispiel eines Jungen, der mir zur Diagnosestellung vorgestellt wurde. Ich holte das Spiel »Mastermind« heraus, um ihn hierbei zu testen. In dem Spiel erstellt ein Spieler ein Muster aus farbigen Teilen, der andere muss das Muster erraten.

Als ich auf dem Spielbrett immer wieder falsch riet, schaute mich der Junge an und sagte: »Du denkst nicht im Farbenspektrum, nicht?« Statt sprachlos zu sein, fragte ich ihn: »Wie kommst du darauf?« »Deine Vermutungen folgen nicht dem Muster des Farbenspektrums«, meinte er. Ich fragte ihn, ob er auf diese Weise denke. »Ich denke in Mustern«, sagte er. »Das Farbspektrum ist eines dieser Muster.« Ob Sie es glauben oder nicht, er war sieben Jahre alt.

Van Gogh

In einem weiteren Buch über kulturelle Pioniere mit Autismus-Spektrum-Störung, »The Genesis of Artistic Creativity: Asperger's Syndrome and the Arts« von Michael Fitzgerald (eine Fortsetzung seines ersten Titels »Autism and Creativity: Is There a Link Between Autismen in Men and Exceptional Ability?«), reiht Fitzgerald Vincent van Gogh in den Pantheon der meisterhaften Asperger-Künstler ein. Die bekannte Schwierigkeit des Künstlers, mit Menschen klarzukommen, seine immer wieder neuen Zeichnungen von sternenklaren Nächten und anderen Dingen und sein zwanghafter Wunsch, zu malen und nur zu malen, ungeachtet seiner Gesundheit oder der Tatsache, dass sich seine Gemälde nicht verkaufen ließen, sprechen für einen sehr schweren Fall von Autismus-Spektrum-Störung.

Zu sehr aufs Detail konzentriert?

In der Arbeit mit anderen dieser Kinder habe ich festgestellt, dass sie gegebene Information in ein Muster übertragen müssen – sie müssen bewusst darüber nachdenken, was sie sehen –, bevor sich ihnen ein Sinn erschließt. Manche konkreten Details, manchmal außerordentlich kleine, können sie beinahe automatisch verarbeiten.

Nehmen wir einen anderen Jungen: Er kam in mein Büro und fing an, über ein Computerspiel zu sprechen. Ich dachte, er sei zufällig auf dieses Thema gekommen, bis ich sah, wohin seine Augen blickten. In einem versteckten Winkel meines Schreibtischs lag genau das Computerspiel, über das er sprach. Nur wenige Menschen hätten es im Durcheinander meines Büros ausgemacht; aber das Auge dieses Jungen, begierig auf versteckte Details, entdeckte es. Das ist typisch für diese Kids: Sie konzentrieren sich auf ein Detail, während ihnen der Gesamteindruck oft entgeht.

Interessanterweise wurde oft angenommen, dass Kinder des Autismusspektrums kein Fantasiespiel kennen würden. Das stimmt nicht. Allerdings unterscheidet sich die Art des Fantasiespiels bei Asperger und Autismus qualitativ von dem Fantasiespiel neurotypischer Kinder. Kinder und Erwachsene mit Asperger-Syndrom verbringen viel Zeit damit, über Ideen nachzudenken. Sie verlieren sich buchstäblich in ihren Gedanken; sie sehen Bilder und Muster, die uns anderen verborgen bleiben. Oft entwickeln sie dabei Ideen, wie sie Dinge ändern können, um sie zu verbessern, wovon wir alle profitieren.

Thomas Edison

Thomas Edison, der eine beträchtliche Anzahl von Asperger-Symptomen zeigte, war ein klassisches Beispiel eines Kindes mit Autismus-Spektrum-Störung. Er verbrachte beinahe seine gesamte Zeit damit, sich Möglichkeiten zur Verbesserung unserer Welt auszudenken – Elektrizität, Grammofon, Filmkameras usw. Und er ging seinen wissenschaftlichen Forschungen in besessener Weise nach. Aber er »spielte« mit solchen Ideen, bevor er sie in Zeichnungen, Gleichungen, Experimente und Patente umsetzte.

Unsere Freunde brauchen Helfer

Wichtig zu wissen ist, dass diese Asperger-Denker und -Genies Helfer brauchen – Eltern, Geschwister, Ehepartner, Arbeitskollegen –, die ihnen assistieren, damit sie ihre radikalen, ungewöhnlichen Ideen in die Realität umsetzen können. Einsteins erste Ehefrau, Mileva Maric, war eine überragende Physikerin und Mathematikerin. Sie hat einen beträchtlichen Anteil an der Ausarbeitung der Details zu den Theorien ihres Ehemannes.

Natürlich werden nicht alle unserer Freunde solche wissenschaftlichen oder künstlerischen Höchstleistungen erbringen, wie sie hier angeführt worden sind. Doch sie besitzen alle die Kraft des visionären und unkonventionellen Denkens.

Unbeirrbar die Visionen verfolgen

Aspies besitzen die Fähigkeit weiterzumachen – trotz Kritik und Schwarzmalerei. Denn das Asperger-Syndrom befreit sie von der Überlegung, was andere wohl von ihnen denken. Und sie sind in der Verfolgung ihrer Visionen so zielstrebig – bis hin zur Besessenheit –, dass sie Dinge schaffen können, an die zuvor niemand gedacht hat.

Temple Grandin sagte einmal, dass die Menschen immer noch in Höhlen leben und einfach nur miteinander reden würden, wenn wir alle neurotypisch wären. Die Geschichte hat gezeigt, dass die Welt dank des revolutionären Denkens und der unkonventionellen Ansätze unserer Asperger-Freunde viel besser dran ist.

Also, auch wenn unsere Aspies viel Verständnis und ein bisschen Hilfe benötigen – geben wir sie ihnen!

Initiative ergreifen

Siehe auch: Empathie · Grüßen · Probleme lösen · Telefonieren · Um Hilfe bitten

Es gibt Handlungen, die kämen einem Asperger-Kind nie in den Sinn, weil sie es erfordern, dass man die Initiative ergreift:

- Auf jemanden zugehen.
- Den ersten Schritt tun.
- Zum Telefon greifen und jemanden anrufen.
- Zu einem Mitschüler gehen und fragen, ob er zum Spielen kommen oder mit ins Kino gehen will.

Den ersten Schritt zu tun, vor allem in sozialen Situationen, ist einem Aspie völlig fremd. Diese Initiative ergreifen Kinder und Erwachsene mit Asperger-Syndrom nie automatisch, nicht einmal dann, wenn sie eigentlich gerne Freunde hätten.

WISSEN

Spiegelneuronen und Sprachdefizite

Nach Forschungen von Vilayanur S. Ramachandran an der Universität von Kalifornien, San Diego, sind nicht richtig funktionierende Spiegelneuronen der Grund für Sprachdefizite, eine schlechte Nachahmungsfähigkeit und das Fehlen von Empathie. Dieser Zustand bedeutet, dass ihnen »Mindsight« (Einsicht) fehlt, die Fähigkeit, die Gefühle oder Gedanken anderer nachzuempfinden. Dieser Begriff wurde von Simon Baron-Cohen, Autismusexperte an der Universität Cambridge in England, geprägt.

Zum Teil rührt das daher, dass Aspies sich der Wechselseitigkeit, die zu einer Freundschaft gehört, nicht bewusst sind, zum Teil aber auch daher, dass sie keine Ahnung haben, wo man anfangen könnte oder was man sagen könnte. Oder auch nur, dass man aktiv werden muss, damit eine Unternehmung stattfinden kann. Hauptsächlich scheint die Ursache aber wohl bei ihren beeinträchtigten Spiegelneuronen zu liegen.

Spiegelneuronen sind spezielle Nervenzellen im Gehirn, die wohl die Grundlage für Lernen, Einfühlungsvermögen und Mitleid bilden. Sie erlauben uns, die Gefühle anderer Menschen nachzuempfinden und ihre Gedanken nachzuvollziehen, selbst wenn diese nicht laut ausgesprochen werden. Diese Fähigkeit liegt der Empathie zugrunde und die Spiegelneuronen scheinen der Schlüssel zu sein zu unserer Fähigkeit, Beziehungen zu anderen menschlichen Wesen herzustellen.

Forscher sind überzeugt, dass ohne funktionierende Spiegelneuronen das Bedürfnis und die Fähigkeit, auf Menschen zuzugehen und Beziehungen einzugehen, beeinträchtigt sind. Diese Unfähigkeit, die Initiative zu ergreifen, ist ein wesentlicher Grund für das Gefühl der Isolation und Beziehungslosigkeit bei Menschen mit Asperger-Syndrom.

Um diese Behinderung der sozialen Fähigkeiten anzugehen, arbeiten wir mit unseren Clubmitgliedern an alltäglichen Begebenheiten, die Sie und ich als selbstverständlich betrachten. Aspies müssen diese Handlungsweisen erst bewusst erlernen. Und sie können sie gleichsam auswendig lernen, indem jede Fertigkeit in kleinste Schritte unterteilt und dann nachgeahmt wird.

Eine Verabredung planen

Wir üben zum Beispiel, wie man eine Verabredung plant. Dazu lassen wir unsere Freunde innerhalb der Gruppe ein anderes Kind nach seiner Telefonnummer fragen und sie aufschreiben.

Dann bitten wir sie, das Kind vor dem nächsten Treffen anzurufen, einfach um »Hallo« zu sagen. Das ist für unsere Mitglieder wirklich eine ziemliche fremde – und schwierige – Vorstellung. Denn sie betrachten Kommunikation ausschließlich als Informationsaustausch. Es verwirrt sie, wenn sie Smalltalk betreiben und vage Freundlichkeiten austauschen sollen.

Wenn am anderen Ende der Leitung der Telefonhörer abgenommen wird, vergessen unsere Freunde oft zu sagen, wer sie sind. Sie meinen, dass wüsste der andere. Sie platzen mit ihrer Idee heraus, aber wenn es darum geht, einen Zeitpunkt und einen Ort sowie Details der Beförderung festzulegen, sind sie ratlos.

Planung ist nicht ihre Stärke. Abläufe festzulegen übersteigt ihre Fähigkeiten. Für diese Unfähigkeit, sich zu organisieren, und den Mangel an Zeitmanagement und Richtungssinn sind die Defizite im Stirnhirn verantwortlich. Doch diese Schwierigkeiten sollten unsere Freunde nicht davon abhalten, aktiv zu werden und Unternehmungen mit ihren Freunden zu planen.

Daher studieren wir zahlreiche »Drehbücher« ein, wie man ein Spieltreffen verabredet, wohl wissend, dass die Eltern zur tatsächlichen Durchführung des Vorhabens einbezogen werden müssen. Wir drängen die Eltern, ihrem Kind zu helfen, bei der Sache zu bleiben, die Anrufe zu tätigen und die Verabredungen zu treffen – denn wie bei allem gilt: Übung macht den Meister ... oder zumindest – in diesem Fall – macht Übung es möglich.

Im Klassenzimmer

Im Klassenzimmer ist es dasselbe. Unsere Freunde sind gut darin, Informationen aufzunehmen; doch die Unterrichtsstunde insgesamt kann sie völlig verwirren. Selbst wenn sie Fragen zum Unterrichtsstoff oder den Hausaufgaben haben, fragen sie nach?

Natürlich nicht. Denn das würde bedeuten, dass sie die Initiative ergreifen müssten. Unsere Asperger-Freunde brauchen Ermutigung, Erinnerung und manchmal einen kleinen Anstoß, um Hilfe einzufordern. Ein schriftliches Schritt-für-Schritt-Drehbuch ist für bestimmte Anforderungen hilfreich; dabei werden ihnen die passenden Wörter und visuellen Signale vermittelt, auf die sie im Gespräch mit einem Lehrer achten sollten: »Ich werde zu meiner Lehrerin gehen. Ich werde sagen: ›Frau Maier, ich weiß nicht, was beim Test drankommen wird. Bitte sagen Sie mir, welche Kapitel ich lernen soll.‹ Ich werde in meinem Hausaufgabenheft aufschreiben, was sie sagt.«

Und wenn Sie wissen, dass Ihr Kind durcheinander und mit offenen Fragen aus der Schule nach Hause kommt, kontaktieren Sie bitte seinen Lehrer, um alles zu klären. Bitten Sie die Lehrer, in der Schule auf Ihr Kind zuzugehen und sich zu erkundigen, ob es Fragen hat – so lange, bis es lernt, das von sich aus zu tun.

Auch wenn manche Lehrer vielleicht meinen, das würde ihnen zusätzliche Arbeit bringen, erleichtert es ihnen in Wirklichkeit ihren Beruf! Wenn ein Schüler weniger frustriert und durcheinander ist, arbeitet er besser mit.

Die Unfähigkeit, selbst die Initiative zu ergreifen oder um Hilfe zu bitten, bedeutet, dass unsere Freunde eine Menge wichtiger Gelegenheiten verpassen. Es ist nicht so, dass diese Kids nicht selber aktiv werden und mit Menschen kommunizieren wollen. Es geht auch nicht um Schüchternheit. Es liegt daran, dass sie nicht wissen, wie man den ersten Schritt tut; und wenn sie es versuchen, sind sie dabei sehr ungeschickt.

Unseren Asperger-Freunden fehlt die Fähigkeit, Brücken zu bauen, um langsam auf andere zuzugehen. Sie wollen Freunde haben und sie wollen auf Menschen zugehen, aber ihre ungeschickten Versuche stoßen die Menschen ab. Ihnen beizubringen, die Initiative zu ergreifen, ist eine entscheidende kommunikative Fertigkeit, die ihnen ihr ganzes Leben lang dienen wird. Es wird nicht einfach sein, aber die Mühe lohnt sich.

Aus der Praxis

Ich dachte, du hättest mich vergessen

Einer unserer Sechsjährigen geht jeden Freitagnachmittag nach der Schule eine Stunde lang in eine Schach-AG. Dort holt ihn seine Mutter ab und bringt ihn in den Friends' Club.

Eines Freitags hatte er eine Vertretungslehrerin, die nicht wusste, dass sie ihn nach dem Unterricht in die AG schicken musste. So verließ dieser Junge die Klasse, setzte sich vor die Schule und wartete die ganze Stunde lang auf seine Mutter.

Es kam ihm nie in den Sinn, aufs Schulsekretariat zu gehen, um seine Mutter anzurufen. Er kam auch nicht auf die Idee, seine Vesperbox herauszuholen, obwohl er großen Hunger hatte, oder in die Schule hinein und auf die Toilette zu gehen, obwohl er musste. Als seine Mutter schließlich kam, war er nicht wütend. Da er keine Ahnung hatte, wie viel Zeit vergangen war, war das Einzige, was er sagte: »Ich dachte, du hättest mich vergessen.«

Dies ist ein klassisches Beispiel für die echte Unfähigkeit unserer Freunde, die Initiative zu ergreifen.

Interesse an Mitmenschen

Siehe auch: Auf andere reagieren – und antworten · Aufmerksam wirken · Gespräche · Grüßen · Zuhören

Die meisten normtypischen Menschen nehmen ganz automatisch ihre Mitmenschen wahr, beobachten sie, machen sich Gedanken über sie und stellen Vermutungen an. Gelegentlich ist es für uns recht unterhaltsam, Menschen zu beobachten, insbesondere bei großen Menschenansammlungen wie in Stadien, Einkaufszentren, Flughäfen, Freizeitparks und an überfüllten Stränden. Wir beobachten sie, weil wir von Natur aus Interesse an anderen Menschen und ihrem Verhalten haben, ja manchmal sogar neugierig sind.

Menschen mit Asperger-Syndrom haben generell kein Interesse an Menschen. Sie sind so eingestellt, dass sie sich für konkretere, rationale Dinge wie Computer, Mathematik, Fahrzeuge und Wissenschaft interessieren. Sie sind darauf programmiert, Strukturen zu finden; darauf richtet sich ihr Interesse, nicht auf Menschen.

Da sie von Natur aus wenig emotional sind, sind unsere Freunde selten fasziniert von dramatischen Zufällen oder Tücken im Leben anderer Menschen. Konsequenterweise sind sie nicht neugierig darauf, wie andere Menschen ihre Herausforderungen meistern. Sie fragen sich nie, wie ein schwieriges Ereignis im Leben eines anderen ausgegangen ist. All die »Menschelei« verwirrt unsere Freunde, weckt jedoch nicht ihre Neugierde.

Aus diesem Grunde arbeiten wir in unseren Gruppen im Friends' Club an der Fähigkeit zuzuhören. Wir bringen unseren Kids außerdem bei, wie man einem Gesprächspartner Fragen stellt. Dadurch zeigt man, dass man zuhört und sich für ihn interessiert.

Wir machen unseren Kids klar, dass wir durch dieses Interesse signalisieren, dass wir die andere Person beachten. Um diese Beachtung zu zeigen, muss man Fragen stellen. Das stellt Beziehung her, die so entscheidend ist für Freundschaften. An den Mitmenschen Interesse zu zeigen erhöht den sozialen Erfolg unserer Kids.

Können wir das Gehirn umstellen, um dieses Interesse an Menschen einzubauen? Nein, leider gibt es keinen Weg, soziales Denken und Bewusstheit für Menschen einzuprogrammieren. Aber wir können die Motivation wecken, Kontakte zu knüpfen; und dann können wir unseren Jungen und Mädchen beibringen, dies so gut nachzumachen, dass sie Freunde finden.

Wir können ihnen ein Stück weit beibringen, interessierter zu wirken. Dazu entwickeln wir ihr Bewusstsein für soziale Signale, das Fragenstellen und richtiges Zuhören; dadurch können unsere Kids besser beim Thema bleiben. Wir bringen ihnen bei, wie man den Ideen und Äußerungen des Gesprächspartners zuhört und darauf aufbaut, statt nur über das zu sprechen, was einen selbst interessiert. Das bedeutet Arbeit, aber mit Übung machen Aspies Fortschritte.

Die hohe Kunst des »Smalltalks«

Uns neurotypischen Menschen tut es gut, wenn sich jemand nach unserem Tun oder unserem Befinden erkundigt. Die meisten sprechen gern über sich selbst; wir wissen aber auch, wie man belanglosen Smalltalk betreibt. Durch Smalltalk führen wir andere an unser Thema heran. Sie werden nachfragen und daraufhin setzen wir unser Gespräch fort.

Für Aspies ist es nicht so wichtig, dass ihnen jemand Fragen stellt. Sie brauchen in Wirklichkeit gar keine Nachfragen. Sie liefern auch so sofort Informationen und vertiefen sich ohne irgendwelches Geplänkel in ihr Lieblingsthema.

Das hat zum Teil mit ihrem Kontrollbedürfnis zu tun; unsere Freunde fühlen sich wohler, wenn sie über das sprechen können, worüber sie sprechen wollen. Sie wollen nicht auf unbekanntes Territorium gedrängt werden und zu Randthemen, mit denen sie sich unwohl fühlen.

Man kann unseren Freunden auch beibringen, mit anderen über Filme, Bücher, bestimmte Charaktere oder ihre eigenen speziellen Interessen zu sprechen. Wenn Aspies erfahren, dass es ein gemeinsames Interessengebiet oder eine ähnliche Erfahrung mit dem Gesprächspartner gibt, wie Lego oder Computerspiele oder den Wunsch nach einen Weltraumflug, dann werden sie ihren Gesprächspartner dazu befragen. Und wieder ist es die Sache bzw. die Aktivität, die die Verbindung schafft und ihre Neugierde weckt, nicht die Person selbst.

Jugendsprache und Redewendungen

Siehe auch: Alles wörtlich nehmen · Gespräche · Gespräche mit Gleichaltrigen · Mobbing · Necken und Hänseln · Schikanieren

Jugendsprache, spezielle Slang-Ausdrücke und auch bildhafte Redewendungen prägen die Sprache Heranwachsender im Alltag. Diese Sprachformen machen die Lebendigkeit und den Charakter zeitgenössischer Sprache aus.

Kids und insbesondere Jugendliche verändern ihre Sprache ständig. Sie verleihen »normalen« Wörtern eine andere Bedeutung. Sie erfinden neue Wörter. Sie übernehmen Wörter aus anderen Sprachen. Das ist das Wesen der Jugendsprache, mit der sie sich gegen die Erwachsenen abgrenzen. So bedeuten zum Beispiel »echt abgefahren« oder »echt irre«, dass etwas richtig gut ist – die Begriffe haben also eine übertragene und keine wörtliche Bedeutung. Häufig kommen Wortverschiebungen vor, zum Beispiel kann das Wort »arm« bedeuten, dass man ein bestimmtes Verhalten einer Person nicht in Ordnung findet. Typisch sind auch Neologismen (Wortneuschöpfungen), zum Beispiel alken, röntern (= sich hemmungslos betrinken), ödig (= langweilig), Härtepreis (= Wucherpreis), Wumme (= Geschütz) usw. Dass Ironie und Bedeutungsverschiebungen wesentlich zur Jugendsprache gehören, macht es unseren Aspies nicht leichter. So verstehen manche Jugendliche unter dem Wort Massage eine Schlägerei und benutzen den Begriff »Rauchmelder« als Synonym für Lehrer, die kontrollieren, ob in der Schule geraucht wird.

Als weiteres wesentliches Merkmal des Jugendslangs sind Ausdrücke aus der Fäkalsprache und sexuelle Begriffe für viele Jugendliche alltäglich. Sie klingen anstößig, sind aber meistens nicht so gemeint. Es kann also tatsächlich »normal« sein, wenn man hört, dass ein Jugendlicher zu seinem Kameraden sagt: »Ach, fick dich doch, du Spasti!«. Das heißt lediglich so viel wie: »Lass mich doch in Ruhe.«

Die Bedeutung solcher Begriffe aus der Umgangs- und Jugendsprache erlernen wir beim täglichen Hören aus dem Zusammenhang des Gesagten. Beim Zuhören entschlüsseln wir nach und nach die versteckte Bedeutung. Das können wir mit der Zeit so gut, dass wir gar nicht mehr darüber nachdenken müssen. Diese »Entschlüsselung« erfolgt automatisch; wir müssen nicht innehalten und überlegen, wann oder warum wir solche Begriffe benutzen, wir tun es einfach.

Die versteckte Bedeutung

Das ist bei Asperger-Kids nicht der Fall. Sie werden mit einem sehr buchstabengetreuen Verständnis der Sprache geboren. Sie nehmen die Wörter strikt für bare Münze. Unsere Freunde können die eigentliche – verborgene – Bedeutung von Redewendungen nicht erkennen.

Aus der Praxis
Ich muss das nicht sagen?

Manche Kinder ärgern sich, weil Wörter nicht »richtig« benutzt werden. Das erlebten wir zum Beispiel bei einem unserer Gruppentreffen. Ein Junge weigerte sich, an einer Übung zu diesem Thema teilzunehmen. Also nahm ich ihn beiseite und fragte, wovor er Angst hatte. »Ich möchte solche Sachen nicht sagen; sie klingen nicht richtig«, sagte er. Ich erklärte ihm, dass das Ziel der Übung darin bestand, solche Redewendungen, die andere benutzen, besser zu verstehen. »Ich muss das nicht sagen?«, fragte er. Als ich das verneinte, ging er zurück und machte mit.

Es geht nur darum, die Bedeutung zu verstehen

Wir wollen keineswegs diese Kinder zu Menschen machen, die sie nicht sind. Wir wollen nicht, dass sie gekünstelt tun oder jeden Ausdruck der Jugendsprache nachplappern. Unsere Asperger-Kinder sind originelle Denker; sie haben einen eigenständigen Verstand. Das sollte man schätzen. Doch sie werden im Umgang mit anderen besser klarkommen und sich ein Stück weit integrieren können, wenn sie solche Redewendungen und jugendsprachliche Ausdrücke kennen und entsprechend reagieren können.

Wenn unsere Freunde die unterschwellige Bedeutung von Redewendungen oder Jugendsprache nicht verstehen, fällt es ihnen noch schwerer, mit Gleichaltrigen zu kommunizieren und ein gewisses Maß an Akzeptanz zu erlangen. Ohne Coaching »blicken« sie es einfach nicht, wenn es um solche umgangssprachlichen Wendungen geht.

Aus diesem Grunde arbeiten wir im Friends' Club ständig an dieser sozialen Fähigkeit. Damit unsere Freunde wenigstens einigermaßen von Gleichaltrigen akzeptiert werden und – wichtiger noch – seltener Opfer von Mobbing und sprachlichen Verletzungen werden, müssen sie lernen, die unterschwellige Bedeutung der Jugendsprache zu verstehen. Wiederum gilt: Sie müssen die Jugendsprache nicht sprechen, nur verstehen.

Natürlich sind solche umgangssprachlichen Ausdrücke auch für Kinder, deren Muttersprache nicht Deutsch ist, schwer verständlich. Auch sie haben mit unbekannten Redewendungen und der Jugendsprache zu kämpfen, die ihnen fremd sind. Auch sie müssen die unterschwellige Bedeutung erst herausfinden. Doch ihnen gelingt das schneller – zum einen, weil sie in ihrer Muttersprache entsprechende Redewendungen haben und eine Gedankenverbindung herstellen können, und zum zweiten, weil sie wissen, dass man Wörter nicht immer wörtlich nehmen kann.

Weitere Hilfestellungen

Einmal sagte mir einer unserer Freunde: »Das ist so verwirrend, wenn die normalen Menschen solche Ausdrücke sagen! Warum tun sie das?« Immer wenn sich diese Frage stellt, verteilen wir Bücher mit Redewendungen und jugendsprachlichen Ausdrücken. Sie helfen unseren Kids, sich mit diesem Thema zu beschäftigen und diese Begriffe zu verstehen. Entsprechende Bücher finden Sie im Buchhandel. Lassen Sie sich dort beraten.

Zudem haben wir ein ganz einfaches Spiel entwickelt, das »Ultimative Friends' Club Sprachspiel«, das wir mit unseren Kids spielen. Es umfasst einen Kartensatz mit Redewendungen und jugendsprachlichen Ausdrücken und ein Spielbrett mit zweimal sieben Unterteilungen. Die Idee ist einfach: Die Kinder sollen in ein Spiel verwickelt werden, bei dem sie solche Redewendungen üben und über diese Ausdrücke sprechen. Dadurch werden sie mit ihnen vertraut und stehen ihnen nicht mehr so hilflos gegenüber.

Das richtige Maß ist entscheidend

Ebenso wie beim Thema Humor kommt es auch hier vor, dass manche Asperger-Kids, sobald sie sich das Geheimnis dieser Sprache erschlossen haben, dazu neigen, solche Redewendungen ständig zu verwenden. Sie sind so aufgeregt über die neuen Möglichkeiten, die sich durch Redewendungen und Jugendsprache ergeben, dass diese neue Sprachform zur Besessenheit wird. Sie versuchen, andere Kids damit zu beeindrucken, langweilen und »nerven« stattdessen aber alle. Also besprechen wir in unseren Gruppen auch, wann und in welchem Umfang man solche Redewendungen benutzt.

Genauso wichtig ist es, ihnen beizubringen, wann man diese Ausdrücke nicht verwendet! Zum Beispiel kann es gefährlich werden, wenn solche Redewendungen als Provokation aufgefasst werden oder man als Besserwisser erscheint. Wenn unsere Freunde gegenüber Lehrern oder anderen Erwachsenen Jugendsprache verwenden, kann das respektlos oder beleidigend wirken.

Daher machen wir unseren Kids klar, dass man bei der Verwendung solcher Ausdrücke eine große Verantwortung hat. Sie müssen erkennen, wann und wie man die Jugendsprache einsetzt, und immer genau überlegen, mit wem sie sprechen.

Komplimente

Siehe auch: Auf andere reagieren · Grüßen · Höflichkeit · Interesse an Mitmenschen · Manieren · »Notlügen« und die Gefühle anderer schonen · Schonungslose Offenheit und unabsichtliche Verletzungen · Soziale Lerngeschichten

Wem tut es nicht gut, gelegentlich ein Kompliment zu hören? Es hebt unsere Stimmung und stärkt unser Selbstwertgefühl. Asperger-Kids und -Erwachsene brauchen solche Komplimente nicht. Sie haben nicht das Bedürfnis, etwas Positives über ihre Person zu hören. Sie reagieren oft gar nicht auf ein Kompliment; sie scheinen es zu ignorieren oder gar nicht zu hören.

Warum? Weil sie es schon wissen. Sie betrachten das, was Normtypische als Kompliment feststellen, sowieso als Tatsache. Also liefert es keine neue Information. Die Sache ist doch sowieso klar, also warum das Offensichtliche erwähnen?

Asperger-Kids sind auch nicht neugierig auf andere Menschen. Daher passiert es ihnen nie, dass sie auf jemanden zugehen und durch ein Kompliment einen positiven Kontakt herstellen wollen. Außerdem beziehen sich Komplimente nicht auf Fakten, sondern haben mehr mit Meinungen und Gefühlen zu tun. Was bringt das also?

Gemäß der Denkweise eines Aspies sollten Menschen es sowieso wissen, wenn sie etwas gut gemacht haben, wenn sie gut aussehen oder etwas Sinnvolles gesagt haben. Warum sollte man ihnen also ein Kompliment für etwas machen, das sie schon wissen?

Diese Unfähigkeit, Komplimente zu machen oder anzunehmen, schafft eine enorme Kluft zwischen einem Asperger-Menschen und neurotypischen Personen. Die meisten von uns haben ein grundlegendes Bedürfnis, etwas Positives über sich selbst oder ihr Handeln zu hören; wenn eine geliebte Person oder ein Freund nie freundlich über uns spricht, so ist das sehr entmutigend und sogar verletzend.

Doch das ist keine Absicht. Aspies haben keineswegs vor, andere Menschen zu verletzen, nur weil sie ihnen niemals etwas Nettes sagen. Das ist die Ironie – die Person mit Asperger hat keine Ahnung, dass sie etwas falsch gemacht hat oder dass das Unterlassen von freundlichen Äußerungen verkehrt ist.

Es kommt ihnen einfach niemals in den Sinn, ein Kompliment zu machen. Diese Vorstellung ist ihnen fremd; sie wissen nicht, was die andere Person hören möchte. Komplimente ergeben in ihrem anders vernetzten Gehirn buchstäblich keinen Sinn.

Im Friends' Club gehen wir dieses Thema an, indem wir unseren Kids Schritt für Schritt Wege aufzeigen, wie sie Komplimente machen und annehmen können. Wie immer hilft es dem Aspie nicht, ihm zu sagen, was er nicht tun sollte. Dann tappt er weiterhin im Dunkeln. Er braucht jemanden, der ihm ganz genau sagt, was er tun sollte, damit er über einen bestimmten Satz oder eine Handlungsweise verfügt, die ihn »führt«. Ja, das bedeutet, den Aspie an der Hand zu nehmen, aber es funktioniert!

Wir haben auch festgestellt, dass es einfacher ist, den Kids beizubringen, einen freundlichen einfachen Satz über das Äußere einer Person zu formulieren (»schicke Frisur« oder »schöne Schuhe«), als ihnen beizubringen, sich positiv über eine Tätigkeit zu äußern. Auch das liegt wieder daran, dass ein Mensch mit Asperger-Syndrom davon ausgeht, dass der andere schon weiß, dass er die Sache gut gemacht hat – warum sollte er es ihm also sagen? Es ist Zeitverschwendung, offensichtliche Tatsachen festzustellen, und dem Aspie damit völlig fremd.

Übung macht den Meister

Unsere Freunde können also lernen, solche Höflichkeitsfloskeln zu verwenden. Allerdings kann das auch ins Auge gehen. So kam zum Beispiel ein Junge zu mir ins Büro und meinte: »Hübscher Rock, Cynthia.« Das wäre ein nettes Kompliment gewesen, hätte ich einen Rock getragen! Seine Mutter hatte ihm beigebracht, dieses Kompliment anzubringen. Doch als typischer Asperger achtete der Junge nicht auf das entscheidende Detail, ob ich überhaupt einen Rock trug oder nicht.

Daher üben wir in unseren Gruppen Komplimente im sozialen Austausch. Wir nutzen einen Lernanlass beim Spielen oder Gestalten. Wir unterbrechen die Aktivität und bitten die Jungen oder das Mädchen, ihren Freunden ein Kompliment darüber zu machen, wie sie das Spiel gespielt haben usw.

Je mehr sie dies üben, umso ungezwungener und williger machen sie anderen Komplimente. Natürlich muss man ihren allzu wörtlichen Ausdruck etwas abmildern. Ein Junge sagte im nüchternen Tonfall eines Zahnarztes: »Du hast schöne weiße Zähne.« Wir übten den natürlicheren Satz: »Du hast aber ein hübsches Lächeln.«

Aus der Praxis

Notlügen

Eine Gruppenleiterin erzählte den Kids, dass sie gerade ihre Haare hatte schneiden lassen. Sie meinte: »Ihr könnt jemandem ein Kompliment machen, wenn er sein Äußeres verändert hat.« Da platzte einer der Jungen heraus: »Aber was, wenn ich finde, dass Sie nicht gut aussehen?« Diese Gelegenheit nutzte sie, um die Lerneinheit »Komplimente« mit dem neuen Thema »Notlügen« zu verbinden. Sie riet zu einem gewissen sozialen Denken, bei dem mit Rücksicht auf die Gefühle des anderen auf ein Stückchen Wahrhaftigkeit verzichtet wird.

Komplimente erkennen lernen

Vielleicht haben Sie schon festgestellt, dass Ihr Sohn oder Ihre Tochter mit Asperger-Syndrom es gar nicht wirklich zu registrieren scheint, wenn Sie ihm oder ihr ein Kompliment machen. Sie bedanken sich nicht und scheinen es manchmal gar nicht zu hören. Diese ausbleibende Reaktion ist für uns sehr befremdlich, die wir so gerne ein freundliches Wort oder eine positive Beachtung erhalten und wertschätzen. Es ist auch beleidigend, nicht wahrgenommen zu werden. Der Komplimentgeber bleibt verdutzt und mit dem Gefühl, ignoriert zu werden, zurück.

Wir haben festgestellt, dass Menschen mit Asperger-Syndrom manchmal auch einem Kompliment nicht glauben. Es passt nicht in ihre Wahrnehmung dessen, was sie getan haben oder wer sie sind; daher glauben sie es nicht und reagieren nicht darauf. Aber in den meisten Fällen hören sie das Kompliment wirklich einfach nicht. Es trifft auf taube Ohren.

Manche Aspies gehen zudem davon aus, dass ein Kompliment kein »Dankeschön« erfordert – warum sollte man reagieren, wenn die Person, die es ausspricht, die Sache so sieht? Eine Antwort ist nicht nötig. Ein Kompliment wurde gemacht. Fertig.

Wir versuchen ihnen beizubringen, sich für jede Äußerung zu bedanken, weil gute Manieren dies erfordern. Soziale Regeln geben vor, dass man auf ein Kompliment mit »Danke« antwortet. Glücklicherweise sind unsere Aspie-Freunde Regelbefolger, so dass sie diese Standardantwort recht leicht lernen.

Die Formel für Komplimente Carol Gray und Tony Attwood, bekannte Experten auf dem Gebiet des Asperger-Syndroms, haben ein Büchlein über Komplimente geschrieben, das man auf auf ihrer englischsprachigen Webseite unter www.thegraycenter.org herunterladen kann. Weitere Informationen finden sich auch unter www.tonyattwood.com. Sie haben den sehr komplizierten Prozess des Komplimente-Machens in seinen Einzelheiten untersucht und gehen jeweils davon aus, wie gut man die Person kennt, der man ein Kompliment machen will. Im Mittelpunkt steht die Feststellung, dass es so aussieht, als sei einem die andere Person egal, wenn man gar keine Komplimente macht. Doch wenn man jemandem, den man nicht so gut kennt, ein Kompliment macht, kann das aufdringlich wirken. C. Gray und T. Attwood erklären die verschiedenen Intensitätsgrade einer Freundschaft und nehmen hierauf Bezug. Sie stellen sogar eine Formel auf, wie viel Komplimente man jeweils machen sollte und wann.

Aus der Praxis

Ich lerne ...

... Komplimente zu machen

Komplimente sind Kommentare, die du gegenüber einer anderen Person äußerst. Gewöhnlich sind es Bemerkungen darüber, wie die Person aussieht oder wie sie eine Aufgabe erledigt hat. Komplimente enthalten keine neuen Informationen, aber sie zeigen, dass du etwas Gutes an der Person wahrgenommen hast. Unsere Freunde und unsere Familie hören gern Komplimente. Das vermittelt ihnen ein gutes Gefühl. Ich werde versuchen, jemandem ein Kompliment zu machen, wenn ich ihn treffe.

Kompromisse

Siehe auch: Akzeptanz · Kooperation · Loslassen und sich neu ausrichten · Nachgeben und gehorchen · Perspektiven und Sichtweisen · Schonungslose Offenheit und unabsichtliche Verletzungen · Selbst- und Fremdwahrnehmung · Sportsgeist/Fairness · Teamwork

Geistige Unbeweglichkeit ist Teil der Denkweise eines Asperger-Gehirns. Unsere Freunde sehen die Welt auf ihre spezielle Weise und nur auf diese Weise. Diese angeborene Unfähigkeit, Dinge aus der Perspektive eines anderen zu sehen, führt zu einer geistigen Starrheit, die es ihnen sehr schwer macht, Kompromisse zu verstehen und anzunehmen. Ihr Bedürfnis nach Kontrolle steht ihnen dabei ebenfalls im Wege.

Doch um Freundschaften und konstruktive Beziehungen zu unterhalten, ist ein Geben und Nehmen erforderlich. Wir alle wissen, dass wir für Vorschläge und Anregungen anderer offen sein müssen und so weit nachgeben müssen, dass das Zusammenleben funktioniert – doch wie bringen Sie einem Aspie bei, flexibler zu sein? Wie bringen Sie ihn dazu, sich so weit von seinen Vorstellungen zu lösen, dass Raum bleibt für die Gedanken eines Mitmenschen? Wie bringen Sie ihm bei, Kompromisse zu schließen? Wir üben dieses Geben und Nehmen im Friends' Club so viel wie möglich, ohne es bewusst zu thematisieren – in Gesprächen, Spielen und anderen Aktivitäten. Dadurch werden die Asperger-Kids lockerer und lernen, dass sie nicht das Gesicht verlieren oder die Welt untergeht, wenn sie einmal nachgeben.

Kontrolle schafft Sicherheit

Ihr Bedürfnis nach Kontrolle ist keine Machtfrage. Als Mensch mit Asperger-Syndrom würden Sie erleben, wie erschreckend unberechenbar das Leben ist. Und schlimmer noch, wie äußerst unberechenbar die Menschen sind. Der einzige Weg, sich Sicherheit zu verschaffen, besteht darin, die Situation zu kontrollieren. Je mehr es Ihnen gelingt, das Leben auf Ihre Weise einzurichten, umso genauer wissen Sie, was auf Sie zukommt, und umso weniger Angst haben Sie. Das Alltagsleben und Menschen machen Aspies sehr viel Angst. Ständig gibt es Veränderungen. Alles ist ungewiss. Das Unerwartete lauert hinter jeder Ecke. Also ist Kontrolle die Antwort. Je mehr Abläufe sie auf ihre Art erledigen können, so dass sie das Gefühl der Kontrolle haben, umso sicherer fühlen sie sich.

In neuen Situationen wollen Menschen mit Asperger-Syndrom noch stärker an ihren Vorgehensweisen festhalten. Sie verschanzen sich gleichsam darin. Es ist schwer für sie, ihre Position aufzugeben, weil sie damit Sicherheit aufgeben. Nochmals: Sie tun das nicht aus Machtgehabe, sondern weil es für sie Neuland bedeutet, eine Sache anders als gewohnt zu tun. Und Unbekanntes verursacht Stress.

Wie wir helfen können

In beinahe jeder Gruppensitzung lehren wir unsere Freunde, sich von dem Wunsch nach völliger Kontrolle zu lösen. Beim Spielen verändern wir manchmal die Regeln. Und wenn sich zwei Kinder um etwas streiten, nutzen wir diesen Konflikt als Lernsituation dafür, einen Kompromiss zu finden.

Streiten sich zum Beispiel in einem Spiel zwei um dasselbe Teil, unterbrechen wir die beiden und sagen: »Lasst uns dafür eine Lösung finden.« Das Schwierige an Kompromissen ist, dass einer (oder beide) nicht das bekommen wird, was er will. Also lassen wir beide Kinder entscheiden, wer dieses Mal seinen Willen bekommt, und das nächste Mal ist der andere dran.

Wir schreiben solche Vereinbarungen sogar auf (Aufschreiben hilft unseren Freunden immer). Wir halten schriftlich fest: »Nächste Woche bekommt Jonathan die rote Spielfigur« – so als wäre es ein Vertrag. Manchmal nehmen wir die Figur auch ungesehen in eine unserer Hände und lassen die Kinder die rechte oder linke Hand wählen. Auch das Knobeln mit »Schere, Stein, Papier« funktioniert, um eine Entscheidung zu finden. Am liebsten mögen sie aber die Methode, bei der sie eine Zahl zwischen eins und zehn wählen. Denn Zahlen bieten ein festes Gefüge und Aspies mögen Zahlen. Sobald sie sich darauf eingestellt haben, können unsere Freunde dann gewöhnlich den Kompromiss akzeptieren.

Die Hauptsache ist, dass wir alles uns Mögliche tun, um ihnen zu helfen, flexibler zu werden und offener zu sein für die Vorschläge anderer Menschen. Wir schärfen ihnen ein, dass sie Freunde gewinnen und mit ihren Mitmenschen besser auskommen werden, wenn sie die Ideen anderer Menschen akzeptieren oder sie zumindest nicht von vornherein zurückweisen.

Die schonungslose Offenheit vieler Menschen mit Asperger-Syndrom wirkt oft wie eine rüpelhafte Zurückweisung anderer Vorstellungen. Doch unsere Freunde hören ihren eigenen Tonfall, ihre Sprechweise nicht. Ihnen ist nicht bewusst, dass ihr Ton so negativ und abschätzig klingt.

Wir versuchen ihnen bewusst zu machen, dass es kein gangbarer Weg ist, andere Vorschläge rundheraus abzulehnen. Wir erarbeiten positivere Reaktionen, die die Gefühle des anderen respektieren und Freundschaften möglich machen.

Wir lassen unsere Kids auch regelmäßig gemeinsam Projekte umsetzen, damit sie dabei Kompromissbereitschaft üben können; denn von Natur aus arbeiten sie am liebsten allein.

Ob wir ihnen Legosteine oder andere Baumaterialien geben – wir bitten unsere Freunde, im Team zu arbeiten. Dabei müssen sie teilen, sich absprechen, einander zuhören. Sie lernen, unterschiedliche Ideen zu akzeptieren und so letztlich Kompromisse zu schließen. Wie bei den anderen sozialen Fertigkeiten ist dies mit Übung durchaus zu erreichen.

Kooperation

Siehe auch: Kompromisse · Loslassen und sich neu ausrichten · Nachgeben und gehorchen · Perspektiven und Sichtweisen · Probleme lösen · Teamwork · Zwänge und zwanghaftes Verhalten

Heutzutage wird in der Schule wie im Beruf Teamarbeit gefördert und gefordert. In jeder Klassenstufe gibt es Projektgruppen; für unsere Freunde stellt dies eine besondere Herausforderung dar. In der Gruppe zu arbeiten erfordert Kooperation; das kann – ebenso wie Kompromisse schließen – für Kinder mit Asperger-Syndrom ein großes Problem sein. Denn sie können kaum davon ausgehen, dass die anderen denselben Vorstellungen und Strukturen folgen, wie sie sie in ihrem Kopf haben, und dass sie zu denselben Ergebnissen kommen wie sie selbst. Damit müssen sie ihre gewohnten Kontrollmechanismen aufgeben und das verursacht Angst.

Gemeinsames Malen

Im Friends' Club bearbeiten wir das Thema Kooperation mit Hilfe von Gruppenaktivitäten. Wir geben einer Gruppe zum Beispiel ein großes weißes Blatt Papier und bitten die Kinder, darauf eine Figur nach Belieben zu malen. Dann geben wir Filzstifte aus und jedes Kind soll einen Teil zu der Figur beitragen.

Natürlich hat jedes Kind rasch sein eigenes Bild davon im Kopf, wie die Zeichnung aussehen sollte. Aber da es ein Gruppenprojekt ist, müssen alle zusammenarbeiten. Die Kids lernen dabei, dass sie (1.) abwarten müssen, bis sie an der Reihe sind, (2.) zusehen müssen, wie jemand anders etwas malt, das nicht dem entspricht, was sie in ihrem eigenen Kopf sehen, und dass sie (3.) nicht sagen dürfen: »Nein, das ist falsch, was du malst.« Sie müssen das Bild, das vor ihnen entsteht, akzeptieren und überlegen, was sie als ihren Beitrag hinzufügen wollen.

Wenn die Kinder zuschauen, wie aus dem Bild etwas entsteht, das sich keiner von ihnen so vorgestellt hatte, und doch zu einer lustigen, bunten Figur wird, verstehen sie besser, welche Vorteile die Zusammenarbeit mit anderen haben kann. Zudem dient diese Tätigkeit auch als Übung zum Problemlösen, da sie beobachten und es hinnehmen müssen, wie andere eine Zeichnung anfertigen, die anders ist, als sie sie gemacht hätten.

Gemeinsames Bauen

Als weitere erfolgreiche Methode zum Thema Kooperation stellen wir den Kids eine Wanne mit Baumaterialien wie Lego oder Knex oder ZOOB zur Verfügung. Sofort will jeder der Jungs seine Konstruktion umsetzen und individuell arbeiten. Sehr bald erkennen sie jedoch, dass sie nicht genügend Teile haben, damit jeder sein eigenes Projekt umsetzen kann. Sie müssen ihre Teile gemeinsam nutzen, damit es funktioniert … aber das bedeutet auch, dass sie es nicht mehr allein in der Hand haben, was aus ihrer Konstruktion wird. Sie müssen sich mit anderen absprechen und zusammenarbeiten, damit alle zufrieden sein können.

Diese Entwicklung der Fähigkeit zur sozialen Problemlösung legt die Grundlage für die Kooperationsfähigkeit. Im Team zu arbeiten löst manche Frustration, Tränen und sogar Wutanfälle aus, wenn die eigenen Vorstellungen nicht umgesetzt werden; aber all das ist Teil des Lernprozesses und wird verhaltenstherapeutisch angegangen, um die erworbenen Fähigkeiten zu festigen.

Als Kooperationsübung in der Schule geben Sie einer Gruppe Kinder einen Eimer mit Legosteinen. Geben Sie jedem Schüler fünf Teile. Dann fordern Sie die Gruppe auf: »Nun müssen wir etwas bauen. Wir wissen nicht, was es wird; das wissen wir erst, wenn jeder seinen Teil dazu beigetragen hat. Jeder von euch bringt abwechselnd einen Baustein an, bis alle Steine verbaut sind.«

Diese Aktivität wirkt wunderbar teambildend; sie erlaubt den Kids, ihre Fantasie und ihren Ideenreichtum einzusetzen und gleichzeitig ihre Kommunikationskompetenz und ihre Fähigkeit zur Kooperation zu verbessern.

Weitere hilfreiche Spiele

Gut geeignet ist auch das Geschicklichkeitsspiel »Kroko Doc«, selbst wenn es ein Einpersonen-Spiel ist. Es schult die Kooperationsfähigkeit insofern, als die Spieler warten müssen, bis sie an der Reihe sind. Wir fordern die Kinder dabei auf, den jeweiligen Spieler anzufeuern, damit sie sich der Anstrengungen der anderen Spieler bewusst werden.

Bei Gruppenprojekten stellt sich unseren Kids eine weitere Herausforderung. Wenn einem Kind mit Asperger-Syndrom das Lesen oder Rechnen schwer fällt, ist es möglich, dass ihm die anderen Teammitglieder verübeln, dass es nicht so schnell ist wie der Rest der Gruppe.

Einige unserer Freunde haben dabei gelernt, dass es – so gerne sie selbst die Ideen der Gruppe aufschreiben oder Notizen machen würden – besser ist, wenn sie dies einen anderen machen lassen. Diese Art des Loslassens und der Übernahme einer anderen Aufgabe ist das Herzstück der Kooperation, auch wenn es keine einfache Lernaufgabe für unsere Kinder ist.

Aus der Praxis

Kooperation ist eine Herausforderung

Bewährt hat sich eine Kugelbahn, die aus verschiedenen Teilen zusammengesetzt wird, oder die »Slam'n Smash Race Track«, mit deren Hilfe die Kinder eine Rennstrecke für die »Mighty Beanz« (kleine, ovale Bohnen, die eine Metallkugel im Inneren haben und jeweils ein Tier, ein Monster oder einen Menschen darstellen) bauen. Die Kinder müssen gemeinsam die Rennstrecke bauen, auf der dann die Bohnen herunterkullern können. Jedes Kind bekommt ein paar Teile der Rennbahn, die dann gemeinsam zusammengebaut wird. Diese Kooperation ist eine echte Herausforderung. Ein Junge meinte: »Das ist schwer, mit anderen zu spielen.« Aus genau diesem Grund tut er es!

Körperliche Fähigkeiten und Sport

Siehe auch: Perspektiven und Sichtweisen · Reizempfindlichkeit und Essverhalten · Selbstregulation (Stimming) · Sportsgeist/Fairness · Teamwork · Widerwillen, das Haus zu verlassen

Im Allgemeinen haben Asperger-Kids eine Abneigung gegen körperliche Betätigung. Oder sagen wir einfach, sie sind nicht gerade die bewegungsfreudigsten Kinder der Welt.

Erstens verfügen sie gewöhnlich über keine sehr gute Koordination und viele sind eher ungeschickt. Dieser Mangel an sportlichen Fähigkeiten, gepaart mit ihrer nicht wettkampforientierten Einstellung, führt zu einem gewissen Widerwillen oder einem völligen Desinteresse an Sport.

Viele haben Mühe mit ihren grobmotorischen Fähigkeiten – Laufen, Klettern, Hüpfen, Seilspringen, Bälle fangen, Balancieren, Fahrradfahren. Muskelkoordination hat mit der Raum-Lage-Wahrnehmung des Körpers zu tun; hier haben Asperger-Kids generell ein Problem. Aus irgendeinem Grunde fehlt ihnen in solchem Maße ein Bewusstsein von ihrem Körper, dass sie das Bedürfnis haben, mit den Armen zu wedeln oder vor und zurück zu schaukeln.

Diese sich wiederholenden Bewegungen werden selbststimulierendes Verhalten (»stimming«) genannt und helfen ihnen, sich ihres Körpers bewusst zu werden.

Zu diesem mangelhaften Koordinationsvermögen kommt nun noch die Überempfindlichkeit gegenüber Sinnesreizen hinzu – das sind die entscheidenden Gründe dafür, dass Asperger- Kinder wirklich lieber drinnen bleiben. Zu Hause ist es ruhiger und friedlicher als draußen. In ihrem Zimmer »eingesponnen« zu sein beruhigt ihre übersensiblen Sinne. Es ist auch körperlich weniger anstrengend.

Das bedeutet jedoch nicht, dass Aspies nicht sportlich sein können. Manche sind hervorragende Sportler im Baseball, Basketball oder Golf. Wenn der Sport eine hohe Präzision erfordert, es zum Beispiel wichtig ist, ein guter Werfer zu werden, oder es auf eine besondere Art des Laufens ankommt, dann sind einige unserer sportlich begabten Freunde sehr, sehr gut. Handelt es sich um einen Sport wie Basketball, bei dem die individuelle Leistung für die Mannschaft zählt, dann können Aspies erstaunlich gut mitmachen.

Andernfalls sind Individualsportarten für diese Leute am besten geeignet: Joggen, Klettern, Karate, Schwimmen, Kegeln, Golf, Leichtathletik und Tennis. Dabei können sie aktiv sein und trainieren, werden aber sozial nicht überfordert.

Mit sehr jungen Kids geht man am besten in den nächsten Spielplatz oder Park mit Klettergerüst und Schaukeln. Hier kann Ihr Kind klettern, krabbeln und rutschen; das verbessert seine motorischen Fertigkeiten und kräftigt seine Muskeln. Alles, was Aspies aus dem Haus und in Bewegung bringt, ist gut!

Seien Sie dennoch wachsam. Sie sollten unbedingt die ganze Zeit in der Nähe Ihres Kindes bleiben und es im Auge behalten. Asperger-Kids brauchen gewöhnlich mehr Hilfe, als man erwarten würde. Sie müssen langsam lernen, an den Spielgeräten zu klettern und rutschen. Und denken Sie daran – Ihr Kind bittet nicht von sich aus um Hilfe. Es kommt einem Aspie nie in den Sinn, um etwas zu bitten; das ist nicht anders, wenn er auf einem Klettergerüst dringend Hilfe bräuchte.

Im Friends' Club gehen wir von Zeit zu Zeit mit unseren jüngeren Gruppen nach draußen, um Fangen oder Ball zu spielen. Das hat doppelten Nutzen. Die Kinder werden mit Pausenspielen vertraut, die sie in der Schule meist nicht spielen wollten. Und sie üben Team- oder Gruppenspiele.

Sportliche Aktivitäten in der Gruppe

Teamsportarten stellen für unsere Kids vor allem deswegen solch eine Herausforderung dar, weil sie die Dinge nur aus ihrer einzigartigen Perspektive sehen. Sie verstehen oder erkennen nicht automatisch die Sichtweise anderer Menschen. Da ist es schon ein hoher Anspruch, als Teamspieler zu denken und zu handeln.

Wenn Sie wollen, dass Ihr Kind eine Mannschaftssportart ausprobiert, dann ist Fußball gut geeignet. Im Fußball ist eine einzelne Fehlleistung nicht so entscheidend. Fußball integriert die Spieler. Wenn elf Spieler auf dem Feld sind, ist Platz für jeden und es sind genug Spieler da, die einander aushelfen.

Kids, die viel rennen wollen, bewähren sich als Stürmer oder Mittelfeldspieler. Kids, die weniger Interesse am Laufen haben oder das ganze Vor und Zurück beim Fußball weniger überblicken, sind tolle Abwehrspieler.

Mit unseren Viertklässlern gehen oder joggen wir manchmal am Ende der Sitzung um den Block. Diese Aktivität baut ein wenig überschüssige Energie ab, erlaubt den Jungen oder Mädchen aber auch, miteinander zu reden (und sich zu beklagen), was intensivere Beziehungen schafft.

Grundsätzlich gilt: Je mehr Sie Ihr Asperger-Kind zu körperlicher Betätigung bringen, umso wohler wird es sich in seinem Körper fühlen und umso kräftigere Muskeln bekommt es. Da diese Kinder nicht die Initiative ergreifen und freiwillig Sport treiben werden, müssen Sie Sport auf Ihre »To-do-Liste« setzen, damit er Teil ihrer Routine wird. Erklären Sie Bewegung zur regelmäßigen Aktivität oder sogar zu einer Regel, dann wird es sicher gelingen.

Aus der Praxis

Keine Ahnung, aber grandios!

Einer unserer Jungs spielte vom Kindergarten bis zur fünften Klasse als Verteidiger in verschiedenen Fußballmannschaften. Er konnte Bälle perfekt abfangen, so dass sie nicht in Tornähe kamen; seine Trainier gaben ihm den Spitznahmen »die Mauer«. Immer wieder war dieser Junge in der Lage, jeden ankommenden Ball sofort zu stoppen. Dann gab er ihm einen heftigen Tritt und kickte ihn zur Freude seines eigenen Teams in die andere Richtung. Er hatte keine Ahnung, wie man den Ball im Feld dribbelte oder ein Tor schoss. Aber er war grandios darin, den Ball vom eigenen Tor fernzuhalten. Und mit dem Torhüter im Rücken war immer noch eine weitere Unterstützungslinie da, die den Druck auf ihn linderte.

Körperpflege und Hygiene

Siehe auch: Angst · Erscheinungsbild · Manieren · Peinlichkeiten · Perspektiven und Sichtweisen · Reizempfindlichkeit und Essverhalten · Selbst- und Fremdwahrnehmung · Verabredungen und Kontakte zum anderen Geschlecht

Eine ziemliche soziale Hürde für unsere Freunde bedeutet es, dass sie teilweise überhaupt nicht auf Hygiene achten. Das Thema ist ihnen gar nicht bewusst. Gewiss, ein Teil ihres Vermeidungsverhaltens ist Folge ihrer Überempfindlichkeit für Sinnesreize – Rasieren kratzt, Zähneputzen tut weh, elektrische Haarschneider sind zu laut und kitzeln.

Manchen fehlt auch die zum Bürsten, Baden und Waschen erforderliche Koordination ihrer Muskeln und sie brauchen dabei Unterstützung. Aber den meisten ist das Thema einfach nicht bewusst. Zudem ist Menschen mit Asperger-Syndrom ihr äußerliches Erscheinungsbild einfach nicht wichtig. Und da sie Sichtweisen von anderen nicht nachvollziehen können, verstehen sie auch nicht, warum es für andere wichtig ist.

Der erste Eindruck ist entscheidend

Wie wir normtypischen Menschen wissen, ist Sauberkeit entscheidend für einen guten ersten Eindruck. Und ein guter erster Eindruck ist entscheidend dafür, neue Freunde zu finden. Und wenn man Freunde finden möchte, muss man über andere Menschen nachdenken und Zugeständnisse machen, selbst dann, wenn man es – wie bei Körperpflege – selbst nicht als wichtig erachtet.

Unseren Aspie-Freunden ist Bequemlichkeit wichtiger als Mode, praktische Kleidung wichtiger als passende Kleidung. Sie interessieren sich für Dinge und wie sie funktionieren, nicht dafür, wie sauber oder attraktiv sie auf andere wirken.

Um es noch einmal deutlich zu sagen: Es ist nicht Faulheit, die unsere Freunde vom Baden abhält. Sie haben keine Abneigung gegen Wasser oder Seife. Meistens ist Baden nicht einmal ein Problem für ihre Sinne. Wenn Aspies nicht baden und ihre Haare nicht waschen, dann gewöhnlich deshalb, weil sie nicht daran denken. Es kommt ihnen niemals in den Sinn, dass sie eine Dusche oder ein Bad vertragen könnten. Und um besser auszusehen? Vergessen Sie es. Das ist kein Grund.

Das Gleiche gilt für die Kleidung. Wir neurotypischen Menschen schauen in unseren Kleiderschrank und fragen uns: »Was ist das richtige Outfit für diesen Anlass?« oder: »Was haben wir das letzte Mal getragen?« Wir denken über verschiedene Outfits nach und wie unsere Mitmenschen darauf reagieren werden. Nicht so Menschen mit Asperger. Sie können durchaus an Details denken und sehr detailverliebt sein – doch Körperpflege ist nicht die Art von Detail, die sie interessiert oder ihnen überhaupt in den Sinn kommt. Aber für alle anderen ist Körperpflege ein Thema. Die Kinder in der Schule und die Kollegen am Arbeitsplatz nehmen es wahr. Asperger-Kids mit fettigen, ungekämmten Haaren oder fleckigem T-Shirt werden dann leicht zur Zielscheibe bissiger Kommentare oder Hänseleien.

Wie wir helfen können

Aus diesem Grund ist Körperpflege ein Thema im Friends' Club. Wir bringen ihnen bei, dass sie am besten einen Plan aufstellen. Wir besprechen das Zähneputzen, das Gesichtwaschen, das Duschen oder Baden jeden Tag (oder mindestens jeden zweiten) und die Verwendung eines Deos als Notwendigkeiten des Lebens und Teil ihrer Alltagsroutine. Dann teilen wir diese Elemente in kleine Schritte auf und verstärken sie als »Muss« für Aspie-Kids und -Jugendliche. So helfen wir ihnen, sozial besser akzeptiert zu werden.

Ein gutes Hilfsmittel ist ein anschaulich aufgezeichneter Ablaufplan. Er zeigt unseren Kids, was von ihnen erwartet wird und wann. Sprachliche Anweisungen sind oft nicht ausreichend – Asperger-Kids brauchen wirklich eine optische Erinnerungsstütze, eine Liste, an die sie sich halten können.

Insbesondere mit unseren Jugendlichen arbeiten wir intensiv, damit sie verstehen, dass der Eindruck, den sie auf andere machen, mit ihrem Erscheinungsbild beginnt – selbst wenn sie nicht glauben, dass dies wichtig ist oder sein sollte. Der erste Eindruck entsteht durch unser Äußeres, weil andere aus der Distanz zunächst nur das wahrnehmen können.

Unsere Jugendlichen lernen auch zu verstehen, wie wichtig das äußere Erscheinungsbild in der Berufswelt ist. Bei Bewerbungsgesprächen ist das Äußere von Bedeutung. Arbeitgeber tolerieren keine nachlässige Körperhygiene; Kollegen fühlen sich von Körpergeruch, fettigen Haaren oder schmutzigen Fingernägeln abgestoßen.

Bei Gleichaltrigen ist das Äußere der Schlüssel zur Integration. Unsere Teenie-Mädchen zum Beispiel profitieren von einem Coaching darüber, wie wichtig es ist, die Haare so zu tragen, dass die Frisur sowohl vorteilhaft als auch altersgerecht ist.

Aus der Praxis

Frisur und Sebstbewusstsein

Eine Mutter berichtete mir, dass ihre Tochter von der »Frisurenstunde« ganz begeistert nach Hause kam; sie nahm ein Buch und las es ganz (das erste Mal!). Am nächsten Tag war sie bereit, sich anders zu frisieren. Das gesamte letzte Jahr über hatte sie jeden Tag auf Zöpfen bestanden. Unsere Freundin frisierte sich nun selbst, steckte ihr Haar im Nacken zusammen und hatte ein ganz neues Aussehen. Ihre Stimmung und ihr Selbstbewusstsein verbesserten sich erheblich, sehr zur Freude ihrer Eltern.

Eine Nachtigall mit sauberen Federn

In einer unserer Sitzungen meinte ein Teenie-Mädchen: »Ich muss kein Pfau sein, wenn ich in Wirklichkeit eine Nachtigall bin.« »Aber«, sagte die Gruppenleiterin, »du musst eine Nachtigall mit sauberen, ordentlichen Federn sein.« Die Botschaft kam an, weil die Gruppenleiterin die Metapher des Mädchens aufgriff; das ist immer von Vorteil, wenn es zur Situation passt.

Loslassen und sich neu ausrichten

Siehe auch: Ängstlichkeit, Anspannung und Unsicherheit · Dinge aufschreiben · Nachgeben und gehorchen · Reizempfindlichkeit und Essverhalten · Veränderungen und »Richtungswechsel« · Weitergehen zu Neuem · Wutanfälle · Zur Ruhe kommen und sich sammeln · Zwänge und zwanghaftes Verhalten

Zwanghaftes Verhalten und die Unfähigkeit, diese Zwänge loszulassen, sind ein sehr häufiges Problem in Familien mit einem Asperger-Kind. Viele unserer Freunde bleiben an einer speziellen Idee, einer Frage oder einem Gegenstand haften. Sie sind nicht willens und wirklich nicht in der Lage, sich etwas anderem zuzuwenden. Damit sie selbst und ihre Eltern, Lehrer und Arbeitgeber dabei nicht verrückt werden, brauchen unsere Freunde Hilfe, um sich davon zu befreien und neu auszurichten.

Perseveration

Sich völlig auf einen Gedanken oder einen Gegenstand zu fixieren nennt man »Perseveration« (krankhaftes Hängenbleiben). Die gleiche Frage immer wieder zu stellen oder sich auf ein einziges Detail zu konzentrieren und alles andere außer Acht zu lassen ist ein Weg, mit dem viele Asperger-Kids ihrem Stress angesichts unbekannter Menschen oder Situationen begegnen. Es gibt ihnen Sicherheit, die Antwort auf diese ständige Frage zu kennen. Sie sehnen sich nach Berechenbarkeit und dem damit verbundenen Sicherheitsgefühl.

Diese Perseveration kommt bei Aspies überaus häufig vor. Viele unserer Freunde sagen mir, ihr Verstand würde pausenlos arbeiten, zwanghaft an etwas denken, selbst wenn sie versuchten zu schlafen. Einer unserer Jugendlichen erzählte, er sage immer sein Geburtsdatum auf, »weil ich weiß, es wird sich garantiert niemals verändern. Es ist mein Anker.« Die immer gleiche Antwort gibt Sicherheit.

Im Friends' Club setzen wir mehrere Techniken ein, um unseren Aspies zu helfen, ihr zwanghaftes Verhalten zu überwinden.

Entspannung

Die erste ist eine Entspannungsmethode. Die Perseveration wird häufig schlimmer, wenn die Kids angespannt sind und unter Reizüberflutung leiden. Man kann mit Sicherheit davon ausgehen, dass das Kind angespannt ist, wenn es sich übermäßig auf etwas fixiert, insbesondere auf einen Gegenstand. Gewöhnlich besteht die Ursache in dem sozialen Umfeld, in dem es sich befindet. Sozialer Austausch verändert sich ständig; das ist beunruhigend. Daher nehmen Aspies Zuflucht dazu, sich auf etwas Konkretes, das sich nicht verändert, zu fixieren. Aber das ist für neurotypische Menschen befremdlich und verhindert Gespräche und gemeinsames Handeln.

Eine wirksame Entspannungsmethode besteht darin, einfach sehr langsam einzuatmen und dabei still bis zu einer bestimmten Zahl zu zählen, dann bis zur selben Zahl auszuatmen. Diese bewusste Atmung ein paar Mal zu wiederholen beruhigt das Kind. Eine andere Möglichkeit ist es, eine Minute oder länger zu summen; das beruhigt die Kinder und löst ihre Fixierung.

wichtig

Dies ist übrigens einer der Gründe, warum so viele Aspies Mathematik lieben: Rechenaufgaben bieten finite, endliche Antworten, die immer gleich bleiben. Die Tatsache, dass eins und eins zwei ist und immer sein wird, bietet einem Asperger-Kind in seiner wechselhaften und verwirrenden Welt großen Trost.

Die Gedanken umlenken

Nach der Entspannung besteht eine Methode zur Unterbrechung des Zwanges darin, die immer wiederholte Frage oder den Gedanken auf etwas Konkreteres zu lenken, das Ihr Kind sich vorstellen kann. Ich schreibe sehr häufig den kreisenden Gedanken des Kindes oder den Namen des betreffenden Gegenstandes auf ein Blatt Papier. Dann lege ich das Blatt in eine Schachtel oder eine Schublade. Wenn es darin eingeschlossen ist, sage ich dem Kind, dass der Gedanke nicht mehr herauskommen kann, bis wir unsere jetzige Tätigkeit zu Ende gebracht haben. Als Regelbefolger gehorchen Asperger-Kinder gewöhnlich einer solchen Anweisung.

Diese Methode funktioniert auch in der Gruppensituation sehr häufig. Wenn eines unserer Mitglieder einen zwanghaften Gedanken hat, der die Arbeit mit der Gruppe überlagert, schreibt einer der Gruppenleiter den Namen der Sache oder den Gedanken auf ein Blatt Papier und legt es in eine Schachtel oder eine CD-Box. Dem Kind wird gesagt, dass das Thema bis zum Ende der Sitzung erledigt ist. Es ist erstaunlich, wie gut das funktioniert. Dank der Technikbegeisterung hilft es auch, die Fixierung in Computer-Fachbegriffe zu übertragen. Ich sage dem Kind, das einen Gedanken nicht loslassen kann, oft: »Lösche ihn von deinem Desktop.« Die Veranschaulichung ihres Zwanges als Symbol auf dem Computerbildschirm klappt bei diesen Kindern. Sie scheinen das »Löschen« zu akzeptieren, der Zwang verschwindet und wir können uns einem anderen Thema zuwenden.

Auch ein schriftlicher Plan ist wirksam. Wenn Sie aufschreiben, was geschehen wird, fühlt sich Ihr Kind dank der visuellen Hilfe weniger gestresst und sicherer. Manchmal funktioniert es auch, Regeln aufzuschreiben, die einen Zwang verhindern sollen. Wir mussten eine Regel zu Witzen aufstellen, weil unsere Freunde einen Witz zwanghaft immer wieder erzählen können: »Das erste Mal ist der Witz lustig, das zweite Mal nicht mehr so witzig und das dritte Mal ist er langweilig.«

Denken Sie daran, dass es nicht weiterführt, wenn Sie ärgerlich werden. Schreien, Schimpfen oder jede andere intensive Emotion setzt unsere Kids nur noch mehr unter Stress. Ein Aspie-Kind, das immer wieder die gleiche Frage stellt, will Sie nicht wahnsinnig machen – auch wenn es das tut. Es wiederholt die Frage, weil es beruhigend ist, die Antwort zu wissen. Je ruhiger Sie bleiben, umso besser ist es für alle. Schreiben Sie auf, was das Kind sagt, legen Sie das Blatt in eine Schublade und sagen Sie ihm, dass es eine Stunde lang nicht darüber reden kann. Das nächste Mal sind es zwei Stunden ... dann drei ... und so weiter.

Zwanghaftes Verhalten und Stress

Ich weiß inzwischen, dass Kinder, die das erste Mal in mein Büro kommen und einen Gegenstand, wie eine Lampe oder ein Wandbild, fixieren, auf diese Weise dem Stress begegnen, den die Begegnung mit mir, einem unbekannten Menschen, oder dem neuen Ort auslöst. Ich richte ihre Aufmerksamkeit neu aus, indem ich sie in ein Spiel verwickle, ihnen einfache Fragen stelle oder mir Fragen stellen lasse.

Die Art von Stress, der dieses zwanghafte Verhalten auslöst, ist ein anderer Stress, als ihn neurotypische Eltern oder Lehrer in derselben Situation erleben würden. Doch das sollte uns nicht davon abhalten, diesen Stress möglichst rasch abzubauen. Sobald Sie dies tun, öffnet sich die Tür und Ihr Kind kann seine Aufmerksamkeit auf das richten, was es wahrnehmen oder lernen soll.

Entscheidend ist, die schlechte Erfahrung oder den persönlichen Rückschlag nur einmal anzusprechen und dann weiterzugehen. Während andere Menschen ein Problem vielleicht immer wieder überdenken müssen, um eine Lösung zu finden, bleiben unsere Aspies immer stärker in der Situation hängen, wenn einem Problem oder Vorfall zu viel Aufmerksamkeit geschenkt wird.

Aus der Praxis

Lass uns weiter gehen

Diskutieren Sie die schlechte Erfahrung einmal, dann wird sie angesprochen und aus der stillen Schleife, die sie im Gehirn ihres Kindes immer wieder durchläuft, freigesetzt. Dann stellen Sie ruhig und logisch fest, dass es Zeit ist, weiterzugehen. Dies hilft Aspies, sich zu befreien, und erlaubt ihnen, ihre Aufmerksamkeit auf etwas Aktuelleres und Produktiveres zu lenken.

Manieren

Siehe auch: Auf andere reagieren – und antworten · Gespräche · Grüßen · Höflichkeit · Komplimente · Körperpflege und Hygiene · »Notlügen« und die Gefühle anderer schonen · Schonungslose Offenheit und unabsichtliche Verletzungen · Sich verabschieden · Sich entschuldigen · Telefonieren · Unhöflichkeit

Menschen mit guten Manieren sind in ihrer Umwelt geschätzt und willkommen. Soziale Anlässe verlaufen glatt, wenn Gäste einander grüßen oder sich freundlich die Hände schütteln, sich gegenseitig Komplimente machen, fragen »Wie geht's?«, »Bitte« und »Danke« sagen und einander in vielerlei Kleinigkeiten Beachtung schenken.

Eine Unterhaltung kommt in Gang, wenn jeder abwechselnd Gedanken und Eindrücke einbringt und so gut zuhört, dass er zum Thema beitragen kann.

Gemeinsam zu essen ist etwas Wunderbares und die Menschen knüpfen Kontakte, wenn der andere grundlegende Tischmanieren beachtet – nicht mit vollem Mund sprechen, sich höflich ein Gericht reichen lassen, statt über den Tisch zu langen, richtig mit Besteck und Servietten umgehen. All dies ist Ausdruck guter Manieren.

Nimmt ein Asperger-Kind oder -Teenager an der Tischgesellschaft teil, verläuft selten alles wie geplant. Darum ist es sinnvoll, so viel wie möglich mit ihnen zu üben.

Warum gibt es hier Schwierigkeiten?

Nicht dass Aspies sich absichtlich schlecht benehmen würden. Diese Kinder sind sich einerseits der Situation nicht wirklich bewusst und verstehen andererseits die Notwendigkeit solcher Höflichkeiten nicht. Sie wirken unhöflich und unsensibel und verhalten sich oft unpassend, ohne dies überhaupt wahrzunehmen.

Als Wahrheitsfanatiker äußern Aspies oft genau das, was sie denken, und genau in dem Augenblick, in dem sie es denken, egal ob es in der Situation angebracht ist, dies laut zu sagen, oder nicht. Das macht sie für konventionelle Maßstäbe zu ehrlich. Ihre Unverblümtheit soll andere nicht ärgern oder verletzen und kann doch genau diese Wirkung haben.

Entschuldigen sie sich? Nicht automatisch. Nicht ohne dass jemand sie dazu drängt. Gewöhnlich sehen sie keine Notwendigkeit dazu. Sie sagen doch einfach die Wahrheit. Ihnen ist nicht klar, dass die Wahrheit verletzend sein kann. Daher brauchen sie Menschen, die ihnen aufzeigen, warum ihre Äußerung den anderen verletzt hat, und dass man sich höflicherweise entschuldigen muss.

Die gute Nachricht lautet, dass Asperger-Kids als geborene Regelbefolger und dank ihrer

Liebe für Strukturen gute Manieren lernen und sich merken können. Man muss es ihnen nur auf die richtige Weise beibringen und sie stetig daran erinnern.

Wie wir helfen können

Im Friends' Club beginnen wir mit logischen Überlegungen dazu, warum es wichtig ist, solche sozialen Kompetenzen zu erlernen. Wir unterteilen die Kompetenz in Schritt-für-Schritt-Komponenten; dann bitten wir jeden unserer Freunde, die jeweilige soziale Situation in der Gruppe im Rollenspiel darzustellen.

Aus der Praxis

Ich lerne ...
... wie es laufen könnte

Indem unsere Kids eine neue soziale Fertigkeit mit einem anderen Gruppenmitglied üben, gewöhnen sie sich daran, sie einzusetzen, und erinnern sich leichter daran. Wir überlegen zum Beispiel, was zu tun ist, wenn man einen Mitschüler fragen will: »Spielst du mit mir?« Die Antworten werden als Drehbuch aufgeschrieben. Indem wir so genau ausführen, was zu sagen ist, wie die Antwort lauten kann und wie man auf die Antwort des anderen reagiert, können unsere Freunde lernen, wie man bessere Umgangsformen erwirbt.

Manchmal sagt der Mitschüler: »Ja«. Das bedeutet, wir können miteinander spielen. Manchmal sagt der Mitschüler: »Nein, danke«. Das bedeutet, ich sage: »Okay«, gehe weg und spiele woanders. Manchmal sagt der Mitschüler gar nichts. Dann kann ich nochmals fragen. Wenn er immer noch nichts sagt, gehe ich weg und mache was anderes.

Allerdings habe ich auch festgestellt, dass manche unserer Aspie-Regelbefolger zu eng an den guten Manieren festkleben, die sie gerade gelernt haben. Sobald sie akzeptiert haben, dass dies eine Regel ist, die sie befolgen sollen, belehren sie manchmal ihre Klassenkameraden oder Kumpels, die sich schlecht benehmen. Unsere Freunde können nur schwer verstehen, dass manche Gleichaltrige es als uncool betrachten, gute Manieren zu zeigen, und dass sie bewusst unhöflich sein wollen.

Hilfreiche Spiele

Wir haben zum Thema Manieren auch Quizspiele erstellt, bei denen unsere Freunde eine Vielzahl sozialer Situationen lösen müssen.

Eine Frage, die der Gruppenleiter stellt, lautet zum Beispiel: »Die Mutter deines Freundes fährt dich nach Hause. Wenn du aus dem Auto aussteigst, sagst du dann: ›Bis später‹ oder: ›Auf Wiedersehen und danke fürs Heimfahren‹ oder gar nichts?«

Für uns ist die Antwort eindeutig, für unsere Asperger-Kids überhaupt nicht. Die meisten würden beim Aussteigen gar nichts sagen. Warum? Sie wissen doch, dass die Mutter sieht, wie sie aussteigen. Daher ist ein »Auf Wiedersehen« überflüssig. Und natürlich sind sie froh, heimgefahren worden zu sein, daher ist ein »Danke« unnötig. Und sie werden ihren Freund und seine Mutter sowieso bald wieder sehen, daher ist ein »Bis später« überflüssig. Für unsere Freunde hat es daher am meisten Sinn, nichts zu sagen. Aus diesem Grunde müssen gute Manieren gelehrt werden.

Aus der Praxis

Du musst »Entschuldigung« sagen!

In einer Gruppensitzung zum Thema Manieren tat einer unserer Gruppenleiter einmal so, als sei er unhöflich, und rempelte die Kids an, die neben ihm saßen. Schließlich sagte einer der Jungen: »Du musst ›Entschuldigung‹ sagen.« Sie sehen, es besteht Hoffnung.

Gutes Benehmen erkennen lernen

Eine Gruppe schaute sich einen Film mit verschiedenen Situationen zum Thema unhöfliches Benehmen an. Die Jungen sollten ihren Daumen heben, wenn die Szene gute Manieren zeigte, und senken, wenn sie ein Beispiel für schlechte Manieren war. Diese Art der Veranschaulichung mit dem Daumen, um gutes oder schlechtes Benehmen anzuzeigen, ist sehr wirkungsvoll. Aspies reagieren auf optische Signale und können sich an das Dargestellte besser erinnern. Auf diese Weise sehen sie auch, was die anderen in der Gruppe denken, was hilfreich sein kann.

Überraschenderweise erkannte eine Gruppe unserer jüngeren Mädchen, dass es schlechtes Benehmen bedeutet, wenn man in der Öffentlichkeit in der Nase bohrt oder Blähungen abgehen lässt und dass es ebenso schlechtes Benehmen bedeutet, wenn man dies bei jemandem anderen kommentiert. Bei einigen unserer älteren Jahrgänge war dieses Wissen nicht vorhanden.

Als wir nach einem Freiwilligen fragten, der so tun sollte, als bohre er in der Nase, damit wir die Situation im Rollenspiel darstellen konnten, war niemand dazu bereit. Manche wurden richtig wütend. Schließlich erkannten wir, warum sie sich weigerten: weil sie alle wussten, dass es sich um schlechtes Benehmen handelte, in der Nase zu bohren. Erst als wir ihnen deutlich machten, dass es nur darum ging, so zu tun, änderten sie ihre Meinung und wollten alle drankommen.

Hilfreiche Bücher

Es gibt verschiedene Bilderbücher zum Thema gutes und schlechtes Benehmen, die für jüngere Kinder in Geschichten eingebettet sind; so können wir bestimmte Fertigkeiten veranschaulichen. Für die Kleineren gehören dazu »Die Geschichten aus dem Bärenland« (VHS-Video, derzeit nicht verfügbar) und »Alles klar Franklin. Geschichten aus dem Leben einer Schildkröte« (vergriffen). Sie behandeln viele Bereiche des Themas Manieren. Auch für Jugendliche gibt es Sachbücher zum Thema Manieren, die Sie zur Unterstützung heranziehen können.

wichtig

Denken Sie bitte daran, dass es besser ist, nicht jeden sozialen Fehltritt zu thematisieren. Wenn ständig auf Fehler hingewiesen wird, ist Ihr Kind vielleicht sehr verlegen und fühlt sich so voller Makel, dass Hoffnungslosigkeit entsteht.

Durchdenken Sie Ihr familiäres Wertesystem und was für Sie am wichtigsten ist – Ihre sozialen, politischen oder religiösen Ansichten. Nutzen Sie diese Werte als Richtlinien, um zu entscheiden, auf welche Fertigkeiten Sie sich konzentrieren wollen. Wenn Sie Prioritäten setzen, können Sie sich auch leichter an Fachleute oder andere Eltern wenden, die Ihnen Hilfestellung geben können bei Ihren Bemühungen, die Kontaktfähigkeiten Ihres Kindes zu verbessern, damit es sozial besser akzeptiert wird.

Mit dem Kind darüber sprechen

Siehe auch: Depression · Diagnose · Die Opferbereitschaft der Eltern und ihr Bedürfnis nach Unterstützung

Fachleute sind sich einig, dass ein Kind besser dran ist, wenn es weiß, dass es am Asperger-Syndrom leidet. Warum? Zum einen merken die Kids in der Grundschule gewöhnlich, dass sie anders sind. Mit neun oder zehn Jahren erkennen sie sehr wohl, dass alle ihre Klassenkameraden anscheinend immer wissen, was man als Nächstes tun muss, ohne dass es ihnen gesagt wird; das Asperger-Kind weiß das nicht. Sie nehmen entsprechende Signale und unausgesprochene Botschaften des Lehrers nicht wahr. Aspies fühlen sich die meiste Zeit, als ob sie irgendwie »daneben« stehen und im Dunkeln tappen würden.

Zum anderen sehen sie, wie die Klassenkameraden auf dem Pausenhof wie im Klassenzimmer Freundschaften eingehen und mühelos mit anderen umgehen. Und unsere Freunde verstehen sehr oft den eigentlichen Sinn solcher Austauschsituationen nicht. Soziale Normen und sozialer Umgang sind etwas höchst Abstraktes für Aspies; sie haben größte Mühe, entsprechende Signale zu erkennen und zu deuten.

Der vielleicht wichtigste Grund, das Kind beizeiten über seine Krankheit aufzuklären, besteht darin, dass sich die Störung nicht »auswachsen« wird. Es gibt kein Entkommen. Es gibt keine Heilung bei einem Asperger-Syndrom. Je früher Ihr Sohn oder Ihre Tochter sich damit arrangiert und je früher Sie als Eltern dies tun, umso früher kann dieses Bewusstsein ihm helfen, sein Verhalten zu verändern, um im sozialen Umfeld wie der Schule und später am Arbeitsplatz erfolgreicher zu handeln.

Aus der Praxis

Ich bin kein Spinner

Einer unserer Jungs meinte dazu: »Ich hatte keine Freunde, wollte aber auch welche haben. Aber ich hatte keine Ahnung, wie man das anstellt.« Als er erfuhr, dass er am Asperger-Syndrom litt, erleichterte ihm das seine Situation. Er gewann daraus eine gewisse Sicherheit. Denn nun gab es einen Grund, der erklärte, warum er nicht so war wie die anderen Kids. Und so fühlte er sich, wie er sagte, »nicht länger wie ein Spinner«.

Wann erklären Sie es Ihrem Kind?

Je früher das Kind es weiß, umso besser. Es fühlt sich weniger als Versager, wenn es von seinem Asperger-Syndrom weiß. Sein Verhalten hat dann nichts Geheimnisvolles, Mysteriöses mehr, sondern eine eindeutige Erklärung.

Sie sollten es Ihrem Kind auf jeden Fall sagen, wenn es danach fragt bzw. ihm bewusst zu sein scheint, dass es »anders« ist. Gewöhnlich ist das etwa im Alter von acht Jahren der Fall.

Was sagen Sie Ihrem Kind?

Das hängt vom Alter ab. Aber in diesem Fall weniger vom kalendarischen Alter als vielmehr vom geistigen Alter. Manche unserer Asperger-Freunde sind sehr frühreif. Sie sind im Lesen und Denken ihren Altersgenossen voraus. Daher ist es am besten, wenn Sie Ihre Erklärungen auf das geistige Alter Ihres Kindes abstimmen. Sprechen Sie das Thema so an, wie Sie auch andere heikle Themen mit Ihrem Kind besprechen (zum Beispiel das Thema Aufklärung). Auf der Grundlage dessen, was Ihr Kind verstehen kann, überlegen Sie zunächst genau, was Sie ihm sagen werden.

Bei Acht- und Neunjährigen spricht man meinen Erfahrungen nach dieses Thema am besten sehr einfach und direkt an, zum Beispiel: »Manche Leute denken vor allem an Menschen, andere an Sachen. Du bist so ein »Sachendenker«.« Ob Sie es glauben oder nicht – die Kids verstehen das. Sie wissen sehr wohl, dass sie schnell begreifen, wie Dinge funktionieren, aber nicht erkennen, wie Menschen funktionieren oder was andere Menschen denken.

Bei einem Zehnjährigen gehe ich ein wenig mehr ins Detail. Ich sage: »Es gibt verschiedene Arten von Gehirnen mit unterschiedlicher Vernetzung. Das ist wie bei Computern. Manche Menschen sind Macs und manche Menschen sind PCs.«

Wenn die Kinder etwa zwölf sind und mehr wissen wollen, sage ich: »Du bist ziemlich clever. Du hast einen originellen Blick auf die Dinge, weil dein Gehirn ein wenig anders vernetzt ist. Das war beim Gehirn von Albert Einstein und Mozart auch so. Sie hatten beide das Asperger-Syndrom und du hast das auch.«

Bei einem Jugendlichen bringe ich die Sache schnell auf den Punkt und sage: »Du hast das Einstein-Syndrom, man nennt das das Asperger-Syndrom. Es wurde nach Hans Asperger benannt. Dieser Arzt merkte als Erster, dass manche sehr kluge Kinder mit sozialen Beziehungen große Probleme hatten. Sie hatten wenig Gespür für Menschen, aber sie entwickelten tolle Ideen und haben äußerst originell gedacht.«

Was riskieren Sie, wenn Sie Ihrem Kind nicht sagen, dass es Asperger hat?

Sie riskieren viel, wie Tony Attwood meint. Attwood hat festgestellt, dass die Betroffenen auf viererlei Art reagieren können, wenn sie von ihrer Diagnose erfahren. Zwei Reaktionsweisen sind gut, zwei schlecht.

Zu den beiden positiven Reaktionsweisen gehören Nachahmung – wenn das Kind das Verhalten anderer Menschen imitiert bzw. »einstudiert« und sich damit »richtig« verhält – und Fantasie – wenn sich das Kind imaginäre Freunde oder imaginäre Welten erschafft, die immer da sind und die ihm Sicherheit geben.

Die nachteiligen Reaktionen sind Arroganz – wenn sich das Kind als überlegen betrachtet und meint, immer recht zu haben, und damit alle anderen als »Idiot« oder »Dummkopf« betrachtet, und wenn es leugnet, irgendwelche

Probleme zu haben. Eine weitere nachhhaltige Reaktion ist die Depression – wenn es weiß, dass es anders ist, und sich völlig einsam und verloren fühlt. In dieser letzten Gruppe kann es schon bei kleinen sozialen Fehltritten zu starken Überreaktionen bis hin zu Suizidgedanken kommen. Die beiden letzten Reaktionsweisen sind definitiv nicht hilfreich, um Freunde zu finden. Hier ist es am schwierigsten, dem Kind zu helfen.

Besonders Jugendliche sollten unbedingt von ihrem Störungsbild wissen; sie sind suizidgefährdet, wenn sie ihre Andersartigkeit im Vergleich zu Gleichaltrigen als unüberwindbar betrachten. Zwar scheinen die Selbstmordraten unter depressiven Asperger-Jugendlichen sehr niedrig zu sein – dennoch besteht ein Risiko. Wenn das Kind von seiner Krankheit weiß, so hilft ihm das, seine Verzweiflung abzuwehren, weil es einen Grund für seine Andersartigkeit gibt. Dann kann es ein größeres Bewusstsein seiner selbst entwickeln und sich selbst besser steuern lernen.

Informieren Sie auch Ihr soziales Umfeld

Bitte sagen Sie nicht nur Ihrem Kind, dass es am Asperger-Syndrom leidet. Sagen Sie es jedem, der mit Ihrem Kind zu tun hat. Sprechen Sie zu Beginn jedes Schuljahres mit dem Klassenlehrer und den Fachlehrern; geben Sie ihnen Informationsmaterial. Sie können den Fachlehrern auch eine E-Mail schicken und ihnen beschreiben, was für ein Schüler Ihr Kind ist. Je früher die Lehrer es wissen, umso mehr Verständnis können sie entwickeln.

Außerdem werden sie mit Sicherheit das merkwürdige Verhalten des Kindes wahrnehmen, den fehlenden Blickkontakt und die unbestreitbare Tatsache, dass Ihr Kind ein wenig anders ist; daher ist es besser, es den Lehrern zu sagen, bevor sie anfangen zu rätseln. Es wird auch die Eingewöhnung Ihres Kindes in die Klasse erleichtern.

Geben Sie dem Klassenlehrer eine Kopie der Diagnose und eventueller Gutachten von Psychologen, ebenso wie Nachweise oder Bescheinigungen, die Sie eventuell von Ämtern erhalten haben. Informieren Sie die Lehrer gleich in der ersten Schulwoche, damit erst gar kein missverständlicher Eindruck entsteht. Das ebnet auch von Anfang an die Kommunikation zwischen Ihnen und den Lehrern. Vielleicht wollen Sie auch schon vor Schulbeginn um den Stundenplan bitten, damit Sie Ihr Kind bereits damit vertraut machen können.

Sie sind nicht allein!

Sie müssen sich als Eltern nicht auf sich allein gestellt fühlen. Je früher Sie Lehrer oder anderes Schulpersonal einbeziehen und informieren, umso größer ist die Wahrscheinlichkeit, dass Sie die Hilfe bekommen, die Sie und Ihr Kind benötigen, um die schulische Ausbildung erfolgreich zu beenden.

Gerade weil die Kinder wissen, dass sie Asperger haben, können sie ihr Anderssein nicht als

Ausrede benutzen, um keine Hausaufgaben zu machen oder sich um andere Anforderungen zu drücken. Wenn das Kind später einmal studieren will, ist es oft hilfreich, es als Motivationshilfe an dieses Ziel zu erinnern.

Ich sage Eltern immer wieder, dass ihr Kind keineswegs die Einstellung annehmen darf: »Ich habe Asperger, also kann (oder muss) ich meine Schuhe nicht selbst binden.« Eine Spektrumsstörung zu haben darf keine Entschuldigung sein, etwas nicht zu tun. Die Diagnose bedeutet nur, dass Ihr Kind manches vielleicht anders macht und länger dazu braucht, aber es sollte immer alles versuchen.

Aus der Praxis

Zusammenarbeit mit den Lehrern

Die Eltern eines unserer Jugendlichen schicken immer am ersten Freitag des neuen Schuljahres eine E-Mail an alle Lehrer, in der sie ihnen für den guten Start danken (in der ersten Woche läuft gewöhnlich nicht viel schief, daher ist eine positive Aussage leicht möglich). Dann führen sie aus, wie gern ihr Sohn lernt, dass er sehr klug ist, aber am Asperger-Syndrom leidet, einer Form des hochfunktionalen Autismus. Sie erklären, dass dies bedeutet, dass er bereitwillig am Klassengeschehen teilnimmt und kein Problem damit hat, sich zu melden, aber dass er beim Schreiben langsamer ist und in der Regel mehr Zeit für Aufgaben, Tests und Projekte braucht. Sie lassen die Lehrer wissen, dass die Mutter jeden Nachmittag nach der Schule mit ihm lernt, um ihn bei der Stange zu halten, wenn er seine Hausaufgaben macht. Dann bitten sie die Lehrer, sie zu kontaktieren, wenn ihr Sohn zurückbleibt oder seine Hausaufgaben nicht abgibt oder wenn sie irgendwelche Fragen haben.

Die meisten Lehrer reagieren darauf sehr positiv. Sie sind froh über die »Vorwarnung«. Sie sind froh zu wissen, dass dieses Kind zu Hause Unterstützung und Hilfe bei den Hausaufgaben bekommt. Das fördert die Kooperation zwischen Schule und Elternhaus.

Und genau das ist erforderlich, um ein Asperger-Kind erfolgreich durch die Schule zu bringen: eine vereinte Anstrengung, eine konstruktive Zusammenarbeit zwischen Lehrern und Eltern.

Mobbing und Schikanieren

Siehe auch: Alles wörtlich nehmen · Angst · Ängstlichkeit, Anspannung und Unsicherheit · Gespräche mit Gleichaltrigen · Gruppendruck und Mutproben · Necken und Hänseln · Sarkasmus · Wutanfälle · Zuhören

Jeder Mensch mit Asperger-Syndrom zieht Mobber an. Die Unfähigkeit, die Absichten anderer zu erkennen, und der Mangel an Selbst- und Fremdwahrnehmung macht Aspies zu sehr leichten Opfern. Dieses Problem ist unter unseren Freunden so verbreitet, dass es eines der häufigsten Gründe für Eltern ist, sich an den Friends' Club zu wenden.

Im Folgenden finden Sie einen Überblick über unsere Methode, mit der wir Asperger-Kids und -Jugendlichen beibringen, Mobbing in all seinen Formen zu erkennen. Sie müssen die Absichten von anderen wahrnehmen lernen und lernen, wie sie die Übergriffe stoppen können.

Die Formen des Mobbings

Dabei bestimmen wir zunächst die drei Formen des Mobbings:

Körperliche Übergriffe: Dazu gehören Schlagen, Beinstellen, das Opfer mit Gegenständen bewerfen, ihm Dinge wegnehmen, sexuelle Belästigung usw.

Mobbing mit Worten: Dazu gehören Hänseleien, Spott, Beschimpfungen, Beleidigungen, Sich-lustig-Machen, hässliche Kommentare schreiben oder Gerüchte streuen, Drohungen usw.

Heuchlerisches Ausnutzen: Diese Form ist für unsere Freunde am schwersten zu erkennen, weil der Mobber lächelt und sich freundlich gibt. Das führt das Asperger-Kind in die Irre. Wenn Mobber lächeln und lachen, während sie etwas Hinterhältiges tun, täuscht das Aspies, weil sie die versteckten Absichten des Mobbers nicht erkennen.

Wie man richtig reagiert

Als Nächstes besprechen wir, wie man mit dem Gemobbtwerden umgeht, und machen klar, dass verschiedene Situationen unterschiedliche Strategien erfordern. Die wichtigsten Punkte, die Sie Ihrem Kind beibringen müssen, lauten:

Es ist keine gute Lösung, zurückzuschlagen.

Es ist ein guter Gedanke, sich an einen vertrauenswürdigen Erwachsenen zu wenden (Eltern, Lehrer, Vertrauenslehrer, pädagogischer Assistent usw.) und ihm zu sagen, was in der Schule oder Nachbarschaft vor sich geht.

Es ist nicht gut, sprachliches Mobbing zu ignorieren, weil der Mobber es dann leicht immer weiter auf die Spitze treibt, um eine Reaktion zu provozieren.

Es ist gut, dem Mobber in die Augen zu schauen, eine kurze Bemerkung zu machen, die die Hänselei unterbricht, und dann wegzugehen. Etwas wie »Das ist langweilig« oder »Das ist gemein« oder sogar »Wenn du meinst«. Und dann weggehen. Auf diese Weise hat der Mobber eine Reaktion erhalten und das Opfer kann leichter weggehen, als wenn es nichts sagen würde.

Wie wir helfen können

Bei sprachlichem Mobbing sind es die Reaktionen des Kindes auf die Worte des Mobbers, die die Situation beeinflussen, nicht die Worte selbst. Forschungen zeigen, dass das Ausbleiben einer Reaktion zu weiteren Mobbing-Angriffen führt; daher ist es am besten, den Angriff direkt und emotionslos zu kontern und dann zu gehen.

Weitere Hilfestellungen

Schließlich üben wir auch die verschiedenen Strategien im Rollenspiel, damit unsere Freunde im Umgang mit Mobbing-Situationen mehr Selbstvertrauen gewinnen. Wir befassen uns insbesondere mit dem Unterschied zwischen scheinbar freundlichen und gemeinen Hänseleien und zeigen, wie man beides auseinanderhält. Diese Form des Mobbings ist für unsere Freunde besonders schwierig zu erkennen.

Weil die meisten Mobber klug genug sind, genau dann anzugreifen, wenn niemand zuschaut, ermutigen wir unsere Freunde, sich Hilfe bei einem Erwachsenen zu holen. Falls Ihr Kind eine Schulbegleitung hat, bitten Sie sie darum, während der Unterrichtspausen bei ihm zu bleiben und erst danach selbst eine Pause zu machen.

Wir bringen unseren Kids auch bei, wie man »nein« sagt, wenn man zu Unfug angestiftet wird. Denn auch dieses Anstiften und Ausnutzen ist eine Form von Mobbing. Wir vermitteln unseren Freunden, dass sie weggehen müssen und sich nicht auf Mutproben einlassen dürfen, nur um der anderen Person zu imponieren oder »dazuzugehören«.

wichtig

Eltern und Lehrer sollten unbedingt wissen, dass für ein Asperger-Kind ein Mobbingfall nicht »abgehakt« ist, solange er nicht geklärt worden ist. Aspies neigen dazu, die Situation immer wieder neu zu durchleben. Dann erscheint sie ihnen wie ein dauerhafter Zustand und nicht als einzelne Episode.

Nach Tony Attwood, einem international anerkannten Autismus- und Asperger-Fachmann, ist es für Asperger-Kids am besten, wenn sie über jede Mobbing-Episode sprechen können. So kann sie genauer untersucht und die Situation für das Kind aufgeklärt werden; erst dann ist es in der Lage, »loszulassen« und den Vorfall zu überwinden, statt ihn immer wieder neu zu erleben.

Ironischerweise ist der Mobber oft selbst ein Außenseiter – jemand, der sich ebenso ausgeschlossen fühlt wie das Asperger-Kind. Leider ist dieser Typ Mobber aggressiver als ein Aspie und sucht nach einem Opfer, damit er sich jemandem überlegen fühlen kann. Doch nicht alle Mobber haben ein schlechtes Selbstbild. Manche haben viele Freunde, können aber emotional gestört sein. Sie nutzen die Demütigung und sogar Gewalt, um Aufmerksamkeit, Status oder was immer sie suchen zu erlangen.

Nehmen Sie Ihr Kind ernst

Als Eltern eines Asperger-Kindes müssen Sie wissen, dass Ihr Kind keine Mobbing-Situationen schafft, um Aufmerksamkeit zu erhalten. Tun Sie es nicht ab, wenn Ihr Kind sich durch ein Ereignis in der Schule oder der Nachbarschaft belastet fühlt. Nehmen Sie es ernst und gehen Sie der Sache nach, weil unsere Freunde unerfreuliche Dinge, die ihnen gesagt oder zugefügt worden sind, nicht so einfach berichten. (Es gibt Zeiten, in denen sie jemanden als Mobber oder Feind wahrnehmen. Dann muss man wirklich eine gemeinsame Basis finden, aber diese Fälle sind selten.)

Ob das Mobbing zu Hause von einem Geschwisterkind oder in der Schule von einem Mitschüler ausgeht – man sollte keinesfalls den Aspie mit dem Mobber allein lassen, um »die Sache beizulegen«. Das gibt dem Mobber nur eine neue Chance, das Asperger-Kind schlecht zu behandeln, das sich bereits als Opfer fühlt.

Es ist sehr wichtig für Erwachsene, egal ob Eltern, Lehrer oder Schulleiter, sich allein mit dem Asperger-Kind zu treffen und anzuhören, wie es die Situation beschreibt. Ist der Mobber anwesend, sind unsere Freunde nervös und nicht in der Lage, den Vorfall genau zu beschreiben. Das erlaubt einem sozial erfahreneren, manipulierenden Mobber, das Asperger-Kind erneut zu beschuldigen und das Ganze als Schuld des Aspies darzustellen.

Glauben Sie auch keinen Schulleitern, die behaupten, dass es an ihrer Schule keine Mobber gebe und dass sie in der Lage seien, eine Null-Toleranz-Zone zu gewährleisten. Das ist einfach nicht möglich. Sticheleien, Spott, körperliche Hiebe, Beinstellen und gestohlenes Essensgeld sind weit verbreitet und bleiben meist unaufgedeckt. Eine Null-Toleranz-Zone ist einfach nicht durchsetzbar oder möglich.

Wenn Ihr Kind also über einen Fall von Mobbing berichtet, glauben Sie ihm. Wird es abgewiesen, kann es sein, dass es mit derselben Klage wiederkommt, nicht weil das Ganze erneut passiert ist, sondern weil bei Ihrem Kind der Vorfall im Kopf »festhängt«, bis er geklärt ist. Je früher also darüber gesprochen und gehandelt wird, umso besser ist es für das Kind.

Es gibt auch gute Kinder- und Jugendbücher zum Thema Mobbing, die dem Kind helfen zu verstehen, was Mobbing ist und was es in dieser Situation tun kann. Lassen Sie sich dazu in Ihrer Buchhandlung beraten.

Aus der Praxis

Schon ein Freund kann den Bann brechen

Aristoteles schrieb einmal: »Das Gegengift zu 50 Feinden ist ein Freund.« Forschungen haben gezeigt, dass Mobbing bereits aufhört, wenn nur eine Person einschreitet und dem Mobber sagt, er solle aufhören. Unternimmt man nichts, um den Mobber zu stoppen, signalisiert ihm dies, dass das Mobbing okay sei. Einzuschreiten, um dem gemobbten Kind zu helfen, bricht den Bann und beendet gewöhnlich den Zwischenfall. Aus diesem Grund kann es für unser Asperger-Kind entscheidend wichtig sein, wenigstens einen Freund zu haben, der sich im Erstfall schützend vor ihn stellt.

Vorsicht vor Cybermobbing

Viele unserer Freunde lieben Computer und das Internet, aber hier entsteht nur eine neue Ebene für Mobbing – das Cybermobbing. Die Technologie bietet neue Wege, bösartige Gerüchte, erniedrigende Fotos oder Drohbotschaften zu verbreiten. Besonders hinterhältig beim Cybermobbing sind der Mantel der Anonymität, das riesige Zielpublikum und der Mangel an Zensur. In Bruchteilen von Sekunden können die Kids Textbotschaften versenden, E-Mails oder Fotos. Und oft kann man kaum feststellen, woher sie stammen.

Schon viele Kinder sind unter Druck gesetzt worden, ihre Passwörter preiszugeben, und der Mobber verbreitet Nachrichten unter dem Namen des Opfers.

Am besten begrenzen Sie die PC-Aktivitäten Ihres Kindes zeitlich und inhaltlich. Unsere Freunde sind so naiv und anfällig dafür, von anderen missbraucht zu werden.

Kontrollieren Sie die Pseudonyme (Nicknames) Ihres Kindes und die Webseiten und Chaträume, die es besucht; vielleicht lassen Sie sich auch seine Einträge auf Seiten wie Facebook oder Youtube zeigen, damit Sie wissen, was es preisgibt. Sagen Sie ihm, dass es außer Ihnen niemals jemandem sein Passwort mitteilen darf.

Informieren Sie sich über geeignete Jugendschutz-Filtersoftware. Sie kann Schutz bieten vor problematischen Inhalten, ungewollten Online-Kontakten oder unkontrolliertem Nutzungsverhalten bzw. kritischen Nutzungszeiten. Über die Software können Sie als Eltern feststellen, welche Personen Ihr Kind in seinen Kontaktlisten hat, um gegebenenfalls einzugreifen.

Wenn Ihr Kind Opfer von Cybermobbing ist, sichern und drucken Sie die entsprechenden Nachweise und entscheiden Sie dann, wo Sie Hilfe suchen – bei einem Lehrer, der Schulverwaltung oder bei einer ernsten Bedrohung bei der Polizei. Schulbehörden, Länder und Polizei nehmen solche Angriffe ernst und werden sich um Aufklärung bemühen.

Nachgeben und gehorchen

Siehe auch: Akzeptanz · Dinge aufschreiben · Gespräche · Initiative ergreifen · Kooperation · Loslassen und sich neu ausrichten · Teamwork · Warten · Weitergehen zu Neuem · Zuhören

Sehr häufig fragen mich Eltern und Lehrer: »Warum ist es für Asperger-Kids so schwer, einmal nachzugeben? Warum sind sie nur so stur, so unkooperativ?«

Auch hier ist es sehr wichtig zu verstehen, dass es sich nicht um ein Verhaltens- bzw. Erziehungsproblem handelt. Diese Sturheit hat ihre Ursache im Asperger-Syndrom, also einer Störung des Nervensystems, und ist nicht Folge eines psychologischen Problems. Es ist eine Frage der Verdrahtung des Gehirns, keine Frage von »Machtspielchen«.

Menschen mit Asperger-Syndrom halten sich sklavisch an Fakten und an die Wahrheit; sie setzen ihre eigene Logik und ihr Nachdenken ein, um in ihrer Umwelt einen Sinn zu erschließen. Sobald sie ein Muster, einen Sinn gefunden haben, dann ist das für sie eine Tatsache. Sie kleben an ihren eigenen Vorstellungen fest, die für sie sinnvoll sind. Da sie clever genug sind, um oft recht zu haben, verstärkt dies ihre Haltung und sie sehen keinen Grund, zu gehorchen oder nachzugeben.

Wenn es ein Trost für Sie ist: Ihr Kind will nicht »schwierig« sein. Es will nicht absichtlich »Theater machen«. Es hat einfach eine sehr starre Denkweise und versteift sich darauf, bis ihm ein logischer, nicht emotionaler Grund dargelegt wird, der einsichtig genug ist, damit es seine Einstellung ändern kann.

Wie wir helfen können

Sie wissen inzwischen schon selbst, dass die richtige Reaktion nicht darin besteht, Gehorsam einzufordern. Emotionale Argumente, Schimpfen oder Strafen bewegen diese Kinder nicht zur Mitarbeit. Sie setzen sie nur vollends unter Stress, so dass sie blockiert sind und nichts mehr von dem hören, was Sie sagen.

Als Erstes ist es wichtig, dass Sie möglichst klar und eindeutig ausdrücken, welches Verhalten Sie von Ihrem Kind erwarten und was es nicht tun soll. Wenn Sie ihm sagen, was Sie nicht von ihm wollen (»Renn nicht!«), bedeutet das nicht, dass es weiß, was es tun soll (»Geh langsam!«). Unsere Freunde denken buchstabengetreu, sie ziehen keine Schlussfolgerungen. Sie können nicht selbst erschließen, was sie tun sollen. Während neurotypische Kinder dies können, sind Aspies nicht in der Lage, aus einer indirekten Aufforderung abzuleiten, was von ihnen erwartet wird.

Zum Zweiten haben wir im Friends' Club gelernt, »Gehorsam interaktiv« zu erreichen. Das bedeutet, das Folgen nicht einfach einzufordern. Stattdessen greifen wir auf eine aktuelle Erfahrung zurück, damit das Thema weniger abstrakt ist.

Bei jedem Treffen arbeiten wir an mehreren Themen; allem liegt aber die Tatsache zugrunde, dass die Kids manche Dinge einfach befolgen müssen, damit das Zusammensein mit anderen Kindern funktioniert. Wir nennen dies »soziale Verantwortung«.

Wo anfangen? Entscheidend ist, den Aspie zunächst zur Mitarbeit zu motivieren. Hier kommt die Logik ins Spiel. Wenn Sie das »Warum« einer Tätigkeit erklären (Sie können nie davon ausgehen, dass das Kind den Grund kennt), gibt es gewöhnlich einen Aha-Effekt. Wenn Sie diesen Grund in einen Zusammenhang einbetten können, in etwas, das es bereits kennt, ist das umso besser.

wichtig

Leider neigen Erwachsene dazu, Aspies, die bei einer unerwarteten Veränderung wütend werden oder die sich einer Sache verweigern, zu bestrafen. Am besten ist es aber, diesen Kids zu sagen, welches Verhalten man erwartet, und zu versuchen, sie zu verstehen, statt sich auf ihre Verweigerung zu konzentrieren.

Aus der Praxis
Er musste den Sinn erkennen

Einer unserer Jugendlichen weigerte sich zum Beispiel, Hausaufgaben zu machen sowie an Übungen während des Unterrichts teilzunehmen. Er betrachtete dies als sinnlose Beschäftigung. Aber dieser Jugendliche wollte später auf eine Kunstakademie gehen und Trickfilmzeichner werden. Also zeigten wir die Verbindung zwischen seinen Schulaufgaben und seinem Traumberuf auf und erklärten ihm: »Du musst diese Aufgaben machen, damit du später auf die Akademie kommst.« So verstand er die Notwendigkeit und willigte ein.

Wege zur Mitarbeit finden

Der Prozess, einen Aspie zur Mitarbeit zu bewegen, umfasst fünf Schritte, die sich auf Kinder jeden Alters anwenden lassen:

Sorgen Sie dafür, dass Ihr Kind Ihnen körperlich zugewandt ist – es darf nicht herumrennen oder abseits stehen, sondern sollte auf einem Stuhl oder dem Boden an einer bestimmten Stelle bei Ihnen sitzen. Wenn Sie ihm ein Kissen oder eine kleine Matte anbieten, bietet ihm das eine visuelle Hilfe, wo es sitzen soll. Asperger-Kids müssen körperlich präsent sein und Grenzen respektieren, damit sie etwas lernen können.

Aus der Praxis
Bleib stehen!

Ein Junge lief bei seinem ersten Besuch in meinem Büro ständig herum und sagte, er wisse nicht, warum er hier sei. Das ist typisch für Unsicherheit; ich wusste aber, dass ich ihn erst erreichen konnte, wenn er still stand. Daher sagte ich einfach: »Du musst mich nicht anschauen, aber du musst stehen bleiben, damit wir reden können.« Er willigte ein und ich erklärte ihm alles.

Kontrollieren Sie, ob die Hände Ihres Kindes ruhig sind. Das bedeutet, dass es nicht nach Gegenständen greift und impulsiv handelt. Wenn diese Kinder das erste Mal in mein Büro kommen, berühren sie oft ständig etwas – meine Lampe, das Fenster – oder nehmen Dinge von meinem Schreibtisch. Auf diese Weise eignen sie sich die neue Umgebung an. Doch sie müssen lernen, »zu fragen, bevor sie etwas anfassen«. Diese Regel muss zuallererst aufgestellt werden und beachtet werden. Sie ist die Voraussetzung für den Erwerb von Selbstkontrolle, eine Fähigkeit, die für diese Menschen schwierig, aber nicht unmöglich zu erlernen ist. Selbstkontrolle ist Teil der sozialen Verantwortung.

Sie müssen den Anfang machen. Sehr viele unserer Freunde wissen einfach nicht, wie man ein Gespräch beginnt oder den ersten Schritt macht. Ich sage zum Beispiel oft: »Hast du irgendwelche Fragen an mich?« Den meisten Kindern würde dazu etwas einfallen, doch Aspie-Kids antworten oft: »Nein.« In einer Gruppe halte ich zu diesem Zweck häufig schriftliche Anhaltspunkte auf einer Weißwandtafel fest, statt sprachliche Aufforderungen zu geben; dadurch werden die Kids nicht davon abhängig, dass ein Erwachsener sie zum Sprechen drängt. Viele Eltern sagen ihrem Kind: »Sag hallo«; doch wenn die Eltern nicht da sind, um ihr Kind dazu aufzufordern, würde das Kind nicht zuerst grüßen. Die Eröffnung eines Gesprächs ist unerlässlich für den Beginn der Kommunikation; daher wird der Kontakt unserer Freunde zu anderen Menschen umso besser sein, je geübter sie darin sind, ein Gespräch zu beginnen, zu grüßen, den ersten Schritt zu tun.

Achten Sie darauf, dass die Wechselseitigkeit erkannt wird. Kontrollieren Sie, ob Ihr Kind auf die Wechselseitigkeit eines Gesprächs eingeht und erkennt, dass es nicht die ganze Zeit von einem Gedanken oder einer Erfahrung reden sollte. Unsere Freunde verfügen oft über ein verblüffendes Wissen, haben aber keine Ahnung davon, wie sie ein Gespräch als Austausch gestalten können – wie daraus ein Dialog wird, nicht einfach ein Monolog.

Je öfter Sie gemeinsam mit Ihrem Kind üben, desto besser wird es ihm gelingen, auf die Wechselseitigkeit zu achten und sich selbst zurückzunehmen.

Aus der Praxis

Ist da jemand?

Ein Mädchen war von Vulkanen fasziniert. Sie erzählte mir von Pele, der hawaiischen Feuer- und Vulkangöttin, und andere Dingen. Ich bemühte mich, ihr zu signalisieren, dass ich kein Interesse an dem Thema mehr hatte, aber sie sprach einfach weiter. Schließlich glitt ich absichtlich von meinem Stuhl und verschwand außer Sichtweite; ich saß nun unter meinem Schreibtisch auf dem Boden, doch sie redete weiter, als ob alles in Ordnung sei und meine Gegenwart überflüssig. Wenn diese Kids nicht wahrnehmen können, dass der Mensch, mit dem sie sprechen, unter dem Tisch außer Sichtweite sitzt, und einfach weiterreden, dann können sie noch so klug sein – es nützt ihnen nichts. Sie müssen soziale Verantwortung lernen.

Aufstehen: Der letzte Schritt heißt »aufstehen«. Wir bitten das Kind, etwas zu tun und dann auf seinen Platz zurückzukommen. Das fällt diesen Kids schwer, denn sobald sie einen Ort verlassen haben, werden sie völlig von der nächsten Sache in Anspruch genommen. Wenn Sie Ihr Asperger-Kind zum Beispiel losschicken, damit es seine Schuhe holt, kann es gut sein, dass sie es anschließend nicht mehr sehen. Sie werden es schließlich in einem anderen Zimmer mit einer völlig anderen Sache beschäftigt finden. Auch wenn diese Kinder uns unwillig und ungehorsam erscheinen, so liegt es in Wirklichkeit einfach an ihrem Gehirn. Ihr Gehirn folgt seiner eigenen Struktur; es schreitet von einer Sache zur anderen fort und vergisst »zurückzukommen«. Durch Übung können wir diesen Kids beibringen zurückzukommen, denn sie können lernen, Erwartungshaltungen zu verstehen.

Keine gute Motivationshilfe ist eine in Aussicht gestellte Belohnung. Warum? Asperger-Menschen besitzen kein Zeitgefühl und hassen es daher zu warten. Sie wollen etwas jetzt oder sie denken nicht mehr daran. Es funktioniert jedoch, einen aktuellen Lernanlass aufzugreifen. Selbst wenn wir ein anderes Thema deswegen unterbrechen müssen, ist es wichtig, eine entsprechende Situation aufzugreifen. Denn nun besteht die Möglichkeit, diese in einer sicheren Umgebung mit Menschen, die die einzigartige Perspektive eines Asperger-Kindes verstehen, aufzuarbeiten.

Aspies sind unkonventionelle Denker, die einen unkonventionellen Zugang brauchen, damit sie mit uns kooperieren. Ihre Gehirne sind ganz anders verdrahtet als unsere, und daher reagieren sie oft anders, als man erwartet.

Doch wenn Sie nachhaken und fragen, warum das Kind sich Ihrer Aufforderung widersetzt, und wenn Sie ruhig bleiben, während das Kind Ihnen den Grund seiner Verweigerung erklärt, dann werden Sie wissen, wie Sie seinen Standpunkt verstehen und ihm gleichzeitig Ihr Anliegen vermitteln können.

Namen merken

Siehe auch: Auf andere reagieren – und antworten · Bekannter oder Freund? · Dinge aufschreiben · Erste Freundschaften · Grüßen · Selbst- und Fremdwahrnehmung · Um Hilfe bitten

Sie haben sicher schon festgestellt, dass es Ihrem Asperger-Kind extrem schwerfällt, sich Namen zu merken. Zugegeben, es gibt ein paar Aspies, die Namen leicht lernen und verwenden, manchmal sogar zwanghaft. Aber die große Mehrheit unserer Freunde hat große Mühe, einen Namen mit einem Gesicht in Verbindung zu bringen.

Warum? Zunächst muss man beim Merken von Namen auf Details achten, die unsere Kids einfach nicht wahrnehmen. Gesichter sind so verwirrend, dass sie sie nicht wirklich betrachten. Menschen wirken auf sie irgendwie verschwommen; in ihrem Kopf sticht niemand wirklich als Individuum hervor, daher lassen sich auch keine Namen zuordnen.

Zudem ist es für unsere Aspie-Freunde auch nicht so wichtig wie für neurotypische Menschen, mit ihrem Namen angesprochen zu werden. Sie kennen ihren Namen ja schließlich selbst. Man muss ihn ihnen nicht andauernd sagen. Während die mit der Namensnennung verbundene Wertschätzung für uns wichtig ist, bedeutend es ihnen nichts. Wenn uns eine Person niemals mit unserem Namen anspricht, dann stört uns das viel mehr als Aspies.

Doch einer der entscheidenden Unterschiede zwischen einem flüchtigen Bekannten und einem Freund besteht darin, dass man Freunde wirklich immer beim Namen nennt! Aus diesem Grund wirkt es selten so, als ob Asperger-Kids tatsächlich Interesse an einer Freundschaft haben. Wenn sie sich anscheinend nie den Namen des anderen Kindes merken können, was soll das für eine Freundschaft sein?

Aus der Praxis

Ich kann mir den Namen nicht merken

Die Mutter eines Jungen erzählte uns, dass ihr Sohn erst im März oder April des laufenden Schuljahres eine gewisse Ahnung von den Namen seiner Klassenkameraden hatte. Es dauerte einfach sieben oder acht Monate, bis sie in sein Gedächtnis eingesickert waren! Er schaffte es einfach nicht, die Namen mit Gesichtern in Verbindung zu bringen, so dass sie sich festsetzen.

Im Friends' Club üben wir Strategien, wie man Namen lernen und sich merken kann. So kann man zum Beispiel auf sichtbare Merkmale im Gesicht oder bei der Kleidung achten. Hat die Person eine auffällige Nase? Hat sie blaue Augen und beginnt ihr Name mit B? Hat sie eine Brille? Alles, was die Person im Kopf des Kindes auffällig macht.

Natürlich schauen unsere Freunde ihren Mitmenschen meistens nicht wirklich in die Augen. Sie schauen auf den Mund, weil, wie einer unserer Freunde sagte, »die Worte daraus kommen«. Konsequenterweise entgehen ihnen viele offensichtliche Anhaltspunkte, wie Haarfarbe, Sommersprossen, Zähne usw., sofern sie nicht darauf hingewiesen werden.

Wir bringen unseren Kids daher bei, dass sie eine Person mindestens einige Augenblicke lang anschauen müssen, damit ihr Gesicht von ihrem geistigen Auge registriert werden kann.

Wir bringen ihnen auch bei, auf mögliche Interessen oder den Humor des Gesprächspartners zu achten. Wenn eine Person einen Titel trägt, wie »Doktor«, ist das ebenfalls hilfreich. In meinem Fall fällt es den Kindern leichter, sich »Doktor« zu merken als »Cynthia«.

Hilfreiche Spiele

Wir bauen in unsere Treffen immer Aktivitäten ein, bei denen man den Namen jedes Gruppenmitglieds verwenden muss, um dieses »Etikett« im Kopf unserer Kids zu verankern.

Die Kids helfen zum Beispiel sehr gerne bei verschiedenen Dingen. Wenn wir also ein Kind bitten, Materialien auszugeben, soll es jeweils den Namen des anderen Kindes nennen, bevor es ihm das Blatt Papier oder den Stift gibt. Wir schreiben auch alle Namen auf das Whiteboard, damit die Namen für unsere jüngeren Freunde schwarz auf weiß zu sehen sind.

Dinge aufzuschreiben ist für diese Asperger-Menschen sehr, sehr wichtig.

Der Fuchs geht rum

Ein anderes sehr erfolgreiches Spiel bei unseren jüngeren Freunden ist unsere Version von »Der Fuchs geht rum«. Die Gruppe sitzt auf dem Boden im Kreis. Dann geht ein Kind herum, tippt jedem Freund auf den Kopf und sagt dessen Namen.

Wenn es schließlich das Taschentuch hinter einem Kind fallen lässt, muss dieses Kind das Taschentuch, sobald es dieses bemerkt hat, aufheben und versuchen, den Fuchs einzuholen, bevor dieser einmal im Kreis herumrennen und den leeren Platz einnehmen kann. Gelingt das nicht, wird das Kind selber zum neuen Fuchs und muss beim Herumgehen die Namen der Kinder nennen. Sehr schnell wird dabei deutlich, wer die Namen der anderen Mitglieder kennt und wer noch daran arbeiten muss.

Der Nutzen für die ganze Gruppe besteht darin, dass jeder alle Namen oft hört, was die Verankerung im Gedächtnis verstärkt. Wiederholung hilft unseren Kids mehr als alles andere dabei, Namen zu lernen.

Nachfragen erlernen

Wir bringen unseren Freunden auch bei, dass sie ruhig jemanden fragen können, wenn sie selbst einen Namen vergessen haben. Wir zeigen ihnen, wie man sich unauffällig zu jemandem beugt und die Frage flüstert: »Wie lautet sein Name?« Da diese Kids außerdem kaum auf die Idee kommen, andere wegen irgendetwas um Hilfe zu bitten, hat diese Übung doppelten Nutzen: Man gibt zu, dass man nicht alles weiß, bittet andere um Hilfe und lernt Namen und merkt sie sich.

Bei jedem Treffen stellen wir von Neuem alle Mitglieder einander vor – so lange, bis sie sich von sich aus beim Namen nennen. Wir alle haben gelegentlich Mühe, uns Namen zu merken, doch je häufiger man einen Namen benutzt, umso eher erinnert man sich an ihn.

Die Regel »Anwenden oder vergessen« gilt beim Namenmerken genauso wie bei allem anderen. Daher sprechen wir uns immer mit Namen an, um sicherzustellen, dass die Jungen und Mädchen Beziehungen zueinander aufbauen und sich als Freunde anerkannt fühlen.

Necken und Hänseln

Siehe auch: Absichten erkennen · Alles wörtlich nehmen · Gespräche mit Gleichaltrigen · Humor · Jugendsprache und Redewendungen · Mobbing und Schikanieren · Sarkasmus und Ironie · Um Hilfe bitten

Einer unserer Jungs sagte einmal: »Das Schlimmste ist das Hänseln. Schläge kann ich ertragen. Aber diese gemeine Hänselei nicht.«

Dieses Eingeständnis bestätigt ganz klar, was neue Forschungen aufgedeckt haben: Psychischer Missbrauch ist schlimmer als körperlicher Missbrauch; er kann lebenslang unsichtbare Narben hinterlassen. Die Redensart »Stöcke und Steine können meine Knochen brechen, aber Wörter können mich nie verletzen« ist eine lächerliche Lüge und ein schlechtes Schutzmotto für ein Kind, das verbal belästigt wird.

Und diejenigen, die das Kind hänseln – so lange, bis es wütend ist oder weint –, behaupten anschließend einfach, sie hätten doch nur ein wenig Spaß gemacht und das Kind ein bisschen »veräppelt«. Sie verdrehen die ganze Geschichte so geschickt, dass letztlich das Opfer schuld ist, weil es keinen Spaß versteht. Das Opfer ist einfach zu »empfindlich« oder »spielt nicht mit« und ist doch selbst schuld, wenn es den Spaß als Spott oder Beleidigung versteht.

Wie wir helfen können

Aus diesem Grund beschäftigen wir uns im Friends' Club ausführlich mit Hänseleien – freundschaftlichen und gemeinen Neckereien. Unsere Kids sollen lernen zu erkennen, wann aus dem »Spaß« eine Form des Mobbings wird. Asperger-Kids sind aus mehreren Gründen perfekte Zielscheiben für jede Form des Mobbings.

Erstens erkennen sie Mobbing niemals schon im Voraus, wenn sich solche Situationen ankündigen. Aspies sind völlig arglos; sie erkennen die wahren Absichten anderer Menschen nicht; es kommt ihnen nicht in den Sinn, dass andere tricksen oder gemein sein können. Das macht sie sehr angreifbar.

Zweitens verstehen unsere Freunde alle Wörter buchstabengetreu, auch sarkastische bzw. ironische Äußerungen.

Und drittens nehmen sie sich die Hänseleien sehr zu Herzen. Sie werden schnell wütend und zeigen damit genau die Reaktion, die der Urheber erreichen will.

Andererseits sind ihre Ahnungslosigkeit im Umgang mit Menschen und beim Nichtwahrnehmen sozialer Signale vorteilhaft. Sehr subtile Hänseleien bekommen sie somit oft überhaupt gar nicht mit. Sie hören sie sozusagen nicht, werden somit nicht unmittelbar verletzt und reagieren auch nicht über.

> **WISSEN**
>
> **Wo steckt die Bedeutung?**
>
> In der zwischenmenschlichen Kommunikation transportieren die gesprochenen Wörter nur sieben Prozent der Bedeutung. Die Körpersprache vermittelt sage und schreibe 55 Prozent der Botschaft; Stimmlage, Sprechgeschwindigkeit und Redeweise machen 38 Prozent der Bedeutung aus. Da unsere Freunde nur die wörtliche Bedeutung des Gesagten erfassen, müssten sie aus nur sieben Prozent der Botschaft solche Hänseleien herauslesen können. Da wird es natürlich schwierig zu erkennen, ob es sich um ein freundschaftliches Necken oder gemeines Hänseln handelt.

Das allerdings kann den Verursacher wiederum dazu treiben, das Hänseln noch zu verstärken, um eine Reaktion zu bewirken.

Und wenn unsere Freunde die Hänselei dann erkennen und sich verletzt fühlen, wissen sie leider gewöhnlich nicht, wie sie reagieren sollen. Sie sind nicht schlagfertig. Sie wissen nicht, wie man so etwas ignoriert und sich einfach der Situation entzieht. Aspies tun oder sagen oft etwas, das zu weiteren Kränkungen Anlass gibt und sie damit noch stärker zu Zielscheiben macht.

Wie man richtig reagiert

Wir bringen unseren Freunden bei, dass sie der Person, die sie hänselt, auf jeden Fall irgendetwas entgegnen müssen. Denn sonst besteht die große Gefahr, dass die Hänselei eskaliert. Eine kurze Standarderwiderung ist am besten; dann soll sich das Kind umdrehen und weggehen. Wir üben es, wie man möglichst sachlich Sätze sagt wie »Das ist nicht lustig« oder »Das ist gemein« oder »Hör auf«. Wenn der Verursacher irgendeine Reaktion erhält, gibt er in der Regel Ruhe.

Hält das Hänseln an, machen wir unseren Kids klar, dass sie sich an einen Erwachsenen wenden und ihm von den Vorfällen berichten sollen. Unsere Freunde sind keine Petzen. Aber sie brauchen eine Verteidigung. Sie brauchen einen Erwachsenen, der auf ihrer Seite steht, der die Situation besser einschätzen und das Hänseln oder Mobben beenden kann.

Fordern Sie »Null-Toleranz-Politik«

Gibt es an Ihrer Schule keine »Null-Toleranz-Politik« im Hinblick auf Mobbing – und Hänseln ist eine Form des Mobbings –, dann unternehmen Sie etwas! Sie helfen damit nicht nur Ihrem Kind, sondern jedem Kind, das geärgert wird.

Es sollte im Klassenzimmer »null Toleranz« geben und insbesondere auch auf dem Pausenhof und auf den Sportplätzen. In diesen Bereichen sind die Kinder meist kaum beaufsichtigt – ein idealer Schauplatz für Hänseleien.

Es ist nicht überraschend, dass unsere Freunde während der Pausen und beim Mittagessen am häufigsten geärgert und gemobbt werden. Wenn an Ihrer Schule Eltern zu diesen Zeiten die Aufsicht übernehmen dürfen, dann überlegen Sie sich dies.

Berichtet Ihr Kind Ihnen von irgendeiner Form des Hänselns oder Mobbings in der Klasse, teilen Sie das unbedingt dem Lehrer mit. Vielleicht können Sie auch einmal am Unterricht teilnehmen. Dann könnten Sie die Gruppendynamik unter den Klassenkameraden Ihres Kindes selbst beobachten.

Falscher Alarm?

Manchmal kann es auch vorkommen, dass ein Kind meint, andere Kids wollten es hänseln oder ärgern, obwohl dies gar nicht stimmt. Andere Kids sind nun einmal spontan und oft stürmisch! Dann ist es in Wirklichkeit Ihr Kind, das das Verhalten des anderen Kindes als Belästigung versteht und dessen Humor nicht versteht.

Diese Situation haben wir schon bei einigen unserer Freunde erlebt; daher ist es gut, sich ein klares Bild zu machen, bevor man sich ein abschließendes Urteil bildet. Gehen Sie ins Klassenzimmer Ihres Kindes oder sprechen Sie mit dem Lehrer über den Schüler, der Ihr Kind angeblich ärgert; so können Sie herausfinden, ob dies absichtlich oder unabsichtlich geschieht.

Die gute Nachricht lautet, dass unsere Freunde eine »Resistenz« gegen das Hänseln aufbauen können. Einer unserer Freunde aus der Mittelstufe sagte, dass er im Rückblick froh sei, in der Grundschule geärgert worden zu sein, weil ihn das abgehärtet habe. »Ich habe jetzt einen dicken Panzer«, meinte er selbstbewusst. »Mir macht nichts mehr was aus.« Dieser Panzer hilft ihm in der Mittelstufe – harte Jahre für jeden Jugendlichen und insbesondere für unsere Asperger-Freunde.

Interessanterweise hat derselbe Junge kein Interesse daran, seiner Grundschule noch einmal einen Besuch abzustatten. Warum? Weil damit zu viele schlechte Erinnerungen an sehr schmerzliche soziale Situationen verbunden sind.

wichtig

Hänseln hat Folgen. Bitte sprechen Sie mit Ihrem Kind oder Teenager immer wieder dieses Thema an; sagen Sie ihm, dass Sie es wissen wollen, wenn es gehänselt wird. Es muss wissen, dass Sie sich deswegen sorgen und dieses Problem ernst nehmen. Versichern Sie ihm, dass Sie alles tun werden, was Sie können, um es zu unterbinden. Sie sind seine Verteidigung – in dieser Sache und in allen anderen Bereichen auch.

»Notlügen« und die Gefühle anderer schonen

Siehe auch: Empathie · Gespräche · Manieren · Schonungslose Offenheit und unabsichtliche Verletzungen · Unhöflichkeit

Sie haben es bereits gehört und ich sage es nochmals – Menschen mit Asperger sind Wahrheitsfanatiker. Die Wahrheit zu sagen steht für sie an oberster Stelle und sie werden davon nicht abweichen. Für sie spricht, dass Jungen und Mädchen mit Asperger-Syndrom gewöhnlich ehrlich, loyal und vertrauenswürdig sind.

Asperger-Leute sagen das, was sie denken, in dem Moment, in dem sie es wahrnehmen oder denken – so ist das nun mal. Es kommt nie vor, dass sie so tun, als interessierten sie sich für etwas, wenn das nicht so ist; oder dass sie vorgeben, etwas zu mögen, das sie nicht mögen. Ihrer Auffassung nach wäre das eine Täuschung – und sie täuschen nicht.

Die gute Nachricht für Eltern von Asperger-Kindern lautet, dass sie keine Sorge haben müssen, dass ihre Kids lügen. Natürlich gibt es Ausnahmen; das bedeutet dann aber nicht, dass das Kind kein Asperger-Syndrom hat. Es gehört vielmehr zu den wenigen Aspies, die sich vorstellen können, dass jemand etwas anderes hören will als das, was wirklich geschehen ist. Aber wenn Aspies lügen, dann sind sie dabei gewöhnlich ziemlich schlecht.

Warum gibt es hier Schwierigkeiten? Der Grund ist, dass man zum Lügen über »Theory of Mind« verfügen muss. Dieser Begriff aus der Psychologie bezeichnet die Fähigkeit, sich die Gedanken anderer Menschen zu erschließen. Menschen mit Asperger-Syndrom besitzen diese Fähigkeit wegen ihres Mangels an Spiegelneuronen nicht; allerdings kann sie bis zu einem gewissen Grad antrainiert werden. Aber selbst in diesem Fall gestehen Aspie-Kids schließlich meist ein, dass sie gelogen haben; sie sind einfach so »vernetzt«, dass sie die Wahrheit sagen und niemals täuschen.

Nicht zu lügen kann unhöflich sein Wenn man nicht lügen kann, ist es manchmal schwierig, höflich zu sein. Ich hatte mehrere Klienten, die mir gesagt haben, dass es ihnen niemals in den Sinn käme, sich höflich zu »gebärden«. Das wäre eine Täuschung und damit aus ihrer Sicht unehrlich.

Natürlich ist es bewundernswert, wenn man ehrlich ist; doch zu große Ehrlichkeit fördert nicht immer die soziale Akzeptanz. Ehrlichkeit kann allzu leicht brutal und unverschämt wirken. Menschen mit Asperger sind sich dessen überhaupt nicht bewusst. Die Vorstellung, dass man bestimmte »Notlügen« benutzt, geschweige denn, dass dies notwendig sein kann, um andere Menschen nicht zu verletzen und Freundschaften zu bewahren, ist ihnen fremd.

Aus der Praxis

Kein Interesse

Einen meiner erwachsenen Klienten wurde es zum Problem, dass er sich weigerte, ein gewisses Interesse an den Äußerungen seines Zimmergenossen zu »zeigen«. Für ihn wäre das einer Lüge gleichgekommen. Er erkannte nicht, dass es eine freundlichere Atmosphäre schaffen würde, wenn man wenigstens ein minimales Interesse am anderen zeigt. Später überwand er diese Angst, unehrlich zu sein; er bemühte sich, Interesse zu zeigen, was seine Wohnsituation verbesserte.

Wie wir helfen können

Da unser Ziel darin besteht, die soziale Akzeptanz unserer Kids und ihre Fähigkeit, zu anderen Kindern Beziehungen herzustellen, zu verbessern, versuchen wir ihnen verständlich zu machen, dass nicht alle Lügen »schlecht« sind. Wir bringen ihnen bei, dass eine »Notlüge« manchmal eine gute Sache ist, weil man dann anderen nicht wehtut. Ohne eine gelegentliche Notlüge würde man die Menschen ziemlich verletzen.

Das wahre Empfinden verbergen lernen

Hier ein Beispiel einer akzeptablen Notlüge: Nehmen wir an, Sie besuchen Freunde, die Ihnen etwas zu essen anbieten. Obwohl das Essen nicht nach Ihrem Geschmack ist, antworten Sie, wenn die Gastgeberin Sie fragt, ob es Ihnen schmeckt: »Ja, es ist sehr lecker.« Diese Notlüge verhindert, dass Sie die Gastgeber verletzen; unseren allzu aufrichtigen Freunden käme es jedoch nicht in den Sinn, ein Essen zu loben, das ihnen nicht schmeckt. Also müssen wir ihnen beibringen, ihr wahres Empfinden zu verbergen, um andere nicht zu verletzen.

Der erste Schritt besteht darin, unseren Freunden Gefühle ganz allgemein bewusst zu machen. Dann müssen wir ihnen klarmachen, dass man die Gefühle eines Menschen verletzen kann, ohne die Person körperlich zu verletzen. Dies sind abstrakte Begriffe, die für unsere Kids schwer verständlich sind; daher zeigen wir ihnen Fotos und Videoclips als anschauliche, konkrete Beispiele. Es ist schon seltsam: Unsere Freunde werden selbst so viele Male von anderen verletzt, und dennoch sind ihnen entsprechende Gefühle bei anderen nicht bewusst.

Unterschiedliche Arten von Lügen erkennen lernen

Dann bringen wir ihnen den Unterscheid bei zwischen einer echten Lüge und einer Notlüge, die den anderen schont. Es geht bei einer solchen Notlüge einfach darum, nicht die ganze Wahrheit zu sagen. Sehr hilfreich können in diesem Zusammenhang auch thematisch passende Bücher sein.

Wiederum hilft uns eine Veranschaulichung: Wir vergleichen das Auf-den-Arm-geboxt-Werden mit einer verbalen Beleidigung. Wenn man auf den Arm geboxt wird, tut das an der Oberfläche weh. Wenn einem etwas Verletzendes gesagt wird, ist das, wie wenn man »innen« geboxt wird, und es tut im Inneren weh.

Unserer Erfahrung nach brauchen unsere Freunde viel Übung, um den Gedanken, dass sie andere Menschen nicht verletzen sollten, zu verstehen. Die Notwendigkeit von Notlügen ist ihnen sehr wenig einsichtig. Es erfordert Übung. Daher ist es für unsere Kids am besten, wenn sie es in einen sicheren Hafen wie zum Beispiel im Friends' Club oder zu Hause üben können, ihre Wahrheitsliebe etwas zu steuern. Auf diese Weise müssen sie nicht die sozialen Konsequenzen ihrer Direktheit erleiden.

Für unsere Freunde ist es der beste Weg, wenn sie die kniffelige soziale Kompetenz, die Wahrheit zu glätten und Notlügen zu üben, im Beisein verständnisvoller Menschen erlernen können. Je mehr Sie Ihr Kind dabei fördern können, umso besser ist es. Das Kind muss das Gefühl bekommen, dass es egal ist, wenn es Fehler macht. Sie werden deshalb nicht wütend. Unter diesen Umständen können sich echte Lernerfolge einstellen.

Peinlichkeiten

Siehe auch: Angst · Ängstlichkeit, Anspannung und Unsicherheit · Höflichkeit · Perfektionismus und unrealistische Erwartungen · Schonungslose Offenheit und unabsichtliche Verletzungen

Menschen und soziale Beziehungen und Situationen sind für Asperger-Kids ein Rätsel. All diese Unberechenbarkeit, die unausgesprochenen Signale, die Überraschungen und Regelbrüche sind verwirrend. Aspies sind oft ungeschickt im Umgang mit ihren Mitmenschen und sagen die falschen Dinge oder sie tun völlig unabsichtlich etwas Unangebrachtes. Einer unserer Freunde sagte zu seiner Mutter: »Ich habe die Begabung, das absolut Schlimmste im unpassendsten Augenblick zu sagen.«

Als Eltern haben Sie solche Peinlichkeiten miterlebt, vermutlich dann, wenn Sie es am wenigsten erwartet haben. Denken Sie bitte immer daran, dass es nicht absichtlich geschieht. Die Aspies wollen niemanden beleidigen oder Ihre Familie in einen schlechten Ruf bringen. Es ist keine Frage der Erziehung. Es ist eine Sache chronischer sozialer Fehltritte; erforderlich sind Verständnis und Führung durch uns.

Schadensbekämpfung ist wichtig. Unserer Erfahrung nach hilft es am meisten, unseren Freunden eine Notfallstrategie beizubringen für den Fall, dass sie etwas Unpassendes gesagt oder getan haben. Wir vermitteln ihnen einen einfachen Verhaltensplan, um den Fauxpas auszugleichen und die Kränkung abzuschwächen.

Eine Entschuldigung ist gewöhnlich der erste Schritt bei einem begangenen Fehler. Für unsere Aspies ist dieser Schritt besonders schwer. Sie erkennen nicht, was sie falsch gemacht haben. Wenn sie etwas zerbrochen haben, war es ein Missgeschick, ein Versehen, also warum sich entschuldigen? Wenn sie die Wahrheit ausgesprochen haben, so wie sie sie sehen, warum sollten sie sich entschuldigen? Wieder arbeiten wir daran, dass eine Entschuldigung der Schlüssel dazu ist, den Zwischenfall auszubügeln.

Die Reaktionen der Menschen hängen unserer Erfahrung nach vom Alter unserer Freunde ab. Unseren jüngeren Freunden wird bereitwilliger vergeben; andere Kinder und Erwachsene schreiben ihre Ungeschicklichkeit einfach ihrer Jugend und Unreife zu.

Zudem haben wir unseren jüngeren Kids beigebracht, einfach »Entschuldigung« zu sagen und wegzugehen, wenn sie etwas Peinliches gesagt oder getan haben. Oder, wenn sie sich nicht entschuldigen wollen, zumindest zu sagen »Entschuldigt mich« und zu gehen, statt den Vorfall noch auszuweiten.

In unseren Treffen mit Jugendlichen überlegen wir, was man tun kann, wenn man sich in der Öffentlichkeit peinlich benommen hat.

Aus der Praxis

»Hey Leute, ich muss mal«

Eines unserer Mädchen verkündete immer laut (und gewöhnlich in der Öffentlichkeit), dass es zur Toilette gehen müsse, weil es ein großes Geschäft machen müsse. Als man sie darauf hinwies, dass andere diese Information nicht hören müssen (oder wollen) und wie eine solche Feststellung wahrgenommen wird, war es ihr schrecklich peinlich.

Unsere Freunde erschrecken, wenn sie erfahren, welche Wirkung ihre sozialen »Ausrutscher« auf andere haben. Das ist nicht immer schlecht. Denn dadurch setzt sich die neu gewonnene Erkenntnis eher fest. Ihre Bestürzung zeigt, dass sie das Problem wahrgenommen haben. Dann ist es wahrscheinlicher, dass sie sich das nächste Mal daran erinnern, dieses Verhalten zu unterlassen. Wir erklärten unserer Freundin, dass sie einfach nur »Entschuldigt mich« sagen und hinausgehen sollte, wenn sie zur Toilette wollte. Weiterer Erklärungen bedarf es nicht.

Unserer Erfahrung nach sind viele Asperger-Betroffene allgemein heikle Esser; Ursache ist gewöhnlich ihre Empfindlichkeit gegenüber Geschmack, Geruch oder Beschaffenheit der Speisen. Manche haben Magen-Darm-Probleme aus noch unerforschten Gründen.

Nicht nur unseren Freunden sind ihre Fehltritte und ihr unangebrachtes Verhalten peinlich. Oft schämen sich die Eltern noch mehr dafür, weil ihnen die Peinlichkeit stärker bewusst ist. Sie schämen sich auch für ihr Kind.

Ein Weg, solche Peinlichkeiten zu umgehen, ist es, spezielle Karten auszugeben, sogenannte Autistenkarten. Diese klären die Mitmenschen diskret über Autismus auf und helfen anderen, das seltsame Verhalten Ihres Sohnes oder Ihrer Tochter zu verstehen, ohne dass Sie es vor Ihrem Kind laut begründen müssen.

Denken Sie auch daran, dass es die Erwachsenen sind, die vorleben, wie man mit der Peinlichkeit umgeht. Die Art, wie Erwachsene reagieren, beeinflusst die Reaktion der Kinder. Wir empfehlen Geduld, Verständnis und sachliches Vorgehen.

Barbara Doyle, Autismus-Spezialistin aus Springfield, Illinois, spricht davon, dem kindlichen Verhalten für die Beteiligten »Sinn zu geben«. Das bedeutet, das Asperger-Verhalten gleichsam für die Mitmenschen zu übersetzen, damit sie es besser verstehen können.

Um anderen das Verhalten Ihres Asperger-Kindes zu erklären, können Sie seine Handlungsweise für andere »entschlüsseln«. Das verringert sozialen Stress und Peinlichkeit für alle Beteiligten.

Denken Sie immer daran: Ein ruhiger Ton und klare Logik führen viel weiter und sind weitaus beruhigender für unsere Freunde als jede schrille und emotionale Reaktion.

Aus der Praxis

Erwachsene als Vermittler

Ein Junge aus unserer Gruppe wurde von seinen Kumpels aufgezogen, weil er chronische Blähungen hatte. Seine Mutter versuchte es mit einer Ernährungsumstellung und verschiedenen Naturheilmethoden, doch nichts hatte geholfen. Der Junge war von den Reaktionen seiner Kumpels so peinlich berührt, dass er ihnen das Problem erklären wollte – wissenschaftlich! Dadurch machte er sich nur noch lächerlicher. Am Ende entschieden wir, dass ein Erwachsener eingeschaltet werden musste. Er erklärte den Klassenkameraden die Krankheit des Jungen und dass man nichts dagegen tun konnte. So weckte der Erwachsene bei den Kindern Verständnis.

Fragen, die man lieber nicht stellt

Wann immer ich in meinem Büro mit neuen Freunden spreche, frage ich sie: »Hast du irgendwelche Fragen an mich?« Sie fragen oft:

»Wie alt sind Sie?«, während ihre Mütter im Hintergrund zusammenzucken. Meine Reaktion wird zum Modell dafür, wie man solche sozialen Fehltritte meistert. Ich antworte: »Das ist eine gute Frage; aber diese Frage möchten viele Erwachsene nicht beantworten, weil sie nicht älter werden wollen.« Das Kind erfährt dabei, dass seine Frage durchaus berechtigt ist, die meisten Menschen aber über ihr Alter nicht nachdenken wollen. Wenn Sie Ihrem Kind helfen, die Peinlichkeit nachzuvollziehen, indem Sie die unbeabsichtigte Verletzung erklären, kann das Kind lernen, welche Fragen es nicht stellen sollte.

Nicht nur dem Kind fällt die Entscheidung schwer

Ein Sozialtherapeut machte mit einem unserer Freunde einen Ausflug in ein Restaurant. Die Kellnerin wartete am Tisch, während der Junge versuchte, sich zu entscheiden, was er bestellen wollte. Er wurde immer unentschlossener und angespannter. Sich zu entscheiden ist für Aspies nicht einfach, weil sie Angst haben, die falsche Wahl zu treffen und nicht perfekt zu sein. Je angespannter er wurde, umso mehr stotterte er. Die Kellnerin wurde zunehmend ungeduldig und die Situation unangenehm; also machte der Sozialtherapeut das Verhalten des Jungen für die Kellnerin verständlich, ohne es direkt anzusprechen. Er sagte zu dem Jungen: »Weißt du, bei der großen Auswahl fällt es mir schwer, mich zu entscheiden, dir bestimmt auch.« Dank dieser Äußerung konnte der Junge erkennen, dass es nicht nur ihm so ging. Er entspannte sich und war dann in der Lage, zur Kellnerin zu sagen: »Ich brauche noch Zeit. Können Sie nachher nochmals kommen?«

Perfektionismus und unrealistische Erwartungen

Siehe auch: Aggression und Frustration · Akzeptanz · Depression · Dinge aufschreiben · Kompromisse · Loslassen und sich neu ausrichten · Perspektiven und Sichtweisen · Ruhig bleiben · Soziale Lerngeschichten · Wutanfälle

Wie alle richtigen Perfektionisten leiden Asperger-Kids an der Vorstellung, dass das Leben perfekt sein sollte und die Menschen jederzeit perfekt sein müssten (nicht notwendigerweise sie, die Aspies, aber alle anderen.)

Sie denken buchstabengetreu. Sie achten auf Präzision und genaue Ergebnisse. Sie erwarten, dass alles so gemacht wird, wie es sein sollte, und zwar von allen, ohne Abweichungen oder Fehler. Gibt es etwas Unrealistischeres? Letztlich bringen wir unser Leben damit zu, die Unzulänglichkeiten des Alltags zu meistern. Die wirkliche Welt – unsere nicht perfekte Welt – ist voller nicht perfekter Menschen.

Diese Realität ist eine andauernde Quelle der Frustration und Enttäuschung für unsere Asperger-Freunde. Überall lauern menschliche Irrtümer. Menschliche Emotionen stellen sich der Logik und der Vernunft in den Weg. Vieles verläuft nicht wie geplant. Was macht also der Mensch, wenn er nach Perfektion strebt?

Die verlockende Welt des Rationalen

Nun ja, die Welt der Computer, der Naturwissenschaften und der Mathematik ist attraktiv. Diese Welten bieten Präzision und konkrete Formeln und Zahlen.

Bei Zahlen gibt es nichts Ungefähres. Zahlen haben einen festen Wert und bedeuten nur eine einzige Sache, anders als diese seltsamen Wörter und Redewendungen und Ausdrücke, die auf alle möglichen Arten interpretiert werden können und vielfältige Bedeutungen besitzen.

Berühmte Querdenker

Einige der berühmtesten Naturwissenschaftler und Mathematiker hatten – so vermutet man heute aufgrund ihrer vielen Empfindlichkeiten und sonderbaren Züge – eine Störung aus dem Autismusspektrum: Sir Isaac Newton, Thomas Edison, Charles Darwin und Albert Einstein.

Das bedeutet nicht, dass Aspergern jegliche Fähigkeit in den Künsten fehlt. Einige der berühmtesten und bahnbrechendsten Musiker, Schriftsteller und Künstler hatten – so vermutet man heute – Asperger: Mozart, Beethoven, Erik Satie und Glenn Gould in der Musik; Jonathan Swift, Hans Christian Andersen, Herman Melville, Lewis Carroll, Sir Arthur Conan Doyle und George Orwell in der Literatur; Michelangelo, Leonardo da Vinci, Vincent van Gogh und Andy Warhol in der Kunst.

Depressionen als Begleiterscheinung

Eine Nebenwirkung des Perfektionismus ist natürlich das Unglücklich-Sein bis hin zu Depressionen. Menschen mit Asperger-Syndrom leiden häufig an einer Depression; dabei fühlt sich der Einzelne isoliert, niedergeschlagen und freudlos. Wenn Ihr Kind ernste Symptome einer Depression zeigt oder sogar von Suizid spricht, stellen Sie es bitte sofort einem Kinderpsychiater vor, es braucht dringend professionelle Hilfe.

Wir wissen um die perfektionistischen Tendenzen unserer Freunde. Wir erinnern sie wöchentlich – genauso wie Sie Ihr Kind vielleicht täglich erinnern – daran, dass Menschen nicht perfekt sind. Das Leben ist nicht perfekt. Wir machen ihnen deutlich, dass wir alle unfertige Geschöpfe sind. Idealerweise tun Menschen zur richtigen Zeit genau das Richtige auf genau die richtige Art und Weise – aber dafür gibt es keine Garantie.

Wie wir helfen können

Durch Coaching sollen unsere Freunde erkennen, dass die anderen Gruppenmitglieder, ebenso wie ihre eigenen Familienmitglieder, bestimmt ihr Bestes geben. Wir halten sie dazu an, ihre Mitmenschen zu ermutigen, nicht zu kritisieren, wenn sie zu mehr »Perfektionismus« und bestimmten Ergebnissen beitragen wollen.

Weil es in der Schule so viele Gruppenprojekte gibt, nutzen wir Spiele, Bauprojekte und andere Gruppenaktivitäten, damit unsere Freunde lockerer werden. Statt unsere Kids allein arbeiten zu lassen, was sie lieber tun würden, lassen wir sie Teams bilden. Zu zweit oder in Gruppen gehen sie verschiedene kreative Projekte an. Dabei lernen sie loszulassen und die Ideen und Bemühungen anderer zu akzeptieren. Immer wieder berichten dann Eltern und Lehrer, dass sie in diesem Bereich Fortschritte wahrnehmen.

Erinnern Sie Ihren Aspie immer wieder daran, dass Perfektion ein flüchtiger Moment ist, über den man sich freuen sollte. Perfektion ist aber nichts, das konstant erwartet werden kann. Wir sollten alle unser Bestes geben. Hohe Ansprüche sind bewundernswert. Aber Perfektion ist kein andauernder Zustand.

Aus der Praxis

Unerreichbare Perfektion

Der berühmte französische Maler Eugène Delacroix meinte einst: »Künstler, die in allem nach Perfektion streben, können diese in nichts erreichen.« Als einer unserer Freunde dieses Zitat hörte, sagte er: »Das gilt für mich.«

Fehler mit Humor relativieren

Als Perfektionisten hassen es Aspies natürlich, Fehler zu machen. Also versuchen wir Dinge, die schiefgehen, mit Humor zu relativieren. Dabei nutzen wir die Methode »Hühnerquatsch«, die wir von Michelle Garcia Winner ausgeliehen haben.

Die Jungen und Mädchen sitzen im Kreis und sprechen abwechselnd über ein bestimmtes Thema. Wenn sie einen Fehler machen, klopft ihnen ein anderes Mitglied, das das Gummihuhn hält, damit leicht auf den Kopf. Dieses leichte Hauen finden unsere Kids witzig und es verringert die Ernsthaftigkeit des Fehlers, den sie gemacht haben.

Dieses Spiel erhöht auch die Aufmerksamkeit der Kids gegenüber anderen, weil jeder einen »Hühnerquatsch-Moment« erwischen will. Und alles, was ihnen hilft, besser zuzuhören und aufmerksam zu sein, ist wertvoll.

Keine Angst vor Fehlern!

Der springende Punkt bei Fehlern ist die Ernsthaftigkeit, mit der Aspies jeden Fehler betrachten. Und damit liegt es wieder an ihrer verzerrten, einseitigen Perspektive.

Tony Attwood meinte, dass Asperger-Leute eine krankhafte Angst vor dem Fehlermachen haben, während es ihre höchste Freude ist, recht zu haben. Ihr Bedürfnis, perfekt zu sein und keine Fehler zu machen, torpediert ihre Fähigkeit, Dinge in der richtigen Perspektive zu sehen. Fehler werden überhaupt nicht mehr im angemessenen Verhältnis gesehen.

Wir bringen unseren Freunden bei, dass letztlich jeder von uns die Wahl hat – je unrealistischer die Erwartungen sind, umso enttäuschter wird man sein. Es erhöht die Chance auf Zufriedenheit, wenn man die Erwartungen senkt und realistischer ist.

Diese Kids werden ständige Hilfe benötigen, um dies zu verstehen. Sie müssen immer wieder daran erinnert werden, dass Menschen meistens nicht perfekt sind. Und da Perfektion schwer zu erreichen ist, müssen unsere Freunde wissen, dass es unfair ist, von allen und allem immer Perfektionismus zu erwarten.

Aus der Praxis

Die Welt geht nicht unter, weil ich einen Fehler mache

Einmal sollte ich einem unserer Freunde, der es hasste, Fehler zu machen, helfen. In der Schule war er immer wieder so frustriert und wütend, dass er seine Fehler so heftig ausradierte, dass Löcher im Papier entstanden. Ganz besonders achtete er auf korrekte Rechtschreibung.

Ich ging die Sache an, indem ich eine Lerngeschichte für ihn erfand, die er abschreiben sollte, während wir ihn auf Video aufnahmen. Dann sah er sich das Video an; dabei sah er, wie er einen Fehler machte und die Welt nicht unterging!

Unser Freund beobachtete sich nun immer wieder dabei, wie er im Video einen Fehler machte. Von da an wurde er lockerer. Auch hier war wieder die Veranschaulichung entscheidend – der Text, das Video, wie er den Fehler machte –, um ihm zu zeigen, dass man mit Fehlern leben kann. Das Sichtbarmachen ist immer ein wirkungsvoller Weg, um diese Menschen zu erreichen. Schreiben Sie es auf. Zeigen Sie ihnen Bilder.

Perspektiven und Sichtweisen

Siehe auch: Egoismus · Gedanken und Gesichtsausdrücke lesen · Kompromisse · Loslassen und sich neu ausrichten · Manieren · Nachgeben und gehorchen · Soziale Lerngeschichten · Teamwork · Veränderungen und »Richtungswechsel«

Im Friends' Club arbeiten wir in jeder Altersgruppe bei jedem Treffen am Perspektivwechsel, ob wir das beabsichtigen oder nicht. Das ist für unsere Asperger-Kids eine der größten Hürden im Zusammensein mit anderen Kindern – sie sind sich der Sichtweise des anderen nicht bewusst und akzeptieren nicht das Recht des anderen auf seine eigene Perspektive.

Den meisten normtypischen Menschen ist klar, dass sich die Gedanken und Gefühle anderer Menschen von den eigenen unterscheiden, wie es Simon Baron-Cohen in seinem Konzept der »Theory of Mind« als »Mindsight« (Einsicht in die Gedanken anderer) bezeichnete. Bei Menschen mit Asperger-Syndrom ist das nicht der Fall. Unsere Aspie-Freunde kennen nur eine Sichtweise – ihre eigene. Ihr Gehirn ist wirklich anders; es verhindert, dass sie die Perspektive anderer Menschen einnehmen und sie verstehen können.

Da sie in ihrer eigenen Perspektive verfangen sind, können Aspies folglich als schlecht erzogen, ja sogar richtig unverschämt erscheinen. Sie lehnen die Vorschläge oder Ideen anderer ab und bestehen darauf, dass nur ihre richtig sind. Unsere Freunde beleidigen andere unabsichtlich, weil sie nicht wissen, wie man Kompromisse eingeht. Starr und unflexibel kleben sie an ihrer eigenen außergewöhnlichen und oft unkonventionellen Sichtweise fest und weigern sich, sie loszulassen. Das macht Gruppenarbeit oder Teamwork sehr schwierig.

Da sie nur ihre eigene Perspektive wahrhaben wollen, konzentrieren sich Asperger-Kids intensiv auf das, was sie interessiert, haben aber keine Vorstellung von dem großen Ganzen. Sie sind unfähig, Dinge in einem größeren Zusammenhang zu sehen; sie nehmen oft das Unbedeutende wahr und konzentrieren sich übermäßig auf reine Details.

Aus der Praxis

Gefühlsblind

In der Pause auf dem Spielplatz bemerkt ein jüngeres Asperger-Kind einen roten Ball; es läuft hin, um ihn zu holen. Es nimmt nicht wahr, dass dieser Ball Teil eines Spiels ist, das von einer Gruppe Kinder gespielt wird, die nun wütend auf es sind. Die anderen Kinder ärgern sich und halten sein Verhalten für egoistisch und frech. So gewinnt man keine Freunde. So macht man sich Feinde. Diese »mindblindness«, die Unfähigkeit, die Perspektive eines anderen einzunehmen, kann Aspies in echte Schwierigkeiten bringen.

Ein wichtiges Ziel für uns ist es deshalb, unseren Kids beizubringen, dass Menschen zwar dieselben Dinge anschauen, diese aber ganz verschieden wahrnehmen, und dass das absolut in Ordnung ist! Wir bringen ihnen bei, dass es wichtig ist, die Sichtweise eines anderen anzuerkennen, selbst wenn man sie nicht teilt.

Wir wollen keineswegs die Einstellung der Asperger-Kids hinsichtlich ihrer eigenen festen Überzeugungen und Ansichten verändern. Wir wollen vielmehr, dass sie erkennen, dass andere Menschen auch anders denken können und dass sie das Recht zu solchen anderen Ansichten und Meinungen haben. Wir bringen ihnen bei, dass es bei jeder Sache verschiedene Seiten gibt und dass es wichtig ist, der anderen Person zuzuhören und ihre Seite anzuhören.

Hilfreiche Bücher

Das ist ein sehr abstraktes Thema und wir verwenden daher Bücher, Spiele und andere konkrete Lernhilfen, um den Perspektivenwechsel anschaulicher zu machen. Geeignet sind Kinderbücher, die auf bekannten Märchen basieren und bei denen die Erzählperspektive umgekehrt wurde. Sie stellen eine hervorragende Lernhilfe dar, da sie eine konkrete Möglichkeit bieten, schlussfolgernde Überlegungen zu trainieren.

Oder wir sprechen es an, wie anders die Geschichte von Harry Potter klingen würde, wenn sie aus der Sichtweise von Draco Malfoy oder Voldemort erzählt würde. Wie einer unserer Jungen sagte: »Voldemort würde wahrscheinlich sagen, dass Harry so eine Nervensäge ist und einfach nicht weggehen wollte.« Dieser Freund hatte das Prinzip vollständig begriffen! Auch Bilderbücher ohne Text helfen unseren Kids, das große Ganze zu sehen. Bücher wie »Strandgut« von David Wiesner lenken unsere Kids nicht durch Wörter ab; sie zwingen sie dazu, sich vorzustellen, was in der Geschichte geschieht, indem sie das Ganze betrachten, nicht nur Einzelteile.

Mit den Neun- bis Elfjährigen machen wir Spiele wie »Was stimmt auf diesem Bild nicht?« Wir zeigen einfache Abbildungen, die wir »Absurditäten« nennen; sie stellen unlogische Situationen dar. Dann fragen wir unsere Freunde, was auf dem Bild nicht stimmt. Zum Beispiel geht ein Mann im Regen spazieren. Sein Schirm hängt an seinem Arm, obwohl der Regen ihn durchnässt. Unsere Kids müssen das gesamte Bild anschauen, nicht nur den Schirm oder den Bürgersteig oder die Regentropfen, um sich das Geschehen vorzustellen.

Aus der Praxis

Meine Meinung, deine Meinung

Manchmal behindern spontane Gespräche die »Arbeit«, die unsere Gruppen leisten müssen. Bei anderen Gelegenheiten bieten sie einen wertvollen Lernbeitrag, den wir in unsere Unterrichtseinheit integrieren.

Einer unserer jüngeren Jungen erzählte zum Beispiel einem anderen, dass sein Hund wirklich sieben Jahre alt war, in Hundejahren, nicht ein Jahr. Der andere Junge widersprach und sie beharrten unbeugsam in ihren gegensätzlichen Positionen. In der Gruppe sprachen wir mit ihnen beiden, um ihre gegensätzlichen Standpunkte aufzuklären. Schließlich sagte der eine Junge zum anderen: »Okay, ich weiß, was du meinst, aber ich muss nicht deiner Meinung sein.« Da wussten wir, dass er die Sache begriffen hatte.

Es hört sich nur nach einer Kleinigkeit an und ist doch eine enorme Leistung. Das Recht eines anderen auf seine eigene Meinung zu akzeptieren ist für unsere Kids ein enormer Durchbruch.

Hilfreiche Spiele: »Äpfel zu Äpfeln«

Ein Spiel, das wir mit allen unseren Gruppen spielen, nennt sich »Äpfel zu Äpfeln«. In diesem Spiel ist ein Mitspieler der Richter und alle anderen ziehen jeweils fünf Karten, auf denen eine breite Auswahl an Dingen abgebildet ist – Tiere, Nahrungsmittel, Fernsehfiguren, Spielsachen, Naturmotive, berühmte Persönlichkeiten.

Der Richter legt eine Eigenschaftskarte aus. Die Spieler wählen dann die Karte in ihrer Hand, von der sie denken, dass sie am besten zu dem Adjektiv passt. Der Richter beurteilt, was am besten passt.

Was an diesem Spiel so toll ist, ist, dass die Spieler Entscheidungen auf der Basis ihrer Wahrnehmung treffen. Dann gibt es einen Richter, der aufgrund seiner eigenen Sichtweise über die Siegerkarte entscheidet. Wenn das Adjektiv zum Beispiel »heiß« ist, muss der Richter vielleicht zwischen einer Sonne, einer schicken Frau oder einer gefährlichen Situation entscheiden. Es gibt keine richtige Antwort; richtig ist, was der Richter für die »heißeste« Wahl hält. Das führt zu wunderbaren Diskussionen darüber, warum jemand gerade diese Karte ausgespielt hat und warum der Richter eine bestimmte Karte als die passendste ausgewählt hat. Wir lassen die Kids den Satz »Das ist meine Meinung« immer wieder wiederholen. So lernen sie, sich von ihrer starren Überzeugung zu lösen.

Beim Spiel »Äpfel zu Äpfeln« können unsere Freunde auch etwas über den Unterschied zwischen Durchsetzungsfähigkeit und Schikanieren lernen. Wir erleben immer wieder, wie sich manche Kids auf einem schmalen Grat zwischen beidem bewegen, und müssen dann vermitteln. Einmal sagte der Richter zu einem Mädchen, seine Karte sei eine dumme Antwort. Das Mädchen antwortete dem Richter: »Ich mag nicht, was du sagst. Das tut mir weh.«

Wie wunderbar war es für das Mädchen, sich auf diese Weise ausdrücken zu können und für sich selbst einzustehen! Solche Situationen, die sich immer wieder in Spielen ergeben, sind ein wichtiger Teil unserer Lerneinheit über Perspektiven. Wir nutzen jede Gelegenheit, unseren Freunden beizubringen, wie sie ihre eigenen Interessen vertreten und über ihre Gefühle sprechen können. Das bedeutet für sie einen riesigen Schritt und ist zu Hause, in der Schule und später am Arbeitsplatz von entscheidender Bedeutung.

Probleme lösen

Siehe auch: Akzeptanz · In Bildern und Mustern denken · Kompromisse · Kooperation · Loslassen und sich neu ausrichten · Perfektionismus und unrealistische Erwartungen · Perspektiven und Sichtweisen · Teamwork · Um Hilfe bitten · Veränderungen und »Richtungswechsel« · Zuhören

In beinahe jeder Sitzung geht es bei uns auch – bei großen und bei kleinen Themen – um Problemlösekompetenz. Daran arbeiten wir eigentlich ständig. Warum? Weil Problemlösen eine Fähigkeit ist, die den Einzelnen und Gruppen betrifft. Es hat Bedeutung für aktuelle Themen und für zukünftige.

Machen wir uns klar: Das Leben ist voller Probleme – oder »Herausforderungen«, wie manche Leute lieber sagen. Hindernisse und schwierige Situationen oder schwierige Menschen setzen neurotypischen Personen ebenso zu wie Menschen mit Asperger. Aber während die Neurotypischen – oder »Tippies« – die Dinge ins rechte Licht rücken und auch ein Stück weit nachgeben können, um Probleme zu lösen, sind Aspies oft völlig blockiert.

> **Es ist nie eine Frage der Macht. Die mangelnde Flexibilität eines Aspies ist keine Unwilligkeit, sich der Autorität eines anderen zu beugen. Sie ist eine Frage der Kontrolle, der Ordnung und vor allen Dingen des Vorstellungsvermögens.**

Asperger-Kids machen sich ein ganz genaues Bild davon, wie etwas sein sollte oder was dabei herauskommen sollte; und es ist für sie sehr, sehr schwer, von dieser Vorstellung abzulassen. Sie sind darauf eingestellt, das zu verfolgen, was sie in ihrem Kopf sehen. Und so hängen sie strikt daran fest. So fest, dass sie es ablehnen oder sich sogar weigern, andere Ideen oder Abweichungen zu akzeptieren.

Um sicherzustellen, dass ihre Vision sich verwirklicht, bestehen sie auf totaler Kontrolle. Sie sind überzeugt, dass Dinge einer bestimmten Ordnung folgen müssen.

Damit wird es für andere sehr schwer, eine Idee zur Verwirklichung beizutragen oder zu improvisieren. Gruppenprojekte gibt es in der Schule oder der Betreuung ständig, doch Asperger-Kids können außer sich geraten, wenn ihre Vorstellung angegriffen wird. Sie können Vorschläge anderer Kinder oder jegliche Veränderungen nicht akzeptieren.

Diese Schwierigkeiten mit dem Problemlösen bilden eine weitere Barriere für Freundschaften. Niemand will mit jemandem befreundet sein, der nur an seinen Vorstellungen festhängt und andere Ideen nicht anhört. Wer will schon etwas mit einem Kind bauen, das zu unflexibel und unwillig ist, seine Vorstellungen mit den Plänen anderer Kinder abzustimmen?

Aus diesem Grunde machen wir so viele Spiele. Und wir zeichnen Gruppenbilder, zu denen jeder einen Teil beiträgt. Und wir bauen Gruppengebilde aus Lego oder KNEX oder ZOOB-Würfeln.

Solche Gruppenaktivitäten zwingen unsere jungen Visionäre (und Perfektionisten), ein wenig von ihrer Idee loszulassen. Sie können gar nicht anders, als mit anderen zu kooperieren. Bei diesen gelenkten Gruppenspielen müssen sie sich darüber klar werden, dass auch die Ideen der anderen interessant sind und in Betracht gezogen werden müssen.

Bei Gruppenaktivitäten erkennen sie auch, dass ihre Sichtweise und Perspektive nicht die einzige ist; sie erkennen, dass andere Kids ihre eigenen Wahrnehmungen haben, die beachtet werden müssen. Je besser unsere Freunde darin werden, die Kontrolle und das Bedürfnis nach starren Abfolgen loszulassen, ohne ihre Vision aus dem Blick zu verlieren, umso besser werden sie Probleme lösen und neue Freunde finden können.

Wenn wir ihre Flexibilität erhöhen und ihr striktes Festhalten an ihren Ideen abschwächen können, sind sie auch besser gerüstet, um ihren Weg in der wirklichen Welt und am Arbeitsplatz zu gehen. Dann werden unsere Freunde weniger Probleme mit Menschen haben, weil sie Anregungen und Lösungen von anderen aufgreifen, statt sie zurückzuweisen.

Regeln

Siehe auch: Akzeptanz · Dinge aufschreiben · Kooperation · Nachgeben und gehorchen · Perspektiven und Sichtweisen · Reizempfindlichkeit und Essverhalten · Weitergehen zu Neuem · Zwänge und zwanghaftes Verhalten

Im Großen und Ganzen sind Asperger-Kids Regelbefolger. Das ist die gute Nachricht. Allerdings können sie sich weigern, Regeln zu befolgen, die sie nicht verstehen oder die ihnen unlogisch erscheinen. Das ist die schlechte Nachricht.

Asperger-Kids sind Querdenker

Kinder mit Asperger-Syndrom sind geborene Regelbefolger, aber auch geborene Querdenker. Ihre sehr unkonventionelle Sichtweise der Welt macht es ihnen manchmal schwer, konventionelles Denken zu akzeptieren. Damit ist die Art des Denkens gemeint, auf dem die Regeln beruhen, die von der neurotypischen Bevölkerung als notwendig angesehen werden.

Wenn sie mit bestimmten Regeln nicht einverstanden sind oder den Sinn mancher Regeln nicht erkennen, dann halten sie sich nicht daran. Unsere Freunde haben keine Bedenken, Autoritätspersonen oder die Regeln selbst in Frage zu stellen. Wir sollten froh darüber sein. Denn auf genau diese Weise entstehen Innovation und Erfindungen.

George Bernard Shaw sagte einmal: »Der vernünftige Mensch passt sich an die Welt an; der unvernünftige versucht hartnäckig, die Welt an sich anzupassen. Daher hängt jeglicher Fortschritt vom unvernünftigen Menschen ab.«

Manche berühmten »unvernünftigen« Menschen hatten, wie man heute aufgrund ihres seltsamen Verhaltens und ihrer Besessenheiten vermutet, ein Asperger-Syndrom: Albert Einstein, Thomas Edison, Sir Isaac Newton, Thomas Jefferson, Charles Darwin, Beethoven, Hans Christian Andersen, Gregor Mendel, H. G. Wells und Vincent van Gogh. Wir sollten nicht überrascht sein.

Das Gehirn eines Aspies ist wirklich auf originelles Denken programmiert. Geboren als unkonventionelle Denker, brechen sie eher Regeln, statt sie aufzustellen. Aber wie können Sie Ihrem Kind helfen, auch Regeln zu befolgen? Selbst Aspies müssen Regeln befolgen – zu ihrer eigenen Sicherheit, im Sinne der Gruppe oder aus sozialen Gründen.

Sinnvolle Regeln werden anerkannt

Auch hier lautet die gute Nachricht wieder: Solange ihnen die Regel sinnvoll erscheint oder sie den Eltern oder Autoritätspersonen glauben, dass sie notwendig ist, werden sie sie befolgen. Wenn sie eine Regel in Frage gestellt haben, aber eine zufriedenstellende, logische und emotionslose Erklärung bekommen haben, warum sie sie befolgen sollen, dann werden sie an ihr festhalten – wenn auch manchmal zu strikt. Und darin besteht wirklich die Ironie: Sobald Aspies Regeln akzeptieren, neigen sie dazu, sich an ihnen festzuklammern. Regeln sind konkret und sicher. Sie schaffen einen bequemen Rahmen; unsere Aspies können sich daran festhalten in einer sich ständig verändernden, verwirrenden Welt. Berücksichtigen wir dazu noch die angeborene Unflexibilität eines Aspies, wird verständlich, warum es für sie sehr schwer sein kann, Regeln auch mal ein wenig lockerer zu sehen, um zum Beispiel mehr Spaß zu haben.

Wie wir helfen können

Im Friends' Club beschäftigen wir uns auf beide Arten mit Regeln. Wir sind immer darauf vorbereitet, eine logische Erklärung für die Notwendigkeit einer Regel zu geben. Wir können ihnen auch erklären, wann man eine Regel lockern kann und sich nicht zu sehr um Regeln kümmern sollte, damit man im Spiel mit Freunden mehr Spaß hat.

wichtig

Bitte denken Sie daran, dass der Widerstand Ihres Kindes gegen bestimmte Regeln eine rein intellektuelle Angelegenheit ist. Es geht dabei nicht um Macht oder Kontrolle. Leider wird die Weigerung eines Asperger-Kindes, sich an Regeln zu halten, oft fälschlich als respektlos oder verzogen oder als Erziehungsproblem betrachtet. Das stimmt nicht.

Bieten Sie einem Aspie eine logische, akzeptable Erklärung, warum die Regel befolgt werden soll, und er befolgt sie. So einfache Aussagen wie »Das ist zu deiner Sicherheit« oder »Das ist die Schulpolitik« oder »So ist das Gesetz« funktionieren. Deutlich und ruhig ausgesprochen führt eine solche Erklärung gewöhnlich zum Ziel.

Manchmal jedoch verhindern die Empfindlichkeit unserer Freunde für Sinnesreize, ihre Spezialinteressen oder bestimmte Zwänge, dass sie eine Regel befolgen. Wenn zu viel Krach, zu helles Licht, eine zu kalte oder zu warme Umgebung ihr Sinnessystem völlig überreizt, können sie sich gegen Regeln sperren.

Oder wenn die Regel in eines ihrer speziellen Interessengebiete eingreift oder damit in Konflikt gerät oder sie zwanghaft etwas tun bzw. nicht tun, dann kann es sein, dass sie nicht kooperieren. In diesen Situationen können Asperger-Kids die Regeln einfach nicht befolgen. Was können Sie dann tun? Wie bewegen Sie sie zur Mitarbeit?

Wiederum geht es hierbei nicht um Macht oder Kontrolle, wie es bei einem neurotypischen Kind der Fall sein könnte. Um herauszufinden, was Ihr Kind davon abhält, stellen Sie ihm Fragen. Viele Fragen. Und seien Sie auf einige Überraschungen gefasst.

Weitere Hilfestellungen

Im Friends' Club helfen wir ihnen über solche Hürden hinweg, indem wir über die Hinderungsgründe sprechen. Wir fragen sie, warum sie sich weigern, etwas zu tun. Lässt sich einfach Abhilfe schaffen, tun wir das. Wenn nicht, erklären wir, warum sie die Regel, die wir aufstellen, befolgen müssen; wir erklären es so lange in Ruhe, bis wir ein Verständnis erreichen.

Wenn ein Zwang im Wege steht, packen wir ihn »in eine Schachtel«. Dann ist das Thema weggepackt. Wir öffnen dazu tatsächlich eine kleine Schachtel, tun so, als ob wir etwas hineinlegten, und schließen den Deckel. So einfach es klingt, es funktioniert! Und was, wenn das Gegenteil geschieht und unsere Freunde sich zu sehr darauf versteifen, ein Spiel strikt nach der Regel zu spielen, so dass es keinen Spaß mehr macht? Dann verändern wir die Spielregeln. Dadurch lernen unsere Kids, neue Regeln und neue Spielarten zu akzeptieren.

Einige unserer Freunde brechen Regeln auf ihre eigene Weise; gewöhnlich geht es dabei um alles oder nichts. Sie ignorieren alle Regeln, die für einen Spielablauf gelten, und verwenden die Spielfiguren oder Karten stattdessen für ihr eigenes Spiel mit neuen Regeln. So variierte zum Beispiel ein Junge das Spiel »Äpfel zu Äpfeln« zu einem »Apfelkampf«. Mit bestimmten Karten forderte er Mitspieler auf, gemeinsam die Gegner anzugreifen.

Entweder – oder

»Erwarte das Unerwartete« bei diesen besonderen Mädchen und Jungen. Und das ist der entscheidende Punkt. Entsprechend ihrer Persönlichkeit, die alles in ein Schwarz-Weiß, Entweder-Oder einteilt, gibt es für sie nur zwei Möglichkeiten: Entweder befolgen sie das Spiel genau und kleben an allen Regeln fest oder sie kreieren ihr eigenes Spiel mit völlig neuen Regeln und ignorieren die bisherige Spielweise. Wir wollen ihnen beibringen, dass es einen Mittelweg gibt. Grauzonen, in denen nicht alles weiß oder schwarz ist. Die wirkliche Welt hat viele Grautöne und es hilft unseren Freunden, sich dessen bewusst zu sein.

Die Arbeit mit jedem Menschen mit Asperger-Syndrom bedeutet immer, dass man selbst in allen Bereichen eine neue Perspektive gewinnt. Diese Menschen überraschen fortlaufend; sie begeistern uns oft mit ihrer Originalität und ihren ungewöhnlichen Beobachtungen. Bitte freuen Sie sich über diese Andersartigkeit Ihres Kindes.

Fördern Sie seine Perspektiven. Und fördern Sie seine Stärken; vielleicht ziehen Sie gerade den nächsten wegweisenden »unvernünftigen« Erfinder auf, der unsere Gesellschaft voranbringt.

Reisen

Siehe auch: Ängstlichkeit · Anspannung und Unsicherheit · Aus dem Haus gehen · In Bildern und Mustern denken · Kooperation · Loslassen und sich neu ausrichten · Reizempfindlichkeit und Essverhalten · Soziale Lerngeschichten · Urlaub und Schulferien · Veränderungen und »Richtungswechsel« · Wutanfälle · Zeitblindheit · Zur Ruhe kommen und sich sammeln

Wir haben bereits davon gesprochen – und Sie wissen es selbst nur allzu gut: Veränderungen sind für jedes Asperger-Kind ein großes Problem. Veränderung bedeutet Unberechenbarkeit, Unsicherheit und Unbekanntes. Und was ist der Inbegriff dieser drei Dinge? Ja, natürlich: Reisen.

Wer von uns normtypischen Menschen gerne reist, der tut das wegen der neuen Eindrücke, wegen all des Neuen, das er hört, und neuer kulinarischer Erlebnisse. Während wir uns auf Überraschungen und Entdeckungen an unbekannten Orten freuen, teilen unsere Asperger-Freunde diese Begeisterung keineswegs.

Warum gibt es hier Schwierigkeiten?

Fremde Orte, fremde Gesichter, fremdes Essen versetzen sie in Alarmstimmung. Ein Kind mit Asperger-Syndrom kann durch eine Umgebung mit fremder Sprache und unbekannten Gerüchen, Geräuschen und Eindrücken völlig aus der Bahn geworfen werden – wie Sie es sich niemals hätten vorstellen können. Und das Kind selbst kann seine völlige Verunsicherung kaum ausdrücken.

Bedeutet das, dass Sie nie mit Ihrem Kind verreisen sollten? Nein, keineswegs.

Es bedeutet, dass Sie Ihr Asperger-Kind – wenn die Reise für Ihr Kind und damit auch für Sie und die anderen Familienmitglieder zu einem angenehmen Erlebnis werden soll – ganz detailliert auf die Reise vorbereiten müssen. Gut vorbereitet wird dann auch Ihr Aspie die Reise genießen.

Die Reise ankündigen

Verkünden Sie dazu nicht nur das Reiseziel; gehen Sie mit ihm die Reise gedanklich Schritt für Schritt durch. Natürlich wird es unterwegs ungeplante Überraschungen geben – das macht das Reisen aus –, aber wenn Ihr Kind zumindest weiß, was im Großen und Ganzen auf es zukommen wird, sind unerwartete Zwischenfälle nicht so verstörend.

Planung und Vorbereitung können die Ängste unserer Freunde vor fremden, unbekannten Orten und fremden Gesichtern lindern.

Da Asperger-Kids kein Zeitgefühl besitzen und vor allem in der Gegenwart leben, müssen Sie einen bevorstehenden Trip mehrmals ansprechen, damit sich die Informationen beim Kind festsetzen. Je größer die Reise, umso früher sollten Sie mit dieser Vorbereitung beginnen. Wenn Sie packen, sollten Sie die Reise bereits mehrere Male erwähnt und genau beschrieben haben, was Sie dabei alles Lustiges miteinander erleben werden.

Zeigen Sie Ihrem Kind Fotos vom Reiseziel – dann bekommt es eine konkretere Vorstellung davon. Bilder liefern den Asperger-Kids Anschauungsmaterial, an dem sie sich orientieren und »festhalten« können; das ist von Vorteil, weil sie selbst viel in Bildern denken. Helfen Sie Ihrem Kind, seinen Rucksack mit Büchern, Spielsachen, Reisespielen, einem Kuscheltier, iPod oder »MP3-Player« und was immer ihm wichtig ist zu packen. Es ist wichtig, dass es Utensilien von zu Hause dabei hat. Das Vertraute gibt ihm Trost und »erdet« Ihr Kind.

Die Reise gut vorbereiten

Bevor Sie sich zum Flughafen oder zum Bahnhof aufmachen oder das Auto für die Reise beladen, legen Sie genügend warme Kleidung für Ihr Kind zurecht. Infolge ihrer hohen Reizempfindlichkeit frieren unsere Freunde in klimatisierten Flugzeugen, Zügen und Autos leicht. Vergessen Sie nicht den Sonnenhut zum Schutz vor der hellen Sonne bzw. eine wasserdichte Schneehose und lange Unterwäsche bei einem Winterurlaub, um Ihr Kind vor dem kalten Schnee zu schützen.

Im Flughafen oder am Bahnhof, in der U-Bahn oder an der Bushaltestelle halten Sie Ihr Kind bitte gut fest, viel fester, als Sie es bei Ihren anderen Kindern machen würden. Diese Kinder laufen einfach weg, wenn sie etwas sehen, das ihre Aufmerksamkeit fesselt, was aber keinem anderen Familienmitglied aufgefallen ist. Sie laufen einfach los, um diese Sache zu erkunden, und sind sich dabei gar nicht bewusst, dass sie die Mitreisenden verlassen haben. Wir hatten schon Eltern, die ihr Kind während einer Reise an eine Laufleine genommen haben, damit es nicht verloren gehen konnte.

Viele Eltern geben ihren älteren Asperger-Kids ein Handy. So können die Eltern ihr Kind anrufen, wenn sie es nicht mehr sehen, und das Kind kann selbst ebenfalls Hilfe anfordern oder lokalisiert werden, wenn es verloren geht. Dank der integrierten Uhr des Handys kann das Kind auch immer feststellen, wie spät es ist.

wichtig

Ein Armband mit den persönlichen Daten ist sehr empfehlenswert. Im Falle, dass das Kind von der Familie getrennt wird, ist ein solches Armband (oder Amulett) mit seinem und Ihren Namen, Telefonnummern und/oder Adresse, unter der Sie erreichbar sind, wichtig. Asperger-Kids, selbst die älteren, wissen solche Details nicht oder erinnern sich nicht daran.

Bereiten Sie für Ihr Kind einen ruhigen Platz für die Reise vor; es soll sich entspannen und beruhigen, bevor Sie losfahren. Sehr ratsam ist es auch, jeden Tag eine bestimmte Zeit festzusetzen, in der es einfach im Hotel »abhängen« oder – falls Sie zelten – im Zelt spielen darf. Diese Kids brauchen ihre Auszeiten, nach Möglichkeit im Haus; nur so kann man ihr inneres Gleichgewicht bewahren und sie bei Laune halten.

Die Reise gemeinsam genießen

Eine besondere Herausforderung besteht darin, das Kind zu Besichtigungen zu animieren. Denn das bedeutet, dass es die Unterkunft verlassen und sich ins Ungewisse begeben muss. Nur weil Sie nicht zu Hause sind, bedeutet das keineswegs, dass Ihr Kind nicht mehr am liebsten drinnen bleibt. Aspies können sich schnell an ihr neues »Zuhause« gewöhnen und bleiben lieber dort drinnen, statt mit neuen Eindrücken, lauten Geräuschen und ungemütlichem Wetter konfrontiert zu werden.

Die gute Nachricht lautet, dass Sie Ihr Kind zu solchen Unternehmungen durchaus überreden können. »Locken« Sie es mit leckeren Mahlzeiten, Spielen im Park oder einem Besuch im Zoo oder einer Tierhandlung als Anreiz, damit es den Ausflug mitmacht. Naturkunde-, Wissenschafts- und Technikmuseen haben gewöhnlich eine höhere Anziehungskraft auf Ihr Kind als Kunstmuseen oder Paläste. Wenn Sie zuerst etwas unternehmen, das Ihr Kind interessiert, können Sie danach das tun, was Sie mögen.

Im Friends' Club lassen wir die Kids von bereits erfolgten oder bevorstehenden Ausflügen berichten. Es ist schön zu erleben, wie sie ihre Geschichten austauschen und erklären, was ihnen am Reisen gefallen (oder nicht gefallen) hat.

Mit einer sozialen Lerngeschichte arbeiten

Ich habe auch viele soziale Lerngeschichten geschrieben, mit denen Eltern ihr Kind auf eine Reise vorbereiten können. Hier finden Sie ein Beispiel einer Geschichte, die ich für einen kanadischen Freund geschrieben habe, der mit seiner Familie in die Dominikanische Republik reiste. Diese Geschichte ist sehr anschaulich und konkret; es ist für Aspie-Kids wichtig und gut, die Details schon im Voraus gut zu kennen. Ich habe die Geschichte durch Farbfotos aus dem Internet illustriert. Dank solcher Bilder können unsere visuell orientierten Jungen und Mädchen sich das Reiseziel besser vorstellen und sich mental auf die Reise einstellen.

Aus der Praxis

Ich lerne ...
... mit dem Flugzeug zu verreisen

Mein Name ist Jason und ich bin ziemlich klug. Ich spiele gern Bionicles. In den Ferien werde ich in die Dominikanische Republik reisen (Landkarte). Das wird sehr spannend werden, weil ich mit dem Flugzeug fliegen werde

Im Flugzeug (Foto) muss ich die anderen Fluggäste respektieren, das heißt, ich muss höflich sein und darf nicht zu laut sprechen. Innen im Flugzeug sieht es etwa so aus (Foto). Ich habe da meinen eigenen Platz. Dieser Platz wird mir zugewiesen und ich darf mich nicht auf einen anderen Platz setzen. Ich darf mich nur auf den Platz setzen, den die Leute von der Fluglinie für mich reserviert haben (Foto von Menschen auf ihren Sitzen).

Im Flughafen gibt es verschiedene Fluglinien. Das ist richtig so. Ich muss bei Mama und Papa bleiben, weil der Flughafen groß ist und es dort viele Menschen gibt; schließlich will ich nicht verloren gehen. Es gibt vor den Flugschaltern und der Abfertigung Menschenschlangen. Da muss ich mich anstellen und warten. Es bilden sich Schlangen, weil viele Menschen zur gleichen Zeit verreisen wollen, und das ist in Ordnung so. Ich muss etwas finden, das ich in der Zeit machen kann, zum Beispiel iPod hören (Foto); ich kann auch ein paar Spielsachen mitnehmen, mit denen ich spielen kann, oder ich kann ein Buch lesen.

Wenn ich auf den Flughafen komme, müssen wir zum Einchecken warten. Das bedeutet, dass ich an einem Ticketschalter warte, wo ich mein Gepäck abgebe; es wird dann von Flughafenangestellten ins Flugzeug gebracht (Foto).

Nach dem Einchecken muss ich in einer Schlange auf die Sicherheitskontrolle warten.

Ich muss dazu durch ein Gerät gehen, das so aussieht (Foto). Es ist richtig, dort durchzugehen, weil dadurch sichergestellt wird, dass mir nichts passiert. Das ist eine gute Sache.

Wenn ich in der Dominikanischen Republik lande, muss ich abwarten, bis ich an der Reihe bin, aus dem Flugzeug auszusteigen. Dann muss ich durch den Zoll gehen. Das ist ein Bereich, in dem die Polizei der Dominikanischen Republik kontrolliert, wer in das Land einreist (Foto).

Dann gehe ich mein Gepäck holen. Dieser Bereich wird Gepäckausgabe genannt und sieht etwa so aus (Foto).

Das Reisen ist anstrengend, macht aber auch Spaß. Ich werde versuchen, ruhig zu bleiben und den Leuten freundlich zu sagen, was ich nicht mag. Ich will abwarten, bis ich an der Reihe bin, und werde nur Fragen stellen, wenn ich an der Reihe bin. Darüber wird sich meine Familie freuen. In Urlaub zu gehen macht sehr viel Spaß.

Vorteile einer Auslandsreise

Wenn Sie einen zusätzlichen Anreiz brauchen, um mit Ihrem Kind eine größere Reise zu unternehmen, beherzigen Sie, was viele Asperger-Erwachsene Tony Attwood berichtet haben: Aspies können in einem fremden Land recht zufrieden leben und im sozialen Umgang erfolgreicher sein. Ihre soziale Ungeschicklichkeit wird der Tatsache zugeschrieben, dass sie Ausländer sind und die Kultur nicht kennen. Soziales Fehlverhalten wird leichter verziehen, weil sie Fremde in einem fremden Land sind; daher begegnet man ihnen mit Verständnis und nicht mit Ausgrenzung. Und wenn die Besucher bereit sind, die Sprache zu lernen, erfahren sie umso mehr Wertschätzung durch die Einheimischen.

Reizempfindlichkeit und Essverhalten

Siehe auch: Angst · Ängste zulassen · Ängstlichkeit, Anspannung und Unsicherheit · Erscheinungsbild · Familienfeiern und Festtage · Körperliche Fähigkeiten und Sport · Körperpflege und Hygiene · Ruhig bleiben · Reisen · Selbstregulation (Stimming) · Veränderungen und »Richtungswechsel« · Widerwillen, das Haus zu verlassen · Wutanfälle · Zur Ruhe kommen und sich sammeln

Ja, dieses kleine Etikett in seinem T-Shirt oder diese Naht in seinem Strumpf quält Ihr Kind wirklich. Ja, ein Staubsauger kann für Ihr Kind, ebenso wie ein Müllwagen oder jede Art von Musik, unerträglich laut sein. Und ja, bestimmte Nahrungsmittel (vielleicht sogar viele Nahrungsmittel) schmecken Ihrem Kind nicht. Ihr Geschmack ist zu intensiv. Ihre Beschaffenheit ist seltsam. Der Geruch oder das Aussehen der Speise ist irgendwie verdächtig. Das Gericht ist zu heiß oder zu kalt; vielleicht ist es nur bei Zimmertemperatur akzeptabel, sei es bei Suppe oder bei Eiscreme.

Manchmal bekommt Ihr Kind von etwas nicht genug, dann wieder zu viel davon, auf jeden Fall ist es fast nie so, dass Ihr Asperger-Kind ein Gericht akzeptieren kann.

Willkommen in der Welt der Sinnes-Überempfindlichkeiten, an denen unsere Freunde vom Autismus-Spektrum leiden.

Warum gibt es hier Schwierigkeiten?

Geräusche, visuelle Eindrücke, Gerüche, Geschmacksempfindungen und Beschaffenheiten, über die wir normtypischen Menschen niemals auch nur nachdenken würden, quälen viele Asperger-Kinder tatsächlich. Natürlich gilt in dieser Personengruppe niemals etwas für alle gleichermaßen. Was das eine Asperger-Kind quält, macht dem anderen nichts aus. Und selbst ein und dasselbe Kind kann auf das eine Geräusch überempfindlich reagieren und ein anderes nicht einmal hören! Gemeinhin besteht ein individueller Mix aus Über- und Untersensibilitäten, der sich beliebig verändern kann.

Sicher ist jedoch, dass diese Anfälligkeit für Reizüberflutung weit größer ist, als wir uns vorstellen können. Sowohl Tony Attwood als auch Temple Grandin, eine bekannte Autorin, Professorin und Wirtschaftsberaterin mit hochfunktionalem Autismus, haben bestätigt, dass Aspies auf die Frage, was sie an ihrer Situation gerne verändern würden, durchweg angeben, dass sie ihre Empfindlichkeit für Sinnesreize verringern würden.

Diese Überempfindlichkeiten sind für Aspies das Schwierigste, mit dem sie leben müssen – sogar schlimmer noch als all die sozialen Missverständnisse und ihre Schwierigkeiten mit der Organisation, dem Zeitmanagement usw. Ihre Empfindsamkeit macht es ihnen so schwer, eine normale Umgebung zu verstehen und zu ertragen. Geschäfte, Schwimmbäder, Partys und Klassenzimmer überfordern ihre Sinne.

Und Aspies, die für Sinneseindrücke zu wenig empfänglich sind, können sich selbst stimulieren (stimming) oder sogar selbst verletzen, um die Reize zu erhalten, die ihr Nervensystem benötigt. Und dieses Verhalten wiederum behindert unsere Freunde in sozialen Situationen.

Wie können wir also helfen?

Zeigen Sie Verständnis

Der erste Schritt besteht wie immer darin, Verständnis zu zeigen, statt zu verurteilen. Aspies können wirklich nichts dafür.

Egal wie sehr Sie sich bemühen, Sie werden Ihr Kind nicht davon überzeugen, dass ein bestimmtes Geräusch, ein Geruch oder ein Geschmack keine große Sache ist. Für sie ist es eine große Sache. Argumentieren ist müßig; daher ist es besser, zu trösten und zuzuhören. Warum sollten wir die Situation schwieriger machen, als unbedingt nötig?

Es ist wichtig zu wissen, dass ein Großteil des »sonderbaren« Verhaltens und scheinbaren Fehlverhaltens durch die Vermeidung von Sinnesreizen oder durch Reizüberflutung verursacht wird. Wenn Sie das verstehen und akzeptieren, werden Sie weniger frustriert und emotional reagieren. Umso mehr wird sich Ihr Kind verstanden fühlen und umso schneller wird es sich beruhigen.

Finden Sie die Ursache

Der nächste Schritt besteht darin, das Kind zu fragen, worunter es leidet. Kann es Ihnen keine Antwort geben, schauen Sie sich um. Raten Sie, was es so aufregt, damit Sie den Auslöser entfernen oder die Lautstärke senken können.

Bringen Sie Ihr Kind von dem Ort, an dem es sich angegriffen fühlt, weg. Erlauben Sie ihm, woandershin zu gehen, wo es Ruhe findet. Das ist wichtig für seine Fähigkeit, die Selbstkontrolle wiederzugewinnen.

WISSEN

Asperger und Hypersensibilität

Wie Tony Attwood in seinem Buch »Ein ganzes Leben mit dem Asperger-Syndrom. Alle Fragen – alle Antworten« ausführt, reagieren 70 bis 85 Prozent der Asperger-Kids extrem empfindlich auf bestimmte Geräusche. Mehr als 50 Prozent leiden an einer Hypersensibilität gegenüber bestimmten Berührungsreizen. Und mehr als 50 Prozent unserer Freunde haben Geruchs- und Geschmacksempfindlichkeiten, die höchst akut sein können. Sie bedeuten, dass unsere Freunde äußerst schwierige Esser sind.

Aus der Praxis

Manchmal können unsere Freunde nicht weg

Einer unserer Freunde hatte größte Schwierigkeiten, beim Mittagessen in der Schule auf dem angewiesenen Platz sitzen zu bleiben. Selbst als die Lehrer erkannten, dass der Platz zu nahe an der Essensausgabe mit ihren intensiven Gerüchen war, durfte er den Platz nicht wechseln. Keiner wusste, was man tun sollte. Dann fragte ein pädagogischer Mitarbeiter den Jungen, was ihm seiner Meinung nach helfen würde, an diesem Platz zu bleiben. Der Junge meinte, er könnte etwas, was gut riecht, in seine Brotdose packen.

Das könnte er, wann immer nötig, an seine Nase halten. Und wissen Sie was? Es funktionierte!

Essen ist ein heikles Thema

Zum Thema Essen ist zu sagen, dass viele Kinder mit Autismus-Spektrum-Störung sehr heikle, schwierige Esser sind. Oft stört sie der Geschmack, der Geruch oder die Beschaffenheit einer Speise.

Die gute Nachricht lautet, dass viele der Empfindlichkeiten unserer Freunde mit zunehmendem Alter nachlassen oder dass sie bessere Wege finden, damit umzugehen, und dadurch im Alltag besser zurechtkommen. In der späten Pubertät oder im frühen Erwachsenenalter werden Einflüsse wie helles Sonnenlicht, laute Musik oder kratzende Kleidung besser toleriert. Der Aspie merkt es dann vielleicht nicht einmal mehr, wenn sich die verschiedenen Gerichte auf seinem Teller berühren oder das Brot auf bestimmte Weise geschnitten ist.

Im Friends' Club berücksichtigen wir ihre Überempfindlichkeiten und respektieren ihre Wünsche bis zu einem bestimmten Grad. Wir wissen aber auch, dass die wirkliche Welt nicht immer friedlich und ruhig ist, daher überbehüten wir unsere Freunde auch nicht. Wir nennen es verständnisvolles Anschieben.

> WISSEN
>
> **Diät gegen körperliches Unwohlsein**
>
> Forschungen haben gezeigt, dass manche Aspies an Magen-Darm-Problemen leiden, die durch eine laktose- und glutenfreie Kost gelindert werden können. Diese Diät heilt keinen Autismus, reduziert aber körperliches Unwohlsein. Dadurch muss das Kind nicht so häufig zu selbstregulierendem Verhalten Zuflucht nehmen.

Die Konzentration erhöhen, die Unruhe mindern

Die meisten unserer Gruppenleiter sind im Fachbereich sensorische Integration ausgebildet; dadurch stelle ich sicher, dass unsere Gruppentreffen auch Übungen aus dem Brain Gym sowie andere an den Sinnen orientierte Methoden umfassen.

Auch Videos zum Thema Brain Gym sind sehr hilfreich, in denen eine Abfolge von schnellen, mittelmäßigen bis zu ruhigen Aktivitäten vorgegeben wird. Dieser Ablauf funktioniert gut. Indem stärker auf die Sinne ausgerichtete Aktivitäten mit einer stimulierenden Tätigkeit und schließlich einem ruhigen »Abkühlen« kombiniert werden, werden unsere Freunde insgesamt bewusster, sie können sich besser konzentrieren und zappeln weniger herum.

Doch selbst dann benötigen einige unserer Freunde Hilfe, um still zu sitzen und einander zuzuhören. Dazu bieten wir ihnen Kuscheltiere wie Schlangen und Geckos an, die mit getrockneten Bohnen oder Reis gefüllt und dadurch etwas schwerer sind. Unsere Freunde legen diese Tiere gern auf ihre Schulter oder nehmen sie auf ihrem Schoß. Sie haben eine offensichtlich beruhigende Wirkung auf diese Kinder, die eine Überempfindlichkeit gegenüber Berührung und Druck haben. Es hilft ihnen tatsächlich, der Gruppendiskussion aufmerksamer zu folgen.

Mit unseren jüngeren Freunden machen wir Spiele wie »How Does Your Engine Run? A Leader's Guide to the Alert Program for Self-Regulation«.[1] Zu Beginn jedes Gruppentreffens beurteilen wir damit den aktuellen Zustand des Sinnessystems unserer Freunde. Wenn nötig, passen wir unser Vorgehen in der Gruppe immer an ihren gegenwärtigen Zustand an. Eine solche Abstimmung ist entscheidend wichtig für den Erfolg unseres ganzen Programms. Die sensorischen Überempfindlichkeiten unserer Kids und Jugendlichen behindern jeden Lernprozess, ihren eigenen und den der anderen in der Gruppe, wenn jemand stört.

Flexibel auf die aktuelle Situation eingehen

Also müssen wir uns auf den Stresspegel der Sinne unserer Freunde einstimmen. Und wir haben kein Problem damit, unser Programm abzuändern, um es an die Bedürfnisse unserer Gruppenmitglieder anzupassen. Flexibilität lautet die Devise.

Zudem zeigen solche Abweichungen vom vorgegebenen Ablauf unseren Jungen und Mädchen, dass sich auch »Richtungswechsel« ereignen. Dies verstärkt das Wissen, dass Veränderungen als Teil des Lebens einkalkuliert werden müssen. Nur weil man etwas geplant hat, bedeutet das nicht, dass alles nach Plan gehen muss oder wird.

Das Leben legt jedem von uns Steine in den Weg. Wir wollen unseren Freunden zeigen, wie man solche Steine wegräumt oder überwindet, statt über sie zu stolpern. Sie sollen wissen, dass das Ziel darin besteht, »im Spiel« zu bleiben, nicht stur zu sein oder »recht zu haben« oder von Überempfindlichkeiten der Sinne aus der Bahn geworfen zu werden.

Aus diesem Grund ist unser »Lehrplan« nie in Stein gemeißelt. Denn was geplant ist, muss nicht notwendigerweise eintreffen. Es handelt sich hier um Asperger-Kids – wir haben in den allerersten Sitzungen gelernt, das Unerwartete zu erwarten. Wenn wir flexibel bleiben, können wir die momentane geistige und körperliche Verfassung unserer Asperger-Kids für einen maximalen Lernerfolg nutzen. Also lohnt sich dieser Programmwechsel.

Reizüberflutungen erkennen und gegensteuern

Wir haben bei unseren Gruppentreffen auch gelernt, genau auf die Kinder zu achten, damit wir wissen, wann sie eine kurze Pause brauchen. Dann stellen wir ihnen therapeutische Musik zur Verfügung. Oder wir gehen mit der ganzen Gruppe auf den Parkplatz, um ein Spiel oder Fußball zu spielen. Manchmal lassen wir sie um den Block laufen oder Fangen spielen.

Werden dabei Reizempfindlichkeiten unserer Freunde ausgelöst, wollen wir, dass die Kinder es einander sagen, wenn sie zu laut sind oder wenn etwas anderes sie stört. Die Fähigkeit, anderen mitzuteilen, dass man sich gestört fühlt, ist wichtig für eine Freundschaft. Da unsere Kids dazu neigen, sich ihre Ohren zuzuhalten, wenn jemand zu laut ist – und diese Geste ist bei älteren Kindern nicht angebracht –, bringen wir ihnen bei, die Person zu bitten, leiser zu sein. Wir wollen, dass unsere Freunde durchsetzungsfähig sind und dennoch sozial angemessen handeln.

[1] Anm. der Übs.: Dieses Spiel (»Wie läuft deine Maschine? Ein kleiner Führer durch das Alert-Programm zur Selbstregulation) wird auf der deutschen Seite www.aspergia.de empfohlen, ist aber nicht in einer deutschen Übersetzung erhältlich.

Auch wenn wir versuchen, die Sinnesempfindlichkeiten unserer Gruppe zu berücksichtigen, so wollen wir doch auch an einem besseren Umgang mit diesem Thema arbeiten und unsere Kids hier weiterbringen.

Wenn also Dinge eintreten, die außerhalb unserer Kontrolle liegen, wenn zum Beispiel ein Kind sehr aufgeregt oder durcheinander ist, schreit und brüllt und viel Lärm macht, regen wir uns nicht auf, sondern bleiben gelassen und sachlich. Wir versuchen es auch nicht dazu zu bewegen, das zu tun, was wir geplant hatten. Wir nutzen solche Ausbrüche als Lernanlässe. Ruhig und emotionslos sprechen wir das Verhalten an, und sobald die Situation gelöst ist, fahren wir mit unserer Gruppenaktivität fort.

Aus der Praxis

Klar und in Augenhöhe

In einer Gruppe weinte ein Mädchen, weil sie ein Spiel nicht gewonnen hatte. Ein anderes Mädchen sagte: »Hör auf zu heulen, das ist zu laut.« Das war toll! Denn zum einen wollen wir, dass unsere Freunde solche Bemerkungen voneinander hören und nicht immer von einem Erwachsenen. Zum anderen äußerte sich dieses Mädchen geradeheraus und zielgerichtet, ohne allzu schonungslos zu sein.

Unter dem Tisch war es erträglich

Eltern erzählten uns, wie ihr Sohn die erste Klasse weitgehend unter dem Tisch absolvierte. Seine Lehrerin sagte ihnen: »Das ist das seltsamste Kind, das ich jemals gehabt habe.«

Glücklicherweise hatte die Mutter des Jungen herausgefunden, dass der Krach und die Lebhaftigkeit in einer ersten Klasse die hypersensiblen Sinne ihres Sohnes überforderten. Daher bat sie die Lehrerin, ihren Sohn weiterhin unter dem Tisch sitzen zu lassen und sich keine Sorgen zu machen, ob er etwas lernte. Die Mutter unterzeichnete sogar einen Vertrag, um klarzustellen, dass es in Ordnung war, wenn ihr Sohn einfach zusah und im ersten Monat seiner Schulzeit nicht am Klassengeschehen teilnahm.

Mutter und Vater wussten, dass ihr Erstklässler sehr gescheit war. Er konnte schon lesen wie ein Fünftklässler und gut rechnen. Allerdings konnte er nicht mit dem Lärm und dem Durcheinander in einer Grundschulklasse umgehen. Die Mutter erkannte, was er brauchte: Er musste sich in der Klasse wohlfühlen und sich an die Klasse gewöhnen, um schließlich dort auch lernen zu können.

Und natürlich kroch ihr Sohn allmählich unter dem Tisch hervor und fügte sich in das Leben in der Klasse ein. Er errang in der weiterführenden Schule viele Preise und studierte später.

Albert Einstein hat es auch geschafft!

Albert Einstein litt an Überempfindlichkeiten seiner Sinne, insbesondere im Bereich des Fühlens. Im Schweizer Patentamt, wo er arbeitete, trug er Pantoffeln und andere bequeme Kleidung. Und später, als er an der Princeton-Universität lehrte, trug er Sweatshirts statt Anzug und Krawatte wie andere Professoren.

Einsteins Haare waren lang und wirr, ganz anders als der modische Haarschnitt damals. Das bedeutet vermutlich, dass er Schere und

Haarschneider mied, die von Menschen mit Asperger allgemein verabscheut werden.

Woraus Sie Mut schöpfen können: Einsteins Probleme mit seinen Sinnen hielten ihn nicht davon ab, sein Potenzial auszuschöpfen und unsere Weltsicht zu verändern. Diese Sinnesprobleme sind eine weitere Herausforderung für Ihr Kind, aber keine unüberwindbare.

Ruhig bleiben

Siehe auch: Angst · Ängstlichkeit, Anspannung und Unsicherheit · Familienfeiern und Festtage · Reizempfindlichkeit und Essverhalten · Schonungslose Offenheit und unabsichtliche Verletzungen · Selbstregulation (Stimming) · Wutanfälle · Zur Ruhe kommen und sich sammeln

Soziale Kontakte verunsichern Asperger-Kids. Ihnen fehlen die Fähigkeiten, um die unzähligen Botschaften, die selbst in dem einfachsten Austausch inbegriffen sind, zu deuten. Daher geraten unsere Freunde unter Stress. In einer Kommunikationssituation kann Unerwartetes geschehen – und das ist oft der Fall.

Unsere Freunde fallen anderen notorisch ins Wort und reden ständig dazwischen. Fremde Menschen versetzen sie in helle Aufregung – und sogar Menschen, die sie kennen. Manche Kids können während einer Gruppenaktivität oder eines Gesprächs ihre Hände nicht bei sich oder an ihrem Körper halten. Sie fassen andere an oder kommen ihnen zu nahe. Das ist lästig und störend.

Diese Unfähigkeit, sich in eine Gruppe zu integrieren, macht unsere Freunde bei anderen unbeliebt. Neurotypische Menschen, junge wie ältere, fragen sich, warum diese Kids nicht mehr Selbstkontrolle besitzen. Warum sind sie so merkwürdig, so nervig und respektlos in dem, was sie sagen und tun?

Warum gibt es hier Schwierigkeiten?

Bitte denken Sie unbedingt daran, dass das seltsame Verhalten eines Asperger-Kindes niemals beabsichtigt ist. Aspies bemühen sich um Selbstkontrolle und sie merken es sogar, wenn es ihnen nicht gelingt. »Die meisten Menschen lenken mich 23-mal am Tag ab«, sagte einer unserer Jungs, »aber ich nerve die Leute nur zwölfeinhalbmal am Tag.« Unsere Freunde müssen üben, ruhig zu bleiben und andere nicht zu belästigen. Sie müssen ständig daran arbeiten, damit es automatisch stattfindet.

Um Freunde zu finden und zu behalten, müssen unsere Asperger-Kids in der Lage sein, ruhig zu bleiben. Sonst schrecken sie andere Menschen ab. Daher üben wir mit unseren Kids, wie sie ruhig bleiben können, auch wenn sie unsicher oder aufgeregt sind.

Wie wir helfen können

Dazu haben wir folgende Strategie eingeführt: »Stopp – überlege, was würde geschehen?« Dieser Satz hilft unseren Jungen und Mädchen, über ihr Handeln und mögliche Konsequenzen nachzudenken. Als die Gruppenleiterinnen einer Gruppe diesen Satz präsentierten, meinte ein Junge: »Ich muss so viel denken. Mein Kopf wird riesig!«

Das zeigt, wie ungewohnt es für ihn ist, innezuhalten und darüber nachzudenken, was er sagt oder tut. Und es zeigt, als welche enorme Last es diese Kids empfinden, langsamer zu werden und vor dem Handeln nachzudenken. Aber ihre sozialen Kontakte werden sich verbessern, wenn sie in der Lage sind, ruhiger zu bleiben. Und daher müssen sie es lernen.

Wirksame Beruhigungsmethoden

Wir bringen unseren Freunden auch einfache Beruhigungsmethoden bei, die sie jederzeit anwenden können. Tief einatmen, langsam und bedächtig – das hat sich als wirksam erwiesen, um Anspannung abzubauen und den Körper zu beruhigen. Denn der Körper wird dabei besser mit Sauerstoff versorgt.

Da unsere Kids oft deshalb unruhig werden, weil sie sich von zu vielen Menschen oder zu vielen Reizen bedroht fühlen, leiten wir sie dazu an, über diese Überforderung zu sprechen. Wenn sie mit vertrauenswürdigen Menschen über ihre Ängste sprechen können, wird das Problem oft kleiner. Sie können auch in einer Zeichnung darstellen, was sie stört. Das leitet ihre Energie in eine Aktivität und macht die Angst in ihrer Kopf fassbarer.

Leises Summen hat ebenfalls eine beruhigende Wirkung. Geeignet ist sowohl das Summen eines Liedes als auch ein einfaches Summen in der Gruppe. Insbesondere die jüngeren Kids reagieren gut auf ein paar Wiederholungen von »schsch – hmm«. Dabei können sie ihre Konzentration und ihre Ruhe wiederfinden.

Neuerdings bringen wir den Kids auch einige Yogastellungen bei. Beim Yoga geht es darum, auf den Körper zu hören. Das ist für unsere Aspies eine wunderbare Übung, da sie sich dabei ihres Körpers und ihrer Gefühle bewusster werden müssen. Die Gruppenleiterin macht einige Stellungen vor oder zeigt ein Video; gleichzeitig zeigt sie den Kids Karten mit den Positionen.

Aspies probieren diese Stellungen gern und mit großem Engagement aus. Und wir erkennen durchaus Erfolge. Nach einer kurzen Abfolge von Yogaübungen werden die Kids ruhiger und aufmerksamer.

Wie Sie in dieser und allen anderen Lerneinheiten des Friends' Club sehen können, besteht unser Konzept darin, einen Ausgleich zu finden zwischen Empathie, Unterstützung, Mediation, Erziehung, Grenzsetzung und Übung. Zudem haben die Kids Gelegenheit, unter ihresgleichen oder – wie ein Mädchen sagte – in ihrer »Spezies« zu sein. Dieses Konzept hilft Wutanfälle zu reduzieren, es verbessert ihre Mitarbeit und vermittelt Fähigkeiten, die unseren Kids helfen, im sozialen Umfeld besser zurechtzukommen.

Sarkasmus und Ironie

Siehe auch: Absichten erkennen · Alles wörtlich nehmen · Gespräche · Gespräche mit Gleichaltrigen · Humor · Mobbing und Schikanieren · Necken und Hänseln

Mit ihrem wortwörtlichen Denken neigen Asperger-Kids dazu, jede Äußerung für bare Münze zu nehmen. Sie erkennen keine Anspielungen. Sie haben kein Gespür für Ironie. Sie merken es nicht, wenn jemand sarkastisch ist oder wenn jemand sie »aufzieht«, um sie zum Lachen zu bringen oder zu provozieren.

Sogar Selbstironie verstehen Aspies nicht; denn bei Selbstironie scheint es ja so, als werte sich die Person selbst ab, indem sie zugibt, dass sie in einem bestimmten Bereich nur unzulängliche Fähigkeiten besitzt. Aspies verstehen nicht, dass man sich damit in Wirklichkeit über sich selbst lustig macht, um einen dummen Fehler oder ein Mangel an Talent zu relativieren.

Das Problem unserer Aspies beim Thema Sarkasmus besteht darin, dass Sarkasmus nicht auf die eigene Person bezogen ist wie Selbstironie. Sarkasmus zielt auf andere. Menschen mit Asperger-Syndrom sind die idealen Opfer, weil sie die eigentliche, der Aussage zugrunde liegende Bedeutung nicht erfassen. Sie hören sozusagen nur die Worte an der Oberfläche.

Andere Menschen können dann aus doppeltem Grunde über unsere Freunde lachen: zum einen, weil sie sich über sie lustig machen, und zum zweiten, weil unsere Freunde nicht einmal merken, dass sie ausgelacht werden.

Aus diesem Grunde bringen wir unseren Freunden die Technik bei, sich direkt an den Sprechenden zu wenden. Es entschärft den Sarkasmus und nimmt den Worten ihre destruktive Kraft, wenn unsere Freunde die Situation direkt ansprechen.

Zum Beispiel sagte eine Klassenkameradin zu einem unserer Siebtklässler: »Hübsches T-Shirt.«

Unser Freund wandte sich zu ihr und sagte: »Ich verstehe keinen Sarkasmus, also meinst du das ernst oder sarkastisch?«

Dadurch war das Mädchen überrascht und ging ohne ein weiteres Wort weg. Indem unser Freund das Motiv für dieses Kompliment hinterfragte, entschärfte er den Sprengstoff für ein mögliches Gelächter auf seine Kosten.

Wir bringen unseren Freunden auch bei, auf die Bedeutung zu achten, nicht nur die Worte oder die Sprechweise zu beachten. Unsere Kids lassen sich von einem Lächeln oder einem Lachen leicht täuschen; daher müssen sie sich bewusst werden, dass Mitschüler auch gemein sein können und lachend einen anderen mit Worten verletzen können. Indem wir unseren Kids die wahren Absichten anderer bewusst machen – die wahre Bedeutung dessen, was sie sagen –, hilft ihnen das auf lange Sicht; sie lernen dadurch Sarkasmus zu erkennen.

Diese Art von Humor ist für unsere Asperger-Kids noch aus einem anderen Grunde besonders schmerzhaft: Sarkasmus zielt auf die

Unzulänglichkeiten der Menschen ab. Unsere perfektionistischen Freunde reagieren hypersensibel, wenn man ihnen ihre Fehler oder Schwachstellen aufzeigt. Daher ist diese Art des Humors für sie noch viel verletzender und wird am besten im Keim erstickt.

Angesichts der Tatsache, dass Sarkasmus oft in Hänseleien oder Mobbing eingebettet ist, sollte er von unseren Freunden allerdings nicht völlig ignoriert werden. Forschungen haben gezeigt, dass Mobbing eskaliert, wenn das Opfer nicht reagiert. Daher lehren und üben wir Reaktionen und Antworten auf Mobbing und Hänseleien, damit unsere Freunde wissen, was sie in solchen Situationen tun können.

Einfache Sätze wie »Wenn du das meinst« oder »Na, wenn schon« oder »Das ist langweilig« sind wirksam und so allgemein formuliert, dass sie in den meisten Situationen passen. Erinnern Sie Ihr Kind oder Ihren Jugendlichen immer wieder daran, dass es bei Hänseleien oder Mobbing auf jeden Fall etwas sagen sollte – »Schon okay« oder »Wie du meinst« oder »Ah, ja« – und dann weggehen und sich an einen Erwachsenen wenden.

Schonungslose Offenheit und unabsichtliche Verletzungen

Siehe auch: Gespräche · Empathie · Manieren · »Notlügen« und die Gefühle anderer schonen · Sich entschuldigen · Unhöflichkeit

Weil Asperger-Kinder und -Erwachsene die Welt in Schwarz-Weiß sehen, »tun sie nicht schön«, um ihre Aussagen abzuschwächen, und sie können in ihren Äußerungen sehr schonungslos und geradezu unverschämt sein. Es ist ihnen weitaus wichtiger, die Wahrheit zu sagen, als die Gefühle eines anderen zu schonen. Warum? Weil sie Gefühle nicht wirklich wahrnehmen, nur Ideen und Tatsachen.

Genauigkeit ist wichtiger als Diplomatie. Oft haben Aspies keine Ahnung, wie grob oder gar verletzend ihre Worte für andere sind. Sie sagen einfach die Wahrheit – ihre Wahrheit – und sie sehen nichts Verkehrtes darin.

Dabei sind Aspies oft selbst die Zielscheibe gemeiner Bemerkungen und Witze, die andere Kids auf ihre Kosten machen. Der Unterschied liegt darin, dass ein Mobber das naive Asperger-Kind absichtlich verletzen will, während der Aspie keinerlei Absicht hat, irgendjemanden zu verletzen. Nur weil sie so unerschütterlich an der Wahrheit festhalten, sagen Aspies Dinge, die letztlich wie Mobbing klingen.

Wie wir helfen können

Wie immer ist die Selbstwahrnehmung der Ausgangspunkt.

Im Friends' Club arbeiten wir daran, unseren Jungen und Mädchen beizubringen, zu stoppen, bevor sie mit ihren Gedanken herausplatzen. Wir trainieren sie, damit sie ein paar Sekunden innehalten, um ihre Worte bewusster zu wählen und nicht das zu sagen, was ihnen unmittelbar in den Sinn kommt. In dieser kurzen Pause kann es gelingen, passendere Worte zu finden, die die andere Person nicht beleidigen oder verletzen.

Als neurotypische Menschen haben wir einen »Aufpasser« im Gehirn, eine Instanz, die glättet, was wir wirklich sagen wollen, damit wir diplomatischer sein können. Dieses Kontrollzentrum befindet sich im Stirnhirn und entwickelt sich etwa im Alter von acht Jahren.

Asperger-Kids und -Erwachsene haben keinen solchen Pförtner, weil sich ihr Stirnhirn anders entwickelt. Daher müssen sie üben, ihre Worte bewusst zu wählen und genau zu kontrollieren, was sie nicht sagen sollten.

Sie müssen sich auch bewusster machen, auf welche Weise sie Dinge sagen, da Tonlage, Sprechtempo und Redestil bis zu 38 Prozent der gesamten Botschaft ausmachen; die Körpersprache bestimmt 55 Prozent des Inhalts und die eigentlichen Wörter nur sieben Prozent.

Natürlich sagen nicht nur Asperger-Menschen etwas Verkehrtes oder sind zu ehrlich oder zu kritisch. Von Zeit zu Zeit passiert das uns allen, insbesondere wenn wir müde, ärgerlich oder gestresst sind. Gewöhnlich ertappen wir uns jedoch selbst dabei und nehmen die Reaktion der anderen Person wahr. Sobald wir erkennen, dass wir jemanden beleidigt haben, entschuldigen wir uns für unsere verletzenden Bemerkungen.

Doch auch damit haben Asperger-Menschen ihre Mühe. Zum einen nehmen sie die Reaktionen des Gegenübers nicht wahr, weil es ihnen schwerfällt, die Emotionen anderer Menschen zu erkennen.

Zum anderen sehen sie keine Notwendigkeit, sich zu entschuldigen, wenn sie sich unabsichtlich so geäußert haben (was meistens der Fall ist). Aspies meinen, dass sie sich nur dann entschuldigen müssen, wenn sie etwas absichtlich getan haben; und selbst dann fällt es ihnen schwer, weil sie damit zugeben würden, dass sie einen Fehler gemacht haben.

Einer unserer langjährigen Freunde vertraute sich mit 15 Jahren einmal seiner Mutter an: »Ich habe die Gabe, zum schlechtesten Zeitpunkt das absolut Ungeeignetste zu sagen.«

Da so viele unserer Freunde diese Gabe besitzen, arbeiten wir mit allen unseren Kids daran, eine Art Pförtner einzusetzen. In Gesprächen beim Spielen und bei anderen Aktivitäten fangen wir unsere Kids in dem Moment ab, in dem sie eine zu direkte Bemerkung herausposaunen, die ein anderes Kind verletzt, und sprechen dies konkret an. Wir bitten sie zu überlegen, was sie alternativ sagen könnten, was nicht so verletzend ist. Und wir bitten sie, sich zu entschuldigen.

Eine andere Strategie haben wir im Friends' Club mit etwa zehnjährigen Kindern angewandt. Wir vergleichen ihre unabsichtliche Beleidigung mit einem Kieselstein, der in einen Teich geworfen wird. Mit Flipchart und Filzstift zeichne ich den Welleneffekt, den ihre Worte oder ihr Tun ausgelöst haben. Diese Veranschaulichung hilft ihnen, die verschiedenen Ebenen der Verletzungen zu sehen, die von ihren Worten oder Handlungen ausgegangen sind; dadurch wird die Beleidigung greifbarer und verständlicher.

Aus der Praxis

Setzen Sie klare Grenzen

Wenn Ihr Kind in Ihrer Gegenwart zu geradeheraus ist oder etwas Beleidigendes sagt, unterbrechen Sie es bitte augenblicklich. Teilen Sie ihm in ruhigem, emotionslosem Ton mit, dass das, was es gesagt hat, nicht akzeptabel war und den anderen verletzt hat.

Dann bitten Sie es, sich zu entschuldigen, auch wenn es protestiert. Sie können etwas sagen wie: »Das war zu grob. Bitte entschuldige dich jetzt und wir sprechen später noch darüber.«

Nehmen Sie Ihr Kind anschließend beiseite oder finden Sie später Zeit, ihm genauer zu erklären, warum die Entschuldigung notwendig war. Lassen Sie dabei weiterhin jegliche Emotion aus dem Gespräch heraus. Manchmal erfordert es einige Versuche – und Zeit –, bis das Verständnis durchsickert, aber bleiben Sie dabei.

Selbst- und Fremdwahrnehmung

Siehe auch: Blickkontakt · Depression · Gespräche · In Bildern und Mustern denken · Namen merken · Perfektionismus und unrealistische Erwartungen · Reizempfindlichkeit und Essverhalten

Wir alle sind uns – in unterschiedlichem Maße – unserer Umgebung bewusst. Wir wissen, welcher Tag heute ist und wie spät es ist. Wir wissen, wohin wir gehen und wann wir dort sein werden. Uns ist bewusst, wer bei uns ist, wie sich diese Personen fühlen und wie es uns mit ihnen geht.

Wir sind uns darüber klar, was man in Gegenwart anderer sagen darf und was nicht. Meist können wir einschätzen, was andere denken, ohne dass sie es uns sagen, und wir wissen, wie wir von ihnen wahrgenommen werden. Kurz gesagt, wir betrachten diese automatische Wahrnehmung und dieses Bewusstsein als selbstverständlich.

Und je bewusster wir uns unserer Stärken sind, umso mehr können wir sie nutzen, genauso wie das Wissen um unsere Schwächen, an denen wir arbeiten können. Jede Form des persönlichen Wachstums und der Veränderung ist abhängig vom ersten grundlegenden Schritt der Selbstwahrnehmung und Selbsterkenntnis. Wie können wir in einer Sache besser werden, wenn wir nicht wissen, was verbessert werden sollte?

Den Menschen mit Asperger-Syndrom fehlt dieses Bewusstsein in vielen Bereichen, insbesondere im Umgang mit ihren Mitmenschen. Sie lesen nicht in ihren Gesichtern (sie schauen ihnen ja nicht einmal in die Augen). Sie verstehen nicht, was wir als »versteckte« Botschaft zwischen den Zeilen ausdrücken, wenn wir uns gegenüberstehen. Darüber hinaus nehmen sie die Körpersprache, die so viele Anhaltspunkte dafür gibt, wie und was andere Personen wirklich fühlen, kaum wahr.

Ich bin anders als die anderen

Das Einzige, was unsere Freunde wohl registrieren, ist, dass sie sich von anderen Kids unterscheiden. Das wird ihnen gewöhnlich etwa mit sechs Jahren bewusst, wenn sie den ganzen Tag in der Schule sind; manchmal aber auch erst in der sechsten Klasse und bei manchen erst nach der Pubertät.

Manche Aspie-Kids nehmen wahr, dass ihre Mitschüler schon eine ganze Seite geschrieben haben, während sie selbst noch an ihrem zweiten Satz sind. Oder sie merken, dass sie ratlos dasitzen und keine Idee haben, was sie malen oder wie sie anfangen sollen, wenn der Lehrer sagt: »Malt ein Bild. Ihr könnt das Motiv selber bestimmen.« Alle anderen Kinder legen sofort los und malen mühelos ihre Bilder. Hätte der Lehrer gesagt: »Malt einen Menschen« oder: »Malt ein Tier«, dann hätten unsere Kids einen Ausgangspunkt gehabt.

Aber bei einer so vagen und abstrakten Anweisung wie »Malt irgendwas« sind sie verloren. Sie erkennen nun, dass sie langsamer mit Bleistift oder Füller umgehen oder einfach nicht wissen, was zu tun ist, oder dass sie keine Antwort wissen, weil die Aufgabe zu ungenau ist und sie sich nicht vorstellen können, was erwartet wird – all das macht ihnen ihr Anderssein im Vergleich zu den anderen Kindern sehr bewusst.

Und während die Asperger-Kids die meiste Zeit schlau sind, was ihnen durchaus bewusst ist, und sie auch damit zufrieden sind, allein zu spielen, und sich anscheinend nicht darum kümmern, ob sie so sind wie alle anderen, gibt es doch auch Zeiten, in denen ihr angeborener Perfektionismus und ihr tiefsitzendes Bedürfnis, nichts verkehrt zu machen, Frustrationen über ihre Andersartigkeit aufkommen lassen.

Oft ist es ihr Perfektionismus, der sie dazu veranlasst, sich wegen ihres Andersseins Gedanken zu machen. Im Teenageralter oder in der Pubertät wollen manche nicht mehr anders sein als die anderen; dies kann dazu beitragen, dass sie sich selber stärker wahrnehmen.

Es ist wirklich ein enormer Schritt, ein echter Meilenstein, wenn sich einer unserer Freunde seiner selbst in Bezug zu den Gleichaltrigen bewusst wird. Diese Selbstwahrnehmung motiviert unsere Kids, bei den Gruppenaktivitäten im Friends' Club konstruktive Verhaltensweisen zu erlernen, mit denen sie echte Fortschritte in ihrer Sozialkompetenz machen. Und es motiviert sie, Kontakte zu anderen zu knüpfen.

Aus der Praxis

So unauffällig wie möglich sein

Ich war in einer Besprechung an einem Gymnasium wegen eines unserer 14-jährigen Freunde; der Junge selbst war ebenfalls dabei und begann bald, aus dem Fenster zu schauen. Er zappelte herum und konnte es anscheinend kaum erwarten, dass die Besprechung zu Ende ging.

Später erzählte mir sein Vater draußen, dass es nicht die Besprechung war, die seinen Sohn so zappelig machte. Er wollte unbedingt vermeiden, dass ihn einer seiner Mitschüler bei diesem Treffen sah: Er wollte verhindern, dass er auffiel, damit seine Freunde nicht meinten, er sei »anders«.

Übungen zur Selbstwahrnehmung

Da sich dieses Bewusstsein in verschiedenen Stadien und Altersphasen entwickelt, führen wir in allen unseren Gruppen Aktivitäten zur Selbstwahrnehmung durch. Unser Ziel ist es, die Augen, den Geist und die Herzen unserer Kinder zu öffnen, damit sie die Welt über ihre enge Sichtweise hinaus wahrnehmen.

Mit den folgenden drei Schritten können Sie Ihrem Asperger-Kind helfen, eine höhere (Selbst-)Wahrnehmung zu erlangen.

Schritt eins: Das »Setting«

Helfen Sie Ihrem Kind, bewusster wahrzunehmen, mit wem es zusammen ist und wo es sich befindet. Das nennt man das »Setting« oder soziales Referenzieren.

Unsere Asperger-Freunde sind sehr aufgeweckt, sind sich aber der Menschen in ihrer Umgebung nicht bewusst. So trafen sich zum Beispiel zwei unserer jüngeren Jungs außerhalb des Friends' Club. Während sie im Wohnzimmer spielten, stand einer der Jungen plötzlich auf und verließ das Zimmer, ohne ein »Entschuldige mich«, ein »Tschüss« oder ein »Ich spiele jetzt oben«. Er ging einfach.

Der andere Junge spielte – als echter Aspie – einfach weiter mit seinen Spielsachen. Er hatte gar nicht wahrgenommen, dass der andere gegangen war. Erst als ihn ein Erwachsener darauf hinwies und sagte: »Vielleicht solltest du ihn suchen«, nahm der Junge sein Fehlen war und sagte: »Oh, ja.« Dann ging er ihn suchen.

Neurotypische Kinder sind sich der Anwesenheit eines anderen Kindes schon in frühem Alter bewusst, schon vor dem ersten Geburtstag. Asperger-Kids sind so in ihre Welt und in ihre Sichtweise versunken, dass sie nicht wahrnehmen, wer bei ihnen ist oder was in ihrer Umgebung passiert – auch noch in viel höherem Alter.

Wenn Aspies ein Zimmer oder ein Treffen verlassen, denken sie noch nicht einmal daran, »Auf Wiedersehen« zu sagen. Sie gehen einfach. Es kommt ihnen einfach nicht in den Sinn, etwas zu sagen. Sie haben keine Vorstellung, wie unhöflich ein solches Verhalten auf andere wirkt.

Bei jeder Gruppensitzung üben wir, »Hallo« und »Tschüss« zu sagen. Uns selbst erscheint das so selbstverständlich. Doch für unsere Freunde ist es ein enormer Schritt, wenn sie diese grundlegenden Grußformen automatischer ausführen können und dadurch weniger unhöflich oder feindselig wirken.

Mit unseren jüngeren Kinds spielen wir eine Version von »Der Fuchs geht rum«. Die Kinder sitzen im Kreis. Ein Kind läuft innen im Kreis; es tippt jeder Person auf den Kopf und sagt deren Namen, bis es schließlich »Fuchs« sagt. Dann ist das andere Kind dran. Es ist eine echte Herausforderung für Asperger-Kinder, die Namen anderer Menschen zu lernen, aber ein wichtiger erster Schritt dabei, sich der Mitmenschen bewusst zu werden.

Wir schreiben die Namen der Gruppenmitglieder auch an die Tafel, damit jeder sie sehen kann. Und wir bringen unseren Freunden bei, dass sie, wenn sie sich einen Namen nicht merken können, nachfragen oder sich einen Anhaltspunkt suchen können.

Und wenn eines unserer Kids zur ganzen Gruppe spricht, statt sich an eine Person speziell zu wenden und ihren Namen zu nennen, weisen wir es darauf hin: »Wir wissen nicht, mit wem du gerade sprichst.« Dadurch schaut es das andere Kind an oder nennt dessen Namen.

Ich denke, es ist der Schlüssel zur Entwicklung eines allgemeinen sozialen Bewusstseins, sich dieses »Settings« bewusst zu sein – mit wem man zusammen ist und was im Umfeld geschieht. Und diese bewusste Wahrnehmung muss vorhanden sein, bevor der nächste Schritt möglich wird.

Schritt zwei: Das soziale Denken

Helfen Sie Ihrem Asperger-Kind, sich seiner »Zuhörerschaft« bewusst zu werden, wie ich es nenne. Die Sprachtherapeutin Michelle Garcia Winner bezeichnet es als »soziales Denken«.

Wenn neurotypische Menschen jemanden sehen, denken sie über diese Person nach – was sie wohl denkt, was sie mit ihr schon erlebt haben, welche Wertvorstellungen sie hat (religiös, politisch oder zu den -ismen wie Vegetarismus, Feminismus usw.), um nichts zu sagen, das den anderen beleidigen könnte.

Wir machen uns Gedanken über diese andere Person, die beim sozialen Austausch unser »Publikum« sein wird. Wir sprechen mit verschiedenen Menschen unterschiedlich. Wir denken nach – oder versuchen es zumindest –, bevor wir reden, um nicht unbeabsichtigt etwas Unpassendes zu sagen und den Menschen zu verletzen.

Doch Asperger-Kids denken nicht an ihre Gesprächspartner. Sie sind sich dessen, was sie sagen, nicht bewusst und denken kaum nach, was sie zu einem bestimmten Menschen oder einer Gruppe sagen werden. Sie platzen eher mit ihren Äußerungen heraus.

Zum sozialen Denken gehören auch mehrdeutige Äußerungen mit verborgenen Bedeutungen. Wenn der Lehrer sagt: »Wir sind auf Seite drei«, heißt das in Wirklichkeit: »Schlagt Seite drei auf.« Aspies verstehen diese indirekten Botschaften nicht. Wir erklären ihnen zum Beispiel, wenn jemand sagt, er habe »Star Wars« fünfmal gesehen, dass dies in Wirklichkeit bedeutet, dass er »Star Wars« toll findet. Wir können einfach davon ausgehen, dass jemand einen Film mag, wenn er ihn so oft gesehen hat.

Als Gruppenaktivität sind Spiele geeignet, die sich eingehend mit Vorlieben und Abneigungen beschäftigen. Spiele wie »Äpfel zu Äpfeln« sind eine lustige Möglichkeit, das Nachdenken über andere und ihre Vorlieben anzuregen. Jeder Mitspieler legt reihum eine Karte aus, die seiner Meinung nach am ehesten der Karte entspricht, die der Schiedsrichter ausgelegt hat. Die Runde gewonnen hat derjenige, der die Karte ausgelegt hat, die der Schiedsrichter schließlich auswählt. Und natürlich darf jeder Mitspieler reihum der Schiedsrichter sein.

Sobald die Wahrnehmung von Setting und Zuhörern und das Bewusstsein für diese sich verbessert haben, ist es wahrscheinlicher, dass der nächste Schritt greift.

Aus der Praxis

Was erzähle ich wem?

Ich beobachtete einen unserer Jugendlichen in seiner weiterführenden Schule, wo öfter Gruppenreferate gehalten werden. Während die anderen in seiner Gruppe sprachen, war er ruhig. Als er dann an der Reihe war vorzutragen, sagte er: »Ich war so überrascht, meine Stimme in dem Video zu hören. Sie war so tief. Wann ist meine Stimme so tief geworden?«

Eine solche Selbstreflexion ist für einen Teenager typisch – aber nicht, sie vor der ganzen Klasse zu äußern! Es kommt bei Aspies häufig vor, dass sie Dinge öffentlich äußern, die man eigentlich privat besprechen sollte.

Schritt drei: Die Selbstwahrnehmung

Helfen Sie Ihrem Kind, ein Bewusstsein seiner selbst – eine Selbstwahrnehmung – zu entwickeln. Von Natur aus sind sich Asperger-Kids der Gedanken und Gefühle von anderen nicht bewusst und auch nicht ihrer eigenen Gefühle. Das bedeutet nicht, dass sie nicht einfühlsamer werden können, aber es erfordert einen offenen Umgang mit dem Thema, Erfahrung sowie das Üben von Gesprächssituationen. Wie in den meisten Bereichen erfolgen Fortschritte in sehr kleinen Etappen, doch eine Verbesserung lässt sich erzielen.

Wichtiger als spezielle Lerneinheiten zum Thema Selbstwahrnehmung ist wohl die Art, wie wir mit unseren Freunden umgehen, wie wir ihnen Fertigkeiten beibringen und wie sie sich beim Lernen fühlen. Dies lässt sie Fortschritte machen und sich schrittweise ihrer selbst bewusster werden.

Die Fremd- und die Selbstwahrnehmung unserer Freunde können sich verbessern; doch ebenso wie bei anderen Fertigkeiten, die sie erwerben, geschieht das Stück für Stück, nach und nach. Der Lohn besteht darin, dass sie besser soziale Kontakte eingehen und Freunde gewinnen können und sich nicht mehr so »anders« und ausgeschlossen fühlen.

Einer unserer Jugendlichen sagte mir kürzlich: »Cynthia, Asperger ist, wie wenn man ein großes Gehirn hat ohne eine Landkarte drin.« Diese Kinder sind clever, doch wegen ihres Mangels an Selbstwahrnehmung fühlen sie sich verloren. Sie haben oft keine Ahnung, wo sie hingehen sollen und was sie als Nächstes tun sollen. Wahrnehmung und Bewusstsein bilden die Landkarte, die sie brauchen, um sich im Leben und mit Menschen zurechtzufinden.

Aus der Praxis

Selbstwahrnehmung durch Selbstdarstellung

Einer unser Gruppenleiter und Sozialtherapeuten hat ein Asperger-Syndrom. Er kam als Kind zu mir und ist nun ein junger Mann. Ich habe ihn in seine Selbstwahrnehmung hineinwachsen sehen. Besonders eindrucksvoll ist es, wenn er heute gelegentlich vor Eltern Vorträge hält, in denen er ihnen darlegt, wie es ist, mit dem Asperger-Syndrom aufzuwachsen, und aufzeigt, wie er heute sein Leben bewältigt. Ich habe den Eindruck, dass im Berichten und Nachdenken über sein Leben seine Selbstwahrnehmung gewachsen ist.

Das Wahrnehmen der körperlichen Verfassung

Außer im sozialen Bereich haben Asperger-Menschen oft auch erstaunlich wenig Selbstwahrnehmung hinsichtlich ihrer körperlichen Verfassung.

So hypersensibel, wie viele unserer Asperger-Kids gegenüber allen Arten von Sinnesreizen sind – Lärm, Licht, Berührung, Geruch, Geschmack –, und so sehr sie sich manchmal von der Umwelt bombardiert fühlen, ist ihnen ihre körperliche Verfassung oft völlig unbewusst und sie wissen nicht einmal, ob sie Schmerzen haben.

Eine hohe Schmerzschwelle bei schweren Verletzungen ist typisch für Asperger-Kids. Ich habe schon erlebt, wie ein Junge nach einem Sturz stark am Bein blutete, es aber überhaupt nicht spürte. Einer unserer achtjährigen Freunde erlitt bei einem Autoscooter-Unfall eine Platzwunde am Kinn, zuckte aber kein einziges Mal, als er zwei Stunden in der Notaufnahme lag und als der Arzt die Wunde mit neun Stichen nähte.

Ich kenne ein junges Mädchen, das die Angewohnheit hatte, sich immer wieder mit voller Wucht vorwärts auf den Wohnzimmerboden zu werfen, um das Gefühl zu »spüren«. Sie hatte auch große Probleme mit der Sauberkeitserziehung, weil sie es nicht spürte, wenn sie eingenässt hatte.

Es ist gefährlich, wenn man seinen Körper und seine momentane Verfassung nicht wahrnimmt. Diese Kids können sich schwer verletzen, so dass sie dringend ärztlich versorgt werden müssten, und sind sich dessen vielleicht gar nicht bewusst.

Für Eltern muss das ziemlich absurd klingen angesichts all der winzigen Störfaktoren, die ihr Kind sonst aus der Fassung bringen: Etiketten in Hemden, kratzende Hosen, eine Naht im Strumpf oder ein bestimmter Kamm oder eine Bürste.

So widersprüchlich es angesichts ihrer Hypersensibilität klingt: Der Mangel an körperlicher Selbstwahrnehmung ist ein wirkliches Problem, das die Eltern bewusst erkennen müssen. Es ist Sache der Erwachsenen, für das Kind zu sorgen und seine Schmerzunempfindlichkeit zu erkennen. Wir müssen den Kindern beibringen, den Sinnesreiz zu registrieren.

Spezialisten können helfen

Nach Aussage der Ergotherapeuten, mit denen ich gearbeitet habe, erfordert solche Selbstwahrnehmung ein Eingreifen von außen. Ergotherapeuten, die in sensorischer Integration ausgebildet sind, können diesen Kindern und Teenagern helfen, Empfindungen zu registrieren; es ist aber schwierig und geschieht nicht über Nacht.

Im Friends' Club können wir keine speziellen Maßnahmen durchführen, um das Bewusstsein der Kinder für ihren Körper zu erhöhen – weil das Spektrum und das Ausmaß der Problematik zu breit sind und spezielle Trainingsmethoden erfordern. Wir überweisen unsere Mitglieder an Spezialisten, die ihnen am besten helfen können. Wird diese mangelnde Selbstwahrnehmung während einer Gruppensitzung zum Problem, nehmen wir sie als Lernanlass für eine soziale Lektion. Zum Beispiel sagen wir, dass Freunde es nicht mögen, wenn man sie immer wieder anrempelt.

Selbstregulation (Stimming)

Siehe auch: Angst · Ängstlichkeit, Anspannung und Unsicherheit · Necken und Hänseln · Peinlichkeiten · Reizempfindlichkeit und Essverhalten · Ruhig bleiben · Störende und stereotype Verhaltensweisen · Veränderungen und »Richtungswechsel« · Wutanfälle · Zur Ruhe kommen und sich sammeln

Bei vielen unserer Freunde genügen kleine Anlässe, um sie in Angst und Anspannung zu versetzen. Eine Veränderung der Routine. Eine Person tritt unerwartet in ihr Leben. Ein Ferienereignis mit all seinem Lärm, seiner Hektik und seinem Durcheinander. Schon ein einfacher Ausflug, sei es der Besuch bei Verwandten oder ein Arztbesuch und natürlich eine Urlaubsreise, kann Aspies in Aufregung versetzen.

Auf diese wachsende Anspannung reagieren viele Asperger-Kids mit sich wiederholenden – stereotypen – Körperbewegungen oder einem Summen. Dies ist ein unbewusster Versuch, sich selbst zu beruhigen. Ob sie mit den Armen wedeln, vor und zurück schaukeln oder immer wieder mit den Fingern schnippen – unsere Freunde beruhigen sich irgendwie durch solche wiederholten Bewegungen, auch wenn dies auf neurotypische Menschen absonderlich und störend wirkt.

Wollen Aspies damit den Unterricht oder die Party stören? Nein. Wollen sie sich oder ihre Familie blamieren? Nein. Können sie sich selbst von diesem Verhalten abhalten? Nicht wirklich. Nicht, wenn es der für sie selbst einzig denkbare Weg ist, sich selbst zu beruhigen.

Warum gibt es hier Schwierigkeiten?

Es handelt sich bei diesem Verhalten um eine Form der Selbstregulation, die als stimulierendes Verhalten oder »Stimming« bezeichnet wird. Auch wenn Sie als Eltern versucht sein mögen, Ihr Kind von diesen wiederholten Bewegungen abzuhalten: Wir haben festgestellt, dass es am besten ist, die Aspies gewähren zu lassen. So sind die Kids einer stressigen Situation so besser gewachsen. Wenn diese Bewegungen das Kind in eine ruhigere Verfassung versetzen, warum sich dann einmischen?

Natürlich müssen die Kids nicht im Mittelpunkt der Aufmerksamkeit stehen. Es ist völlig in Ordnung, das gestresste Kind in eine Ecke des Zimmers oder einen anderen ruhigen Bereich zu bringen. Dort kann es sein Stimming fortsetzen. Schon der größere Abstand von dem Stressauslöser und die Beschäftigung mit seinen Bewegungen werden ihm helfen, sein Gleichgewicht schneller wiederzufinden.

Aspies haben's doppelt schwer

Bitte denken Sie daran, dass unsere Freunde doppeltes Pech haben – Übersensibilität gegenüber Sinnesreizen und gleichzeitig Barrieren im Gehirn machen es Aspies höchst schwer, ihre Umgebung zu verstehen.

Für sie rasen wir alle dahin wie in einem Güterzug, wir sprechen miteinander, wir bewegen uns geschickt – und das Asperger-Kind fühlt sich, als stehe es am Bahnsteig, unfähig, sich vorzustellen, wann und wie es aufspringen sollte.

Sie verstehen uns nicht

Mit anderen Worten, die meisten sozialen Begegnungen wirken auf unsere Freunde wie etwas von einem fremden Planeten. Sie verstehen wirklich nicht, wie die Bewohner (die Neurotypischen) kommunizieren.

Diese Verwirrung führt zu sozialen Ängsten, die wiederum Stimming in all seinen Formen auslösen: Singen, Wedeln mit den Händen, Treten, Schaukeln, Kreiseln usw.

Gutes Zureden ist zwecklos

Für uns ist es schwer zu verstehen, dass der Versuch, ein erregtes Asperger-Kind zu beruhigen, oft den gegenteiligen Effekt hat. Das Einreden auf das Kind wühlt es nur noch mehr auf. Je mehr Sie versuchen, einem Aspie klar zu machen, dass es hier kein großes Problem gibt und es sich beruhigen sollte, umso aufgeregter wird es. Es blockt ab, ignoriert Sie scheinbar und Sie erreichen es nicht.

Warum? Nicht, dass es Sie nicht hören könnte. Asperger-Kids hören eher zu viel! Bei zu viel Trubel oder zu viel Stress hören Asperger-Kids gleichwohl alles – aber ohne zu wissen, was das Wichtigste ist, worauf sie reagieren sollten. Oft müssen sie dann wirklich alles abblocken: das gute Zureden der Eltern und alles andere um sie herum. Nur so können sie zur Ruhe kommen.

Wenn es also besser ist, nicht zu reden, sollte man das Kind vielleicht einfach in den Arm nehmen?

Berührungen können wehtun

Tja, angesichts der Berührungsempfindlichkeit der Aspies können Sie Ihr Kind wahrscheinlich auch auf diese Weise nicht beruhigen. Den Rücken streicheln, eine Umarmung oder die Hand halten – all das kann bereits eine Überreizung seiner Sinne bedeuten. Das Kind kann diese Berührung sogar als schmerzhaft empfinden und weglaufen.

Bitte seien Sie durch diese Zurückweisung nicht gekränkt. Sie können nichts für diese Hypersensibilität Ihres Kindes. Egal wie sehr Sie sich auch wünschen, Ihr Kind beruhigen zu können, oft ist es am besten, wenn sich das Kind auf seine selbstbestimmte Art beruhigen kann, solange es damit andere Menschen oder Gegenstände nicht gefährdet. Dieses Vorgehen ist die klügste und schnellste Taktik, um die innere Ruhe Ihres Kindes – und Ihre – wiederherzustellen.

Wie wir helfen können

Im Friends' Club versuchen wir unseren Freunden sozial unauffälligere Formen der Selbstregulation beizubringen. Das Ziel besteht darin, weniger aufzufallen. Wenn das Verhalten eines Aspies für andere weniger störend ist, dann ist es seltener Opfer von

Hänseleien. Unsere Kids fallen schon genug auf, ohne durch stereotype Verhaltensweisen zusätzlich Aufmerksamkeit auf sich zu ziehen.

wichtig

Denken Sie daran: Wann immer Ihr Kind angespannt ist oder unter Stress steht, beruhigt es sich umso eher, je weniger Emotion Sie zeigen. Sprechen Sie ruhig mit ihm, zeigen Sie keine Gefühle und geben Sie ihm wann immer möglich eine logische Erklärung.

Alternativen finden

Einer unserer Jungen wedelte immer mit den Händen, wenn er aufgeregt war. Wir brachten ihm bei, die Hände zu ringen, was eine weniger auffällige Geste ist. Oder besser noch, seine Hände in die Taschen zu stecken, so dass man sie kaum sah. Es funktionierte! Sobald ihm bewusst war, dass er eine Alternative hatte, und mit etwas Übung, ließ er das Wedeln sein und steckte seine Hände stattdessen in seine Taschen.

Lassen Sie Ihr Kind nicht allein

Entscheidend ist es, auf die Umgebung des Kindes zu achten. Wichtig ist, dass ein Erwachsener das Kind im Auge behält. Das Stimming verstärkt sich oft, wenn Aspies in schwierigen Situationen, in denen Kinder herumrennen und spielen, auf sich allein gestellt sind und es keine Aufsicht gibt. Behalten Sie Ihr Kind im Park, auf dem Spielplatz und auf Geburtstagsfesten im Auge; lassen Sie es nie unbeaufsichtigt und gehen Sie nicht davon aus, dass schon jemand auf es aufpassen wird.

Strukturierte Situationen bedeuten für Asperger-Kinder weniger Stress. Eine unstrukturierte Umgebung und freie Aktivitäten erfordern eine Aufsicht – entweder durch die Eltern oder einen anderen verständnisvollen Erwachsenen.

Selbstwertgefühl

Siehe auch: Depression · Mobbing und Schikanieren · Peinlichkeiten · Perspektiven und Sichtweisen · Stärken und wie man sie fördert

Es ist sicher nicht überraschend, dass sich Asperger-Kids hinsichtlich ihres Selbstwertgefühls von neurotypischen Kindern unterscheiden.

Ihre natürliche, »eingebaute« Arroganz und Überzeugung, im Recht zu sein (und andere im Unrecht), liefern Grund genug für ein recht zerbrechliches Selbstwertgefühl. Niemand muss Aspies davon überzeugen, ihren eigenen Ansichten zu glauben und darauf zu vertrauen. Dagegen versuchen wir unseren Asperger-Freunden verständlich zu machen, dass andere Menschen ebenfalls interessante Ideen haben und dass sie sich andere Meinungen anhören und sie respektieren sollten.

Wir stellen immer wieder fest, dass das häufige Mobbing und Ausgelachtwerden, das unsere Freunde erleben, ihr soziales Selbstwertgefühl schwächt. Bis zu einem gewissen Grad wissen unsere Freunde, dass sie anders sind und nicht immer »dazu passen«. Sie wissen, dass sie sozial anders ticken als die anderen Kids. Das verstärkt ihr Gefühl der Isolation und ihre Niedergeschlagenheit – und das wiederum setzt ihre Meinung von sich selbst noch weiter herab.

Hinzu kommt, dass es für sie auch schwer zu ertragen ist, dass sie so viel zusätzliche Hilfe benötigen, schon allein, um den Schulalltag durchzustehen.

Warum ist das so?

Da die Defizite im Frontalhirn ihr Zeitgefühl und ihre Organisationsfähigkeit beeinträchtigen, brauchen unsere Freunde ständig Hilfe: um sich an Aufgaben zu machen, um bei der Sache zu bleiben, um ihre Materialien zusammenzusuchen und zu ordnen und um ihre Aufgaben in der Schule vorzuzeigen oder abzugeben. Ihre Unfähigkeit, Prioritäten zu setzen und sich zu organisieren, untergräbt ihr Selbstwertgefühl, weil sie deshalb so wenig ohne fremde Hilfe erledigen können. Zudem gibt es sehr viele Situationen, die sie vermasseln und in denen sie Fehler machen.

Asperger-Kinder finden seltener als andere Kids Gelegenheiten, zu wachsen und ihre Fähigkeiten zu verbessern, indem sie selbstständig Herausforderungen angehen und diese bewältigen. Indem wir mit ihnen üben, können sie Schritt für Schritt stärker werden.

Wie wir helfen können

Im Friends' Club fragen wir die Kids, was sie an sich selbst mögen. Ein Mädchen meinte, sie möge sich, wenn sie ihre Spielsachen mit ihrer Schwester teilt. Eine andere mag sich, wenn sie alle ihre Pflichten erledigt hat. Erkennen Sie das Prinzip?

Indem man sich darauf konzentriert, was sie überlegt oder konstruktiv ausgeführt haben, erkennen unsere Freunde, dass sie wertvoll sind und dass auch sie einen wichtigen Beitrag zum Alltag leisten können.

wichtig

Die beste Methode, bei Asperger-Kids das Selbstwertgefühl aufzubauen, besteht darin, sich auf das zu konzentrieren, was sie selbstständig tun können, und nicht auf das, was sie nicht können oder was andere für sie erledigen.

Gail Heyman, Professorin für Psychologie an der Universität von Kalifornien, San Diego, sagte einmal: »Selbstwertgefühl entsteht, wenn man etwas Schwieriges schafft, nicht wenn man ständig gelobt wird.« Für unsere Freunde ist es schon schwierig, einfach durch den Tag zu kommen!

Sie sind ständig mit so vielen schwer verständlichen sozialen Signalen konfrontiert. All das abstrakte Denken verwirrt sie. Ihre Überempfindlichkeit gegenüber Licht, Lärm, Hitze, Kälte, Geschmack und Gerüchen gibt ihnen das Gefühl, bombardiert zu werden. Das alltägliche Leben ist für sie wirklich eine Herausforderung, und das aus völlig anderen Gründen als die Herausforderungen, die das Leben uns normtypischen Menschen stellt.

Konsequenterweise bedeutet jeder kleine Erfolg, den sie erreichen, viel mehr, als Sie vielleicht denken. Denn die Leistungsskala eines Aspies ist nicht dieselbe wie die eines neurotypischen Menschen. Bei all der Kritik, die sie wegen ihrer Desorganisation, ihrer Sonderbarkeit, ihrer Ehrlichkeit, ihrer Ängste, ihrer mangelnden Kooperationsbereitschaft usw. bekommen, müssen Aspies auch einmal etwas anderes hören – nicht nur das, was sie alles falsch machen … sondern ein wenig Lob für die kleinen Dinge, die sie richtig machen. Das ist unendlich viel wert.

Loben Sie die Leistungen Ihres Kindes

Wenn Sie also wissen, dass Ihr Kind eine schwere Aufgabe bewältigt hat, dass es selbst daran gedacht hat, seine Zähne zu putzen, oder dass es auf dem Klettergerüst höher geklettert ist als jemals zuvor: Bitte loben Sie es. Es selbst wird seinen »Sieg« vermutlich nicht erkennen, deshalb müssen Sie es darauf aufmerksam machen.

Lassen Sie Ihr Kind wissen, wie stolz Sie auf es sind, wenn es etwas richtig oder gut (oder gut genug) macht. Das stärkt sein Selbstwertgefühl und es sieht hoffnungsvoller in die Zukunft.

Unsere Asperger-Freunde hören den ganzen Tag lang, wie langsam oder ungeschickt sie sind, dass sie nicht beim Thema bleiben, dass sie langweilig oder verletzend sind. Wann immer Sie Ihrem Kind ein freundliches Wort darüber schenken können, was es richtig gemacht hat, tun Sie das. Diese Art des Lobes stärkt sein Selbstwertgefühl.

Sich entschuldigen

Siehe auch: Dinge aufschreiben · Perfektionismus und unrealistische Erwartungen · Schonungslose Offenheit und unabsichtliche Verletzungen · Unhöflichkeit

Aufgrund ihres tatsachenorientierten Gehirns – und ihrer Überzeugung, immer recht zu haben – fällt es Menschen mit Asperger-Syndrom schwer, es zu akzeptieren, wenn sie etwas Verkehrtes gesagt oder getan haben.

Wenn sie einen Fehler machen, dann sind sie nicht perfekt. Und Perfektionismus ist eines der Dinge, nach denen viele Asperger-Kinder auf ihre spezielle Weise streben. Sich für einen Fehler zu entschuldigen ist undenkbar, insbesondere wenn der Fehler unbewusst passiert ist (was für die meisten zwischenmenschlichen »Ausrutscher« unserer Freunde gilt!).

Mit ihrem starken Sinn für Richtig und Falsch sind unsere Freunde schnell dabei, andere darauf hinzuweisen, dass sie unrecht haben oder »dumm« oder »ein Idiot« sind. Und es ist sehr schwierig, ihnen verständlich zu machen, warum sie sich entschuldigen müssen, wenn sie jemanden beleidigt haben oder allzu direkt oder unhöflich waren. Sie selbst sind ja keineswegs der Meinung, unhöflich gewesen zu sein. In ihren Augen haben sie nur die Wahrheit gesagt und schließlich sollte jeder die Wahrheit hören wollen ... selbst wenn sie verletzend ist. Da also jegliche Verletzungen unbeabsichtigt waren, sehen unsere Freunde es nicht ein, dass sie sich für ihr Verhalten entschuldigen müssen.

Warum gibt es hier Schwierigkeiten?

Wiederum gilt: Aspies erwerben Mitgefühl und soziale Normen nicht automatisch als selbstverständliche Verhaltensweisen. Zwar wollen unsere Freunde durchaus, dass andere wie auch sie selbst konsequent die Regeln der Höflichkeit befolgen – und in schriftlichen Tests zu Umgangsformen antworten Aspies korrekt –, doch sollte man sich aus ihrer Sicht nur entschuldigen, wenn man bewusst jemanden verletzt hat. Und selbst dann halten sie gewöhnlich ein »Es tut mir leid« nur bei einer körperlichen Verletzung für notwendig.

Wenn also einer unsere Freunde zufällig jemanden anrempelt, sieht er keinen Grund, sich zu entschuldigen. Es war ein Missgeschick. Es war nicht beabsichtigt. Warum sollte er »Entschuldigung« sagen? Er erkennt nicht, dass es unhöflich ist, sich nicht zu entschuldigen. Er sieht nicht die Missachtung oder Gleichgültigkeit gegenüber dem Befinden der anderen Person. Er erkennt nicht, dass es so aussieht, als sei es ihm egal oder als habe er es sogar mit Absicht getan.

Aspie-Kinder sind nicht gemein und sie wollen nicht unhöflich sein. Wegen Ihres völligen Mangels an sozialer Einfühlung ist ihnen nicht bewusst, dass sie jemanden verletzen, insbesondere wenn es um Gefühle geht. Es fehlt ihnen an natürlicher Empathie; daher erkennt das Asperger-Kind nicht, wie unhöflich seine Worte sind. Es hört auch nicht seine eigene Sprechweise und seinen Tonfall und es »liest« nicht die Reaktionen der anderen Person.

Wie wir helfen können

Kleine Kränkungen und Verletzungen können zu schweren Beleidigungen werden, wenn sich der Aspie nicht entschuldigt oder die andere Person diese Unfähigkeit, die Gefühle anderer zu erkennen, und die scheinbare Unsensibilität unserer Freunde nicht kennt.

Sich entschuldigen

Doch es gibt Hoffnung. Man kann unseren Freunden beibringen, »Es tut mir leid« zu sagen. Im Idealfall können wir in dem Moment eingreifen, in dem etwas Unhöfliches geäußert wird. Wir sagen dann: »Schau, das ist eine der Situationen, in denen du dich entschuldigen musst.« oder: »Du musst dich dafür entschuldigen, weil ...« Es ist wichtig, die dahinter liegende Logik mit anzuführen; das Kind braucht einen klaren Grund, warum eine Entschuldigung notwendig ist.

Eine Entschuldigung bei körperlichen Verletzungen ist für unsere Freunde leichter einzusehen, weil diese offensichtlicher sind. Schwieriger ist es, ihnen ein Verständnis von verletzten Gefühlen zu vermitteln, weil ihnen dies völlig fremd ist. Zudem können sich unsere Freunde nicht selbst in die Lage der anderen Person versetzen.

Der Ton macht die Musik

Daher üben wir in unseren Gruppensitzungen auch das Sprechen in verschiedenen Tonlagen; dadurch lernen sie, den Unterschied zwischen einer unhöflichen und einer freundlichen Stimme zu erkennen.

Sich zu entschuldigen lernen wir auch in Spielen und anderen Aktivitäten; kommt es zu einer Unhöflichkeit, können wir im konkreten Fall mit dem Kind arbeiten und ihm verständlich machen, dass das, was es gesagt oder getan hat, unhöflich war, und warum es sich entschuldigen muss.

Menschen mit klassischem Asperger-Syndrom haben mehr Schwierigkeiten, sich zu entschuldigen, als Menschen mit »hochfunktionalem Autismus«. Weil die Letzteren oft Sprachprobleme haben, besitzen sie ein besseres Gespür dafür, wann man »Es tut mir leid« sagen muss, und können sich leichter entschuldigen als ein echter Asperger.

Wir sind nicht alle gleich

Es ist auch hilfreich, Asperger-Kindern bewusst zu machen, dass nicht jeder das gelesen hat, was es selbst gelesen hat und nicht jeder weiß, was es selbst weiß. Aspies muss man sagen, dass Menschen in vielerlei Hinsicht »nett« sein können; nur weil jemand nicht über dasselbe Wissen wie der Aspie verfügt, sollte er nicht abgewiesen und als »doof« oder »Idiot« bezeichnet werden.

Wenn alles gut geht, erkennt das Asperger-Kind nach und nach, wie unfair und grob es gewesen ist. Sobald es dies erkennt, schreckt es oft davor zurück, genauer darüber nachzudenken. Auch wenn es eine Weile dauert, setzt sich eine solche Erkenntnis aber in der Regel durch.

Der nächste Schritt besteht darin, eine Entschuldigung zu üben, damit das Kind darauf vorbereitet ist. Es wird dann in der Lage sein, die Sache zu bereinigen, wenn es die Person, die es beleidigt hat, das nächste Mal sieht. Wenn Ihr Kind immer wieder aufs Neue argumentiert, warum es sich nicht entschuldigen sollte, ist es am besten, die Entschuldigung aufzuschreiben und Ihr Kind zu bitten, sie der anderen Person vorzulesen.

Sich verabschieden

Siehe auch: Auf andere reagieren – und antworten · Blickkontakt · Familienfeiern und Festtage · Gespräche · Grüßen · Komplimente · Manieren

Wir machen es uns wohl kaum jemals bewusst: Wenn wir ein Treffen mit anderen Menschen verlassen, egal welcher Art, so sind dazu verschiedene Schritte erforderlich.

Anders als in der Schule, wo der Lehrer die Klasse auf den Unterrichtsschluss vorbereitet, indem er die Hausaufgaben aufschreiben lässt und die Stunde zum Abschluss bringt, bevor es läutet, gibt es auf einer Party oder bei einem Event keine Glocke und keinen Lehrer, der sagt, dass man nun gehen kann. Soziale Zusammenkünfte sind sehr offen; das macht es Asperger-Leuten sehr schwer, sich davon zu lösen.

Warum gibt es hier Schwierigkeiten?

Den richtigen Zeitpunkt zu finden kann sehr kniffelig sein. Sofern keine bestimmten Zeiten angegeben sind, wie weiß man, wann ein Event zu Ende ist?

Die meisten von uns achten auf bestimmte Anhaltspunkte: Sind die Menschen noch angeregt ins Gespräch vertieft oder ist die Luft allmählich raus? Signalisieren Gastgeber und Gastgeberin, dass die Gäste allmählich aufbrechen sollten, oder zeigen sie, dass man noch bleiben sollte?

Wir normtypischen Menschen spüren diese soziale Dynamik eines Treffens intuitiv, nicht aber unsere Freunde. Menschen mit Asperger erkennen keine sozialen Signale; daher wissen sie auch nicht, wann es Zeit ist zu gehen.

Und dann muss man noch darauf achten, dass man alles wieder mitnimmt, was man mitgebracht hat, und nichts vergisst. Unsere Freunde haben große Mühe, an solche Details zu denken und sich daran zu erinnern. Wie kann man nach seinen Sachen suchen, wenn man nicht mehr weiß, was man überhaupt mitgebracht hat?

wichtig

Versuchen Sie, sich einen solchen Event aus der Perspektive unserer Freunde vorzustellen. Jede Party ist wie ein reißender Fluss, der alle mitzieht. Das Kommen und Gehen sind wahre Stromschnellen. Begrüßen und sich verabschieden sind die schwierigsten Abschnitte. Dabei sind viele kleine, aber wichtige Schritte erforderlich und es gibt keine festen Regeln, an die man sich halten kann. Man soll einfach höflich sein.

Und schließlich ist es unerlässlich, vor dem Gehen den Gastgeber oder die Gastgeberin zu finden und sich zu bedanken. Sich verabschieden bedeutet wiederum, Blickkontakt herzustellen, möglicherweise Hände zu schütteln und sich zu umarmen – genauso wie es unsere Freunde beim Kommen tun mussten. Man sollte den Gastgebern etwas Schmeichelhaftes über das Ereignis sagen, damit sie wissen, dass es einem gefallen hat. Aber gerade mit solchem Smalltalk haben Aspies ihre Schwierigkeiten. Also insgesamt keine einfache Sache!

Das Verabschieden ist aus dem Grunde noch schwieriger als das Kommen, weil man gewöhnlich nicht der Einzige ist, der geht. Das Chaos und das Durcheinander an der Tür erschweren die Situation für unsere Freunde zusätzlich. Sie wissen noch weniger, was sie sagen und tun sollen.

Wie wir helfen können

Im Friends' Club versuchen wir immer, die Situation zunächst aus der Perspektive unserer Asperger-Kids zu betrachten. Wir wissen, dass sie meinen, es könnte ja jeder sehen, dass sie gehen. Warum sollten sie also »Auf Wiedersehen« sagen? Es erscheint ihnen vollkommen überflüssig.

Also erklären wir ihnen, dass dies mit guten Manieren zu tun hat. Wir machen ihnen klar, dass sie zum Abschied »Auf Wiedersehen« sagen müssen, genauso wie sie »Hallo« sagen müssen, wenn sie einen Raum betreten. Andere Menschen erwarten das und sind ihnen dann freundlich gesonnen. Dann unterteilen wir das Verabschieden in kleinere Teile. Genauso wie wir zu Beginn unserer Treffen immer das Begrüßen üben, üben wir am Schluss das Verabschieden. Bei allen Altersgruppen beginnen wir dabei mit dem Blickkontakt. Je mehr Übung unsere Freunde darin haben, Blickkontakt herzustellen, umso besser ist es. Die weiteren Schritte stimmen wir auf die jeweilige Altersgruppe ab.

Hilfreiche Spiele

Mit den jüngeren Kids bilden wir einen Sitzkreis und lassen sie einen »Auf Wiedersehen-Ball« weitergeben. Derjenige, der ihn hat, schaut die anderen sowie den Gruppenleiter an und sagt »Auf Wiedersehen«, bevor er den Ball an den Nächsten weitergibt.

Manchmal benutzen wir bei den Jüngeren einen bunten Fallschirm. Alle liegen auf dem Boden und der Fallschirm wird über ihnen geschwenkt. Ein Gruppenleiter sagt: »Auf Wiedersehen, Travis« oder »Auf Wiedersehen, Kate«; daraufhin steht das Kind auf und sagt beim Gehen »Auf Wiedersehen«.

Und bei unseren älteren Freunden, insbesondere den Jugendlichen, bei denen es nicht zu formell zugehen darf, lassen wir das Händeschütteln sein, doch die Gruppenleiter sagen zu jedem Mitglied »Auf Wiedersehen« und warten, bis ein »Auf Wiedersehen« zurückkommt. Wenn nicht, kommt der Gruppenleiter näher und wiederholt den Gruß, um den Jungen oder das Mädchen zu einer Antwort zu bewegen.

Wie bei jeder Verhaltensweise gilt: Wenn sie oft genug geübt wird, sollte sie automatisch ablaufen. Wir wünschen uns, dass unseren Freunden das »Auf Wiedersehen« zur Gewohnheit wird. Und sie machen es auch ziemlich gut, sobald sie es als Teil ihrer Routine verinnerlicht haben.

Soziale Lerngeschichten

Betrifft alle Familienfeiern und Festtage, siehe aber auch Alltagssituationen: Dinge aufschreiben · Disziplin und Erziehung · Kooperation · Loslassen und sich neu ausrichten · Perfektionismus und unrealistische Erwartungen · Perspektiven und Sichtweisen · Veränderungen und »Richtungswechsel«

Wir betonen es immer wieder: Menschen mit Asperger-Syndrom sagen oder tun nicht absichtlich sozial unangebrachte Dinge. Es sind ihre Selbstvergessenheit, ihre Unfähigkeit, soziale Signale aus dem Umfeld zu erfassen, und ihr Mangel an Intuition hinsichtlich der Gefühle und Gedanken anderer Menschen, die sie in Schwierigkeiten bringen.

Es verärgert und verwirrt Asperger-Kinder normalerweise nur, wenn man ihnen sagt, was sie falsch gemacht haben. Sie brauchen vielmehr Hilfestellung, um die an sie gestellten Erwartungen und die dahinter liegende Logik zu verstehen. Und dann muss man ihnen wirklich ganz genau sagen, was man von ihnen will.

Doch wenn sie mit einer interessanten Tätigkeit befasst sind, hören sie oft gar nicht, was man ihnen sagt. Sie sind wahrhaftig »taub«, wenn sie mit einer Lieblingstätigkeit beschäftigt sind.

Ist eine Äußerung wiederum sehr emotional, zum Beispiel durch einen ärgerlichen Tonfall oder eine laute Stimme, dann hören Asperger-Kids zwar, dass die Eltern oder Lehrer auf sie sauer sind, wissen aber nicht warum. Solche Emotionen bringen sie aus dem Konzept, sie werden streitlustig und verweigern die Mitarbeit. Auch das geschieht nicht aus Böswilligkeit oder Ungehorsam, sondern ist Folge ihrer Verwirrung und entspringt auch ihrem Widerwillen gegen Veränderung. Aspies leben voll im Augenblick.

Was können Sie tun? Wie können Sie Ihrem Kind helfen, sich aus einer solchen Blockade zu befreien und zu verstehen, was wir von ihm erwarten?

Hans Asperger stellte bereits 1944 fest, dass diese Kinder soziale Verhaltensweisen nicht instinktiv erwerben; man müsse bei ihnen eine »soziale Anpassung über den Intellekt erreichen«.

Den Verstand und die Fakten nutzen

Der beste Weg besteht darin, den Verstand und Fakten zu nutzen, um das Kind zu erreichen. Nehmen Sie aus jeder Begegnung mit Ihrem Asperger-Kind die Emotion heraus und appellieren Sie an seine rationale Seite. Lässt sich die Aufforderung mit einer Regel oder einem Gesetz begründen, weisen Sie unbedingt darauf hin.

Meistens funktioniert es, wenn man ruhig, mit gleichbleibender Stimme spricht, nicht laut und nicht emotional. Zählen Sie erst bis zehn, wenn Ihnen dies hilft, Ihre Fassung zurückzugewinnen. Dann erklären Sie so ruhig wie möglich, was Ihr Kind als Nächstes tun soll. Gewöhnlich lassen sich die Kids dann darauf ein.

Die Botschaft aufschreiben

Funktioniert das nicht, können Sie die Emotion auch dadurch aus Ihrer Botschaft herausnehmen, dass Sie sie aufschreiben. Ein Blatt Papier oder ein Whiteboard ist gut geeignet. Schreiben Sie Ihre Erklärung und Aufforderung in kurzen, einfachen Sätzen auf. Diese Methode, die Aufforderung schwarz auf weiß niederzuschreiben, kann für Ihr Kind der beste Weg sein, damit es »hört«, was Sie ihm mitteilen wollen.

Welche Art von Sätzen ist empfehlenswert?

Beschreibende Sätze veranschaulichen, wann Ihr Kind die Fähigkeit einsetzen wird: »Beim Autofahren werde ich versuchen, in meinem Sitz zu bleiben und angeschnallt zu bleiben.«

Perspektivische Sätze vermitteln ihm dann, wie andere Leute über das Kind denken werden. Denn Aspies denken nie daran, wie andere ihr Verhalten wahrnehmen: »Meine Freunde werden denken, dass ich unhöflich bin, wenn ich mich im Auto nicht gut benehme und beim Aussteigen nicht ›Danke‹ sage.«

Solche Ausführungen nennt man soziale Lerngeschichten nach dem Begriff »Social Story«, der von Carol Gray geprägt wurde. Sie bilden ein optisches Hilfsmittel und haben sich als höchst erfolgreich und wirksam erwiesen.

Was ist eine soziale Lerngeschichte?

Eine Lerngeschichte besteht einfach aus ein paar geschriebenen Sätzen oder einem Absatz, verfasst in der Ich-Form. Jede Lerngeschichte ist an das individuelle Kind gerichtet und beleuchtet bestimmte soziale Kompetenzen, mit denen das Kind Mühe hat. Die Geschichte liest sich wie ein »Wegweiser«, erinnert das Kind daran, wie es sich benehmen sollte, und erklärt ihm, was andere von ihm denken werden; denn das weiß das Kind wirklich nicht.

Denken Sie daran: Egal wie offensichtlich ein sozialer Fehltritt oder ein Fehlverhalten für die Eltern ist – das Asperger-Kind sieht nicht, was es falsch gemacht hat. Und es weiß nicht, wie es die Situation noch »retten« kann.

Soziale Lerngeschichten bilden sozusagen eine »Bühne«, auf der unsere Freunde wichtige zwischenmenschliche Fertigkeiten üben können. Diese Geschichten helfen, Dinge in die richtige Perspektive zu rücken und die Verwirrung zu verringern, die Menschen mit Asperger so oft empfinden. Am besten werden diese Lerngeschichten positiv formuliert und die Erwartungen an das Kind klar ausgesprochen.

Carol Gray lehrte mich, dass es nicht so ist, dass diese Kids das jeweilige Handlungsmuster nicht kennen würden. Sie wissen nur nicht, wann sie es einsetzen sollen. Eine soziale Lerngeschichte ist für sie wie ein Drehbuch, das sie lesen und sich merken können. Die richtige Handlungsweise und die »Charaktere« sind hier genau beschrieben. Die Lerngeschichte vermittelt dem Kind, was es in dieser speziellen Situation als Nächstes zu tun hat.

Mit sozialen Lerngeschichten arbeiten

Seit ich bei Carol Gray gelernt habe, wie man solche Lerngeschichten schreibt, werden sie in allen meinen Kursen genutzt. Dank dieser Geschichten können unsere Kids begreifen, was genau sie falsch machen; aber wichtiger noch: Sie lernen, was sie in dieser bestimmten Situation tun sollten, um sie erfolgreich zu meistern, und warum.

Ich habe diese Lerngeschichten noch ein Stück weiterentwickelt und sie »individualisiert«. Dadurch kann das Kind oder der Jugendliche sagen: »Ja, das bin ich.« So leite ich die jeweilige Geschichte mit einer Bemerkung über die Spezialinteressen des Kindes ein, zum Beispiel: »Ich heiße Cody und mag Star Wars total gern.« Einer unserer sehr pfiffigen achtjährigen Freunde beleidigte unbeabsichtigt immer wieder andere Kinder. Er war ein großer Fan von Star Wars, daher baute ich den Jedi-Kodex in seine Lerngeschichte ein.

Aus der Praxis

Ich lerne …
… den Jedi-Kodex

Kürzlich sind einige Dinge passiert, die mich wütend gemacht haben, deshalb habe ich andere verletzt. Eine Verletzung kann die Gefühle betreffen oder den Körper. Wenn ich etwas in einem unhöflichen Ton sage, kann ich andere auch verletzen. Denn wenn ich unhöflich bin, zeigte ich keinen Respekt. Ich muss meine Stimme so trainieren, dass ich den Unterschied zwischen einer unhöflichen und einer freundlichen Stimme erkenne. Dabei kann es mir helfen, wenn ich mich an den Jedi-Kodex erinnere. Er lautet so:

- Gefühle gibt es nicht – es gibt Frieden.
- Unwissenheit gibt es nicht – es gibt Wissen.
- Leidenschaft gibt es nicht – es gibt Gelassenheit.
- Tod gibt es nicht – es gibt die Macht.

Ich werde versuchen, daran zu denken, dass mein ruppiger Ton andere verletzt, und ich werde versuchen, sanfter zu sprechen. Das bedeutet, dass ich anderen Respekt zolle und ein guter Jedi bin. Meine Mama wird sich darüber freuen, weil sie dann sagen kann, dass ich nicht nur klug, sondern auch höflich bin und Respekt vor anderen habe.

Sie sehen: Ich weise darauf hin, wie klug der Junge ist. Ich versuche immer, die Intelligenz zu erwähnen. Sie ist ein sehr wichtiges Merkmal, das man hervorheben kann, wenn man mit unseren Freunden arbeitet. Der Intellekt ist etwas, das sie verstehen und schätzen, während Emotionen sie verwirren und sich ihnen entziehen. Ich ermutige sie, eine »kluge« Wahl zu treffen; das ist für sie genauer und attraktiver, als wenn ich von einer »guten« Wahl rede. Das ist für Aspies zu vage.

Die Mutter dieses Jungen berichtete, dass diese Lerngeschichte so gut funktionierte, dass sie, sobald sein Ton respektlos oder verletzend wurde, sich ihm nur zuwenden und sagen musste: »Der Jedi-Kodex«. Ihr Sohn verstand sofort und veränderte seine Stimme.

Das ist das Schöne an einer auf das individuelle Kind zugeschnittenen Lerngeschichte. Sie liefert Eltern und Lehrer Sätze oder Schlüsselwörter, die sie dem Asperger-Kind zuflüstern können und die seine Erinnerung daran »auffrischen«, wie es sich nicht benehmen sollte und wie es angemessener handeln könnte.

Eine andere Art der Lerngeschichte, die ich häufig für unsere Asperger-Freunde – junge wie alte – schreibe, behandelt privates versus öffentliches Benehmen. Diesen Kindern ist wirklich nicht bewusst, dass man manches wirklich nur dann tun sollte, wenn niemand dabei ist und man sich in seiner Privatsphäre befindet. Dazu gehören kleinere Unanständigkeiten wie in der Nase bohren oder laut rülpsen, ebenso wie höchst anzügliches Verhalten wie sich in der Öffentlichkeit auszuziehen oder zu masturbieren.

Hier ist eine Lerngeschichte darüber, wie man sich im Privaten und in der Öffentlichkeit verhält. Ich habe sie kürzlich für einen zwölfjährigen Jungen geschrieben habe (alle Namen sind geändert):

Aus der Praxis

So lerne ich ...
... privates und öffentliches Benehmen

Mein Name ist Alan. Ich mag eine Menge Dinge, aber besonders gern gehe ich in die Schule, die Thornfield Middle School. Ich mag meine Lehrer, Renaldo, Mrs. Gordon, Devon und natürlich Miss Caroline.

Manchmal mache ich zu Hause und in der Schule Sachen, die man geheim halten sollte. Manchmal tue ich mit anderen Leuten etwas, das in Ordnung ist. Ich kann mit einem Freund zusammen mein Schulbrot essen und auch ein Spiel spielen.

Mich selbst zu streicheln, damit ich gute Gefühle habe, darf ich nur privat machen. Das ist etwas, was Jungen in meinem Alter gerne machen. Aber man tut das nicht, wenn andere es sehen können. Aber es ist etwas ganz Natürliches, weil es etwas ist, das meinen Körper betrifft. Manchmal denke ich auch an etwas, zum Beispiel an Mädchen. Aber auch das ist sehr privat. Privat sind Sachen, die ich nur tue, wenn ich allein bin.

Manchmal möchte ich das vor den anderen tun. Das ist keine gute Idee. Es ist den Menschen, die mich dabei sehen, sehr peinlich. Es beleidigt sie. Sie wollen mir dabei nicht zusehen. Das ist eine private Angelegenheit.

Devon und Miss Caroline sagen mir: »Leg deine Hände auf den Tisch.« Das bedeutet, dass sie gesehen haben, wie ich masturbiere. Sie mögen das nicht, weil sie dadurch belästigt werden. Das bedeutet, dass sie sich unbehaglich fühlen. Sie bekommen ein schlechtes Gefühl. Es ist okay, wenn ich mir gute Gefühle verschaffe, aber ich muss das im Privaten machen.

Wenn ich mich in der Öffentlichkeit befriedige, mögen das meine Lehrer wirklich nicht. Renaldo und Mrs. Gordon mögen es wirklich nicht. Meine Freunde mögen es nicht. Sie denken, dass ich unanständig bin. Sie werden über mich reden und sagen: »Alan ist unanständig.« Meine Eltern werden das nicht mögen, weil Devon dann meine Mama anrufen muss, um ihr zu sagen, was ich in der Schule mache. Ich möchte, dass Devon und Miss Caroline meiner Mama gute Sachen erzählen, die ich in der Schule mache, nicht die Sachen, die privat bleiben sollten. Ich muss daran denken, wenn ich mich wieder befriedige.

Ist das wirklich erforderlich

Wenn meine Asperger-Freunde wegen einer sozialen Lerngeschichte, die ich für sie geschrieben habe, herumstreiten oder die Grammatik korrigieren, dann ist das, so habe ich festgestellt, ein gutes Zeichen. Denn das zeigt, dass sie sich darauf eingelassen haben und die Geschichte »wirkt«.

Eltern sagen mir sehr oft: »Aber meinen Sie nicht, das wissen sie doch? Das ist doch ganz klar?« Ja, für Sie natürlich. Aber für einen Menschen mit Asperger-Syndrom definitiv nicht. Wir können nicht davon ausgehen, dass für Aspies irgendetwas eindeutig klar ist.

Also halten Sie Whiteboard und Papier, Filzschreiber und Stifte griffbereit. Lerngeschichten sind wirkungsvolle visuelle Hilfen für Asperger-Kids, die das, was die Eltern sagen, schwarz auf weiß sehen müssen. So können sie neue Perspektiven gewinnen, um in einer neurotypischen Welt zu funktionieren.

Mit einer sozialen Lerngeschichte arbeiten

Soziale Lerngeschichten sind wie kleine Drehbücher. Wir haben sie zu unterschiedlichen Themen geschrieben, um unseren Asperger-Kindern Anleitungen und Gedächtnisstützen mit in den Alltag zu geben.

Feiertage

Feiertage sind besondere Tage, in denen die Dinge einen anderen Verlauf nehmen als gewöhnlich. An Feiertagen kommen oft Menschen zu Besuch, die wir normalerweise nicht sehen. Wir essen auch andere Speisen, die wir sonst nicht essen. Erntedankfest, Weihnachten, Ostern usw. sind solche Feiertage. An solchen Feiertagen ist keine Schule. Feiertage sind »Richtungswechsel«. Das bedeutet, dass wir etwas anderes machen als sonst.

Solche Veränderungen sind okay, aber ich mag sie wahrscheinlich nicht, weil alles anders ist. Ich kann aber versuchen zu verstehen, dass dieser Tag anders sein wird und dass ich etwas anderes tun werde. Ich kann Mama fragen und sie wird mir erklären, was wir dann machen werden.

Wenn wir zu Hause Gäste bekommen, wird sich mein Tagesablauf wahrscheinlich verändern. Mama oder Papa werden mir helfen, einen neuen Tagesplan aufzuschreiben. An Feiertagen können lustige Dinge passieren. Es kann auch Geschenke geben. Ich will versuchen, flexibel zu sein, wenn ein Feiertag ist.

Sportsgeist/Fairness

Siehe auch: Egoismus · Kompromisse · Körperliche Fähigkeiten und Sport · Perfektionismus und unrealistische Erwartungen · Perspektiven und Sichtweisen · Regeln · Teamwork · Verlieren können

Stellen wir als Erstes klar, dass Asperger-Kinder von Natur aus nicht wettkampforientiert und ehrgeizig sind. Sie hassen es, zu verlieren, aber nicht aus Konkurrenzgründen. Grund ist vielmehr ihr Perfektionismus und ihr Bedürfnis, recht zu haben.

Verlieren bedeutet für Aspies, dass sie etwas falsch gemacht haben. Sie wollen nicht gewinnen um zu siegen, wie die meisten Kids, sondern haben das Bedürfnis, nichts falsch zu machen. Und wenn sie verlieren, können sie sehr unfair sein.

Warum gibt es hier Schwierigkeiten?

Es dürfte nicht überraschen, dass die meisten unserer Freunde wenig Interesse an Mannschaftssportarten haben. Sie sind von Natur aus keine Teamspieler. In einem Team zu sein bedeutet, dass man den Ball, den Puck oder was auch immer abgeben muss. Unsere Kinds hassen es, etwas mit anderen zu teilen; denn damit müssen sie auch die Kontrolle abgeben.

Zudem brauchen Asperger-Kids Berechenbarkeit. Teilen und gemeinsam spielen heißt, dass andere die Kontrolle haben und man nicht weiß, was als Nächstes geschieht.

Und letztlich entzieht sich ihnen das Prinzip des Teilens und des Mannschaftsspiels völlig. Das ist kein Egoismus, auch wenn es so aussehen mag. Aspies sehen Dinge nur aus ihrer eigenen Perspektive und können daher nicht verstehen, warum es so wichtig ist, gemeinsam etwas zu tun und andere einzubeziehen.

Beim Sport muss man anderen Menschen vertrauen; man muss darauf vertrauen, dass sie das Richtige tun bzw. das tun, was sie der eigenen Meinung nach tun sollten. Alle Spieler haben unterschiedliche Begabungen, Fähigkeiten und sind unterschiedlich trainiert. Das bedeutet, dass das Spiel voller Überraschungen ist und alle Teamkameraden immer wieder Fehler machen, auch unsere Freunde. Aber Asperger-Kids sind kaum in der Lage, ihr eigenes Versagen zu sehen. Sie konzentrieren sich auf die Fehlleistungen der anderen – und das ist wenig teamfreundlich oder sportlich.

Die passende Position ist wichtig

Infolge ihres mangelnden Koordinationsvermögens und eventueller Beeinträchtigungen ihrer Grobmotorik fällt es unseren Freunden schwer, bestimmte sportliche Fertigkeiten zu erlernen. Das bedeutet, dass Trainer und Mitspieler mehr Geduld aufbringen müssen. Am besten ist es, die Position im Feld zu finden, die ihren Stärken entgegenkommt.

Einer unserer Freunde spielte während seiner gesamten Grundschulzeit Fußball. Er war kein guter Torschütze und kein guter Mittelfeldspieler; aber er war großartig in der Verteidigung und konnte beinahe jeden Ball stoppen. Wie in jedem Bereich gilt auch im Sport: Die Stärken des Asperger-Kindes zu finden und diese einzusetzen ist immer der beste Ansatz.

In irgendeinem Sport möglichst gut zu sein ist wichtig, um Freunde zu finden und zu behalten. Daher wollen wir die Schwierigkeiten, die unsere Kids damit haben, sich abzuwechseln und gemeinsam etwas zu machen, abbauen. Sei es im Sport, bei Brettspielen oder Computerspielen – unsere Kids wollen das Spiel zunächst einmal immer allein spielen und alles selbst unter Kontrolle haben. Es kommt ihnen wirklich nicht in den Sinn, dass auch mal ein anderer an der Reihe sein will.

Und sie nehmen nicht wahr, dass ein anderer auch mal der Erste sein will. Während neurotypische Kinder schon sehr früh verstehen, dass man sich abwechseln muss und jeder mal anfangen darf, ist es unseren Freunden nicht klar, dass dies zu einem fairen Spiel dazugehört.

Wie wir helfen können

Aus diesem Grunde machen wir mit unseren Freunden jede Woche Spiele, insbesondere mit den jüngeren. So üben sie kontinuierlich, andere beginnen zu lassen, nacheinander an der Reihe zu sein, mal zu gewinnen und mal zu verlieren. Und sie lernen, wie man fair reagiert, wenn man verliert. Durch Übung lässt sich dieser »blinde Fleck«, der sich aus ihrer Nervenvernetzung ergibt, am besten überwinden. Und zwar Übung an einem »sicheren« Ort, wo sie nicht ausgegrenzt werden.

Diese Hürden für faires Verhalten sind Folge des Mangels an »Theory of Mind«. Dieser Begriff bezeichnet die Fähigkeit, so zu denken, wie eine andere Person denken würde. Es ist die geistige Entsprechung der Empathie, die wiederum bedeutet, das fühlen zu können, was ein anderer fühlt. Um im Sport erfolgreich zu sein, muss man erraten, was ein anderer denkt, und dessen nächste Bewegung vorausnehmen, um einen Vorsprung zu haben. Das gilt sowohl für eigene Teammitglieder als auch für Gegenspieler.

Die passende Sportart finden

Hier genügt wohl der kurze Hinweis, dass es höchst unwahrscheinlich ist, dass unsere Asperger-Kids Teamgeist entwickeln. Einzelsportarten wie Schwimmen, Fechten, Klettern, Karate und Joggen sind geeigneter. Wegen ihrer Empfindlichkeit für Sinnesreize ist es besser, auf Kontaktsportarten und Sportarten, die in großen Sportarenen, wo es laut ist und lauten Beifall gibt, ausgeübt werden, zu verzichten; das würde unsere Freunde aus der Fassung bringen.

Und doch müssen Aspies die Grundlagen der Fairness lernen, weil dies im Alltag immer wieder gefordert ist, zu Hause und in der Schule. Egal ob sie ein Brettspiel mit einem Geschwisterkind spielen oder in der Gruppe an einem Schulprojekt arbeiten, die Elemente Fairness, gemeinsam arbeiten, Informationen austauschen und Kontrolle abgeben, gehören zu allem.

Hilfreiche Spiele

Ein Spiel, das wir im Friends' Club gern spielen, ist »Splat!«. Wenn der eigene Käfer zur falschen Zeit am falschen Ort ist, wird er plattgedrückt und man ist aus dem Spiel draußen. Und auszuscheiden ist für unsere Freunde ein Riesenproblem! Es fällt ihnen sehr schwer, ein guter Verlierer zu sein.

Aus der Praxis

Ok, dann helfe ich

Ein Junge wurde dabei einmal so wütend, dass er den Würfel und seinen Käfer durchs Zimmer warf. Wir regten uns nicht auf. Wir bestraften ihn nicht. Wir sagten nur: »Du musst das aufräumen.« Zuerst weigerte sich der Junge. Dann bot er an, beim Aufräumen zu helfen. Und das funktionierte.

Für Asperger-Kids sind Spiele, bei denen man ausscheidet oder »rausgeworfen« wird, sehr problematisch. Sie betrachten es als persönliches Versagen. Leider sind sie auch besonders leichte Opfer, weil sie oft nicht schnell genug taktisch reagieren. Wir haben festgestellt, dass sie dieses Hinauswerfen besser ertragen, wenn man ihnen den Grund oder die Logik für die entsprechende Spielregel erklärt.

Darüber hinaus haben wir festgestellt, dass viele unserer Freunde mit neuen Spielen daherkommen oder bestehende Spiele abändern. Ihre Originalität hilft ihnen nicht unbedingt bei ihren begrenzten sportlichen Fähigkeiten, aber sie ist oft kreativ und kann andere Spieler faszinieren, wenn die bereit sind, zuzuhören und der neuen Idee eine Chance zu geben.

Stärken und wie man sie fördert

Siehe auch: In Bildern und Mustern denken · Zwänge und zwanghaftes Verhalten

Viele Menschen mit Asperger zeigen eine übermäßige Begeisterung für bestimmte Dinge – Züge, Flugzeuge, Computer, Computerspiele usw. – bis hin zur Besessenheit. Unsere Freunde lieben ihre Leidenschaften und Spezialinteressen heiß und innig. Diese bleiben oft lebenslange Passionen.

Weil Aspies keine Mimik oder sozialen Signale erkennen und deuten können, merken sie auch nicht, wie störend und befremdend ihre Leidenschaften für andere sein können. Auf der einen Seite gibt ihnen ihre soziale Blindheit die Freiheit, ihre Spezialinteressen zu lieben und zu verfolgen, während sie andererseits verhindert, dass sie Freunde finden.

Gibt es einen Weg, die Besessenheiten unserer Asperger-Freunde in Stärken zu verwandeln? Können sie ihnen helfen, in der Schule, am Arbeitsplatz, in der wirklichen Welt zu funktionieren? Sehr oft ja! Ihre Spezialinteressen werden lebenslange Hobbys, wenn nicht sogar Grundlage einer beruflichen Karriere. Und solche Interessen können auch als Lernhilfen genutzt werden.

Im Friends' Club nutzen wir solche Interessen als Rahmen, um wichtige Informationen zu übermitteln. Jeder Fachmann in diesem Gebiet wird Ihnen den gleichen Rat geben: »Nutzen Sie ihre Stärken.« Und: »Fördern Sie ihre Stärken.« Und: »Treffen Sie eine Entscheidung über Aktivitäten und den Beruf auf der Basis der Stärken, nicht der Defizite.«

Die Stärken fördern

Welches sind die Stärken von Asperger-Kindern? Natürlich ist jeder Mensch mit Autismus-Spektrum-Störung anders, doch Asperger-Kids haben insgesamt bestimmte Vorzüge.

Zum einen sind sie wissensorientiert. Sie lieben Informationen. Sie lieben es, neue Fakten zu lernen. Sie besitzen eine ungeheure Konzentration für Dinge, die sie interessieren.

Aspies haben eine einzigartige Perspektive. Als geborene Querdenker müssen sie sich nicht bemühen, unkonventionell oder originell zu denken. Ihr ungewöhnlicher, unverbauter Zugang zu Dingen ist einzigartig und widerspricht oft dem Bestehenden; aber das macht ihnen nichts aus. Denken Sie an Charles Darwin, Gregor Mendel und Hans Christian Andersen.

Ihre Unkonventionalität und ihre einzigartige Sichtweise können manchmal zu revolutionären Denkansätzen führen, die sie weiterverfolgen und nicht ignorieren. Da sie sich nicht darum scheren, ob sie angepasst sind, haben sie kein Problem damit, sich quer zum konventionellen Denken zu stellen.

Das alles sind Stärken. Von großem Vorteil ist, wenn unsere Freunde in einer Schule oder einem Arbeitsumfeld sind, in dem solche Nichtanpassung erlaubt ist oder besser noch geschätzt und gefördert wird.

In der Schule und im Studium

Schule ist für unsere Freunde von der ersten Klasse bis in die höheren Klassen aus dem Grunde so schwierig, weil das soziale Leben ein solch wesentlicher Bestandteil jedes Schultages ist. In und außerhalb des Klassenzimmers wird Konformität erwartet. Die meisten Kinder gehen zur Schule, um dort ihre Freunde zu treffen, mit anderen zusammen zu sein und miteinander zu reden. Asperger-Kids gehen in die Schule, um zu lernen.

Glücklicherweise geht es später im Studium und teilweise schon in der Oberstufe stärker um Inhalte und Spezialwissen. Professoren schätzen den ernsthaften Studenten, der lernen will und schnell und originell denkt, mehr als den Studenten, der passiv dasitzt und mehr Interesse am sozialen Umfeld hat. Leider haben viele unserer Asperger-Freunde in der Schule zu kämpfen, weil sie mit schriftlichen Aufgaben und anderen bewegungs- oder ablaufbezogenen Herausforderungen Mühe haben. Doch in der Regel gibt es bestimmte Fächer, in denen sie brillieren.

Manche sind Mathe-Genies. Manche sind herausragend in den Naturwissenschaften. Geschichte ist für viele höchst interessant, weil es ein Fach voller Fakten ist. Ein künstlerisch begabter Aspie hat vielleicht Probleme mit Mathe oder Geschichte, kann andere aber mit seinen Trickfilmen, Kunstobjekten oder Skulpturen verblüffen.

Auch die Schwächen erkennen

Es ist typisch für Asperger-Kids, dass sie in ihrem Begabungsmuster Stärken und Schwächen haben. Am klügsten ist es, die Stärken im Blick zu behalten und dem Kind zu helfen, sie optimal zu nutzen. Ihre Schwächen sollten sie durch zusätzliche Unterstützung, zum Beispiel durch Nachhilfe, so weit überwinden können, dass sie die Schule erfolgreich absolvieren können.

Man darf keinesfalls erwarten, dass Aspies überall brillant sind. Das ist nicht fair. Sie dürfen sich aber auch nicht entmutigt und als Versager fühlen, weil sie in manchen Bereichen schwach sind. Helfen Sie Ihrem Kind, gute Lerngewohnheiten zu entwickeln und die Hausaufgaben zuverlässig zu erledigen. Dann wird es bei Tests und Klassenarbeiten besser abschneiden. Bleiben Sie mit den Lehrern in Kontakt. Arbeiten Sie mit den Lehrern zusammen, um Ihrem Kind zu helfen, die Schule erfolgreich zu meistern.

Passende Beschäftigungen

Was Jobs und außerschulische Aktivitäten anbelangt: Eine Beschäftigung ist umso besser geeignet, je weniger soziale Anforderungen sie stellt. Viele Menschen bedeuten immer viel Lärm, viel Durcheinander und Stress. Aspies sind gewöhnlich mit ruhigeren Beschäftigungen besser bedient.

In aller Regel haben unsere Freunde immer wieder Probleme mit Gleichaltrigen, die ihnen das Leben schwer machen und ihnen am wenigsten Verständnis entgegenbringen. Mit jüngeren Kids kommen sie dagegen gut klar; Jüngere freuen sich, wenn sich ein älteres Kind oder ein Jugendlicher mit ihnen beschäftigt. Asperger-Kids kommen auch mit Erwachsenen zurecht, die ihren Verstand schätzen.

Ein Ferienjob mit viel Struktur und Routine ist am besten geeignet. Je berechenbarer die Aufgaben sind, umso weniger angespannt und umso sicherer fühlen sich unsere Freunde. Sie wissen gern genau, was sie erwartet und was von ihnen erwartet wird.

wichtig

Wenn Sie einen Mentor finden können, der die Einzigartigkeit und, ja, die Besessenheit Ihres Kindes schätzt, sollten Sie diese Beziehung pflegen! Dieser Mentor könnte helfen, das Selbstwertgefühl Ihres Kindes aufzubauen und dadurch seine Motivation zu stärken.

Hat der Mentor einen Bezug zu dem Spezialinteresse oder den Fähigkeiten Ihres Kindes, könnte dies den Weg für seine spätere Lebensaufgabe, seine berufliche Ausrichtung, ebnen. Die Umsetzung eines Spezialinteresses in der wirklichen Welt würde dieses weniger als rein theoretische, »nutzlose« Beschäftigung erscheinen lassen, sondern ihren konkreten Nutzen aufzeigen. Und das wäre für Ihr Kind ein Segen.

Prominente Vorbilder machen Mut

Biografien von Menschen mit Asperger-Syndrom können für Ihr Kind interessant sein. Hier kann es an konkreten Beispielen sehen, wie Menschen, die ebenfalls »anders« waren und sich mit bestimmten Themen beschäftigt haben, ihren Weg gefunden, ein interessantes Leben geführt und vielleicht sogar einen besonderen Beitrag für die Gesellschaft geleistet haben. Viele Fachleute stimmen darin überein, dass Erfolg das beste »Heilmittel« für diese sozial beeinträchtigten und kommunikativ eingeschränkten Kids ist. Also: Was auch immer Sie tun können, um Ihrem Kind zu helfen, seine Begabungen, Einsichten und seine Faktenliebe zu nutzen und in die richtige Richtung zu lenken, tun Sie es. Umso besser wird es sich entwickeln und umso besser wird es auch für Sie, Ihre gesamte Familie und vermutlich die Gesellschaft insgesamt sein.

Störende und stereotype Verhaltensweisen

Siehe auch: Loslassen und sich neu ausrichten · Schonungslose Offenheit und unabsichtliche Verletzungen · Selbstregulation (Stimming) · Zwänge und zwanghaftes Verhalten

Jeder Mensch stört irgendwann in seinem Leben auch einmal seine Mitmenschen.

Es ist lästig und ärgerlich, wenn jemand zu laut redet, aus Langeweile herumzappelt, Dinge nimmt, die ihm nicht gehören, oder etwas sagt, das nicht unbedingt wahr ist. Während die meisten Menschen dabei nachsichtig sind und solche Verhaltensweisen ignorieren, nimmt ein Asperger-Kind sie überdeutlich wahr und fixiert sich oftmals darauf.

Seine Aufmerksamkeit bleibt an der einen Sache hängen, die die andere Person tut und die es als störend empfindet. Es wird wütend auf den anderen und regt sich auf, selbst wenn die andere Person sich völlig natürlich verhält.

Als eines der ersten Dinge bringen wir unseren Kindern im Friends' Club bei, Menschen höflich auf ihr störendes Verhalten aufmerksam zu machen, ohne sie zu beleidigen oder zu verärgern. Takt ist für ein Asperger-Kind eine schwierige Sache, weil es von Natur aus sehr spontan und schonungslos offen ist.

Also machen wir ihm vor, wie man Menschen höflich auf störendes Verhalten anspricht. Wir üben die passenden Sätze, um andere zu bitten, mit einer Verhaltensweise aufzuhören oder leiser zu sein. Es ist zum Beispiel höflicher zu sagen: »Bitte stoßen Sie nicht mehr an meinen Sitz.« statt: »Warum schlagen Sie ständig an meinen Stuhl? Hören Sie auf!«

Besonders überrascht sind unsere Aspies, wenn sie erfahren, dass auch sie andere Personen stören. Aufgrund ihres eindimensionalen Denkens erkennen sie nicht, dass manches, was sie sagen und tun, für ihre Mitschüler oder ihre Familie ebenso lästig sein kann wie das, was sie an ihren Mitmenschen ärgert.

Wenn unseren Freunden dies bewusst wird, können sie besser verstehen, dass auch sie ihr Verhalten ändern müssen, um mit Menschen klarzukommen, genauso wie sie es von anderen erwarten. Auch wenn manche unwillkürlichen Bewegungen, wie Armwedeln oder Tics, kaum kontrollierbar sind, können unsere Freunde genug Selbstwahrnehmung erlernen, um nicht immer wieder dieselbe Frage zu stellen oder über dasselbe Thema zu reden. Selbstwahrnehmung kann ihr stereotypes Verhalten begrenzen.

Aber wie kann man den Ärger des Asperger-Kindes über einen anderen Menschen in Zaum halten? Dazu ist es hilfreich, irgendeine Gemeinsamkeit zwischen dem Kind und dem anderen Menschen zu finden. Wenn der Aspie erkennt, dass das andere Kind ähnliche Interessen oder Erfahrungen hat, kann es dieses Kind positiver betrachten und eine neue Sichtweise einnehmen.

Aus der Praxis

Gemeinsamkeiten schaffen Brücken

Einer unserer Viertklässler war wütend auf einen Mitschüler; der Junge übertrieb und verdrehte Tatsachen, um damit Lacherfolge zu erzielen. Als Wahrheitsfanatiker war unser Asperger-Freund wütend, weil dieser Junge die anderen Kinder belog. Er fürchtete, die anderen würden diese falschen Darstellungen glauben. Sein Ärger wurde immer größer. Seine Mutter fand dann heraus, dass der andere Junge James-Bond-Filme ebenso liebte wie unser Freund. Das konnte seine Wut bremsen. Sobald unser Freund erfuhr, dass sie etwas gemeinsam hatten, wurde der »Übertreiber« akzeptabler. Eine Brücke war entstanden, die ihnen erlaubte, miteinander zu sprechen und sich zu arrangieren, wenn auch auf oberflächlicher Ebene.

Teamwork

Siehe auch: In Bildern und Mustern denken · Kooperation · Loslassen und sich neu ausrichten · Perfektionismus und unrealistische Erwartungen · Perspektiven und Sichtweisen · Probleme lösen · Sportsgeist/Fairness · Zuhören

Die Notwendigkeit, sich in ein Team einzufügen, besteht überall. In der Familie. In der Schule. Auf dem Spielfeld. Im Beruf. In der Gemeinde. Überall ist es erforderlich, in irgendeiner Weise bis zu einem gewissen Grad mit anderen zusammenzuarbeiten.

Aber um im Team zu arbeiten, muss man Kontrolle abgeben. Man muss sich gegenseitig zuhören und den Ideen des anderen eine Chance geben, gehört und bedacht zu werden. Teamarbeit bedeutet, dass manches vielleicht nicht so abläuft, wie man selbst es sich vorgestellt hat. Die Gruppenarbeit kann anders verlaufen, als man selbst vorgegangen wäre. Doch im Team muss man flexibel sein, eigene Vorstellungen zurückstellen können, um die Beiträge anderer aufzunehmen; jeder soll etwas beitragen dürfen; man muss zusammenarbeiten, damit eine Aufgabe gelöst wird.

Das eigentliche Prinzip der Teamarbeit ist für Asperger-Kids sehr schwer zu begreifen. Doch ein gutes Teammitglied zu sein ist entscheidend wichtig für Freundschaften; denn nur wenn alle zusammenarbeiten, fühlen sich alle Beteiligten respektiert und einbezogen. Das ist die Basis für einen Beziehungsaufbau.

Asperger-Kinder würden viel lieber selbstständig an einem Projekt arbeiten, ein Spiel oder eine Aktivität ausüben; so könnten sie ihre eigenen Vorstellungen von der Umsetzung verfolgen. Da Aspies in Bildern denken, ist es sehr schwer für sie, ihre Vision zu korrigieren, um Ideen anderer aufzunehmen. Ihre Überzeugung, dass ihre Sicht die »richtige« Sicht ist, hilft hier nicht weiter. Und ihre Unfähigkeit zur Empathie, ihre Unfähigkeit, sich in den anderen hineinzuversetzen oder Dinge aus einer anderen Perspektive zu sehen, vergrößert das Problem noch.

Warum gibt es hier Schwierigkeiten?

Unsere Freunde können nur schwer einsehen, dass das Ergebnis durch den Beitrag verschiedener Teammitglieder besser sein kann als ihr eigener, individueller Ansatz. Unsere Freunde sind überzeugt von ihren Ideen und ihrer Weltsicht – ihre Vorstellungen erscheinen ihnen viel bedeutender als alles, was andere denken. Doch wiederum ist dies kein Ausdruck von Arroganz oder Egoismus. Diese Haltung ist nervlich bedingt. Durch die Defizite im Spiegelneuronensystem sind sie nicht in der Lage, die Gefühle und Ideen anderer Menschen in Betracht zu ziehen. Ihnen fehlt das intuitive Wissen, wie man mit anderen zusammenarbeitet. Die anderen kommen ihnen wirklich wie Außerirdische vor.

Wie wir helfen können

Aus diesem Grunde beschäftigen wir uns im Friends' Club häufig mit Gruppenspielen. Diese Kids müssen lernen, wie man sich abwechselt, wie man anderen zuhört und wie man auf ein gemeinsames Ziel hin zusammenarbeitet.

Wenn ein Asperger-Kind an einem Projekt arbeitet, gibt es kein Gespräch. Aspies arbeiten ruhig und bestimmt, machen ihr eigenes Ding. Sie arbeiten lieber allein, überzeugt davon, dass sie es »allein besser machen«. Das versichern sie uns auch ständig.

Gemeinsames Bauen

Aus genau diesem Grunde lassen wir sie etwas mit anderen Gruppenmitgliedern gemeinsam bauen. Sei es mit Lego, KNEX oder ZOOB oder anderen Bausteinen, sie sollen zusammen ein Objekt bauen. Das zwingt sie, miteinander umzugehen und den Standpunkt und die Ideen der anderen zu berücksichtigen. Sie müssen die Materialien teilen, sie müssen auf den Teilen der anderen aufbauen und die Ungewissheit akzeptieren, was aus der ganzen Sache wohl werden wird.

Natürlich sagen wir ihnen vorab, dass wir wissen, dass jeder von ihnen ein fantastischer Bauherr ist, denn das sind sie alle. Dann sagen wir ihnen, dass sie jetzt eine neue Herausforderung meistern müssen – etwas mit anderen gemeinsam bauen, im Team.

Es gibt dabei kleinere Kabbeleien, einige Meinungsverschiedenheiten, manchmal sogar einen Wutanfall oder auch zwei. Manche wollen meckern: »Aber du machst es nicht richtig«; das verbieten wir, weil es bei einer kreativen Aufgabe kein Richtig oder Falsch gibt. Das sind kleine Holprigkeiten auf dem Weg, Zusammenarbeit und das Abgeben von Kontrolle zu lernen. Sie lernen dabei zu akzeptieren, dass nicht alles nach ihrem Kopf geht und dass dabei vielleicht am Ende etwas anderes herauskommt, als sie sich vorgestellt haben.

Aber sie haben Erfolg! Sie lernen – durch Übung und wöchentliche Begegnung damit –, dass Teamwork auch kreative, interessante, lustige Ergebnisse bringt.

Bei diesen Bauprojekten lassen wir oft immer nur ein Kind auf einmal ein Teil ansetzen. Zum Schluss benennen die Kids das fertige Werk. Dank der blühenden Fantasie wird dann das gleiche Projekt mal als Windmühle, mal als Beobachtungsturm bezeichnet. Eingebettet in diese Diskussion ist die Erkenntnis, dass es keine »richtige« oder »falsche« Antwort gibt.

»Stummes Bauen«

Manchmal spielen wir »Stummes Bauen«. Dabei tun unsere Freunde so, als schlössen sie ihre Stimme in einer Schachtel ein; diese konkret vorgezeigte Schachtel ist eine sichtbare »Krücke«, die sie daran erinnert, dass sie während des Spiels nicht sprechen dürfen. Diese konkrete Erinnerungshilfe ist eine lustige Methode, um ihnen zu helfen, die Regeln zu befolgen.

Das stumme Bauen zwingt die Kids, nonverbale Signale und Gesten einzusetzen, um ihren Teamkollegen mitzuteilen, wie das Gebilde errichtet werden soll. Mehr als einmal waren wir so in das Spiel vertieft, dass die Kids uns daran erinnern mussten, ihnen ihre Stimme zurückzugeben, als das Treffen zu Ende war.

Gemeinsames Malen

Ein anderes beliebtes Gruppenprojekt ist das gemeinsame Malen. Wir nehmen ein riesiges Blatt Papier und lassen jedes Kind einen Teil eines gemeinsamen Bildes zeichnen. Diese Beschäftigung ist ideal als Gruppenarbeit, weil die Kids kontinuierlich sehen, wie durch den Beitrag jedes Kindes ein Bild entsteht.

Und dieses Bild regt am Ende, auch wenn es nicht genau das Bild ist, das jeder unserer Freunde sich vorgestellt hatte, das Gespräch an, führt zu Gelächter und fördert das Gemeinschaftsgefühl.

Es ist faszinierend zu beobachten, wie unsere Freunde es schaffen können, sich der Gruppe zu öffnen und sie schätzen zu lernen.

Telefonieren

Siehe auch: Gespräche · Initiative ergreifen · Interesse an Mitmenschen · Namen merken

Wir normtypischen Menschen telefonieren, ohne auch nur eine Sekunde darüber nachzudenken. Wir nehmen den Hörer auf. Wir wählen eine Nummer. Wir hören das Klingeln. Wenn jemand abnimmt, sagen wir »Hallo« und beginnen das Gespräch. Wenn niemand zu Hause ist, schaltet sich vielleicht der Anrufbeantworter an. Wir hinterlassen eine Nachricht und legen auf. Was ist daran so schwer?

Alles, wenn wir ein Asperger-Kid sind.

Warum ist das so?

Zunächst einmal kommen wir gar nicht auf die Idee, jemanden anzurufen – denn das erfordert Initiative und man muss aktiv werden. Zweitens kennen wir keine Telefonnummern. Und gewöhnlich auch keine Nachnamen, so dass wir nicht im Telefonbuch nachschauen können. Drittens: Je länger das Telefon am anderen Ende der Leitung klingelt, umso wahrscheinlicher ist es, dass wir den Grund unseres Anrufs vergessen. Viertens: Wenn wir nicht sehen können, mit wem wir sprechen, wissen wir nicht, ob unser Freund, seine Mutter oder sein Vater oder sein Bruder am anderen Ende »Hallo« sagt.

Und natürlich erwartet jeder, dass wir nach der Begrüßung ein wenig Smalltalk machen; doch das ist immer ein Problem. Schließlich wollen wir doch einfach nur wissen, ob unser Freund uns besuchen kann oder ob wir uns irgendwo treffen können; aber er will sich auch noch unterhalten.

Und wenn wir schließlich mit unserem Freund gesprochen haben und er gerne kommen möchte, dann ist es viel zu kompliziert, die Details abzusprechen. Wann, wo und wie hinkommen? Wie lange wollen wir zusammen was machen? All das haben wir als Aspies nicht bedacht. Also brauchen wir einen Elternteil, der mit der Mutter oder dem Vater des anderen Kindes spricht, um diese näheren Umstände zu vereinbaren.

Und wenn der Anrufbeantworter anspringt, ist das noch schwieriger. Denn nun müssen wir reden, ohne dass jemand Fragen stellt, die uns leiten. Es ist so verwirrend, ins Nichts zu sprechen, dass wir vielleicht einfach auflegen, ohne eine Nachricht zu hinterlassen. Oder wir hinterlassen eine ziemlich konfuse Nachricht, weil wir so durcheinander sind.

Doch wenn Asperger-Kids Freunde finden und behalten wollen, müssen sie wissen, wie man telefoniert. Denn Telefonieren ist ein unverzichtbares soziales Kommunikationsmittel. Selbst in Zeiten von E-Mail und Chatten bleiben Telefon und vor allem Handy zentral. Besonders am Arbeitsplatz ist es wichtig, dass man professionell telefonieren kann. Daher dürfen sich unsere Kids vor Telefonanrufen nicht drücken; die Geheimnisse des Telefonierens müssen entschlüsselt und gemeistert werden. Was ist das beste Mittel dagegen? Übung. In kleinen Schritten. Mit Ihrer Hilfe.

Im Friends' Club lassen wir die Kids das Telefonieren als Hausaufgabe üben. Zuerst, gewöhnlich mit unseren Neun- und Zehnjährigen, fordern wir sie auf, sich die Nummer von einem Kind aus der Gruppe, das sie mögen, aufzuschreiben. Wir bitten sie, sich gegenseitig anzurufen, auch wenn sie dann nur »Hallo« sagen.

Als Nächstes bitten wir sie, ihren Freund wieder anzurufen. Dieses Mal, um sich zum Spielen oder zum Kino zu verabreden. Dabei sagen wir ihnen, dass sie sich zuerst überlegen sollen, was sie unternehmen wollen, wo sie sich treffen und wie sie dorthin kommen werden. Diese Planungen machen wir in der Gruppe, da keiner der Aspies dies selbstständig machen würde.

Sobald sie sich die ersten Male verabredet haben, fordern wir sie auf, sich auch während der Ferien und in den Wochen, in denen sich die Gruppe nicht trifft, anzurufen. Sie können dabei ebenso ein anderes Kind anrufen. Wir drängen sie sogar dazu, jedes Kind anzurufen, das ihnen sympathisch ist. Hauptsache, sie benutzen möglichst bald wieder das Telefon.

Diese Übung erleichtert ihnen nicht nur das Wählen von Telefonnummern und das Sprechen in einen gesichtslosen Hörer; sie lernen dabei auch, die Initiative zu ergreifen, aktiv zu werden und ein Treffen zu planen.

> WISSEN
>
> **Ursachen der Desorganisation**
>
> Diese Schwierigkeiten mit dem Telefonieren sind Folge der unzureichenden Ausbildung des Stirnhirns und des Mangels an Ausführungsfähigkeiten (exekutive Funktionen); dieser Mangel ist auch verantwortlich für die Desorganisation und Zeitblindheit der Aspies, weswegen sie chronisch zu spät kommen.

Weitere Hilfestellungen

Ihr Asperger-Kind wird Ihre Hilfe benötigen, um telefonieren zu lernen. Sie werden ihm sagen müssen, welche Telefonnummer es wählen soll; vielleicht müssen Sie sie laut vorlesen, damit es sich aufs Wählen konzentrieren kann.

Sie werden ihm während des Telefonats vielleicht souffIieren müssen, weil die andere Person Fragen stellt oder Dinge sagt, die Ihr Kind aus dem Konzept bringen. Das ist in Ordnung so. Ihr Kind muss lernen zu sagen: »Entschuldige, ich muss erst nachdenken«, wenn es keine Antwort hat.

Sobald das andere Kind einem Treffen zugestimmt hat, muss Ihr Kind Ihnen das Telefon geben, damit Sie die Details mit den anderen Eltern vereinbaren können. Sie schaffen es einfach nicht allein, abzusprechen, wer wann wie wohin kommt. Manchmal brauchen selbst Jugendliche Hilfe bei diesen Einzelheiten. Je mehr sie das Telefonieren, Einladen und Besprechen der Einzelheiten üben, umso besser werden sie es beherrschen.

Und der Gewinn? Ihr Kind ruft jemanden an, stellt Kontakt über sein gewohntes Zuhause und die Familienumgebung hinaus her. Das Telefonieren-Können wird seine Welt erweitern und es wird das Gefühl haben, stärker eingebunden zu sein.

Um Hilfe bitten

Siehe auch: Dinge aufschreiben · Perfektionismus und unrealistische Erwartungen · Zeitblindheit

Oft wissen Kinder mit Asperger-Syndrom nicht, welchen Weg sie gehen sollten, sie wissen nicht, wo sie gerade sind, und sie nehmen nicht wahr, dass sie sich sogar verlaufen könnten! Sie besitzen wenig Gespür für Zeit, Richtung und Ort. Wie Kinder mit AD(H)S und Tourette-Syndrom bestehen bei Asperger-Kids Defizite im Stirnhirn (Frontallappen), die ihren Sinn für Zeit und Ort sowie ihre Selbstorganisation beeinträchtigen.

Warum gibt es hier Schwierigkeiten?

Leider wissen sie nur sehr selten, wie sie um Hilfe bitten können. Das ist keine Frage des Stolzes. Es könnte mit ihrem Perfektionismus zusammenhängen, denn wenn man um Hilfe bittet, ist man wohl nicht perfekt. Doch in den allermeisten Fällen kommt es ihnen gar nicht in den Sinn, sich helfen zu lassen.

Bei ihrem mangelnden Orientierungssinn und ihrer Zeitblindheit können Asperger-Kids regelmäßig zu spät zur Schule kommen; so oft, dass sie deswegen von der Schule verwiesen werden. Doch ihnen fehlt das Gefühl dafür, dass sie Hilfe brauchen. Denn erst dann können sie auch um Hilfe bitten.

Manche Asperger-Kinder, insbesondere Teenager, meinen, sie bekämen es schon selber hin und müssten niemanden fragen. Das kann als Eigensinn erscheinen, ist aber in Wirklichkeit einfach zu großes Selbstvertrauen und der Glaube, immer recht zu haben. Damit ist es in ihren Augen ausgeschlossen, auch einmal verkehrt zu liegen.

Aus der Praxis

Sie denken eben ganz anders

Einer unserer Freunde wurde beinahe von der Schule verwiesen. Warum? Er ging nie vor dem Klingeln in die Klasse, sondern wartete draußen, bis er sah, dass der Lehrer anfing zu reden. Er kam nie auf die Idee, dass erwartet wurde, dass er bei Unterrichtsbeginn auf seinem Platz saß. So wurde er jedes Mal ins Klassenbuch eingetragen. Leider kam es auch dem Lehrer nicht in den Sinn, ihn zu fragen, warum er so konsequent zu spät kam. »Warum« – diese sehr wichtige Frage sollte man Aspies immer stellen, denn ihre Überlegungen sind völlig anders als das, wovon wir ausgehen.

Richard Lavoie, ein Fachmann für Lernstörungen, beriet einen Highschool-Studenten, dem ebenfalls ein Schulverweis drohte, weil er andauend zu spät kam. Als Lavoie mit dem Jungen sprach, stellte sich heraus, dass das feste Klassenzimmer des Studenten im ersten Stock eines vierstöckigen Gebäudes lag. Wenn Fachunterrichtsstunden abwechselnd im vierten, dritten oder zweiten Stockwerk stattfanden, ging der Junge vor jeder Stunde zurück in das angestammte Klassenzimmer; es war sein einziger Bezugspunkt, damit er sich auf dem Campus zurechtfand.

Der Junge hatte keine Ahnung, warum er immer zu spät kam, und verstand nicht, warum alle anderen rechtzeitig kamen. Doch es kam ihm nie in den Sinn, einen Kommilitonen zu bitten, ihm den Weg zu zeigen. Während die Dozenten ihn wegen seiner chronischen Verspätung als unmotivierten Studenten bezeichneten, konnte Lavoie das Geheimnis klären und dem Jungen helfen, direkte Wege zu all seinen Unterrichtsräumen zu finden und einen Verweis zu vermeiden.

Wie wir helfen können

Wir empfehlen den Eltern unserer Kinder aus dem Friends' Club, nicht zu warten, bis ihr Kind sie um Hilfe bittet. Wenn es irgendwohin gehen will, fragen Sie es, wohin es will und wenn es zu Fuß geht, welche Richtung es einschlagen will. Besser noch, gehen Sie mit! Selbst Jugendliche brauchen anfangs noch Hilfe. Dabei ist aber Fingerspitzengefühl gefragt, weil andere Teenager das sehen könnten.

Zumindest die ersten ein bis zwei Male ist es besser, das Kind zu begleiten, um sicherzustellen, dass es auf dem richtigen Weg ist, in die richtige Richtung geht und weiß, auf welche Orientierungspunkte es achten muss, um festzustellen, wo es sich befindet.

Ihr Kind muss auch ungefährdet Straßen überqueren können, indem es den Fahrern in die Augen schaut, bevor es den Bürgersteig verlässt. Das gilt auch, wenn eine Fußgängerampel auf Grün steht; es muss trotzdem auf die Autos und die Fahrer achten.

Setzen Sie Ihr Asperger-Kind niemals irgendwo ab und lassen es dann weitergehen; es kann sich verlaufen. Begleiten Sie es bis dorthin, wo es sich mit seiner Gruppe trifft, und machen Sie eindeutig klar, wo es danach wieder auf Sie warten soll.

Aus der Praxis

Die kleine Tafel

Führen Sie am besten eine kleine Tafel mit sich. So können Sie immer aufschreiben, was Sie von Ihrem Kind erwarten. Das löst Angstgefühle und Unsicherheit.

Einer unserer fünfjährigen Freunde wusste nach unserem Gespräch in meinem Büro nicht, wie er sich verhalten sollte, um das Zimmer zu verlassen. Ihm war aber auch nicht klar, wie er dafür eine Hilfestellung erhalten konnte. Ich wusste, dass er schon lesen konnte. Um seine Blockade aufzulösen, schrieb ich daher auf eine Tafel: »Es ist Zeit zu gehen. Am besten sagst du: ›Auf Wiedersehen, Cynthia.‹« Er stand auf, sagte »Auf Wiedersehen« und ging mit seinen Eltern ohne weiteren Zwischenfall hinaus!

Wenn Sie aufschreiben, was Ihr Kind tun soll oder wohin es gehen soll, wird die Sache konkreter und anschaulicher. Die Information steht schwarz auf weiß da und kann von Ihrem Kind besser aufgenommen werden.

Was die Schule anbelangt, empfehlen wir unseren Eltern, schon vor dem ersten Schultag ein- oder mehrmals das Schulgelände zu besuchen, damit sich das Kind dort orientieren kann, solange weniger Lärm und Durcheinander herrschen. Wurden die Klassenräume bereits zugeteilt, können Sie auch schon einmal zum Klassenzimmer Ihres Kindes gehen. Ebenso hilft es Ihrem Kind, von diesem Ausgangspunkt aus den Schulhof anzusteuern.

Wenn der Übergang auf eine weiterführende Schule ansteht, bitten Sie die Schulleitung, Ihnen möglichst schon vorab den Stundenplan auszuhändigen. Auf diese Weise können Sie Ihr Kind durchs Schulgebäude begleiten und es zu den verschiedenen Unterrichtsräumen führen. Üben Sie mit ihm die Wege von einem Unterrichtsraum zum anderen, zum Beispiel vom Physiksaal zur Sporthalle; so entwickelt Ihr Kind ein Gefühl dafür, wohin es gehen muss. Indem Sie dies einige Tage vor dem ersten Schultag tun, kann es darüber schlafen und sich an die Vorstellung des Neuen gewöhnen.

Hilfreich ist es ebenfalls, wenn Sie Ihrem Kind Abbildungen von einem neuen Ort oder einer neuen Aktivität zeigen können. Vor einem Schulausflug etwa geben Bilder einen optischen Eindruck davon, wohin die Gruppe gehen wird und was Ihr Kind dort erleben wird.

Umgang mit Geld

Siehe auch: Egoismus · Empathie · Mobbing und Schikanieren · Perspektiven und Sichtweisen

Weil Asperger-Kids Schwierigkeiten mit dem Perspektivwechsel und der Einfühlung in andere haben, ist für sie auch der Sinn der Großzügigkeit und des Schenkens kaum nachvollziehbar. Das heißt nicht, dass sie im üblichen Sinne egoistisch sind. Diese Haltung resultiert vielmehr aus ihrer eingeschränkten Sichtweise. Sie sehen die Welt ausschließlich aus ihrer eigenen Perspektive. Dadurch sind sie kaum in der Lage, die Bedürfnisse anderer zu sehen. Leider betrachten neurotypische Menschen diese Haltung oft als Egoismus.

Wenn wir den Aspies die Bedürfnisse anderer Menschen beschreiben wollen, so ist das oft zu abstrakt für unsere Kids und Jugendlichen. Es hat keine Wirkung auf sie. Sie verstehen uns nicht. Werden sie zum Beispiel gebeten, Geld für einen wohltätigen Zweck zu spenden, verstehen Aspies irgendwie nicht, warum das sinnvoll oder notwendig ist. Sie können den Sinn nicht begreifen, wenn sie ihn nicht sehen oder selbst erleben.

Als unsere Gruppen gebeten wurden, kleine Beträge zu spenden, um ein Spiel für eine Wohngruppe missbrauchter Kinder kaufen zu können, meinte einer unserer Jungs: »Warum sollten wir das tun? Was haben wir davon? Welches Spiel kaufen wir uns?« Er war keineswegs so egoistisch oder gefühllos, wie er klang. Er konnte einfach die Vorstellung, anderen Kindern Geld oder Spiele zu schenken, um ihr Leben zu verbessern, nicht nachvollziehen.

Konkrete Erfahrungen können helfen

Eine konkrete Erfahrung kann hier Abhilfe schaffen. Wenn ein Kind mit Asperger-Syndrom in eine konkrete Aktivität für Kinder oder Erwachsene, die zweifellos Hilfe benötigen, einbezogen wird – wie der Bau eines Hauses für eine obdachlose Familie oder Abfall sammeln an öffentlichen Plätzen –, dann scheinen sie den Grund für die Hilfe und die Spenden zu verstehen. Aber das passiert nicht automatisch und muss anerzogen werden.

Zu diesem Thema gehört auch ihre Naivität in Geldfragen und gegenüber dem Geldwert von Dingen. Zahlungsmittel, Preise, Wechselgeld – all das verwirrt sie. Es fällt ihnen schwer, den Überblick über Geld zu behalten. Sie brauchen eine Menge Übung und Kontrolle im Umgang mit Geld und um ein Verständnis dafür zu bekommen, was Dinge kosten und was etwas wert ist. Unsere Freunde »verschenken« schnell einmal etwas; dann erscheinen sie großzügig, obwohl dies völlig unbeabsichtigt ist.

Sehr oft fragen die Mitschüler unsere Kids auch, ob sie etwas von ihrem Schulbrot bekommen. Manche fragen höflich: »Kann ich deinen Keksriegel haben?« oder »Magst du deinen Müsliriegel?« Aber manchmal handelt es sich auch um Mobbing und Erpressung wie: »Du darfst nur an unserem Tisch sitzen, wenn du mir dein Sandwich gibst.« Das ist ein gewaltiger Unterschied.

Aus der Praxis

Ein fairer Preis?

Einer unserer Siebtklässler hatte zum Beispiel einen Mitschüler, der sich auch für das neue Star-Wars-Computerspiel interessierte, das unser Freund kürzlich geschenkt bekommen hatte. Unser Freund freute sich so, dass er etwas hatte, was dem anderen Jungen gefiel, dass er das Spiel mit in die Schule nahm und es ihm gab. Der andere Junge wusste, dass es mindestens 35 Dollar wert war, und fragte: »Wie viel willst du dafür?« Unser Freund meinte: »Wie wäre es mit fünf Dollar?« Das erschien ihm als viel Geld; er hatte keinerlei Ahnung, was das Spiel wert war oder wie viel fünf Dollar waren. Außerdem wollte das Asperger-Kind nett sein. Der andere Junge bezahlte ihm gern die geringe Summe. Erst nach dem Handel erfuhr die Familie unseres Freundes davon. Die Eltern stellten eine neue Regel auf: Der Junge durfte zukünftig nichts mehr von zu Hause mitnehmen, auch nichts von seinen eigenen Sachen, ohne erst die Eltern oder den älteren Bruder zu fragen. Er versprach ihnen, sich daran zu halten.

Pausenbrot-Erpressung

Einer unserer Jungen kam jeden Tag mit einer leeren Vesperdose nach Hause zurück. Seine Mutter ging davon aus, dass er alles gegessen hatte. Erst als der Junge eines Tages darauf bestand, auch einen Müsliriegel mitzunehmen, fand sie heraus, dass er seit drei Wochen sein Pausenbrot an einige Mitschüler abliefern musste. Es ist typisch für unsere Freunde, dass der Junge nicht erkannte, dass er auch »Nein« sagen konnte. Er wünschte sich so sehr, beim Essen bei dieser Clique zu sitzen, dass er meinte, er müsse ihnen dafür einen Teil seines Essens geben.

Dieses Beispiel zeigt wiederum, warum es so wichtig ist, dass Sie Ihr Kind weiterhin nach der Ereignissen in der Schule fragen; achten Sie auf alles, was irgendwie eigenartig klingt. Benachrichtigen Sie die Schulleitung, wenn andere Kinder Ihr Kind nötigen, sein Brot, sein Essensgeld oder irgendetwas anderes von Wert »herzugeben«.

Unentschlossenheit

Siehe auch: Dinge aufschreiben · Mobbing und Schikanieren · Perfektionismus und unrealistische Erwartungen · Perspektiven und Sichtweisen · Probleme lösen · Unordnung

»Was möchtest du?« – »Ich weiß nicht.«
»Was willst du nicht?« – »Ich weiß nicht.«

So seltsam dieser Dialog klingt, er ist typisch für Aspies. Eine Entscheidung zu treffen, was man tun oder haben will und was nicht, das bedeutet, die Gefühle zu »befragen«, und dies ist bei Aspies kein automatischer, selbstverständlicher Prozess. Bei ihnen stellen sich zuerst Gedanken und logische Überlegungen ein und das rationale Gehirn erhält die Botschaften von dem emotionalen Gehirn, wo Gefühle verarbeitet werden.

Sie wären überrascht zu erfahren, wie viele Entscheidungen auf Gefühlen beruhen, nicht auf Logik. Jeden Tag befragen wir immer wieder unsere Emotionen, um herauszufinden, was wir tun wollen.

Doch es geht noch um mehr. Außer den Gefühlen tragen noch weitere Faktoren zur Entscheidungsunfähigkeit eines Kindes mit Asperger-Syndrom bei. Ein Teil resultiert aus ihrem Perfektionismus und der Angst, die falsche Entscheidung zu treffen; daher treffen sie gar keine Entscheidung (was wiederum eine Entscheidung ist). Sie können wie gelähmt sein, weil sie sich keine Antwort vorstellen können. Wenn sie sich kein Bild davon machen können, worum sie gebeten werden, weil es zu theoretisch oder jenseits ihrer persönlichen Kenntnis ist, können sie auch keine Entscheidung dazu treffen.

Aus der Praxis
Einkaufshilfe

Eine Mutter nahm ihren über 20-jährigen Asperger-Sohn mit in den Lebensmittelmarkt. Sie erwarteten abends Besuch und die Mutter wollte einige Vorspeisen einkaufen. »Was sollen wir als Vorspeise anbieten?«, fragte sie ihn. Doch ihr Sohn stand einfach da in der Delikatessenabteilung – vor einer riesigen Auswahl aus Käse, Dips, Fleischpasteten und so weiter – und sagte: »Ich weiß nicht.« Er war entscheidungsunfähig angesichts zu vieler Möglichkeiten, ein unbeschriebenes Blatt ohne jegliche Richtlinien, denen er hätte folgen können.

Die Mutter sah, dass er überfragt war, wollte aber, dass er das Treffen solcher Entscheidungen übte. Also formulierte sie die Frage neu: »Wenn du bei jemandem eingeladen wärst, was hättest du denn gerne als Vorspeise?«

Jetzt war es etwas anders. Er wusste, was er schon gegessen hatte und was ihm schmeckte. Er konnte sich die Arten der Speisen, die er mochte, vorstellen. Diese Fragestellung sprach seine persönliche Erfahrung an im Gegensatz zu der offenen, unklaren Frage: »Was sollen wir anbieten?«

Wie wir helfen können

Da Menschen mit Asperger die Dinge aus ihrem eigenen Blickwinkel sehen, ist es am besten, dort anzusetzen – bei ihrer Sichtweise –, bevor man sie bittet, über andere nachzudenken.

Diese Unentschlossenheit kann lähmender sein, als Sie denken. Unsere Freunde stecken letztlich fest; sie sind unfähig weiterzugehen. Das frustriert sie selbst und kann den Gesprächspartner, der auf eine Antwort wartet, verärgern. So haben wir nur noch einen weiteren Bereich, in dem unsere Aspie-Kids missverstanden werden in einer Welt, die schnelle Entscheidungen und rasches Voranschreiten erwartet.

Um unsere Kids in diesem Bereich zu fördern, bauen wir das Entscheidungen-Treffen in unsere Aktivitäten und Gespräche im Friends' Club ein. Es gibt immer einen schriftlichen Ablaufplan, so dass die Kinder sehen können, was sie erwartet: »Spiel: Splat!«, »Buch: Tacky, der Pinguin«, Snack: »Goldfisch-Cracker« und »Verabschiedung«.

Während einer Aktivität gibt es immer Entscheidungen zu treffen, zum Beispiel: Welche Farbe soll die Spielfigur haben, wer kommt zuerst, wer ist dein Spielpartner, soll man Teams bilden? Wird ein Bauprojekt mit Legosteinen oder Bauklötzen geplant, gibt es noch mehr zu entscheiden – wo beginnt man mit dem Bauen, wer hilft wem, was machst du, und so weiter.

Aus der Praxis

Was ist »irgendwas«?

Einer unserer Jugendlichen erinnerte sich daran, wie sein Lehrer in der ersten Klasse die Schüler anwies: »Zeichnet ein Bild – egal welches Motiv.« Alle Kinder machten sich sofort ans Werk, nahmen die Stifte und füllten ihr Blatt; unser Freund jedoch saß 20 Minuten lang einfach da, völlig ratlos. Er hatte keine Ahnung, was er malen sollte. Die allgemein gehaltene Anweisung des Lehrers war für ihn zu abstrakt. Ihm fiel nichts dazu ein. Hätte der Lehrer gesagt: »Malt ein Tier« oder: »Malt einen Menschen«, wäre es anders gewesen. Aber er hatte keine Ahnung, wie er ohne weitere Anhaltspunkte entscheiden sollte, was er malen könnte.

Im Rückblick erkannte der Junge, dass er in diesem Augenblick wusste, dass er anders war als die anderen Kids. In der ersten Klasse wurde ihm bewusst, dass die anderen Kinder alle wussten, was sie zeichnen sollten und was als Nächstes kam, nur er nicht.

Einen Fahrplan erstellen

Wir haben immer ein vorgegebenes Unterrichtskonzept und wählen im Voraus geeignete Bücher und Spiele aus, um eine bestimmte soziale Fähigkeit zu verstärken oder zu üben. Doch sobald diese Routine gut verankert ist, ist es unserer Erfahrung nach manchmal sinnvoll, diesem Plan nicht strikt zu folgen und unsere Kids über den Fortgang entscheiden zu lassen. Dabei lernen sie, sich ihre eigenen Gedanken zu machen und zusammenzuarbeiten. Wir nennen es »Einen Fahrplan erstellen«. Das ist ein gutes Training für das wirkliche Leben, wo sie lernen müssen, sich ihre eigene Zeit einzuteilen.

Unseren jüngeren Kids schreiben wir noch die allgemeinen Kategorien: »Aktivität/Spiel«, »Buch« und »Snack« auf und lassen sie dann auswählen. Dabei sind sie nicht nur gezwungen, miteinander zu sprechen, sondern auch, darauf zu hören, was die anderen Kids wollen. Und schließlich muss ein fairer Weg gefunden werden, zu einer Entscheidung zu kommen.

Bei unseren älteren Freunden lassen wir das Flipchart bzw. das Whiteboard völlig leer. Es liegt an ihnen zu entscheiden, was sie mit der Stunde machen wollen. Sie sollen Aktivitäten, Bücher, Diskussionsthemen und Essensvorschläge einbringen. Sie müssen zuhören, kooperieren und Kompromisse aushandeln. Entscheidungsprozesse sind damit in die Planungsaufgabe eingeschlossen.

Gruppenentscheidungen treffen

Die größte Herausforderung ist, sich zu überlegen, wie man sich als Gruppe entscheiden soll, was man tun will – abstimmen und sich nach einer Mehrheitsentscheidung richten? Es in dieser Woche auf die eine Weise tun und in der nächsten auf die andere Art?

Unsere Freunde begreifen nicht immer, dass das Leben weitergeht, egal ob sie eine Entscheidung treffen oder nicht. Die Menschen gehen zum nächsten Punkt über und die Zeit vergeht. Hier besteht die Gefahr, dass Asperger-Kids von ausgebufften, ja hinterhältigen Kindern beeinflusst werden, wenn sie selbst keine Entscheidung treffen. Idealerweise sind unsere Kids von Menschen umgeben, die ihre Entscheidungsunfähigkeit angesichts vieler Wahlmöglichkeiten nicht ausnutzen.

Sie können Ihr Kind unterstützen, indem Sie ihm weiterhin Gelegenheiten bieten, Entscheidungen zu treffen, damit es diese wichtige Lebenskompetenz üben kann.

Unhöflichkeit

Siehe auch: Auf andere reagieren – und antworten · Grüßen · Höflichkeit · Komplimente · Manieren · »Notlügen« und die Gefühle anderer schonen · Perfektionismus und unrealistische Erwartungen · Reizempfindlichkeit und Essverhalten · Schonungslose Offenheit und unabsichtliche Verletzungen · Selbst- und Fremdwahrnehmung · Sich verabschieden · Störende und stereotype Verhaltensweisen

Auf einer Unhöflichkeitsskala von eins bis zehn landen Aspies schnell auf sieben oder acht, wenn sie schweigen, und auf neun oder zehn, wenn sie sprechen.

Doch das geschieht niemals mit Absicht.
Es steckt keinerlei Grausamkeit oder Bösartigkeit hinter ihrem Benehmen oder ihren Kommentaren. Niemals wollen sie mit ihren Äußerungen andere Menschen verletzen oder beleidigen. Aber das tun sie. Die Unhöflichkeit unserer Freunde entspringt dem fehlenden Bewusstsein für andere Menschen. Sie nehmen nicht wahr, dass es nicht in Ordnung ist, absolut offen und ehrlich zu sagen, was man denkt oder fühlt. Sie sehen, sie reden – sie filtern nicht. Sie verfügen nicht über die intuitiven Verhaltensregeln, die zu guten Manieren gehören. Das kann zum sozialen Albtraum werden.

Aus Liebe zur Wahrheit

Unsere Freunde sind sich in keiner Weise bewusst, dass man, um die Gefühle anderer zu schonen, manches nicht auf diese Weise oder vielleicht gar nicht sagen sollte. Und so verletzen unsere Freunde ihre Eltern, Geschwister und völlig fremde Menschen, indem sie genau das sagen, was sie denken. Für sie gilt: Wahrheit ist Wahrheit – warum sollte man sie nicht sagen?

Es ist sehr typisch für unsere Asperger-Freunde, dass sie die Wahrheit sagen. Ihre Wahrheit. Und weil sie es für die Wahrheit halten, verstehen sie nicht, wie schlimm ihre Kommentare sein können. Sie haben keine Ahnung von ihrer Unhöflichkeit. Und erst nach der »Tat« kann man ihnen verständlich machen, wie sehr Worte verletzen können.

Das ist durchaus überraschend, da sie selbst ja auch schon oft hässliche Bemerkungen anhören mussten und verletzt worden sind.

Aus der Praxis

Sie sind doch wirklich dumm!
Eine Mutter berichtete uns zum Beispiel von einer Episode, als sie eines Morgens in der Schule ihres Sohnes ehrenamtlich in der Bibliothek aushalf. Eine Menge Schüler schwirrten herum, bis es läutete. Sie stand bei ihrem Achtklässler, als ein Mädchen zu ihrem Sohn kam und sagte: »Du bist der, der gestern in Englisch gesagt hat, dass meine Freundin und ich blöd sind.«

Beschämt sagte die Mutter zu dem Mädchen: »Das hat er bestimmt nicht so gemeint. Er hat sich entschuldigt, nicht wahr?« »Nein«, sagte das Mädchen. Die Mutter wandte sich an ihren Sohn. »Du musst dich jetzt entschuldigen.« »Warum?«, fragte der Sohn. »Sie sind doch wirklich dumm.« Noch peinlicher berührt sagte die Mutter zu ihrem Sohn eindringlich: »Das ist unhöflich. Du musst dich entschuldigen, weil du sie beleidigt hast.«

Ihr Sohn stand unbewegt da und schaute verwirrt drein. »Aber sie haben nicht einmal gemerkt, dass auf der Rückseite des Arbeitsblattes noch mehr Fragen waren.« Die Mutter schüttelte den Kopf: »Nicht jeder weiß genau das, was du weißt. Deshalb sind sie aber nicht dumm. Du musst dich jetzt sofort entschuldigen.«

Ihr Sohn sagte Entschuldigung und das Mädchen ging weiter. Erst nach der Schule konnte die Mutter richtig mit ihrem Sohn sprechen. Sie machte ihm deutlich, wie sehr man einen anderen Menschen damit verletzt, wenn man ihn beschimpft, selbst wenn man überzeugt ist, die Wahrheit zu sagen.

Sobald der Junge verstanden hatte, was er getan hatte, und sich daran erinnerte, wie er auch schon beschimpft worden war und wie weh ihm das getan hatte, fühlte er sich schrecklich deswegen. Am nächsten Tag in die Schule entschuldigte er sich nochmals, ernsthafter, bei beiden Mädchen.

Wie wir helfen können

Manchmal kommen solche Episoden im Friends' Club zur Sprache. Wir freuen uns über solche ungeplanten Gelegenheiten und sprechen darüber, was es bedeutet, zu offen zu sein und andere damit zu verletzen. Wir bringen ihnen eine Richtlinie bei: »Stopp – erst nachdenken, dann sprechen.«

Solche Momente, in denen wir einen Fehler machen oder etwas sagen, das wir lieber ungesagt machen würden, nennen wir auch »Hühnerquatsch-Momente«. Der Begriff bezieht sich auf ein Hilfsmittel, das Michelle Garcia Winner in ihren Gruppen verwendet. Es entspricht unserer eigenen Geste, wenn wir uns selbst nach einem Fehler oder Irrtum an die Stirn schlagen.

Mit einem Gummihuhn (oder einem anderen lustigen Teil) wird auf den Kopf des Freundes geklopft, der einen Fehler gemacht hat. Jeder lacht, auch derjenige, der den Fehler gemacht hat. So lernen die Kids, solche Patzer mit Humor zu sehen. Sie erleben, dass die Welt nicht untergeht, wenn sie nicht immer recht haben oder perfekt sind.

Die passende Wiedergutmachung erkennen

Genauso wichtig ist es, dass wir darüber sprechen, wie derjenige den begangenen Fehler wiedergutmachen kann. Reicht eine Entschuldigung aus? Ist eine Erklärung in Ordnung? Sollte er sich näher dazu äußern, was er getan oder gesagt hat? All das sind Unbekannte für unsere Freunde. Sie brauchen Hilfe, damit sie sich vorstellen können, wie man den Schaden möglichst wiedergutmachen kann. Sie brauchen auch Hilfestellung, um selbst darüber hinwegzukommen, dass sie einen Fehler gemacht haben, damit er in ihrem Kopf nicht immer wieder abgespult wird. Denn das ist bei solchen Patzern sehr häufig der Fall.

Wenn sie unabsichtlich einen Fehler gemacht haben, ist oft ein langes Gespräch nötig, um ihre sture Sichtweise, dass sie recht haben, zu überwinden. Es erfordert noch mehr Anstrengung, sie zur Einsicht zu bringen, wie sozial unakzeptabel ihre Kommentare sein können; doch nach und nach setzt es sich fest. Wiederholung und Übung sind der Schlüssel zu jedem Sozialtraining, das wir im Friends' Club durchführen.

Aus der Praxis

Mit der Wut umgehen

Ein junger Mann meinte: »Ich muss versuchen, es zu vergessen, sonst werde ich so wütend.« Das war eine wichtige Erkenntnis eines unserer Mitglieder! Wut ist ein ständiges Thema, weil Asperger-Kids von sich selbst und anderen Perfektion erwarten. Wütend zu werden lässt sich am besten verhindern, indem man sich entschuldigt und den unbeabsichtigten Fehler erklärt, indem man daraus lernt und ihn dann aber auch abhakt und beiseite legt.

Schlechte Manieren bewusst machen

Wegen ihrer sozialen Ahnungslosigkeit fällt es Aspies auch so schwer, selbst die grundlegendsten Formen des höflichen Umgangs miteinander zu erlernen. Sie wissen nicht, dass Rülpsen, Nasebohren, Niesen, ohne die Hand vor den Mund zu halten, und Sprechen mit vollem Mund ungehörig und beleidigend sind. Sie denken darüber überhaupt nicht nach. Die Bedeutung guter Manieren, von Körperpflege und Hygiene entzieht sich ihnen völlig.

wichtig

Das beste Ergebnis erreichen Sie jedoch, wenn Sie Ihrem Kind das Verhalten, das es erlernen soll, genau erklären. Denken Sie daran: Diese Kids lernen nicht, wenn man ihnen sagt, was sie nicht tun sollen. Man muss ihnen stattdessen klipp und klar sagen, was sie tun sollen.

Tatsachen und Wahrheit sind ihre Maßstäbe, nicht die Nettigkeiten eines sozial akzeptablen Verhaltens. Doch damit andere Leute ihre Freunde sein wollen, müssen diese Kids solche Grundlagen lernen. Dieses Wissen erwerben sie durch Unterricht und Übung. Sehr hilfreich können dabei Ratgeber für Jugendliche zum Thema Manieren sein. Hier sehen die Kids schwarz auf weiß, welches Verhalten angebracht ist. Dabei sind die Verhaltensnormen als Regel festgeschrieben, die unsere Kids befolgen können.

Für Asperger-Kids muss selbst die einfachste soziale Kompetenz in kleine Schritte untergeteilt werden. Nur dann wird sie ihnen verständlich. Was wir unbewusst und intuitiv tun, muss ihnen bewusst gemacht und in kleinen Portionen beigebracht werden. Legen Sie es Schritt für Schritt dar. Das ist okay. Aspies brauchen Klarheit und Einzelheiten.

Die gute Nachricht – es besteht Hoffnung! Aspies können ihre Unhöflichkeit nach und nach überwinden. Wie Sie schon wissen, ist jeder Asperger-Mensch anders und es gibt keinen festen Zeitplan, keine Garantie, aber es gibt immer Hoffnung.

Unordnung

Siehe auch: Hausaufgaben · Initiative ergreifen · Zeitblindheit

Wie bei allen Menschen mit Asperger-Syndrom liegt die Ursache der chronischen Unordentlichkeit des Kindes in seinem Gehirn. Die Unfähigkeit, sich zu organisieren, ist kein Verhaltensproblem. Ihr Kind tut das nicht mit Absicht, um Sie oder die Lehrer zu ärgern. Es ist keine Sache der Faulheit oder mangelnder Kooperationsbereitschaft.

Die Unordnung der Asperger-Kids ist weitgehend eine Folge der Defizite im Stirnhirn und damit ein Problem des Nervensystems. Und Aspies sind damit nicht allein – Menschen mit AD(H)S, Tourette-Syndrom und Autismus-Spektrum-Störungen kämpfen ebenfalls mit Organisation und Zeitmanagement.

Wenn Kinder mit Asperger-Syndrom Ordnung halten könnten, würden sie es auch tun. Aber sie können es nicht. Von Natur aus nicht. Ihr Stirnhirn lässt das nicht zu. Tony Attwood meinte, Menschen mit Asperger-Syndrom – Kinder wie Erwachsene – benötigten grundsätzlich »Ausführungsassistenten«, um den Überblick zu behalten und ihre Termine, Aufgaben, Ablieferungstermine und andere Aufgaben des Alltags in den Griff zu bekommen.

Eltern sind die wichtigsten Ausführungsassistenten ihres Kindes. Ihr Kind braucht Hilfe, damit es funktionieren kann, insbesondere Schule und Alltag erfolgreich meistert.

Die gute Nachricht lautet, dass es Wege gibt, mit dem Kind diese organisatorischen Fähigkeiten zu trainieren. Es erfordert Zeit, konstante Erinnerung und konsequente Übung, doch Asperger-Kids können lernen, Terminkalender, Notizblöcke usw. zu nutzen.

Viele unserer Eltern berichten, dass es hilft, die fertigen Hausaufgaben jeden Tag an den gleichen Platz zu legen. Wenn das Hausaufgabenheft Ihres Kindes vorne eine Klappe hat, legen Sie dorthin die täglichen Hausaufgaben. Sobald es sein Hausaufgabenheft öffnet, sieht es die Hausaufgaben als Erinnerungshilfe und zeigt sie dem Lehrer. Für sehr viele Asperger-Kids gilt: aus den Augen, aus dem Sinn. Wenn sie Hausaufgaben in der Schule abgeben müssen und diese nicht direkt im Blick haben, wird es vergessen.

Was ihrer Fähigkeit, etwas zu Ende zu bringen und Aufgaben abzugeben, im Wege steht, ist die Überzeugung, dass eine Sache erledigt ist, sobald die Arbeit getan ist. Warum sich weiter darum kümmern? Die Tatsache, dass der Lehrer die ausgeführte Arbeit sehen will, registrieren Asperger-Kids nicht. Der letzte Schritt – die Aufgabe abzugeben – kommt ihnen ohne Training einfach nicht in den Sinn.

Manche Eltern schwören auf farbliche Markierungen, um die Arbeiten ihres Kindes zu strukturieren – für jedes Fach eine andere Farbe. Andere nutzen erfolgreich Planer und/oder Ordner, um die Schülerarbeiten zu sortieren. Dabei werden erledigte Aufgaben und Aufgaben, die noch gemacht werden müssen, unterschieden.

Sehr hilfreich ist ein Hausaufgabenheft. Auch wenn es unmöglich erscheint, dass Ihr Kind es schon in der Grundschule selbstständig führt, gilt wie bei allem: Übung macht es möglich. Je häufiger ein Asperger-Kind das Hausaufgabenheft benutzt, umso mehr dringt dies nach und nach in sein Bewusstsein ein.

Arbeiten Sie kontinuierlich daran, die Achtsamkeit Ihres Kindes zu schulen, damit es auf Ankündigungen in der Klasse hört und Aufgaben in seinem Hausaufgabenheft aufschreibt. Das ist entscheidend wichtig für seine künftige Selbstständigkeit und seine Fähigkeit, in der Schule oder am Arbeitsplatz allein zurechtzukommen.

Wenn Ihr Kind sich angewöhnen kann, in seiner Klasse bzw. in jedem seiner Kurse ein paar Schüler nach ihrem Namen und ihrer Telefonnummer zu fragen, ist das ebenfalls eine großartige Hilfe. Wenn dann die Hausaufgaben mal nicht aufgeschrieben sind, kann Ihr Kind bei diesen Mitschülern anrufen und nachfragen.

Aus der Praxis

Aspie-Steno

Einem unserer Jungen fiel es von der vierten bis zur siebten Klasse sehr schwer, daran zu denken, die Hausaufgaben in seinem Aufgabenheft aufzuschreiben. Zum einen deshalb, weil ihn das Schreiben an sich viel Zeit kostete. Während andere Kinds ein paar schnelle Stichworte notierten und aus dem Klassenzimmer stürmten, hatte unser Freund viel Mühe, immer wieder an die Tafel zu schauen und die Information in das Heft auf seinem Pult zu übertragen. Manchmal half ihm ein Lehrer dabei, manchmal ein anderer Schüler.

Unser Freund begann, seinen eigenen kryptischen Code zu entwickeln, eine Art Kurzschrift, damit er die Aufgaben schneller aufschreiben konnte. Und seine Eltern erinnerten ihn immer wieder daran, wie wichtig es sei, die Hausaufgaben zu notieren. Schließlich konnte er es in der achten Klasse ganz allein und es war bis zum Schulabschluss kein Thema mehr.

Urlaub und Schulferien

Siehe auch: Ängstlichkeit, Anspannung und Unsicherheit · Kooperation · Reizempfindlichkeit und Essverhalten · Reisen · Soziale Lerngeschichten · Veränderungen und »Richtungswechsel« · Widerwillen, das Haus zu verlassen · Zeitblindheit · Zur Ruhe kommen und sich sammeln

Die meisten von uns freuen sich auf einen freien Tag oder auf die Ferien. Wir lieben die Abwechslung vom Alltagstrott. Wir freuen uns auf diese »Freiheit«, auf die Möglichkeit zu reisen, auf einen Tapetenwechsel. Wir schmieden schon im Voraus Pläne und freuen uns, neue Orte zu erkunden oder wieder an unseren Lieblingsferienort zu reisen, mit der Familie oder mit Freunden. Und wenn wir lieber zu Hause bleiben, nutzen wir die Gelegenheit, unseren Interessen nachzugehen.

Warum gibt es hier Schwierigkeiten?

Es ist wohl kaum überraschend, dass unsere Asperger-Freunde da ziemlich anders sind. Viele freuen sich nicht wirklich über Ferien. Sie können sogar gereizt, unruhig und richtig wütend werden angesichts der Veränderung ihres gewohnten Tagesablaufs.

Sicher, die meisten sind froh, die Schule hinter sich lassen zu können und keine Hausaufgaben machen zu müssen. Andererseits schafft die Schule eine feste, verlässliche Struktur für ihren Alltag. Unsere jungen Freunde sind froh, dass die Schule den immer gleichen Rahmen mit bekannten Orten und vertrauten Gesichtern bietet und ihnen damit eine gewisse Geborgenheit und Sicherheit garantiert.

Da unsere Freunde im Großen und Ganzen wissen, was sie in der Schule erwartet, kommt ihnen dieser geregelte Tagesablauf entgegen. Fällt er weg, fehlt ihnen etwas. Ohne die Berechenbarkeit und die Struktur des Schulalltags sind sie oft ein wenig traurig oder wirken sogar verloren.

Wenn Sie nicht verreisen werden

Wenn Sie während der Schulferien nicht verreisen, empfehlen wir Ihnen, Ihrem Kind verschiedene Aktivitäten für den Tag vorzuschlagen. Setzen Sie bestimmte Zeiten fest, wie »Legostunde« oder »Computerstunde« oder Zeit, um mit dem Hund Gassi zu gehen. Das bietet Ihrem Kind Struktur und Sicherheit. Viele unserer Freunde können sich nicht selbstständig für eine Tätigkeit entscheiden. Sie werden durch ihre angeborene Unentschlossenheit gehindert. Die Strukturierung ihres Tagesablaufs verschafft ihnen das Zeitgefühl, das ihnen selbst fehlt, und bietet die Berechenbarkeit, nach der sie suchen.

Ein Ferienjob in der örtlichen Bücherei oder anderswo kann für Jugendliche eine gute Gelegenheit sein, einmal aus dem Haus zu kommen. Findet sich ein Ferienjob, der weniger mit Menschen, sondern mehr mit Computern oder Tieren zu tun hat, kann dies ein wichtiger erster Schritt in die Arbeitswelt sein.

Von einem Ferienjob profitiert Ihr Teenager mit Asperger-Syndrom in zweifacher Hinsicht: Er findet so einen festen Tagesplan, der ihm Struktur gibt. Und er erwirbt ein Gefühl von Zielgerichtetheit und Selbstständigkeit, was sein Selbstwertgefühl stärkt. Beides ist nur von Vorteil.

Wenn Sie verreisen werden

Wenn Ihre Familie in den Ferien verreisen will, bedeutet das, die gemütliche und vertraute Umgebung zu verlassen und sich an einen neuen, fremden Ort zu begeben. Solche Reisen, selbst ein Besuch bei Verwandten, bergen höchste Unsicherheit. Je mehr sich die Umgebung am Zielort von der häuslichen unterscheidet, umso beunruhigender und erschreckender ist das für unsere Asperger-Freunde.

Heißt das also, dass man nicht verreisen sollte? Sollte man das eigene Zuhause nicht verlassen, um mögliche Wutausbrüche und öffentliche Szenen zu vermeiden? Oder sollte man jemanden finden, der mit dem Asperger-Kind zu Hause bleibt, während die restliche Familie verreist?

Ebenso wie jeder einzelne Mensch mit Autismus-Spektrum-Störung anders ist, so ist auch in jeder Familie die Situation anders. Sie müssen das tun, was für Sie und Ihre Familie am besten ist. Doch mit der richtigen Vorbereitung, mit Unterstützung und Zuspruch kann Ihr Asperger-Kind durchaus in den Ferien verreisen. Es ist nicht unmöglich, fremde Gegenden zu besuchen.

Es ist wichtig, unbekannte Orte zu erleben

Im Grunde ist es sogar notwendig. Wenn Aspie-Kids niemals unbekannte Orte erleben und neue Erfahrungen machen, wie sollen sie dann ihre Abneigung dagegen überwinden? Wie sollen sie lernen, dass es ihnen auch in der Fremde gut gehen kann – weit weg von zu Hause und der vertrauten Umgebung?

Wenn Sie mit Ihrem Asperger-Kind die Heimat verlassen, denken Sie daran, was wir im Friends' Club gelernt haben: Erwarte das Unerwartete.

Aus der Praxis

Wann fahren wir wieder nach Hause?

Einer unserer vierjährigen Freunde fuhr mit seinen Eltern in den Sommerurlaub. Er war ein sehr kluger Junge und konnte bereits lesen. Am ersten Abend ihrer Reise weigerte er sich, beim Schlafengehen die Schuhe auszuziehen. Frustriert und besorgt riefen die Eltern am nächsten Tag bei uns im Büro an und fragten, was sie tun sollten.

Eine unserer Gruppenleiterinnen, die den Jungen kannte, schlug vor, ihm einen Kalender zu geben. Dort solle man auf jeden einzelnen Tag zeigen, an dem man in Urlaub sein werde, und zuletzt auf den letzten Tag, den Tag der Heimreise. Die Eltern taten es – und siehe da: Die Schuhe wurden zum Schlafengehen ausgezogen.

Warum? Da der Junge nun wusste, wie lange die Ferien dauern würden, wusste er beim Zubettgehen auch, dass er die Schuhe nicht anbehalten musste, um am nächsten Tag reisefertig zu sein. Für ihn bedeutete das Anbehalten der Schuhe, dass er jederzeit bereit war, wieder nach Hause zu gehen. Doch jetzt konnte er sich entspannen und die Ferien gemeinsam mit seinen Eltern genießen.

Unsere Asperger-Kids auf den Ortswechsel vorbereiten

Eine Reise mit Asperger-Kids ist in vielerlei Hinsicht mit einer Reise mit kleineren Kindern zu vergleichen. Kleinkinder brauchen genügend Spielzeit und feste Schlafenszeiten und man muss mit ihnen die Orte besuchen und die Dinge tun, die sie interessieren. Weil unsere Freunde eine erhöhte Sensibilität gegenüber Geschmack, Geruch und visuellen Eindrücken besitzen und eine Abneigung gegen Unbekanntes haben, brauchen auch sie ruhige Phasen, Spielzeiten in geschlossenen Räumen, die ihnen eine Verschnaufpause geben. Und man muss mit ihnen Orte besuchen, die für sie interessant sind.

Ich empfehle allen Eltern, ihr Aspie-Kind auf einen Ortswechsel vorzubereiten. Sprechen Sie zuerst die Dinge an, die dem Kind gefallen werden; wecken Sie sein Interesse durch das Betrachten von Büchern und Broschüren, die zeigen, was man am Urlaubsort alles machen kann.

Als Nächstes lassen Sie es drei Orte oder Aktivitäten aussuchen, die für das Kind besonders interessant klingen. Dadurch gewinnt es ein persönliches Interesse an der Reise. Es gibt nun bestimmte Vorhaben, auf die Ihr Kind sich freuen kann; damit bekommt der Urlaub eine persönliche Bedeutung und das Kind sieht einen »Zweck« in der Reise.

Mit einer sozialen Lerngeschichte arbeiten

Ich habe für Kinder, die in Urlaub gehen, verschiedene Lerngeschichten geschrieben. Auch diese Geschichten wirken umso besser, je spezieller und individueller sie verfasst sind. Hier finden Sie eine Geschichte für ein Mädchen, das mit seiner Familie verreisen sollte; die Sätze werden durch Farbfotos aus dem Internet illustriert.

Aus der Praxis

Ich lerne …
… wie Urlaub Spaß macht.

Mein Name ist Lindsey und ich werde auf meiner Reise nach Cancún (Foto) viel Spaß haben. Denn es macht Spaß, neue Orte zu erkunden. Das Wetter dort wird ganz anders sein als bei uns in Minnesota. Es wird warm oder heiß sein. Man spricht dort Spanisch. Meine Mama und mein Papa werden mir helfen, wenn ich nichts verstehe.

Ich werde das Meer sehen (Foto). Vielleicht werde ich sogar schnorcheln. Das sieht so aus (Foto). Ich werde viele Strände sehen und farbenprächtige Sonnenuntergänge erleben (Fotos von Strand und Sonnenuntergang).

Wenn ich aufgeregt werde, muss ich versuche, freundliche Worte zu verwenden, und den Leuten erklären, was für mich nicht in Ordnung ist, so dass sie mir helfen können. Wir werden dort auch die Nächte verbringen. Vielleicht gibt es in dem Hotel, in dem wir wohnen, keinen Fernseher, aber das ist in Ordnung so. Wir werden viele lustige Dinge tun können. Es wird Spaß machen, in einem anderen Bett an einem unbekannten Ort zu schlafen. Wir werden im Restaurant essen und auch das macht Spaß. Es wird keine Probleme geben, weil Mama und Papa mir wenn nötig helfen werden. Wenn ich aufgeregt bin, kann ich mich auch selbst beruhigen, zum Beispiel Musik hören oder etwas mit meinen Händen tun oder ein Buch lesen.

Cancún wird eine Menge Spaß bringen. Ich kann eine liebe große Schwester sein und dafür sorgen, dass Andrew auch Spaß hat.

Ein solcher Text, der die Situation beschreibt und das Kind auf Neues vorbereitet, mindert seine Sorge vor dem Unbekannten einer Reise und bringt ihm die vielen damit verbundenen Möglichkeiten nahe.

Erkennen Sie die Belastungsgrenzen

Damit die Reise für alle zu einem angenehmen Erlebnis wird, achten Sie aufmerksam auf die Grenzen Ihres Asperger-Kindes. Droht eine Reizüberflutung, wird es schnell unkooperativ und schwierig im Umgang. Wenn Sie den Urlaub so strukturieren, dass es Freiräume gibt, wenn Sie Besichtigungen nur in kleinen Portionen einplanen und darauf achten, dass es bei all dem Fremden auch gewohnte Nahrungsmittel bekommt, sollte alles reibungsloser ablaufen.

Fallbeispiel: Die Reise nach Frankreich

Einer unserer jugendlichen Freunde hatte das Glück, während der Sommerferien mit seiner Familie zwei Wochen nach Frankreich reisen zu können. Die Familie hatte Freunde in Frankreich, wo sie wohnen konnte. Damit hatten sie eine häusliche Umgebung und mussten nicht im Hotel wohnen.

Während die Mutter und der ältere Bruder diese Reise als wunderbare Chance sahen, in die Schönheit und die Köstlichkeiten Frankreichs einzutauchen, war der Fünfzehnjährige mit Asperger-Syndrom nicht begeistert: »Aber sie können kein Englisch!«, sagte er. Außerdem sorgte er sich wegen der fremden Speisen und der geplanten Unternehmungen.

Wie unterstützte ihn seine Familie? Die Mutter bat ihn zunächst, sich einen bebilderten Reiseführer von Paris anzuschauen und drei Dinge auszusuchen, die er dort machen wollte.

Direkt nach der Ankunft ging die ganze Familie direkt zum Eiffelturm – die Nummer 1 auf seiner Liste.

Am ersten Abend aßen sie abends in einem einfachen Bistro in Paris, wo es Pasta, Hähnchen und die vertrauten Gerichte gab, die ihm schmeckten. Er erlebte somit, dass das Essengehen kein Problem war, weil Gerichte, der er zu Hause gerne aß, auch in Frankreich auf der Speisekarte standen.

In seinem Rucksack hatte er seinen Gameboy mitgenommen und er durfte jeden Tag in ihrer Wohnung in Ruhe spielen. Da das Abendessen in Frankreich oft länger als zwei Stunden dauert, wurde ihm erlaubt, nach dem Hauptgericht aufzustehen und sich in sein Zimmer zurückzuziehen.

Was Sie mitnehmen sollten

Wichtige Utensilien, die Sie in die Ferien mitnehmen sollten, sind die Lieblingsbücher Ihres Kindes, Legosteine, kleine elektronische Spielgeräte und andere Spielsachen. Sie ermöglichen Ihrem Kind eine geistige Flucht aus seiner Umgebung und bieten eine gesunde Ablenkung. Hilfreich ist auch ein neues Buch oder Spielzeug als »Überraschung«. Aber Vorsicht vor elektronischen Spielen – wenn Sie keine zeitliche Beschränkung vorgeben, sind Aspie-Kids nicht mehr davon abzubringen. Es ist wichtig, eine Regel dazu aufzustellen, wie lange sie spielen dürfen.

Aber vor allem: Bereiten Sie Ihr Kind darauf vor, wohin die Familie reisen wird und was es dort sehen wird. Dann wird die »Herausforderung«, in den Ferien wegzufahren, weniger problematisch für Ihr Kind … und für Sie.

Verabredungen und Kontakte zum anderen Geschlecht

Siehe auch: Auf andere reagieren – und antworten · Erscheinungsbild · Gefühle · Gespräche mit Gleichaltrigen · Gruppendruck und Mutproben · Körperpflege und Hygiene · Manieren

Nur weil Asperger-Teenies zum Autismus-Spektrum gehören, bedeutet das nicht, dass sie kein Interesse am anderen Geschlecht hätten. Sie haben es, auf ihre eigene naive Weise. Da oft eine Verzögerung in der sozialen Reife besteht, erfolgt die Jungen-Mädchen-Fixierung nicht so früh oder so intensiv wie bei neurotypischen Teenagern, aber sie zeigt sich mit der Zeit durchaus.

Und wie in den meisten Bereichen haben unsere Freunde auch in dieser Angelegenheit eine völlig andere Denkweise als die typischen Kids. Deshalb reden wir mit unseren Teenies über Verabredungen und andere Kontakte zwischen Jungen und Mädchen, um ihnen zu helfen, dieses so verwirrende Thema zu klären.

Während Jugendliche in der Pubertät tendenziell sehr befangen sind, sich sehr mit ihrem Äußeren beschäftigen und sich fragen, was andere von ihnen denken, bleibt dies den Aspies weitgehend erspart. Ihre allgemeine Ahnungslosigkeit im Hinblick auf soziale Prozesse lässt keinen Raum für Befangenheit. Sie scheren sich nicht um ihr Äußeres oder darum, was Gleichaltrige denken könnten. So was kommt ihnen einfach nicht in den Sinn.

Wenn überhaupt etwas zum Problem werden kann, dann ihr fehlendes Interesse für ihr Aussehen. Kümmern sie sich weder um Körperhygiene noch um einigermaßen zeitgemäße Kleidung, werden sie schnell das Opfer von Hänseleien und Mobbing.

Wenn wir zudem die Unfähigkeit unserer Jugendlichen betrachten, soziale Signale und versteckte Bedeutungen zu lesen – während sie gleichzeitig alles zu wörtlich nehmen –, dann ist es kein Wunder, dass Aspie-Teenager im sozialen Gemenge der Schule verloren sind, erst recht wenn es um Beziehungen zwischen Jungen und Mädchen geht.

Erkennen, worum es wirklich geht

Es ist zum Beispiel für jugendliche Mädchen wie eine Offenbarung, dass ihren Kumpels Schönheit wichtiger ist als Klugheit. Die Tatsache, dass das Äußere in der weiterführenden Schule so wichtig ist, verblüfft sie.

Mit unseren Mädchen im Teenageralter experimentieren wir Friends' Club unter anderem mit verschiedenen einfachen Frisuren, die sie zu Hause selber machen können. Manche verändern dabei zum ersten Mal seit Jahren ihre Frisur; denn normalerweise scheuen sich

Aspies vor Veränderungen und sehen keine Notwendigkeit dazu. Wir machen ihnen deutlich, wie wichtig Sauberkeit und Körperhygiene sind und dass man besser akzeptiert wird, wenn man sauber und ordentlich ist.

Viele unserer Teenie-Mädchen wissen nicht, was Verabredungen bedeuten oder wie sie ablaufen. Sie sehen, wie Jungen und Mädchen in der Schule miteinander umgehen, aber sie können die Situationen nicht deuten.

Daher zeigen wir ihnen Filmausschnitte, in denen Jungen über Mädchen sprechen; dadurch werden sie mit den Ausdrücken und der Redeweise, die die Kids in solchen Situationen verwenden, vertraut. Und wir erklären ihnen, was bestimmte Redewendungen in Wirklichkeit bedeuten, was sie ausdrücken wollen, damit sie nicht durch die wortgetreue Bedeutung irregeführt werden.

Sehr hilfreich, um unseren Jugendlichen das breite Spektrum von der Hygiene bis zu Manieren zu vermitteln, können entsprechende Sachbücher für Teenager sein. Anhand solcher Bücher können sie erkennen, dass gute Manieren nicht einfach eine belanglose Kleinigkeit sind. Sie sind wichtige Höflichkeitsformen, die Menschen befolgen, um sich Freunde zu schaffen, keine Feinde.

Weil unsere Jugendlichen (Jungen wie Mädchen) so unsicher und unerfahren darin sind, Gefühle zu erkennen und zu deuten – und weil sie solche Schwierigkeiten haben, zu erkennen, was Gleichaltrige denken –, nehmen sie auch kaum wahr, ob jemand freundschaftliche oder intensivere Gefühle für sie empfindet. Aus diesem Grund machen wir Kontakte zum anderen Geschlecht zu einem Bestandteil unserer Treffen und widmen dem Thema gelegentlich auch eine spezielle Sitzung. Dabei beschäftigen wir uns damit, warum Menschen sich verabreden; wir vergleichen verschiedene Formen der Verabredungen mit Freunden (platonisch und romantisch) und stellen sie einander gegenüber, sprechen über sexuelle Annäherungen als Kommunikationsform (Flirten, Küssen, Händchen halten usw.), über sexuellen Druck und wie man entscheiden kann, was für einen selber richtig ist.

Aus der Praxis

Der rote Rock

In einem Filmausschnitt sagt ein Junge zu seinen Freunden: »Das Mädchen ist echt heiß!« Eines der zuschauenden Mädchen erzählte der Gruppe, dass sie gehört hatte, wie zwei Jungen in ihrer Klasse sagten: »Die in dem roten Rock ist heiß.« Sie schaute sich um und als sie erkannte, dass sie diejenige in dem roten Rock war, geriet sie so außer sich, dass sie aus der Klasse lief und ihre Mutter anrief, damit diese sie abholte. Sie sagte uns, dass sie diesen Rock niemals mehr tragen wolle!

Mädchen, aufgepasst!

Besonders wichtig sind diese Gespräche für unsere Mädchen, die sehr gefährdet wären, wenn neurotypische Jungen ihre extreme Naivität und ihren Mangel an Selbst- und Fremdwahrnehmung ausnutzen wollten und sie zum Sex drängen würden. Solche Situationen können schnell entstehen. Wir machen den Mädchen klar, dass dies eine Form des Mobbings ist und dass sie wissen müssen, wie man nein sagt. Manche unserer jüngeren Teenies sind verlegen, wenn wir über Sex sprechen; die älteren gehen oft sachlicher mit dem Thema um und wollen über Verabredungen sprechen, damit sie hier mehr Klarheit finden.

Während einer Sitzung zum Kontakt zwischen den Geschlechtern sagte ein Mädchen: »Liebe ist wie eine Achterbahn. Wenn es gut ist, willst du nicht raus. Wenn es schlecht ist, willst du einfach kotzen.«

Wie bei allen Themen, die man mit Asperger-Kids bespricht, ist es am besten, es in kleine, spezielle Schritte zu unterteilen. Indem wir so sachlich und emotionslos wie möglich über Verabredungen und Beziehungsthemen sprechen, können wir unseren Freunden helfen, diese verwirrenden sozialen Themen zu verstehen. Je besser vorbereitet unsere jugendlichen Aspies auf Dates und Sexualität sind, umso weniger wahrscheinlich ist es, dass sie von Gleichaltrigen genötigt oder hereingelegt werden.

Veränderungen und »Richtungswechsel«

Siehe auch: Dinge aufschreiben · Loslassen und sich neu ausrichten · Nachgeben und gehorchen · Reizempfindlichkeit und Essverhalten · Ruhig bleiben · Wutanfälle · Weitergehen zu Neuem

So sehr wir versuchen, in die Zukunft zu planen – das Leben spielt nicht immer mit und folgt unserem Plan. Für Menschen mit Autismus-Spektrum-Störung kann das sehr hart sein.

Asperger-Menschen finden Sicherheit und Zuflucht in Routinehandlungen und Plänen. Sie leben im Augenblick und geraten durch Überraschungen und Veränderungen aus der Fassung. Unerwartete Ereignisse bewältigen unsere Freunde nur schlecht. Und uns neurotypischen Menschen ist nicht klar, wie selbst die kleinsten Veränderungen unsere Freunde überraschen und aus der Fassung bringen.

Im Friends' Club nennen wir solche unvorhersehbaren Ereignisse »Richtungswechsel«. Um unseren Kids zu helfen, flexibler zu sein und fähig, Veränderungen zu akzeptieren, haben wir das Motto geschaffen: »Veränderungen und Wechsel gibt es nun mal.« Wir lehren sie, dass niemand Kontrolle über alles hat. Jeder muss mit Veränderungen in seinem Leben zurechtkommen.

Da Veränderung ein fundamentaler Teil des Lebens ist, müssen wir alle lernen, damit zu leben. Eine wesentliche Lebenskompetenz ist die Fähigkeit, plötzliche und weniger plötzliche Veränderungen mit viel Flexibilität und möglichst wenig Enttäuschung und Aufregung anzunehmen. Mit viel Übung lernen dies auch unsere Asperger-Freunde.

Für jedes Treffen im Friends' Club schreiben wir einen Ablaufplan, damit die Kinder sich orientieren können und wissen, was sie während der Stunde erwartet. Wir schreiben auch das Wort »Richtungswechsel« hin, wenn sich die Pläne ändern, damit sie sich auch an diese Vorstellung gewöhnen. Dann zeigen wir ihnen, wie man Veränderungen bewältigt, und bauen dies in unsere Stunde ein.

Aus der Praxis

Regeln können sich ändern

Einmal konnte ich wegen eines überraschenden familiären Notfalls meine Gruppe abends nicht leiten. Meine Abwesenheit traf einen Jungen ganz besonders unerwartet. Als es darum ging, die Regeln für ein Gruppenspiel zu befolgen, sagte er: »Das ist keine Regel, wenn Cynthia da ist.«

Wenn ich die Gruppenleiterin war, spielten wir das Spiel auf eine bestimmte Weise. Nun argumentierte er, dass man es an diesem Abend ebenso machen müsse. Der vertretende Gruppenleiter schrieb auf dem Ablaufplan neben die Aktivität: »Richtungswechsel – Regeln können sich verändern, wenn Cynthia nicht da ist.«

Diese Veränderung war auf der Tafel zu sehen, schwarz auf weiß; das beruhigte den Jungen und er stritt nicht länger darum. Er akzeptierte die neuen Regeln. An diesem Beispiel erkannten ich und die anderen Gruppenleiter, dass wir mehr Wechsel und Änderungen in unsere Pläne einbauen mussten, damit unsere Kids kontinuierlich lernen und üben, wie sie sich auf das Unerwartete einstellen und es bewältigen.

Veränderungen Schritt für Schritt erarbeiten

Ob Ihr Kind zu Hause oder in der Schule ist – es hilft immer, aufzuschreiben, was Sie von ihm erwarten. Und wenn es eine Veränderung gibt, dann schreiben sie »Änderung« auf und wie der neue Plan sein wird. Asperger-Kids sprechen gut darauf an, wenn Sie das, was Sie ihnen klarmachen wollen, aufschreiben. Durch die sichtbaren Wörter wird die Sache zu einer Regel und sie befolgen die Anweisung.

Ebenfalls zu bedenken ist, dass jede Änderung einer Aktivität, sei sie geplant oder ungeplant, elterliche Geduld erfordert. Diese Kinder reagieren nicht schnell, weil jede Veränderung mehr körperliche Umstellung erfordert, als sie aufbringen können.

Wenn Sie sagen: »Hör jetzt auf zu spielen, zieh deine Schuhe an und nimm deinen Mantel, wir gehen essen«, sind das zu viele Aufforderungen. Aspies können so viele Informationen nicht so schnell verarbeiten. Vermutlich haben Sie Ihr Kind bereits bei »Hör auf zu spielen« »verloren«, falls es das überhaupt gehört hat.

Am besten führt man sie an eine neue Aktivität heran, indem man die Aufforderung in einzelne Schritte unterteilt. Und bitte warten Sie wirklich nach jedem Schritt, um ihm die Möglichkeit zu geben, die Botschaft aufzunehmen, sich klar zu werden, was es tun soll, und sich dann an die Ausführung zu machen.

Diese Kids wollen keineswegs unartig sein und sie wollen die Eltern auch nicht verärgern, wenn sie nicht sofort reagieren. Ihre Unfähigkeit, die Information zu verarbeiten und auszuführen, verlangsamt ihre Reaktionszeit und erfordert von den Eltern zusätzliche Geduld.

Formulieren Sie jeweils nur eine Aufforderung: »Bitte mach dieses Buch zu.« Dann warten Sie ab. Gewöhnlich macht das Kind mit. Vielleicht müssen Sie es nochmals auffordern, aber warten Sie ab, bis das Buch zu ist, bevor Sie sagen: »Jetzt geh bitte ins Badezimmer und putz deine Zähne.«

Wenn Sie Ihr Kind insgesamt mehr an Veränderungen gewöhnen wollen, führen Sie die typischen Routinehandlungen auf unterschiedliche Weise aus, unterteilen die Veränderungen aber in kleine Schritte. Kündigen Sie Ihrem Kind an, dass es ein wenig Änderung der Routine geben wird, und schreiben Sie dies auf, damit Ihr Kind es lesen kann.

Leider betrachten Eltern und andere Bezugspersonen es oft als Machtkampf oder Versuch, Aufgaben zu umgehen, wenn sich unsere Freunde gegen Veränderungen stemmen oder sich der Mitarbeit verweigern. Das stimmt nicht. Ursache ist wirklich ihre Reizempfindlichkeit und ihr Bedürfnis nach vorhersehbaren Abläufen, weil diese Sicherheit geben.

Aus der Praxis

In kleinen Schritten ans Neue gewöhnen

Als wir einmal die Anordnung der Möbel im Gruppenraum veränderten, konnte sich einer unserer Freunde nicht an den »neuen« Raum gewöhnen. Das überraschte uns völlig; es war derselbe Raum, nur weniger voll gestellt. Für ihn jedoch war die Veränderung zu stark und unannehmbar. Also stellten wir einen Hocker knapp außerhalb des Türdurchgangs und ließen den Jungen dort sitzen, während wir unser Treffen eröffneten. Nach ein paar Minuten ließen wir ihn den Hocker in den Raum stellen, aber noch außerhalb unseres Kreises. Bald stand er von selbst auf und setzte sich zu uns auf den Teppich. Danach war alles wieder normal.

Es waren seine Angst vor dem »neuen« Aussehen des Raumes und seine Unfähigkeit, diese Veränderung zu akzeptieren, mit denen wir uns befassen mussten. Sein Zögern entsprang nicht dem Wunsch, sich vor etwas zu drücken oder seine Macht auszutesten, was viele Menschen denken könnten. Es beruhte auf der Besonderheit seiner Sinne und musste ruhig, in kleinen Schritten, in seinem eigenen Tempo angegangen werden, damit er es überwinden konnte.

Verlieren können

Siehe auch: Aggression und Frustration · Akzeptanz · Perfektionismus und unrealistische Erwartungen · Perspektiven und Sichtweisen · Soziale Lerngeschichten · Sportsgeist/Fairness · Teamwork · Wutanfälle

Niemand verliert gern, aber für Asperger-Kids kann es besonders schrecklich sein, zu verlieren. Es ist nicht so, dass Aspies übermäßig ehrgeizig sind. Sie sind im traditionellen Sinne überhaupt nicht wettbewerbsorientiert. Aber es ist sehr schwer für sie, ein Spiel zu verlieren; das betrifft jedes Spiel, sei es ein Brettspiel, sei es im Sport oder bei einem Computerspiel, das sie ganz allein spielen.

Warum gibt es hier Schwierigkeiten?

Zum einen sehen sie nicht den jeweiligen Stellenwert des Verlierens. Sie nehmen nicht wahr, dass das Verlieren (bzw. nicht der Erste zu sein) in manchen Bereichen nicht so wichtig ist, während eine Niederlage in anderen Bereichen eine höhere Bedeutung haben kann. Sie verstehen nicht, dass der Gewinn allein schon im Spielen selbst liegen kann, auch wenn man verliert.

Ein anderer Punkt ist, dass Aspies, insbesondere unsere Jüngsten, nicht verstehen, dass der Hauptzweck eines Spiels darin besteht, Spaß zu haben, nicht darin, zu gewinnen. Selbst wenn sie das wissen, muss man sie stets daran erinnern. Sie vergessen immer wieder, dass das Spielen selbst wichtiger ist als das Ergebnis. Manche unserer Freunde sind so enttäuscht, wenn sie nicht gewinnen, dass dies jeglichen Spaß, den sie beim Spielen haben könnten, zunichte macht.

wichtig

Denken Sie daran: Kinder mit Asperger-Syndrom haben ein starkes Bedürfnis nach Perfektion. Sie mögen es nicht, falsch zu liegen. Ein Spiel zu verlieren fühlt sich an, als hätten sie etwas falsch gemacht. Das kann so ärgerlich sein, dass ein sonst nettes, freundliches Asperger-Kind sich in ein tobendes, frustriertes, zu Wutanfällen neigendes Kind verwandelt.

Wie wir helfen können

Weil es für eine Freundschaft so wichtig ist, mit Anstand verlieren – oder gewinnen – zu können, lassen wir unsere Kids in allen unseren Gruppen Spiele machen; sie üben dabei nicht nur, würdevoll zu verlieren und zu gewinnen, sondern auch, sich beim Spiel abzuwechseln, was eine weitere Herausforderung für sie bedeutet.

Nach unserer Erfahrung lernen es unsere Asperger-Freunde – bei steter Erinnerung –, dass sie zuallererst Spaß haben sollen und nicht nur ans Gewinnen denken sollten. Wenn sie mit zunehmendem Spielverlauf frustriert werden, erinnern wir sie vorsichtig daran, warum sie das Spiel spielen – um Spaß zu haben! Das hilft, ihren wachsenden Stress zu entschärfen.

In manchen Fällen müssen wir für Einzelne, die eine Niederlage nicht hinnehmen können, eine soziale Lerngeschichte aufschreiben. Dabei handelt es sich um einen kurzen Text, in dem ausgeführt wird, wie das Ganze verläuft und welches Verhalten erwartet wird. Das Kind liest die Geschichte vor dem Spiel oder sie wird ihm vorgelesen.

Aus der Praxis

So lerne ich …
… mit Freunden spielen

Wenn ich mit meinen Freunden ein Spiel mache, wechseln wir uns ab. Wir zählen unsere Würfelpunkte und wir können unsere Figuren selbst vorwärts setzen. Meine Freunde mögen es, wenn ich sie das selber machen lasse. Das bedeutet, dass ich ein guter Spielpartner bin. Meine Freunde mögen es nicht, wenn ich ihnen sage, was sie beim Spielen tun sollen. Wenn sie meine Hilfe wollen, fragen sie mich. Wir spielen zum Spaß. Es ist egal, ob ich gewinne oder verliere. Worauf es ankommt, ist, dass ich ein guter Kumpel bin und meine Freunde und ich Spaß beim Spielen haben.

Ein solcher Text hat einen positiven Ansatz. Er betont, was das Kind tun sollte, und nicht, was es nicht tun sollte. Dies ist die Art der Hilfe, die unsere Freunde benötigen. Man muss ihnen die Dinge klar darlegen. Man muss ihnen sagen, warum diese Form des Verhaltens so wichtig ist: »Damit dein Freund dein Freund bleiben will und wieder mit dir spielen will.«

Mit Anstand verlieren ist für unsere Asperger-Kids möglich, solange sie Hilfestellung bekommen, um das größere Ganze zu sehen. Unsere Freunde sind so sehr in ihrer eigenen Perspektive verfangen, dass sie Hilfe brauchen, um zu erkennen, dass nicht das Gewinnen und Verlieren zählt, sondern das Spielen selbst. Denn dann werden Freundschaften möglich.

Warten

Siehe auch: Blickkontakt · Egoismus · Empathie · Gespräche · Zeitblindheit · Zuhören

Niemand wartet gern – dabei müssen wir ständig warten: bis wir an der Reihe sind, auf den Bus, auf einen Freund, auf das Essen im Restaurant und so weiter. Und wenn man kein Zeitgefühl besitzt, fällt das Warten noch viel schwerer. Asperger-Kids und -Jugendliche besitzen kein Zeitgefühl.

Warum gibt es hier Schwierigkeiten?

Das Gehirn neurotypischer Menschen ist so vernetzt, dass sie wissen, wie viel Zeit jeweils etwa verstrichen ist, dass sie einschätzen können, wie lange sie für eine Aufgabe benötigen werden und abschätzen können, wie lange sie bereits gewartet haben.

Menschen mit Asperger-Syndrom können das nicht. Unsere Freunde besitzen im Grunde gar kein Bewusstsein von Zeit in ihren verschiedenen Ausprägungen. Zwar verleiht ihnen das sozusagen die »Zen-artige« Fähigkeit, wirklich im Hier und Jetzt zu leben, doch es erschwert ihnen auch das Abwarten. Für Jungen und Mädchen mit Asperger kann und sollte alles in dem Moment geschehen, in dem sie den entsprechenden Gedanken haben. Auf jemanden oder auf etwas zu warten hat für sie keinen Sinn. Sie verstehen nicht, dass Warten zum Leben dazugehört.

WISSEN

Defizite im Stirnhirn verursachen Kurzschlüsse

Der Grund dafür, dass Asperger-Kids kein Zeitgefühl besitzen, sind wohl Defizite im Stirnhirn; auch Menschen mit AD(H)S und Tourette-Syndrom leiden daran. Dieses Defizit verursacht sozusagen einen Kurzschluss in der Fähigkeit, den Ablauf der Zeit zu spüren (es behindert auch die organisatorischen Fähigkeiten). Im Stirnhirn sind die Ausführungsfunktionen, die exekutiven Fähigkeiten, des Gehirns beheimatet.

Hinzu kommt nun noch die Tatsache, dass Aspies nicht den Blickwinkel ihrer Mitmenschen einnehmen können – da wundert es nicht, dass sie regelrecht egoistisch wirken können. Weil es ihnen an Spiegelneuronen mangelt, können sie nicht an die Bedürfnisse oder Wünsche anderer Menschen denken. Es kommt unseren Freunden einfach nicht in den Sinn, dass ein anderer auch mal dran sein will oder ausreden möchte oder noch nicht gehen will – sie verstehen einfach nicht, warum das Abwarten notwendig ist.

Auch wenn es wie Egoismus aussieht, so ist dies doch nur der Mangel an Bewusstsein, an Selbst- und Fremdwahrnehmung, der das Wesen unserer Asperger-Freunde in so vielfältiger Weise bestimmt. Sie beschäftigen sich nicht aus Ichbezogenheit oder Eitelkeit nur mit sich selbst. Sie sind einfach in ihrem eigenen Standpunkt verfangen, unfähig, sich in einen anderen Menschen hineinzuversetzen.

Wie wir helfen können

Aus diesem Grunde spielen wir im Friends' Club viele Brettspiele und andere Spiele, bei denen man abwechselnd an der Reihe ist. Je mehr diese Kids solche Spiele spielen, umso besser lernen sie, dass sie warten müssen. Sie warten, bis das Spiel beginnt. Sie warten, bis sie dran sind. Sie warten, bis jeder andere an der Reihe war. Sie warten tatsächlich!

Am Ende dieser ganzen Warterei sind unsere Freunde umgänglicher. Die Notwendigkeit abzuwarten wird ihnen nach und nach bewusst und setzt sich fest.

Wir spielen auch Spiele wie »Zoom!«. Dieses Spiel fördert viele Fähigkeiten gleichzeitig: Blickkontakt, Gesprächstempo, plötzlichen Themenwechsel und warten, bis man an der Reihe ist. (Die Anleitung zu diesem Spiel finden Sie im Kapitel über Blickkontakt.)

Gespräche führen ist wie Autofahren

Wir erklären den Kids, dass ein Gespräch etwa so funktioniert wie das Autofahren. Wenn wir zu schnell sind, kann die andere Person nicht mithalten. Wenn wir zu langsam sind, verliert der andere das Interesse. Und es gibt in einem Gespräch Phasen, in denen man »abbremst« und das Thema wechselt, und damit das Gespräch in eine völlig neue Richtung lenkt.

In unseren Versammlungsräumen hängen wir auch bunte, illustrierte Poster als Erinnerungsstütze auf. Darauf wird erklärt, wie man bei Gesprächen abwartet. Den Wortlaut finden Sie in der Tabelle unten.

Wie immer profitieren unsere Freunde von Illustrationen und klaren Anweisungen, was zu tun ist. Als konkrete Denker denken sie in Bildern; daher ist es gut, wenn geschriebene Wörter durch Abbildungen veranschaulicht werden.

Unsere Freunde brauchen Helfer

Unsere Freunde brauchen die Hilfe ihrer Eltern, um das Warten zu lernen. Sie brauchen Hilfe, um bei Verzögerungen oder voraussichtlichen Verzögerungen die richtige Perspektive zu gewinnen. Andernfalls werden sie unruhig, frustriert, sogar wütend.

Im Gespräch mit anderen:

Leute, denkt daran ...	Illustration
wann man schneller wird	ein Mann winkt aus einem Auto
wann man bremst	ein Auto am Haltesignal
wann man langsamer wird	ein Rennwagen mit geöffnetem Fallschirm

Und Sie, als Eltern, Großeltern oder Lehrer, werden ebenfalls lernen müssen zu warten – immer dann, wenn Sie das Kind auffordern, etwas zu tun. Aspies reagieren nicht prompt. Denn sie brauchen lange, um das Gesagte zu verarbeiten und die Wörter in eine Handlung umzusetzen.

Manchmal erfolgt zunächst gar keine Reaktion; dann hat es den Anschein, das Kind würde den Erwachsenen ignorieren oder nichts hören. Das ist sehr ärgerlich, es ist für den Erwachsenen aber ein Signal, weiter abzuwarten.

wichtig

Warten Sie
nach jeder Aufforderung ab, damit das Kind die Möglichkeit hat, die Botschaft aufzunehmen.

Warten Sie
ab, bis es die momentane Tätigkeit aufgibt und sich dann daran macht, das Gewünschte in Angriff zu nehmen.

Warten Sie
ab, bis es schließlich aufsteht und Ihrer Aufforderung nachkommt.

Ein Schritt auf einmal

»Bitte putz deine Zähne« klingt nach einer wirklich einfachen Aufforderung; und doch umfasst sie viel mehr Schritte, als Sie denken: Das Kind muss hören, aus welcher Richtung die Anweisung kommt; es muss sein momentanes Tun beenden (was noch schwieriger ist, wenn es eine Lieblingsbeschäftigung ist, wie Lego spielen, Fahrpläne studieren oder Computer spielen); es muss begreifen, was es als Nächstes tun soll; es muss aufstehen und schließlich tun, was Sie verlangt haben.

Hüten Sie sich davor, zu schnell zu viele Aufforderungen an Ihr Asperger-Kind zu stellen. Sie »verlieren« es mit einem: »Bitte putz deine Zähne, wasch dein Gesicht, zieh deinen Schlafanzug an und wirf deine schmutzige Kleidung in die Wäschetonne.«

Diese Kids kommen viel besser zurecht, wenn jeweils nur eine neue Tätigkeit gefordert wird. Ja, das geht langsamer. Ja, das dauert länger. Und ja, Sie müssen sich wiederholen, wenn das Kind Sie das erste oder zweite Mal nicht hört – schreiben Sie die Aufforderung doch auf, geben Sie Ihrem Kind das Blatt zum Lesen, dann ist der Erfolg wahrscheinlicher.

Die positive Seite der Methode »Ein Schritt auf einmal« ist, dass Sie selbst weniger verärgert sein werden, dass das Kind weniger durcheinander ist und alle viel weniger Stress haben. Das Endergebnis zählt, nicht wahr? Also, wenn Sie ein wenig langsamer machen müssen, um Ihrem Kind Zeit zum Reagieren zu geben, ist das doch kein Problem, wenn das Kind dadurch das tut, was Sie von ihm wollen.

wichtig

Denken Sie daran: Je logischer und emotionsloser Ihre Erklärung ist, umso besser ist es. Wenn das Kind emotionalen Stress erlebt, nimmt es Ihre Worte nicht mehr auf. Eine ruhige Botschaft dagegen wird gehört; das wiederum verringert die Anspannung, die es bedeutet, warten zu müssen.

Weitergehen zu Neuem

Siehe auch: Dinge aufschreiben · Loslassen und sich neu ausrichten · Nachgeben und gehorchen · Reizempfindlichkeit und Essverhalten · Sich verabschieden · Veränderungen und »Richtungswechsel«

Wenn unsere Asperger-Freunde ein Spiel spielen oder über ein bestimmtes Thema sprechen, können sie sich oft kaum von dieser Tätigkeit lösen und zu einer neuen Aktivität oder einem anderen Thema wechseln. Diese Art der Veränderung nennt man auch »Übergang«, wir sprechen oft auch von einem »Umschalten«, »Kurswechsel« oder »Weitergehen«. Warum ist es für Aspies so schwierig, Veränderungen hinzunehmen?

Wir haben bereits bei anderen Themen dargestellt, wie unberechenbar und in stetigem Fluss die wirkliche Welt ist. Menschen, Tätigkeiten, die Zeit – alles verändert sich ständig. Und das verunsichert unsere Freunde mit Autismus-Spektrum-Störung.

Menschen mit Asperger bevorzugen das Greifbare, Konkrete, das Feste und Berechenbare. Sie fühlen sich durch Sinnesreize, die wir anderen nicht einmal wahrnehmen, belästigt, ja sogar böswillig angegriffen. Sie empfinden die Welt als einen fortdauernden Angriff auf ihre Sinne; das ist stressig und verwirrend. Woran auch immer sie sich festhalten können, daran hängen sie fest, um sich in einer verwirrenden Welt sicherer zu fühlen.

Da es gewöhnlich eine gute Weile dauert, bis Aspies etwas Neues annehmen können – das gilt für alle Bereiche –, ist es für sie schwierig, ja sogar völlig verstörend, wenn sie sich jetzt Neuem zuwenden und das Vertraute hinter sich lassen sollen. Es ist, als bitte man sie, eine neue Brücke zu überqueren. Ihr Kind kennt die Seite, auf der es sich befindet. Dort fühlt es sich wohl. Warum sollte es auf die andere Seite gehen wollen, die es nicht kennt und von der es nicht weiß, ob es ihm dort gefällt? Das ist einfach zu viel Unbekanntes – sowohl das Überqueren als auch das Ziel.

Wenn sie spüren, dass jemand sie versteht, sind Aspies eher zur Mitarbeit bereit. Mit dem Verständnis wächst das Vertrauen. Mit dem Vertrauen kommt die Bereitschaft, loszulassen und sich Neuem zuzuwenden.

Eine Methode, die für Sie und Ihr Asperger-Kind zur Routine werden sollte, ist, ihm einen sprachlichen oder schriftlichen Tagesplan zu geben. Ein solcher Plan erklärt konkret die bevorstehenden Ereignisse. Er bietet Ihrem Kind eine Vorschau, einen Plan, an dem es sich festhalten kann. So erscheinen Ereignisse weniger zufällig und Übergänge werden leichter.

Schreiben Sie jeden Schritt für Ihr Kind auf. Das hilft ihm, sich auf Neues einzulassen. Dieser Plan ist ein konkreter, sichtbarer Anhaltspunkt. Benutzen Sie einen Notizblock oder ein Flipchart und Filzstifte. Formulieren Sie kurze, klare Sätze und beschreiben Sie dabei genau, welches Verhalten Sie von Ihrem Kind erwarten: »Zieh deine Schuhe an« oder: »Sag tschüss und geh hinaus.« Das klingt lächerlich banal, weil es das auch ist – aber es funktioniert. Es funktioniert wirklich!

Eine andere gute Methode, Tätigkeiten zu wechseln, besteht darin, einen Wecker zu stellen für die verbleibende Zeit der ersten Aktivität. Sagen Sie ihrem Kind, wie lange das ist. Wenn der Wecker klingelt, wird diese Tätigkeit oder dieses Gespräch beendet. Dann ist Zeit für etwas Neues.

Widerwillen, das Haus zu verlassen

Siehe auch: Angst · Ängstlichkeit, Anspannung und Unsicherheit · Loslassen und sich neu ausrichten · Reisen · Reizempfindlichkeit und Essverhalten · Urlaub und Schulferien · Veränderungen und »Richtungswechsel« · Weitergehen zu Neuem · Wutanfälle

Viele Eltern kommen mit der Frage zu mir: »Warum will mein Kind immer zu Hause bleiben und niemals irgendwohin gehen?« oder »Wie kann ich es dazu bewegen, ohne Theater mit uns irgendwohin zu gehen?« Dann, mit einer Mischung aus Verzweiflung und Verbitterung: »Wird unser Kind jemals ausziehen und selbstständig leben?«

Alle diese Aussagen beleuchten die Vorliebe von Asperger-Kindern für Bequemlichkeit und die hohe Bedeutung, die ihr Zuhause für sie hat. Asperger-Kids bleiben lieber drinnen, wo sie nicht dem zu hellem Sonnenlicht ausgesetzt sind. Oder zu lautem Krach von Lastwagen, Flugzeugen und dröhnenden Radios der vorbeifahrenden Autos. Oder dem Chaos der Fußgänger, die durcheinander hasten, oder dem mühsamen Versuch, stark befahrene Straßen mit unberechenbarem Verkehr zu überqueren.

Es ist nicht einfach für Aspies, sich in der wirklichen Welt zu behaupten; aber wie wir alle wissen, existiert die wirkliche Welt nun einmal. Im Friends' Club wollen wir unsere Kids darauf vorbereiten, die schützende Hülle ihres häuslichen Lebens zu verlassen. Wir wollen, dass sie so gut wie möglich »funktionieren« – in der Schule, bei sozialen Anlässen und später am Arbeitsplatz.

Wie wir helfen können

Mit unseren älteren Kids und insbesondere den Jugendlichen arbeiten wir daran, offener dafür zu sein, mit der Familie und anderen Menschen in die Öffentlichkeit zu gehen. Das ist nicht leicht für sie, aber auch nicht unmöglich. Wir können sie herauslocken, indem wir etwas Angenehmes in Aussicht stellen; dies wird ihre Toleranz und Bereitschaft, das Haus zu verlassen, erhöhen und letztlich ihr Leben bereichern.

Wie bei vielen neuen Sachen, haben unsere Freunde zunächst eine große Scheu. Aber sobald sie es wirklich versuchen und ihre anfängliche Ängstlichkeit gegenüber Veränderungen und neuen Erfahrungen überwinden, entdecken sie, dass ihnen der Ausflug gefällt. Dies wiederum erhöht ihre Bereitschaft, das nächste Mal wieder wegzugehen.

Natürlich unterteilen wir alles in kleine Schritte. Wir sprechen darüber, in ein Geschäft am Ort oder ein Cafe oder Restaurant, das zu Fuß erreichbar ist, zu gehen. Wir sagen, was sie erwartet, wenn wir dort sind – sei es der Lärm des Fernsehers in der Pizzeria oder Karaoke im Restaurant. Wir erinnern sie, dass sie vielleicht auf Wechselgeld warten müssen, wenn sie etwas eingekauft haben.

Dann sagen wir ihnen, dass sie sich darauf einstellen sollen, dass wir während des Treffens in der nächsten Woche dorthin gehen werden. Und wie immer: Mögliche Ängste anzugehen ist der beste Weg, um sie zu besiegen.

Wenn wir unsere Jungen und Mädchen ermutigt haben, sich auf diese Weise hinauszuwagen und sich neuen Situationen zu stellen – mit ein paar Erwachsenen zur Aufsicht und Führung – erleben wir immer wieder, wie sie in der Öffentlichkeit entspannter auftreten. Sie kommen in neuen Umgebungen besser zurecht und werden sogar lebhafter und gesprächiger. Wenn sie von diesen Ausflügen zurückkommen, sprechen sie noch weiter über dieses gemeinsame Erlebnis.

Kurz gesagt: Ihr Aspie-Kind fühlt sich drinnen und zu Hause am wohlsten, weil es hier am wenigsten Stress im Bezug auf Sinnesreize und soziale Situationen erfährt. Bleibt das Kind zu Hause, kann es Überreizung, anstrengende Überraschungen und viel soziales Unbehagen vermeiden.

Sie können Ihr Kind aber auch dazu motivieren, Ausflüge zu machen, indem Sie darüber sprechen oder aufschreiben, wohin Sie gehen, was dort geschehen wird und wie lange Sie bleiben werden. Versichern Sie ihm, dass Sie in der Nähe sein werden und ihm dabei helfen, sich an die neue Umgebung zu gewöhnen. Dieses Vorgespräch ist wichtig, damit das Kind Zeit hat, sich an den Gedanken zu gewöhnen und eine Vorstellung davon zu bekommen, was es dort erwartet. Wenn Sie echte Bilder von Ihrem Ziel haben, zeigen Sie ihm auch diese.

Wird mein Kind je in der Lage sein, alleine zu leben?

Die Antwort auf diese zentrale Frage hängt ganz vom Einzelnen ab. Im Unterschied zum schwereren Autismus ist das Asperger-Syndrom in gewissem Maße kompensierbar. Viele Aspies können die höhere Schule abschließen, auch studieren, wenn sie intensiv genug arbeiten, um gute Noten zu haben. Sie können später auch Jobs finden, die auf ihre Stärken (oder manchmal Besessenheiten) ausgerichtet sind.

Denken Sie daran: Viele Menschen sind überzeugt, dass Albert Einstein, Hans Christian Andersen und Andy Warhol das Asperger-Syndrom hatten. Anstatt sich also zu sorgen und die Andersartigkeit Ihres Kindes negativ zu sehen, betrachten Sie besser sein Querdenken und seine neuen Einsichten als einen Vorzug.

Mithilfe der Eltern bzw. der Schule können Aspies in einer vorurteilsfreien Firma, einer Universität oder einem fortschrittlichen Forschungsinstitut landen, wo Vorgesetzte klug genug sind, diese unkonventionellen Denker und Pioniere wertzuschätzen. Es gibt viele Orte, wo unsere Freunde die Möglichkeit haben, sie selbst zu sein und auf ihre Weise kreativ zu sein. Sie müssen einfach ihre Nische finden.

Also: Ja, es gibt Hoffnung – wir müssen sie einfach durch die Kindheit bringen.

Wutanfälle

Siehe auch: Aggression und Frustration · Alles wörtlich nehmen · Angst · Ängstlichkeit, Anspannung und Unsicherheit · Depression · Dinge aufschreiben · Gefühle · Perfektionismus und unrealistische Erwartungen · Perspektiven und Sichtweisen · Reizempfindlichkeit und Essverhalten · Ruhig bleiben · Selbstregulation (Stimming) · Zwänge und zwanghaftes Verhalten

Die plötzlichen, unerwarteten Wutanfälle von Kindern und Jugendlichen mit Asperger- Syndrom sind vermutlich von all ihren speziellen Verhaltensweisen diejenigen, mit denen am schwersten umzugehen ist. Diese Wutanfälle sind explosiv und verstörend.

Ein Wutanfall bricht los wie ein Erdbeben, heftig und ohne Vorwarnung, und erschüttert jeden Anwesenden. Diese emotionalen Ausbrüche machen das Kind ebenso blind wie die Eltern, Großeltern, Babysitter, Lehrer und wer auch immer beim Kind ist.

Weil diese Wutanfälle aus dem Nirgendwo kommen, kann man nie wissen, wie lange sie dauern werden oder was das Kind dieses Mal beruhigen wird.

Warum gibt es hier Schwierigkeiten?

Der Wutanfall eines Aspies ist mehr als ein normaler Wutanfall. Er handelt sich hier nicht um ein Verhaltensproblem. Er ist kein Machtkampf. Die Ursache kann in Sinneseindrücken liegen, aber der Anfall kann auch aus enttäuschten Erwartungen des Kindes entstehen, aus seiner Unfähigkeit, mit Enttäuschung umzugehen, oder aus ungeklärten Emotionen.

Diese Wutanfälle gehen über Weinkrämpfe und Toben hinaus. Das Kind kann sich den Kopf anschlagen, an seinen Haaren ziehen, auf Kissen einschlagen, Sachen hinunterwerfen, mit Türen knallen oder auf Wände trommeln. Diese Wutanfälle verwandeln ein gefügiges, braves Kind in ein absolut untröstliches, tobendes, zornbebendes Bündel.

Wenn Sie Glück haben, ist der Wutanfall Folge einer Reizüberflutung. Sobald die Ursache herausgefunden ist, kann sie angegangen werden. Wenn es zu laut ist, gehen Sie an einen ruhigen Ort. Zu viele Menschen? Verlassen Sie einen überfüllten Ort, damit Sie und Ihr Kind sich neu orientieren können.

Zu heiß? Gehen Sie an einen kühleren Ort. Zu kalt? Geben Sie ihm eine Jacke.

Geben Sie Ihrem Kind etwas zu essen, wenn es einen hungerbedingten Wutanfall hat. Manchmal ist die Lösung wirklich so einfach und besteht nur in einem kleinen Imbiss.

Lassen Sie Ihr Kind schlafen, wenn es übermüdet oder überfordert ist.

Bei einem Wutanfall aufgrund von Sinnesreizen geht es darum, den Reizauslöser zu finden und ihn dann nach Möglichkeit auszuschalten. Damit wird die Situation für Ihr hypersensibles Aspie-Kind erträglicher. Mit der Zeit wird es lernen, solche Situationen zu bewältigen. Viele dieser Empfindlichkeiten verschwinden mit der Zeit oder werden weniger extrem.

Jüngere Kinder können aus sehr einfachen, jedoch unerwarteten Gründen solche Wutanfälle bekommen.

Oft verweigern sich Aspies nur deshalb, weil das Gefragte nicht ihren Erwartungen entspricht oder für sie keinen Sinn hat. Sie werden wütend, blocken ab, verweigern die Mitarbeit. Doch wenn man ihnen ruhig die Logik einer Aufgabe oder Tätigkeit erklärt, bricht dies gewöhnlich ihren Widerstand und beendet den Wutanfall.

Wenn unsere Freunde älter werden, führen jedoch oft auch soziale Überforderung und ungeklärte Emotionen zu Wutanfällen. Solche Emotionen liegen vergraben in den unergründlichen Tiefen ihres Unterbewusstseins. Finden diese Gefühle ihren Weg an die Oberfläche, sind sie für einen Aspie oft nicht zu ertragen und entladen sich in einem Wutanfall. Der kleinste Anlass kann bei einem normalerweise ruhigen, zufriedenen Kind zu einem Ausbruch von Wut, Frustration, Selbsthass und Unglück führen.

Wie Sie überall in diesem Buch lesen können, sind das Verständnis von Gefühlen und der Umgang mit ihnen für unsere Freunde ein schwieriges Feld. Sie haben auch Mühe, mit Veränderungen klarzukommen, weil dadurch ihre Erwartungen durchkreuzt werden. Ihr Kind braucht Ihre Hilfe, damit die Dinge relativiert werden, denn damit haben sie selbst die größten Schwierigkeiten.

Aus der Praxis

Zahlen sind Ziffern, keine Wörter

Einer unserer Drittklässler bekam zum Beispiel während eines Mathetests einen Wutanfall. Er weigerte sich, den Test zu bearbeiten. Als er gefragt wurde, was denn so schwierig sei, antwortete der Junge: »Das ist kein Rechtschreibtest. Das ist ein Mathetest.« Was war geschehen? Bei einer der Aufgaben sollten die Schüler die Zahlen in Wörtern, nicht in Ziffern schreiben. Doch der Junge erwartete, dass in einem Mathetest keine Buchstaben vorkamen, sondern nur mit Ziffern gearbeitet wurde. Diese Erwartungen wurden zunichte gemacht, weil er Worte schreiben sollte. Sobald ihm der Lehrer erklärt hatte, dass man Zahlen manchmal auch in Worten ausschreiben muss, wie auf Schecks oder in Verträgen, sagte der Junge: »Aha.« Und er machte den Test.

Wie wir helfen können

Für alle Beteiligten ist es besonders problematisch, dass solche emotionalen Zusammenbrüche so scheinbar zufällig auftreten und aus dem Nirgendwo zu kommen scheinen. An einem anscheinend normalen Tag sagt Ihr Kind auf die Frage, wie es in der Schule war: »Gut.« Aber die Hausaufgaben dauern viel länger als sonst. Es scheint in Gedanken verloren. Sie fragen: »Stimmt etwas nicht?« Zuerst sagt es nein.

Wenn Sie Glück haben, beginnt es schließlich darüber zu sprechen, dass es zu einem Mitschüler etwas Verkehrtes gesagt hat. Und jetzt ist es überzeugt, dass der Mitschüler es nicht mehr mag.

Dann erzählt es, wie jemand es »blöd« oder »zurückgeblieben« oder noch Schlimmeres genannt hat oder es beim Mittagessen mit Essen beworfen hat.

Vielleicht war es zu langsam, um einen Test vollständig zu bearbeiten, und ist jetzt überzeugt davon, immer zu langsam beim Aufschreiben zu sein oder niemals etwas Richtiges zu sagen. Durch solche negativen Zuschreibungen fühlt sich Ihr Kind noch aufgewühlter, unterlegen und hoffnungslos.

Hören Sie zu und stellen Sie logische Fragen

Indem Sie einfach zuhören und weitere Fragen stellen, werden Sie herausfinden, dass vor zwei Tagen jemand über Ihr Kind gelacht hat. Vor zwei Wochen hat Ihr Kind unabsichtlich ein beliebtes Mädchen in seiner Klasse beleidigt, indem es mal wieder zu ehrlich war. Und vor ein paar Monaten hat ein anderer Schüler Ihr Kind in die Turnhalle mitgenommen, um zuzuschauen, wie das Mädchenballett übte – und das war ihm sehr peinlich. Das war vor Monaten!

Bei einem richtigen emotionalen Zusammenbruch kommen dann auch wirklich alle Kränkungen auf den Tisch, neue und alte Geschichten, die viele Jahre zurückliegen können; im Kopf des Aspies werden diese Zwischenfälle wie ein Film immer wieder abgespult. Die Erinnerungen können im Unbewussten schlummern, doch sie gären, kommen nun an die Oberfläche und erschüttern seine Seele zutiefst.

Dem Perfektionisten in ihm ist diese Situation peinlich und er wird wütend. Auch Verzweiflung kommt dazu. Sie können verzweifelte Klagen hören wie »Warum bin ich so anders?« oder: »Niemand mag mich.« oder: »Ich hasse die Schule.«

An irgendeinem Punkt in der Grundschule wurde es unseren Asperger-Freunden bewusst, dass sie nicht »typisch« sind. Sie wissen, dass sie die feinen sozialen Signale, die andere Kinder locker mitbekommen, nicht wahrnehmen oder verstehen. Diese Unfähigkeit, zu verstehen und mit den Gleichaltrigen klarzukommen, führt zu schweren Frustrationen, die sich unsichtbar aufstauen. Und wenn sich unsere Freunde niemandem anvertrauen, der ihnen die Augen öffnet, kommt es zu einem plötzlichen Ausbruch und einem unbändigen Wutanfall.

Was sollen die Eltern oder Lehrer tun?

Bleiben Sie ruhig und ergreifen Sie klare Maßnahmen

Findet ein solcher Ausbruch im Friends' Club statt, bleiben wir ruhig; wir parieren ihre Wut nicht mit weiterer Wut, sondern ergreifen klare Maßnahmen.

Als Erstes entfernen wir den Betroffenen aus der Gruppe, wenn wir meinen, er käme ohne Publikum besser zurecht. Manchmal jedoch hilft die Gruppe, indem sie Vorschläge unterbreitet; schließlich haben alle Teilnehmer immer wieder mit Wutanfällen zu kämpfen. Unsere Freunde brauchen eine neue Perspektive, um das zu erkennen, was sie von selbst nicht wahrnehmen.

Am wichtigsten ist es, auf keinen Fall über Gefühle zu sprechen. Lassen Sie die Emotionen außen vor, auch wenn Wutanfälle so emotional sind. Am besten stellt man die Logik des Vorfalls dar. Sprechen Sie die Erinnerungen Ihres Kindes an, die sich auf die Geschehnisse selbst beziehen, nicht auf die damit verbundenen Gefühle. Erforschen Sie den Vorfall, indem Sie Ursache und Wirkung untersuchen, und rücken Sie das Geschehen ins rechte Licht.

Aus der Praxis

Das Prinzip von Ursache und Wirkung

Einen ziemlich extremen Fall bot einer unserer Jugendlichen, der gern die Feuerwache besucht. Er wollte auf dem Rückweg von einem Nachmittagstermin hingehen; aber der Termin dauerte länger als erwartet. Seine Mutter sagte daher, sie müssten direkt nach Hause fahren, weil Essenszeit war.

Unser Jugendlicher drehte durch. Er verfluchte seine Mutter und warf vom Rücksitz aus einen Stift auf sie, während sie fuhr. Als sie nach Hause kamen, knallte er seinem jüngeren Bruder die Haustüre ins Gesicht. In der Küche ergriff er dann ein Messer und fuchtelte damit herum.

Die Mutter des Jungen tat das Richtige. Sie blieb ruhig. Sie sprach mit ihm über etwas ganz anderes – was sie zum Essen machen sollten. Als er sich zu beruhigen begann, erschien sein Tutor zu dem gewohnten Termin. Der Tutor hatte auch Erfahrung in Sonderpädagogik. Er setzte sich mit dem Jungen hin und schrieb in einer Tabelle Ursache und Wirkung des Vorfalls auf. Solche anschaulichen Übersichten sind sehr hilfreich für Asperger-Betroffene; oft genügen Papier und Bleistift oder ein Flipchart und ein Filzstift.

Als er die »Messerepisode« so schwarz auf weiß sah, sagte der Junge: »Aber ich wollte doch niemanden verletzen.« »Deine Mutter wusste nicht, ob du sie verletzen würdest«, sagte der Tutor, »oder ob du deinen kleinen Bruder verletzen würdest. Messer sind gefährlich.«

Sobald der Jugendliche seine Handlungsweise schwarz auf weiß niedergeschrieben sah, erkannte er, dass solche Aktionen unlogisch waren. Die Gefahren seines emotionalen Ausbruchs wurden ihm bewusst. Eine Strafe war nicht nötig. Entscheidend war, dass dieser Junge letztlich erkannte, dass diese Verhaltensweisen ihn nicht zur Feuerwache brachten. So lernte er, dass es sich nicht lohnte, sie zu wiederholen.

Weitere Hilfestellungen

Manchmal zeichne ich in den Gruppen zur Veranschaulichung dieses Themas auch einen Kreis an das Whiteboard; er stellt den Ursprung des Wutanfalls dar. Dort hinein schreibe ich das Verhalten – »Schreien« – und nicht das Gefühl, das »Frustration« lauten würde.

Dann zeichne ich konzentrische Kreise nach außen, wie Wellen in einem Teich. Mit Un-

Der Tutor schrieb auf:

Ursache/Vorfall	Wirkung
Termin dauerte zu lange	keine Zeit, an der Feuerwache zu halten
Stift auf Mama geworfen	Mama fährt Auto = gefährlich
Tür zugeknallt	hätte den kleinen Bruder verletzen können
Messer genommen	hätte jemanden verletzen können = gefährlich

terstützung der Gruppe schreibe ich in jeden Kreis eine logische, konkrete Handlungsweise oder Auswirkung der ursprünglichen Ursache. Ich versuche nicht, die Emotionen zu thematisieren. Wir halten uns an die Fakten und Logik.

Im ersten Kreis steht zum Beispiel: »Tut anderen in den Ohren weh.« In den nächsten Kreis schreibe ich: »Lenkt andere Menschen ab.« Und in den letzten Kreis: »Macht den Eindruck, ein Baby zu sein, weil Babys schreien.«

wichtig

Sie müssen unbedingt verstehen, dass unsere Freunde vieles, was uns sozusagen als soziale Banalität erscheint, wirklich nicht verstehen. Sie nehmen Dinge zu wörtlich. Hänseleien, die andere Kinder locker abtun können, verletzen sie. Sie brauchen in zwischenmenschlichen Situationen Rückhalt, Training und Anleitung zum Perspektivwechsel und müssen lernen, wie sie sich zu verhalten haben.

Es ist auch wichtig zu wissen, dass diese Kids schnell überfordert sind, wenn zu viel zu schnell passiert. Wenn es zum Beispiel Zeit ist, in die Schule zu gehen, bekommen sie eine ganze Latte an Anweisungen zu hören. Das kann einen Wutanfall auslösen. Wenn Sie rufen: »Zieh deine Schuhe an, kämm deine Haare, pack dein Pausenbrot ein und hol deinen Mantel«, sind das zu viele Informationen, die sie zu schnell verarbeiten müssten. Besser ist jeweils eine ruhige Aufforderung, ohne laut zu rufen. So lassen sich morgendliche Wutanfälle vor der Schule verhindern.

Bei einem jüngeren Kind kann es am besten sein, während des Wutanfalls in seiner Nähe zu sitzen. Hören Sie einfach zu, wenn es weint und seine Geschichten ausspuckt. Manchmal wird eine Umarmung akzeptiert, manchmal nicht. Manchmal irritiert der Körperkontakt Aspies wegen ihrer Berührungsempfindlichkeit mehr, als dass er hilft. Vielleicht wollen Sie Ihr Kind zuerst befragen oder versuchen, es in den Arm zu nehmen. Seien Sie aber bereit, es schnell wieder loszulassen, wenn es dadurch noch aufgebrachter wird.

wichtig

Bitte nehmen Sie eine Zurückweisung niemals persönlich. Ihr Kind wehrt sich nicht gegen Ihre Zärtlichkeit überhaupt; es erträgt sie nur im Moment nicht. Fühlen Sie sich also bitte nicht zurückgestoßen.

Wenn der Wutanfall abflaut, wollen Sie Ihr Kind vielleicht auf seine Stärken hinweisen, wie »Du bist schlau« oder »Du bist freundlich und nett und sehr lieb zu Tieren« oder »Wir lieben deine Ehrlichkeit und dein originelles Denken.«

Wiederum ist es sehr wichtig, dem Kind eine andere Sichtweise aufzuzeigen. Sie könnten darauf hinweisen, dass das andere Kind vielleicht nicht gelogen hat, sondern einfach übertrieben hat, um die übrigen Kids zum Lachen zu bringen. (Menschen, die Lügen erzählen, machen Asperger-Kids sehr schnell wütend, weil sie selbst solche Wahrheitsfanatiker sind.)

Bei Jugendlichen ist es auch das Beste, sie reden zu lassen. Wenn sie sich selbst als »schwachsinnig«, »wertlos« oder »dumm« bezeichnen, sagen Sie nichts dagegen! Das regt sie nur noch weiter auf. Aber Sie müssen ja auch nicht zustimmen. Oft ist es am besten, einfach zuzuhören, bei der passenden Gelegenheit eine andere Betrachtungsweise der Situation einzubringen und zu schauen, ob sie dieser folgen können.

Einer unserer jugendlichen Freunde beruhigt sich am besten, wenn er sich nach einem

Wutanfall in sein Zimmer zurückzieht und seine Lieblingsmusik hört. Manchmal spielt er dabei mit seinen Legosteinen.

Ja, noch als Jugendliche finden es viele Asperger-Kids beruhigend und entspannend, mit Lego zu spielen. Eine unserer Mütter berichtete nicht ohne Stolz, dass Lego sogar am Massachusetts Institute of Technology und bei der NASA eingesetzt wird, also warum sollten jugendliche Aspies nicht gern damit spielen? Es gibt schlimmere Wege, Stress zu bewältigen, und die Lego-Methode ist zumindest kreativ und therapeutisch wirksam.

Denken Sie einfach daran, dass es nicht den einen »richtigen« Weg gibt, mit dem Wutanfall Ihres Kindes umzugehen. Sie werden Ihre Vorgehensweise jedes Mal neu überlegen müssen, abgestimmt auf den Vorfall und mit immer neuen Fragen auf der Suche nach der zugrunde liegenden Ursache. Und Sie werden es schaffen, ganz bestimmt!

Der Wut auf den Grund gehen

Sobald Ihr Kind sich so weit beruhigt hat, dass es reden kann, fragen Sie es immer, warum es wütend geworden ist. Sie können nicht davon ausgehen, dass es jedes Mal derselbe Grund ist; das gilt insbesondere, wenn es älter wird und die Pubertätsangst dazu kommt.

Oft regen sich Jugendliche über etwas auf, das uns nie in den Sinn kommen würde. Ebenso oft gibt es einfache Abhilfe, wie bei dem Jungen mit dem Mathetest. Es muss nur jemand fragen: »Was stört dich?« Meist ist es nicht der gesamte Test, nicht der ganze Tag oder die ganze Sache, die sie aufregt – nur ein kleiner Teil bringt sie so außer sich und gewöhnlich ist es etwas, das Sie niemals vermutet hätten.

Grundsätzlich werden diese Wutanfälle am häufigsten durch enttäuschte Erwartungen oder Überempfindlichkeiten gegenüber dem Umfeld des Kindes verursacht. Reagieren Sie am besten mit ruhiger, kühler Logik und geduldigem Verständnis.

Zeitblindheit

Siehe auch: Dinge aufschreiben · Unordnung

Bei Menschen mit Asperger-Syndrom bestehen Defizite im Stirnhirn; dadurch fällt es ihnen so schwer (ebenso wie Menschen mit Aufmerksamkeitsdefizit-[Hyperaktivitäts-]Störung und Tourette-Syndrom), sich zu organisieren. Diese Defizite untergraben auch ihr Zeitgefühl. Aspies haben keine Ahnung, wie viel Zeit vergangen ist oder wie viel Zeit sie für eine Sache brauchen werden. Oft wissen sie nicht einmal, welcher Tag oder welcher Monat gerade ist.

»Für meine Hausaufgaben brauche ich eine halbe Stunde«, sagt Ihr Asperger-Kind; dabei ist es für Sie als Eltern ganz klar, dass es mindestens eine Stunde, wenn nicht länger, benötigen wird.

Die Unfähigkeit, Zeit wahrzunehmen

Diese Zeitblindheit hat ihre Ursache in der Unfähigkeit, Zeit wahrzunehmen. Zeit ist zu abstrakt. Aspies können sich nicht vorstellen, wie viel Zeit eine Aufgabe erfordern wird, weil sie in allererster Linie keine Vorstellung davon haben, wie und dass die Zeit vergeht. Aspies haben auch größte Mühe zu lernen, die Zeit auf einer analogen Uhr abzulesen.

Digitaluhren sind eindeutig. Die Ziffern der Stunde und der Minuten werden angezeigt, sogar in Reihen getrennt. Da gibt es nichts Verwirrendes. Aber bei einer Uhr mit Zifferblatt ist es viel schwieriger. Selbst neurotypische Grundschulkinder haben ihre Mühe, bis sie die Uhr lesen können. Für unsere Freunde ist dies weit über die erste Klasse hinaus völlig unklar.

Michelle Garcia Winner ist der Überzeugung, dass wir diesen Kids dennoch beibringen müssen, eine analoge Uhr zu lesen, weil diese Uhren uns deutlich machen, wie die Zeit verstreicht. Eine digitale Uhr springt nur zur nächsten Zahl. Eine analoge Uhr hat Minuten- und Stundenzeiger, die sich immer weiter drehen. Das verdeutlicht auf greifbare Weise das Verstreichen der Zeit. Unsere Freunde können nur schwer unterscheiden, welcher Zeiger welcher ist und wie spät es ist, wenn der Zeiger zwischen den Ziffern steht.

Ein Gefühl für die Zeit entwickeln

Je mehr Sie Ihr Kind zu Hause üben lassen, eine analoge Uhr zu lesen, umso besser wird es darin. Es wird lange dauern, aber es geht nur mit Übung. Wie üblich gibt es für diese Kids keine schnelle Lösung und keine »Abkürzung«. Entscheidend sind Übung und Wiederholung.

Michelle Garcia Winner konnte ihren Klienten mit verschiedenfarbigen Legosteinen die unterschiedlichen Zeiteinheiten veranschaulichen. Als konkrete Gegenstände repräsentieren die Legosteine die unsichtbaren, »schwammigen« Zeiteinheiten.

Michelle steckt zum Beispiel drei blaue Steine zusammen; sie stellen dreimal eine halbe Stunde dar – die Zeit zum Beispiel, die das Kind für die Hausaufgaben benötigen wird. Dann setzt sie einen einzelnen gelben Stein darauf, der die halbe Stunde Freizeit darstellt, die das Kind nach getaner Arbeit bekommt.

Diese Visualisierung hilft manchen Asperger-Kindern, das Verhältnis zwischen Arbeits- und Spielzeit zu erkennen.

Hilfreich ist die zweifarbige »Time Timer Tischuhr«. Eine rote Scheibe nimmt mit der verstreichenden Zeit ab und zeigt so deutlich die noch verbleibende Restzeit an. Je mehr Zeit verstreicht, desto kleiner wird die rote Scheibe, bis sie ganz verschwunden ist.

Die Unfähigkeit, Zeit zu »spüren«

Ein weiterer Faktor, der zu der Unfähigkeit, Zeit wahrzunehmen, beiträgt, ist laut Dr. Ami Klin, Direktor des Autismus-Programms am Yale Child Study Center, dass Aspies Zeit nicht in einem sozialen Zusammenhang verankern können. Was anderen Kindern ein Zeitgefühl gibt, sind nach seiner Meinung die sozialen Fixpunkte in ihrer Umgebung. Unsere Freunde sind sich solcher Signale nicht bewusst; sie haben kein Bewusstsein für Zeit.

Auch durch viel Training lässt sich diese allgemeine Unfähigkeit, Zeit zu »spüren«, nicht überwinden. Asperger-Kids werden ihr ganzes Leben lang zeitblind sein. Dennoch können sie von all den neuen Hilfsmitteln profitieren, die uns heute alle »in der Zeit« und im Bewusstsein der Zeit halten: Digitaluhren, Kurzzeitmesser, elektronische Organizer usw.

Weitere Hilfen

Aber Aspies benötigen zusätzliche Hilfe – einen fürsorglichen Erwachsenen, der als »Ausführungsassistent« fungiert und ihnen hilft, ihre Zeit zu organisieren und sich nicht in verwirrenden Details zu verlieren. Auch wenn Sie meinen, zu manchem sollte Ihr Aspie doch allein fähig sein – er schafft das wirklich nicht allein.

Im Friends' Club konnten wir feststellen, dass das Aufschreiben von Dingen für unsere Kids die wirksamste Planungsmethode ist. Wenn wir ankündigen, was für die bevorstehende Stunde geplant ist, schreiben wir es ebenfalls auf ein Whiteboard. Auf diese Weise können unsere Freunde sehen – und es gedanklich vorwegnehmen –, welche Aktivitäten als Nächstes kommen.

Das Aufschreiben gibt Ihrem Asperger-Kind einen konkreteren Anhaltspunkt, womit es seine Zeit verbringen wird und woran es als Nächstes arbeiten muss. Stellen Sie aber sicher, dass es ausreichend freie Zeit hat – unverplante Zeit, um allein zu spielen. Zeit, seinen eigenen Gedanken nachzuhängen. Das ist keine Zeitverschwendung. Es ist Freizeit, die es für sein Wohlbefinden unbedingt braucht.

Zuhören

Siehe auch: Auf andere reagieren – und antworten · Blickkontakt · Gespräche · Manieren · Perspektiven und Sichtweisen · Unhöflichkeit

Sozial erfolgreiche Menschen hören einander zu. Wenn eine Person spricht, hört die andere zu oder zeigt zumindest Interesse an dem, was der andere sagt. Aufmerksam zuhören zu können ist eine grundlegende Kompetenz. Sie schafft oder zerstört Freundschaften. Sie bestimmt über den Erfolg in der Schule und am Arbeitsplatz. Aktives Zuhören ist eine lebenslange Fähigkeit, die es ermöglicht, mit anderen Menschen in Kontakt zu treten. Aus diesem Grund war der Vater einer unserer Freunde so besorgt, als er seinen Sohn in einer Gruppensituation beobachtete. Er stellte fest, dass sein Sohn überhaupt nicht zuhörte! Der Junge zeigte nicht einmal Interesse an dem, was gesagt wurde. Das war für seinen Vater ein weiterer Punkt auf der ohnehin langen Liste der Sorgen, die er sich darüber machte, wie sein Sohn in der Welt draußen zurechtkommen sollte.

Warum Aspies nicht gern zuhören

Dass Aspies nicht gerne zuhören, liegt vermutlich an ihrem nicht richtig funktionierenden Spiegelneuronensystem. Spiegelneuronen ermöglichen uns, die Beweggründe der Mitmenschen intuitiv zu erfassen und uns in sie einzufühlen. Das wird als »Mindsight« bezeichnet – die Fähigkeit einzuschätzen, was anderen durch den Kopf gehen mag. Menschen mit Asperger sind blind für die Gedanken der anderen. Forschungen haben aufgezeigt, dass Personen mit Autismus-Spektrum-Störungen Defizite im System der Spiegelneuronen aufweisen und es ihnen daher an Mindsight fehlt. Sie betrachten Menschen eher so wie Dinge und behandeln sie auch so. Da sie sich nur ihrer eigenen Perspektive und Sichtweise bewusst sind, begreifen unsere Freunde nicht, dass andere anders denken und fühlen können als sie selbst. Und da sie sich der Gedanken und Gefühle anderer nicht bewusst sind, sehen sie konsequenterweise auch wenig Grund, ihnen zuzuhören.

Wie wir helfen können

Glücklicherweise gibt es Wege, das Zuhören zu lernen. Im Friends' Club spielen wir »Kofferpacken«. Das Spiel lehrt die Teilnehmer, einander aufmerksam zuzuhören und sich an das Gesagte zu erinnern. (Eine Anleitung finden Sie im Kapitel »Blickkontakt«.)

Der »Sprechende Hut«

Wir spielen auch das Spiel »Sprechender Hut«. Als wertvolle Hilfe dient der Hut als visuelle Erinnerungsstütze, wer sprechen und wer zuhören muss. Ein Mitspieler trägt den Hut, begrüßt die anderen Gruppenmitglieder und sagt ein paar Worte über seinen Tag. Dann wird der Hut an den nächsten Mitspieler weitergegeben. Nur das Kind, das den Hut trägt, darf sprechen, alle anderen müssen zuhören.

Wir variieren das Spiel und geben dem Träger des Hutes einen Ball. Wenn jemand eine Frage hat, hebt er die Hand. Der Hutträger wirft ihm den Ball zu, damit er sprechen darf. Nach der Frage geht der Ball zurück an den Hutträger. Unsere Freunde haben solche Mühe damit, einander nicht zu unterbrechen und abzuwarten, bis sie mit dem Sprechen dran sind, dass diese visuelle Krücke das Zuhören und Abwarten erleichtert.

Was macht der Körper, wenn ich zuhöre?

Manchmal werden unsere Gruppen, insbesondere die Mädchen, auch zu gesprächig (Mädchen sind im Allgemeinen stärker sprachlich orientiert, das gilt auch für Asperger-Mädchen. Weil sie daher sozialer wirken, wird bei ihnen das Asperger-Syndrom seltener erkannt). Um unsere »schwatzhaften« Mädchen daran zu erinnern, dass sie anderen zuhören sollen, ohne sie zu unterbrechen, tun wir so, als legten wir unsere Stimme in eine Schachtel. Das hilft wirklich, die Gruppe ruhig zu halten. Und wenn eine einfach dazwischen redet, halten wir die »Stimmenkiste« hoch und zeigen darauf. Die Mädchen werden dann wieder ruhig. Sie mögen dieses Als-ob-Spiel.

Wir sprechen auch darüber, wie der Körper aussieht, wenn man zuhört. Wir zeigen, wie wir die sprechende Person anschauen und dabei unsere Hände ruhig und den Mund geschlossen halten. Dann üben wir das im Rollenspiel. Ein Junge sagte: »Schau, meine Augen hören zu!«, als er mit weit aufgerissenen Augen einen Freund anschaute.

Nachdem wir uns in der Gruppe unterhalten haben, frage ich oft einzelne Mitglieder, was eine bestimmte Person gesagt hat. Dadurch wird nochmals deutlich, wie wichtig das Zuhören ist – man weiß die Antwort nur, wenn man aufmerksam war und wirklich zugehört hat.

Und wenn wir Spiele wie »Äpfel zu Äpfeln« oder »Cranium« spielen, lehre ich sie eine Strategie, die ihnen gewinnen hilft: sich darauf konzentrieren, was andere über die Sache denken, und zuhören, was sie auswählen. Sich bei »Äpfel zu Äpfeln« darauf zu konzentrieren, wie der Richter die Auswahl trifft. Wenn der Richter Sinn für Humor hat, wählt er die witzige Antwort und nicht die im ernsten Sinne richtige.

wichtig

Es ist mühsam, aber Asperger-Kids können lernen, besser zuzuhören. Mit viel Übung und viel Ermutigung fallen sie anderen seltener ins Wort und achten auf das Gesagte. Das reduziert ihre soziale und kommunikative Behinderung und macht sie zu besseren Freunden.

Zur Ruhe kommen und sich sammeln

Siehe auch: Allein sein · Ängstlichkeit, Anspannung und Unsicherheit · Loslassen und sich neu ausrichten · Reizempfindlichkeit und Essverhalten · Ruhig bleiben · Selbstregulation (Stimming) · Wutanfälle

Einem Asperger-Kind fällt es oft schwer, zur Ruhe zu finden und sich zu entspannen. Es leidet unter hoher Reizüberflutung – zu viel Lärm, Licht, visuelle Ablenkung und zu viele Menschen – und wird übermäßig aufgeregt. Mit dieser Überreizung kommt auch eine Stimmung ängstlicher Besorgtheit auf. Im Friends' Club haben wir verschiedene Methoden entwickelt, um diesen Kindern dabei zu helfen, sich zu beruhigen.

Manche entspannen sich, wenn sie ein sogenanntes »Fummelspielzeug« (Fidget) in der Hand halten. Solange der Gegenstand sie oder andere Gruppenmitglieder nicht ablenkt, ist das für uns in Ordnung.

Ideal ist es, wenn jedes Kind eine Methode findet, mit der es so schnell und wirksam wie möglich die Selbstkontrolle zurückgewinnen kann.

Wie wir helfen können

Hier finden Sie einige Beruhigungsmethoden, die Sie mit Ihrem Kind ausprobieren können:

Atmen und Zählen ist eine Standardmethode. Jeder Atemzug wird vor dem tiefen Einatmen gezählt, dann wird die Luft langsam wieder ausgeatmet. Nach fünf bis sechs Durchgängen ist gewöhnlich jedes Kind ruhiger.

Muskelentspannung beruhigt Körper und Geist; wir konzentrieren uns auf das Lockerwerden der Schultern und schreiten dann fort bis hinunter zu den Füßen oder andersherum.

»Brummen« ist sehr wirkungsvoll. Dabei macht jeder in der Gruppe fünfmal nacheinander das Geräusch »schsch – hmm«. Besonders gut geeignet ist diese Methode für die jüngeren Kinder.

Das »Mitsummen« funktioniert ebenfalls, wenn das gesummte Lied das Tempo des Herzschlags hat (60 Schläge in der Minute). Als Taktmesser können Sie ein Metronom verwenden.

»Stille Runde« ist ein Spiel, das wir erfunden haben und das gut funktioniert, um die ganze Gruppe zu beruhigen. Wir geben entweder ein Stofftier oder ein Kirschkernsäckchen herum und bestehen auf absoluter Stille. Wir tun so, als hätten wir alle Stimmen »in eine Schachtel gelegt« (der Gruppenleiter öffnet den Deckel einer richtigen Schachtel und schließt ihn dann wieder); so kann niemand sprechen und die Ruhe und die einfache Aktivität beruhigen die Gruppe.

Ein auf zehn Minuten eingestellter Wecker lässt unseren Freunden eine konkrete Zeitdauer, um sich selbst unter Kontrolle zu bringen. Wenn er klingelt, müssen sie ruhig sein oder bereit zuzuhören. Es ist erstaunlich, wie gut das funktioniert!

Einfache Yogaübungen werden von unseren Kindern überraschend gut aufgenommen und helfen ihnen, zur Ruhe zu kommen. Die Positionen werden auf Abbildungen gezeigt und der Gruppenleiter macht jede Position vor, bevor die Gruppe sie ausprobiert. Yoga erhöht das Körperbewusstsein dieser Kids und verbessert ihre Konzentration.

Wenn jemand in der Gruppe überdreht ist, weil er frustriert ist oder sich über einen anderen ärgert, sprechen wir mit beiden. Wir fragen beide, was sie gerne tun, und stellen so fest, ob beide gemeinsame Interessen haben, etwa bei Büchern, Spielsachen, Computerspielen, Filmen oder Musik. Sobald sie eine Gemeinsamkeit entdecken, verschwindet oft der Ärger, weil eine Brücke gebaut worden ist.

Manchmal verbreiten wir absichtlich Hektik, damit die Kinder aufdrehen und in unserer Anwesenheit lernen können, wieder »herunterzukommen« und sich selbst zu beruhigen. Selbstkontrolle ist eine hohe Anforderung an Aspies, insbesondere für die Jüngeren; je mehr sie dies üben, umso versierter werden sie darin und umso besser finden sie (und wir) heraus, was ihnen hilft und was nicht.

Zwänge und zwanghaftes Verhalten

Siehe auch: Angst · Ängstlichkeit, Anspannung und Unsicherheit · Dinge aufschreiben · Loslassen und sich neu ausrichten · Nachgeben und gehorchen · Perfektionismus und unrealistische Erwartungen · Reizempfindlichkeit und Essverhalten · Stärken und wie man sie fördert · Veränderungen und »Richtungswechsel« · Weitergehen zu Neuem · Wutanfälle

Ja, Asperger-Kids sind so wie viele Kinder mit Autismus-Spektrum-Störung anfällig für zwanghaftes Verhalten. Sie hängen an Ideen, Dingen oder Handlungen fest, die ihnen in einer unberechenbaren, verwirrenden Welt Zuflucht bieten.

Es ist für Eltern, Lehrer und auch Fachleute gleichermaßen eine Herausforderung, zu versuchen, ihren Zugriff auf Lieblingsobjekte oder Lieblingssätze zu lösen. Doch diese Zwangshandlungen in konstruktivere Verhaltensweisen umzumünzen ist ein Trick, der durchaus funktionieren kann.

Dem Aspie helfen, seinen Blickwinkel zu wechseln

Einer unserer Jungs sagte zum Beispiel immer wieder: »Du bist gefeuert!«, wenn er auf jemanden wütend war und gehen wollte. Dieser Satz wurde – zwanghaft wiederholt – zu einem Sammelbegriff, der all seine Frustration und seinen Ärger ausdrückte. Wir nahmen uns Zeit, daran zu arbeiten, um die Verwendung dieses Satzes zu reduzieren – mit gutem Erfolg.

Dann, während eines Einzel-Coachings bei dem Jungen zu Hause, traf unsere Therapeutin beim Spiel draußen den Jungen unabsichtlich mit einem Tennisball am Kopf. Obwohl sie sich entschuldigte und ihm sagte, dass es keine Absicht gewesen war, wurde der Junge immer wütender. Unablässig brüllte er: »Du bist gefeuert!« Da erinnerte sie sich an eine seiner anderen Besessenheiten – Ringen. Das schaute er sich immer im Fernsehen an. Sie sagte: »Stell dir vor, du bist ein Berufsringer, der in einem Ringkampf verletzt worden ist.«

Der Erfolg zeigte sich sofort. Sein Gesichtsausdruck wechselte von Wut zu Faszination. »Wow, blute ich auch?«, fragte er aufgeregt.

Das zeigt, wie schnell eine schwierige Situation entschärft werden kann. Wenn Sie ein anderes Interessensgebiet des Kindes nutzen können, damit es seine Gedanken neu ausrichten kann, dann wird es von dem zwanghaften Verhalten lassen.

wichtig

Beachten Sie bitte, dass es wichtig ist, die versteckte Absicht hinter den Worten zu erkennen. In diesem Fall drückte »Du bist gefeuert!« aus: »Ich bin wirklich wütend auf dich.« Was auch immer das Kind aufregt – es ist am besten, seine Wut anzuerkennen und ihm zu sagen, dass man weiß, dass es frustriert ist, statt seinen Äußerungen zu widersprechen.

Wiederholungen beschränken

Wenn unsere Freunde ein Lieblingsthema oder einen Lieblingssatz haben, den sie immer wiederholen, ist die perfekte Lösung manchmal so einfach: Es genügt, die Anzahl der Wiederholungen oder die Zeitdauer, in der sie darüber sprechen dürfen, zu beschränken.

Einer unserer Freunde findet am liebsten Muster in Dingen – den ganzen Tag lang! Also sagte ich ihm, dass er nur zweimal am Tag über Muster sprechen dürfe oder sie anderen zeigen dürfe. Das war's. Zweimal war sein Limit. Und ich bat seine Mutter, ihn daran zu erinnern, dass das Thema erledigt war, wenn er schon zweimal am Tag darüber gesprochen hatte.

Sie berichtete später, dass es gut funktionierte. Dank der klaren Begrenzung dieses Zwangsverhaltens wusste der Junge, was annehmbar war und die Familie war von der ständigen Wiederholung befreit, die sie beinahe zum Wahnsinn getrieben hatte.

Manchmal reicht es schon, einem Kind einfach zu sagen, dass es jetzt nicht über sein zwanghaftes Hauptthema reden kann. Entscheidend dabei ist, ruhig und emotionslos zu sprechen.

Der Sichtweise des Aspies entgegenkommen

Ein achtjähriger Junge aus einer unserer Gruppen sprach mit Vorliebe über Rettungswagen, wie Notarzt, Feuerwehrautos usw. Wir sagten ihm, dass er während unserer Gesprächsrunde »Was gibt's Neues«, bei der jeder Anwesende ein paar Neuigkeiten einbrachte, nicht mehr darüber sprechen dürfe. Da stöhnte er und sagte: »Mein Kopf explodiert, wenn ich nicht über Rettungswagen spreche!«

Der Gruppenleiter nickte und sagte ruhig: »Das ist okay. Wir putzen die Sauerei später weg, aber jetzt müssen wir über etwas anderes reden.« Das funktionierte, weil die Meinung des Jungen auf nüchterne Art bestätigt wurde. Es waren keine weiteren Erklärungen notwendig und das Gespräch konnte sich neuen Themen zuwenden. Der Junge verkraftete es rasch.

Der Trick, diese Asperger-Kids zu »entschlüsseln«, besteht zum Großteil darin, das zu sehen, was sie sehen. Man muss versuchen, ihre Zwänge und ihren einzigartigen Blickwinkel auf Dinge zu verstehen, und sich dann einen Weg ausdenken, um das Extreme abzumildern und die zumutbaren Anteile zu erhöhen. Es bedeutet auch, dass ich meine spontanen Reaktionen als Verhaltenspsychologin aufgeben muss und die Sichtweise des Kindes mit meiner eigenen verschmelzen, um ihnen auf halbem Wege entgegenzukommen. Dann können sie weiterhin Fortschritte machen. Das erfordert eine gewisse Kreativität, aber ich arbeite ja auch mit originellen Denkern, oder?

Die Zwanghaftigkeit auflösen durch neue Perspektiven

Eine Mutter warnte mich zum Beispiel, dass ihr Sohn immer etwas mit nach Hause nehmen müsse, wenn er irgendwo das erste Mal war. Es war egal was – ein Sticker, eine Visitenkarte, sogar ein Blatt von einer Zimmerpflanze –, es musste einfach irgendetwas sein. Andernfalls, sagte sie, könne er sich in der Gruppe nicht wohlfühlen oder erfolgreich an der Gruppenarbeit teilnehmen. Die Verhaltenspsychologin in mir dachte: »Wir werden diese Gewohnheit ändern.« Ich sagte es der Mutter nicht, aber ich beschloss, dass wir nicht jedes Mal Sticker ausgeben würden. Das wäre lächerlich, denn in der richtigen Welt ist das auch nicht der Fall. Und das Ziel des Friends' Club ist es, unseren Mitgliedern zu helfen, in der richtigen Welt besser zurechtzukommen.

Doch nach einigen Wochen kamen seine Gruppenleiter zu mir. Sie berichteten, dass er völlig die Kontrolle verliere und sie bei seinem Verhalten die Sicherheit der anderen Gruppenmitglieder nicht gewährleisten könnten. Ich merkte, dass er unsicher war und als Sicherheit etwas Konkretes brauchte. Also versuchte ich eine neue Methode. Ich bastelte eine kleine Schachtel und nannte sie die Auswahlschachtel. Dann schrieb ich »Freie Auswahl« auf ein Stück Papier und schnitt es in vier Teile, wie ein Puzzle. Auf ein anderes Blatt Papier schrieb ich, welche Erwartungen wir während der Gruppensitzung an ihn hatten. So hatte er einen visuellen Hinweis darauf, was er tun sollte. Ich sagte ihm, dass er jedes Mal, wenn er die Gruppenregeln befolgte, ein Teil des Puzzles bekommen würde. Und wenn er alle vier Teile, die das Wort »Freie Auswahl« ergaben, zusammenhatte, dann durfte er sich etwas aus der Auswahlschachtel aussuchen.

Das Ergebnis war überwältigend. Schon in der nächsten Sitzung benahm er sich so gut, dass es keinen einzigen Zwischenfall gab. Und nach nur vier Sitzungen (wir treffen uns nur einmal in der Woche) war sein Zwang verschwunden und er brauchte die Schachtel nicht mehr!

Fallbeispiel: Positive Würdigung durch das direkte Umfeld

Ein anderer Junge war besessen von Maschinen und insbesondere Staubsaugern. Als er eines Abends zur Toilette ging und ein paar Staubsauger sah, die wir dort aufbewahrten, wurde seine Stimme laut und er wurde noch ausfallender als sonst während der Gruppensitzung. Das erschreckte die anderen Jungen. (Außer diesem Zwang hatte der Junge auch Schwierigkeiten mit der Selbstkontrolle.)

Also nutzte ich seine Staubsauger-Besessenheit, um eine positive Veränderung in seinem Verhalten herbeizuführen. Ich zeichnete einen Staubsauger und schnitt das Bild in vier Teile. Ich sagte ihm, er könnte sich ein Teil verdienen, wenn er seine Stimme drosselte und nicht die Privatsphäre der anderen Jungen verletzte. Wenn er alle vier Teile hätte, könne er den Staubsauger benutzen und nach dem Treffen damit saugen. Das Ergebnis war wiederum dramatisch. Der Junge »verdiente« sich an diesem ersten Abend alle vier Teile und durfte den Staubsauger benutzen.

Aber er verjagte alle anderen Jungen aus dem Raum, noch bevor sie Zeit hatten, ihre Schuhe anzuziehen! Also formulierten wir die Regeln erneut, so dass deutlich wurde, wann er saugen durfte und wann er noch warten musste. Und wir änderten das Belohnungssystem: Wenn seine Freunde feststellten, dass er sich angemessen ausdrückte, konnten sie ihm ein Staubsauger-Puzzleteil geben. Auf diese Weise hatten seine Kumpel Gelegenheit, ihn positiv zu sehen, und es würdigte nicht nur ein Erwachsener seine Fortschritte.

Wenn es nur auch in der Schule für unsere Freunde so sein könnte! Wenn nur ihre Mitschüler die positiven Dinge, die unsere Asperger-Kids tun, erkennen und würdigen könnten! Wäre es nicht toll, wenn ihre Stärken und ihr gutes Verhalten im Blickpunkt stünden statt all die Patzer und sozialen Fehltritte?

Service

In diesem Teil finden Sie wichtige Informationen, die Ihnen als Eltern oder Betreuern von Kindern mit Asperger-Syndrom hilfreich sein können: Diagnostische Kriterien,ein umfangreiches Glossar, weiterführende Literatur sowie Tipps für Spiele, Bücher und Internetseiten, mit wertvollem Wissen und Anregungen für das Leben mit unseren Aspies.

Diagnostische Kriterien der Asperger-Störung

Es gibt verschiedene Diagnosekriterien, die von Fachärzten und Psychologen in der Regel zur diagnostischen Beurteilung von Entwicklungsstörungen zugrunde gelegt werden. Im englischsprachigen Raum haben sich die Kriterien nach DSM-IV durchgesetzt.

Diagnostische Kriterien für die Asperger-Störung: DSM-IV Tiefgreifende Entwicklungsstörung

A. Beeinträchtigung der sozialen Interaktion, die sich in mindestens zwei der folgenden Bereiche manifestieren:

1. Ausgeprägte Beeinträchtigung im Gebrauch multipler nonverbaler Verhaltensweisen wie beispielsweise Blickkontakt, Gesichtsausdruck, Körperhaltung und Gestik zur Regulation sozialer Interaktionen.
2. Unfähigkeit, entwicklungsgemäße Beziehungen zu Gleichaltrigen aufzubauen.
3. Mangel, spontan Freude, Interessen oder Erfolge mit anderen zu teilen (z. B. Mangel, anderen Menschen Dinge, die für die Betroffenen von Bedeutung sind, zu zeigen, zu bringen oder darauf hinzuweisen).
4. Mangel an sozioemotionaler Gegenseitigkeit.

B. Beschränkte, repetitive und stereotype Verhaltensweisen, Interessen und Aktivitäten in mindestens einem der folgenden Bereiche:

1. Umfassende Beschäftigung mit einem oder mehreren stereotypen und begrenzten Interessen, wobei Inhalt und Intensität abnorm sind.
2. Auffällig starres Festhalten an bestimmten nicht funktionalen Gewohnheiten oder Ritualen.
3. Stereotype und repetitive motorische Manierismen (z. B. Biegen oder schnelle Bewegungen von Händen oder Fingern oder komplexe Bewegungen des ganzen Körpers).
4. Ständige Beschäftigung mit Teilen von Objekten.

C. Die Störung verursacht in klinisch bedeutsamer Weise Beeinträchtigungen in sozialen, beruflichen oder anderen wichtigen Funktionsbereichen.

D. Es tritt kein klinisch bedeutsamer allgemeiner Sprachrückstand auf (es werden z. B. bis zum Alter von zwei Jahren einzelne Wörter, bis zum Alter von drei Jahren kommunikative Sätze benutzt).

E. Es treten keine klinisch bedeutsamen Verzögerungen der kognitiven Entwicklung oder der Entwicklung von altersgemäßen Selbsthilfefertigkeiten, im Anpassungsverhalten (außerhalb der sozialen Interaktion) und bezüglich des Interesses des Kindes an der Umgebung auf.

F. Die Kriterien für eine andere spezifische Tiefgreifende Entwicklungsstörung oder für Schizophrenie sind nicht erfüllt.

Anmerkung: Unter Fachleuten gibt es eine anhaltende Diskussion hinsichtlich dieser Richtlinien. Zwar handelt es sich dabei um die aktuellen offiziellen Diagnosekriterien, doch werden die DSM-IV-Kriterien von manchen Fachleuten als unzureichend betrachtet. So werden Änderungen vorgeschlagen; häufig werden dann weitere Bewertungskriterien (insbesondere die Gillberg-Richtlinien) herangezogen.

In diesem Buch zitierte Experten

Dr. Tony Attwood ist international anerkannter Autor, Dozent und praktizierender Psychologe. Er ist spezialisiert auf das Asperger-Syndrom und lebt in Queensland, Australien. Zu seinen Büchern zählen: »Ein ganzes Leben mit dem Asperger-Syndrom: Alle Fragen – alle Antworten« sowie »Asperger-Syndrom. Das erfolgreiche Praxis-Handbuch für Eltern und Therapeuten«.

Dr. Simon Baron-Cohen ist Professor für Psychologie an der Universität Cambridge; er prägte den Begriff »Mindblindness« (Gefühlsblindheit bzw. Mangel an Einfühlungsvermögen). Zu seinen Büchern gehören »Vom ersten Tag an anders. Das weibliche und das männliche Gehirn«, »Autism and Asperger Syndrome« und »Mindblindness: An Essay on Autism and the Theory of Mind«.

Dr. Eric Courchesne ist Professor für Neurowissenschaft an der Universität von Kalifornien, San Diego (UCSD), und Direktor des Center for Autism Research am Children's Hospital in San Diego. Courchesne hat viele Langzeitstudien bei autistischen Kindern durchgeführt und zahlreiche Veröffentlichungen vorgelegt.

Barbara Doyle ist seit mehr als 30 Jahren in der beruflichen Weiterbildung an Beratungsstellen für Entwicklungsstörungen tätig; sie lebt in Springfield, Illinois. Zu ihren Büchern gehört »Autism Spectrum Disorders from A to Z: Assessment … Diagnosis & More«.

Dr. Michael Fitzgerald ist Professor für Kinder- und Jugendpsychiatrie in Irland mit dem Schwerpunkt Asperger-Syndrom. Zu seinen Büchern zählen »The Genesis Of Artistic Creativity: Asperger's Syndrome And The Arts« sowie »Genius Genes: How Asperger Talents Changed the World«.

Dr. B. J. Freeman ist emeritierte Professorin für Medizinische Psychologie an der Universität von Kalifornien, Los Angeles (UCLA), School of Medicine. Als internationale Autorität in der Diagnose und Behandlung von Kindern und Erwachsenen mit Autismus-Spektrum-Störungen hat sie mehr als hundert Beiträge in wissenschaftlichen Fachzeitschriften und Büchern zum Thema Autismus veröffentlicht.

Dr. Temple Grandin ist außerordentliche Professorin der Tierwissenschaften an der Colorado State Universität sowie Wirtschaftsberaterin. Zu ihren Büchern zählen «Thinking in Pictures: And Other Reports From My Life with Autism« und «The Way I See: A Personal Look at Autism and Asperger's«.

Carol Gray ist Direktorin des Gray Center for Social Learning and Understanding in Grand Paids, Michigan. Aus ihrer Arbeit mit Studenten mit Autismus-Spektrum-Störungen und Asperger-Syndrom hat sie die sozialen Lerngeschichten (Social Stories) und Comic Strip Conversations entwickelt. Zu ihren Büchern zählen »The New Social Story Book« und »Gray's Guide to Bulling«.

Dr. Ami Klein ist Direktor des Autismus-Programms und außerordentlicher Professor für Kinderpsychologie und Psychiatrie am Yale Child Study Center, Yale Universität, School of Medicine in New Haven, Connecticut. Zu seinen Werken gehört der Band »Asperger Syndrome«.

Richard Lavoie ist Autor, Dozent und Berater zum Thema Lernstörungen. Er leitete 30 Jahre lang Wohnheime für Kinder mit besonderen Bedürfnissen in Cape Cod, Massachusetts. Zu seinen Büchern zählen »The Motivation Breakthroughout: 6 Secrets to Turning On the Tuned-out Child« und »It's so Much Work to Be Your Friend«, ebenso das vielfach gelobte Video »Last One Picked … First One Picked On«.

Dr. Ron Leaf ist Co-Direktor der Autism Partnership und Geschäftsführer des Behavior Therapy and Learning Center. Er arbeitete an der UCLA eng mit Ivar Lovaas zusammen und erwarb dort auch seine Abschlüsse. Zu seinen Büchern zählt »A Work in Progress: Behavior Management Strategies and a Curriculum for Intensive Behavioral Treatment for Autism«.

Dr. Vilayanur S. Ramachandran ist Direktor des Center for Brain Cognition an der UCSD und Assistenzprofessor am Stalk Institute. Zu seinen Büchern zählen »Phantoms in the Brain: Probing the Mysteries of the Human Mind« und »A Brief Tour of Human Consciousness«.

Michelle Garcia Winner ist Direktorin des Center for Social Thinking in San Jose, Kalifornien, und praktizierende Sprachpathologin und Spezialistin für Soziale Kognition. Winner prägte den Begriff »soziales Denken« (social thinking). Zu ihren Büchern gehören »Thinking about YOU, Thinking about ME« und »Inside Out: What Makes a Person with Social Cognition Deficits Tick?«

Dank

Bei folgenden Personen möchte ich mich besonders bedanken:

- Allen Kindern und Teenagern, die über die Jahre hinweg den Friends' Club besucht haben; ihre ungewöhnlichen Sichtweisen lassen mich immer wieder staunen.
- Den früheren und jetzigen Mitarbeitern der C.A.S.E. Inc. für die wunderbare Arbeit, die sie im Friends' Club und beim sozialen Training leisten; ihr Engagement wirkt sehr positiv auf das Leben der Kinder und Jugendlichen mit Asperger-Syndrom.
- Robin La Brie Jackson, Evan Wooton und vielen anderen für ihre Mühe, ihre Zeit und die intensive Arbeit, mit der sie mich bei der Konzeption dieses Buches unterstützt haben. Meinen Eltern, Lloyd und Phyllis La Brie, danke ich dafür, dass sie an meine Arbeit glaubten und die Geschichten, die ich ihnen erzählte, immer gerne anhörten. Dieses Buch wurde speziell für euch beide geschrieben; seid stolz darauf!
- Meinen Mentoren Dr. Tony Attwood, Michelle Garcia Winner, Carol Gray, Dr. Ron Leaf und Dr. B. J. Freeman; sie gaben mir viele Anregungen für meinen Berufsweg und beeinflussten ihn nachhaltig.
- Den ehrenwerten Begutachtern meiner Arbeit, die mein Manuskript bereitwillig lasen und kritisch kommentierten, insbesondere Dr. Joshua Feder, Dr. Sarita Eastman, Michelle Garcia Winner, Lisa Lundhagen, Suzan Wilson, Lynne Cordes und Cathy Fritz.
- Beth Brust für ihr großzügiges Angebot und die intensive Arbeit, mit der sie aus meinen ersten Ausführungen einen wunderbaren, leserfreundlichen Ratgeber für Eltern und Fachleute geschaffen hat.
- Angela Rinaldi, einer außergewöhnlichen Agentin, und Alyse Diamond, einer fantastischen Lektorin; sie beide bekundeten seit den Anfängen bei der San Diego State University Writer's Conference ihr Interesse an diesem Buch.
- Und schließlich den Eltern, mit denen ich bei C.A.S.E. Inc. gearbeitet habe, sowie allen Lehrern und Sonderpädagogen, die meine Vorträge zum Asperger-Syndrom besuchten und mich an ihren eigenen Einsichten teilhaben ließen – ich danke jedem Einzelnen und euch allen.

Glossar

Amygdala Der emotionale Teil des Gehirns, in dem die Angriffs-, Flucht- oder Erstarrungsreaktion ausgelöst wird.

Asperger-Syndrom Eine neurologische Erkrankung; sie beeinträchtigt die Fähigkeit des Betroffenen, die Gedanken und Gefühle anderer Menschen zu erahnen sowie intuitive Voraussagen zu treffen, und beeinflusst damit die sozialen Kompetenzen. Das Störungsbild wurde nach Hans Asperger benannt, einem österreichischen Kinderarzt, der die Merkmale 1944 als Erster erkannte und beschrieb; er nannte die Krankheit »autistische Persönlichkeitsstörung«.

Aufmerksamkeitsdefizit-(Hyperaktivitäts-)Störung (AD[H]S) Diese Störung beeinträchtigt die Aufmerksamkeitsleistung des Betroffenen und erhöht die Neigung zu Tagträumen und/oder impulsivem Handeln und Überaktivität.

Autismus Eine Entwicklungsstörung, die 1943 von dem in den USA lebenden österreichischen Psychiater Leo Kanner entdeckt wurde. Er beobachtete bei Betroffenen bestimmte Verhaltensweisen und bezeichnete sie als »autistisch«, abgeleitet vom griechischen Wort »autos«, das »selbst« bedeutet.

Autismus-Spektrum-Störung (ASS) Da Autismus unterschiedlichste Symptome und Ausprägungen beinhalten kann, wird heute oft der Begriff Autismus-Spektrum-Störung verwendet. Die Abgrenzungen innerhalb des Spektrums lassen sich selten eindeutig bestimmen, da viele Mischformen und fließende Übergänge zu beobachten sind.

Corpus callosum (Brücke) Der Teil des Gehirns, der die linke und rechte Gehirnhälfte (Hemisphäre) miteinander verbindet.

DSM-IV-TR Abkürzung für »Diagnostik and Statistical Manual of Mental Disorders, Text Revision, Fourth Edition« – »Das Diagnostische und Statistische Manual psychischer Störungen« ist ein weltweit angewandtes Klassifikationssystem der psychischen Störungen. Hierin sind auch die diagnostischen Kriterien für das Asperger-Syndrom festgeschrieben.

Empathie Die Fähigkeit, die Gefühle und Gedanken eines anderen Menschen zu erraten, sich in ihn hineinversetzen und sich vorstellen zu können, was er erlebt, ohne es selbst zu erleben.

Exekutive Funktion Ausführungsfunktion: die Fähigkeit zu planen, zu organisieren und Zeit und Ort zu »spüren«. Diese Funktion ist im Stirnhirn beheimatet.

Gefühlsblindheit (Mindblindness) Die Unfähigkeit vorherzusagen, was ein anderer fühlt oder denkt; der Begriff wurde 1990 von Simon Baron-Cohen als Beschreibung eines Mangels an Theory of Mind geprägt.

Gluten Ein in Weizen, Hafer, Gerste, Roggen und ihren Produkten vorkommendes Eiweiß.

Glutenfreie Ernährung Eine Eliminationsdiät, bei der vollständig auf Gluten in jeder Form verzichtet wird. Vermutlich können dadurch bei manchen Kindern mit Asperger-Syndrom oder Autismus Magen-Darm-Beschwerden verringert werden; es werden dazu noch weitere Forschungen durchgeführt, da die Ergebnisse nicht eindeutig sind.

Hochfunktionaler (high-functioning) Autismus Bei diesem Störungsbild sind die Autismusprobleme in den ersten drei Lebensjahren stärker ausgeprägt; danach verbessert sich die Entwicklung, bis sie derjenigen von Menschen mit Asperger-Syndrom entspricht.

Kasein Ein Eiweiß in Kuh- und Ziegenmilch, dessen Molekularstruktur dem Gluten (einer Substanz in Weizeneiweiß) sehr ähnlich ist.

Kaseinfreie Ernährung Eine Eliminationsdiät, bei der vollständig auf Milchprodukte und Nahrungsmittel, die Kasein enthalten, verzichtet wird; bei manchen Kindern mit Asperger-Syndrom oder Autismus können dadurch Magen-Darm-Beschwerden gelindert werden.

Kognitive Verhaltenstherapie Therapeutische Methode, bei der es darum geht, die Reaktionen auf Emotionen durch bewusste Gedankenführung und Verhaltensveränderung zu verbessern.

Neokortex Das rationale Gehirn; der nachdenkende Teil des Gehirns.

Neurotypisch Der Begriff beschreibt Menschen, die kein Asperger-Syndrom haben. Von Menschen mit Asperger-Syndrom, die sich selbst als »Aspies« bezeichnen, werden sie auch »Tippies« genannt.

Nonverbale Kommunikation Körpersprache, Betonung, Blickkontakt – jede Kommunikation, die nicht mit Worten erfolgt.

Reizempfindlichkeit (sensorische) Erhöhte Sensibilität gegenüber Umgebungsfaktoren, die auf die Sinne einwirken (Lärm, visuelle Eindrücke, Geruch, Geschmack usw.)

Selbstregulation Die Fähigkeit, Sinnesreize und Emotionen in angemessener Weise zu verarbeiten, um sozial nicht ausgegrenzt zu werden.

Reize (Stimuli) Jegliche visuellen Eindrücke, Geräusche, Gerüche, Geschmacksempfindungen oder Beschaffenheiten, die die Sinne anregen.

Soziale Kompetenzen Auch als »weiche« Kompetenzen bezeichnet; dazu gehören Grüßen, Gespräche-Führen, gute Manieren, Körperhygiene, Respektieren der persönlichen Sphäre, intuitives Erfassen von Gedanken und Gefühlen der Mitmenschen usw.

Soziale Lerngeschichte (Social Story) Eine Social Story (entwickelt von Carol Gray) ist eine Lerngeschichte, die durch bestimmte Charakteristika definiert ist. Sie beschreibt eine Situation, ein Konzept oder eine soziale Fähigkeit auf eine bedeutungsvolle Art und Weise mit einem persönlichen Hintergrund des Kindes, für das sie verfasst wird. Es wird dargelegt, worum es geht, was alles geschehen kann und was die typischen Reaktionsweisen sind.

Spiegelneuronen Neuronen, die motorische Funktionen steuern und uns in die Lage versetzen, die Bewegungen eines anderen Menschen zu imitieren. Sie spielen vermutlich bei empathischen Reaktionen eine Rolle.

Spiegelneuronendefizit Wenn die Spiegelneuronen nicht richtig funktionieren.

Spiegelneuronensystem Spezielle Nervenzellen im Gehirn; sie bilden vermutlich eine Grundlage für Lernprozesse, Empathie und Mitgefühl und versetzen den Menschen in die Lage, die Absichten anderer Menschen zu erkennen.

Stimulierendes Verhalten oder »Stimming« Sich wiederholende Bewegungen wie Wedeln mit den Armen, Schaukeln, Hin-und-her-Laufen, Winken usw., um Nervosität und Stress abzubauen oder mehr Körperbewusstsein zu erlangen.

Theory of Mind Der von Simon Baron-Cohen 1985 eingeführte Begriff bezeichnet die Fähigkeit, wahrzunehmen, dass andere Menschen mentale Zustände haben, die den eigenen gleichen oder sich von diesen unterscheiden können.

Tourette-Syndrom Eine neurologische Störung, die unwillkürliche körperliche und verbale Tics auslöst.

Visueller Kortex Der Teil des Gehirns, der darauf spezialisiert ist, Informationen über statische und sich bewegende Objekte zu verarbeiten, und auf die Erkennung von Mustern eingestellt ist.

Internetquellen

Zum Thema Asperger-Syndrom

www.aspies.de
Internetseite des Vereins Aspies e.V. – Menschen im Autismusspektrum; Informationen von und für Menschen mit Autismusspektrum, eine bundesweite Adressdatenbank von Ärzten und Therapeuten, die Autismus-Spektrum-Störungen diagnostizieren und beraten, sowie Adressen von Autismus-Gesprächsgruppen für Eltern wie auch Autismus-Selbsthilfegruppen für Erwachsene im Autismusspektrum

www.asperger-eltern.de
Informationen für Eltern von Kindern und Jugendlichen mit Asperger-Syndrom

www.aspie.net
Seite für Aspergerbetroffene von Aspergerbetroffenen

www.asperger-online.de
Forum, Buchtipps, Links, usw.

www.aspiana.de
Website einer Asperger-Betroffenen mit Informationen zum Asperger-Syndrom, Übersetzungen englischsprachiger Artikel, Diagnosekriterien, Links usw.

Englischsprachige Websites

www.asperger-syndrome.org
Gemeinsame Internetpräsenz von OASIS (Online Asperger Syndrome Information and Support center) und MAAP Services for Austism and Asperger Syndrome die es sich zur Aufgabe gemacht haben, eine gebündelte Informationsquelle zur Verfügung zu stellen für Betroffene, Familien sowie Ärzte und Therapeuten, die mit Asperger-Menschen, Austisten und PDD-Erkrankten zu tun haben. Die Website enthält Artikel zum Asperger-Syndrom, Links, Veranstaltungskalender, Hinweise auf Bücher, Artikel, Audiocassetten, Videos und Software.

www.wrongplanet.net
Englischsprachige Webseite mit umfangreicher Linksammlung.

Zum Thema Autismus allgemein

www.autismus.de
Webseite des Bundesverbandes »Hilfe für das autistische Kind«; mit Übersicht über die deutschen Regionalverbände, ambulante Einrichtungen und Wohnstätten für Menschen mit Autismus

www.autismus-online.de
Linksammlung zu allen Themen, die mit Autismus bzw. mit dem Asperger-Syndrom zu tun haben

http://autismus-kultur.de
Autismus-Kultur ist eine Interessensvertretung autistischer Menschen.

www.TonyAttwood.com
Webseite des bekannten und auch in diesem Ratgeber zitierten Buchautors

Literatur zum Weiterlesen

Aarons, Maureen: **Autismus kompensieren: Soziales Training für Kinder und Jugendliche ab drei Jahren.** Beltz, 2005

Attwood, Tony: **Asperger-Syndrom. Wie Sie und Ihr Kind alle Chancen nutzen.** TRIAS Verlag, Stuttgart, 2005

Attwood, Tony: **Ein ganzes Leben mit dem Asperger-Syndrom. Alle Fragen – alle Antworten.** TRIAS Verlag, Stuttgart, 2007

Bernard-Opitz, Vera: **Kinder mit Autismus-Spektrum-Störungen. Ein Praxishandbuch für Therapeuten, Eltern und Lehrer.** Verlag W. Kohlhammer, 2007

Bernard-Opitz,Vera/Häußler, Anne: **Praktische Hilfen für Kinder mit Autismus-Spektrum-Störungen (ASS) – Fördermaterialien für visuell Lernende.** Verlag W. Kohlhammer, 2010

Franke, Swen: **Asperger-Kinder erkennen und (ein wenig) verstehen lernen: Ein kleiner Ratgeber für Eltern von Kindern mit Asperger-Syndrom.** Books on Demand 2010

Jorgensen, Ole Sylvester: Asperger: **Syndrom zwischen Autismus und Normalität. Diagnostik und Heilungschancen.** Beltz Taschenbuch, 2010

Preißmann, Christine: **Psychotherapie bei Menschen mit Asperger-Syndrom.** Verlag W. Kohlhammer, 2007

Remschmidt, Helmut/Kamp-Becker, Inge: **Asperger-Syndrom. Manuale psychischer Störungen bei Kindern und Jugendlichen.** Verlag Springer, 2010

Schirmer, Britta: **Elternleitfaden Autismus.** TRIAS Verlag, Stuttgart, 2006

Schuster, Nicole: **Schüler mit Autismus-Spektrum-Störungen: Eine Innen- und Außenansicht mit praktischen Tipps für Lehrer, Psychologen und Eltern.** Verlag W. Kohlhammer, 2009

Bücher von Betroffenen

Willey, Liane H.: **Ich bin Autistin – aber ich zeige es nicht. Leben mit dem Asperger-Syndrom.** Herder, 2003

Robinson, John Elder: **Schau mich an!: Mein Leben mit Asperger.** Fackelträger Verlag, 2008

Bücher für Kinder

Gray, Carol: My Social Stories Book. Jessica Kingsley, 2001 (englischsprachig)

Matthews, Joan/Williams, James: **Ich bin besonders – Autismus und Asperger: Das Selbsthilfebuch für Kinder und ihre Eltern.** TRIAS Verlag, 2011

Matzies, Melanie: **Colines Welt hat tausend Rätsel: Alltags- und Lerngeschichten für Kinder und Jugendliche mit Asperger-Syndrom.** Verlag W. Kohlhammer, 2009

Riddall, Cave: **Irgendwie anders. Oettinger Kinderbuch für Betroffene und Geschwister.** 1994

Vermeulen, Peter: **Ich bin was Besonderes. Arbeitsmaterialien für Kinder und Jugendliche mit Autismus/Asperger Syndrom. verlag modernes lernen, 3. Aufl. 2011**

Im Ratgeber erwähnte Bücher

Hargreawes, Roger: **Unser Herr Glücklich und seine Freunde.** Die lustigen Geschichten von Inge Immerfroh, Herrn Killekille, Polly Plaudertasche und vielen anderen kleinen Damen und Herren. Paladin, 1986 (Neuauflage geplant)

Munsch, Robert: **Die Tütenprinzessin.** Lappan Verlag, 2000

Pfister, Marcus: **Mats und die Wundersteine/Mats und die Streifenmause.** Findling, 2005

Wiesner, David: **Strandgut.** Carlsen Verlag. 2007

Spiele

Activity (Piatnik)

Alle meine Gefühle. Metallbox Amigo 9907 – Ab 7 Jahren

Äpfel zu Äpfeln (Pegasus, derzeit nicht erhältlich)

Bop it! (Hasbro)

Cadoo (Jumbo)

Cranium (Jumbo)

Cranium Hullabaloo (Jumbo)

Lego Creator

Dr. Bibber (Hasbro)

Jeopardy Quizspiel

Kosmolino – Gefühle? KOSMOS 696092

Kroko Doc (Hasbro)

Lego Racers»Super Speedway Game« (Jumbo)

Mastermind (Hasbro)

Mighty Beanz (Upper Deck)

Scrabble Junior (Mattel)

Splat! (Hasbro)

Tabu. Kommunikationsspiel (Parker)

Tiki Topple (Schmidt)

Twister Hoopla (MB-Spiele)

Diese Spiele sind zum Teil nur noch gebraucht erhältlich.

Spezielle Bücher und Spiele sowie Materialien, die gezielt für Menschen mit Autismus entwickelt wurden, finden Sie auch im Onlineshop »ariadne.de« des Autismus Karlsruhe e.V. – Regionalverband zur Förderung von Menschen mit Autismus.

Register

J

K

L

M

N

O

P

Q

Bibliografische Information der Deutschen Nationalbibliothek
Die Deutsche Nationalbibliothek verzeichnet diese Publikation in der Deutschen Nationalbibliografie; detaillierte bibliografische Daten sind im Internet über http://dnb.d-nb.de abrufbar.

Programmplanung: Sibylle Duelli

Redaktion: Kristina Heindel
Bildredaktion: Christoph Frick

Übersetzung aus dem Amerikanischen:
Jeanette Stark-Städele, Ebersbach-Musbach

Umschlaggestaltung und Layout:
CYCLUS Visuelle Kommunikation, Stuttgart

Bildnachweis:
Umschlagfoto: Istock
Fotos im Innenteil: S. 4, 12, 32 Somenski/fotofolia.com; S. 276 ableimages/F1online
Die abgebildeten Personen haben in keiner Weise etwas mit der Krankheit zu tun.

Dieses Werk wurde im Auftrag von St. Martin's Press LLE durch die literarische Agentur Thomas Schlück GmbH, 30827 Garbsen, vermittelt.

1. Auflage

Printed in Germany

Satz und Repro: Fotosatz Buck, Kumhausen
gesetzt in: Adobe Indesign CS5
Druck: Grafisches Centrum Cuno GmbH & Co. KG, Calbe (Saale)

Gedruckt auf chlorfrei gebleichtem Papier

ISBN 978-3-8304-3948-6 1 2 3 4 5 6

Auch erhältlich als E-Book:
eISBN (PDF) 978-3-8304-3949-3
eISBN (ePub) 978-3-8304-6418-1

Wichtiger Hinweis: Wie jede Wissenschaft ist die Medizin ständigen Entwicklungen unterworfen. Forschung und klinische Erfahrung erweitern unsere Erkenntnisse, insbesondere was Behandlung und medikamentöse Therapie anbelangt. Soweit in diesem Werk eine Dosierung oder eine Applikation erwähnt wird oder Ratschläge und Empfehlungen gegeben werden, darf der Leser zwar darauf vertrauen, dass Autoren, Herausgeber und Verlag große Sorgfalt darauf verwandt haben, dass diese Angaben dem Wissensstand bei Fertigstellung des Werkes entsprechen, jedoch kann eine Garantie nicht übernommen werden. Eine Haftung des Autors, des Verlags oder seiner Beauftragten für Personen-, Sach- oder Vermögensschäden ist ausgeschlossen.

SERVICE

Liebe Leserin, lieber Leser,

hat Ihnen dieses Buch weitergeholfen? Für Anregungen, Kritik, aber auch für Lob sind wir offen. So können wir in Zukunft noch besser auf Ihre Wünsche eingehen. Schreiben Sie uns, denn Ihre Meinung zählt!

Ihr TRIAS Verlag
E-Mail Leserservice: heike.schmid@medizinverlage.de
Lektorat TRIAS Verlag, Postfach 30 05 04, 70445 Stuttgart, Fax: 0711-8931-748